Art Across the Arabian Gulf

الفن عبر الخليج العربي

كتيب المعرض

Exhibition Catalog

KAPH
ART BOOKS FROM THE ARAB WORLD
كتب الفن من العالم العربي

معهد
مسك للفنون
Misk Art
Institute

الفن عبر الخليج العربي

Art Across the Arabian Gulf

كتيب المعرض

Exhibition Catalog

مواضيع العرض والأعمال الفنية
Themes & Artworks

السير الذاتية للفنانين
Artist Biographies

الفنانون المشاركون
PARTICIPATING ARTISTS

الفن عبر الخليج العربي

Art Across the Arabian Gulf

بسمه الشثري
Basma Alshathry

يسلط معرض «الفن عبر الخليج العربي» الضوء على أعمال مجموعة من أبرز الفنانين في المنطقة، متناولًا فترة محورية في تاريخ الفن الخليجي تمتد من منتصف القرن العشرين حتى تسعينياته. يركز المعرض على روّاد الفن في الخليج والذين أسهمت ممارساتهم الفنية في بلورة الهويات البصرية الوطنية، وفتح حوارات ثقافية عابرة للحدود، واستحضار سرديات ظلّت مهمّشة أو لم تحصل على التوثيق الكافي.

تأسّس مجلس التعاون الخليجي عام 1981، جامعًا بين دولة الكويت، ومملكة البحرين، ودولة قطر، وسلطنة عُمان، والإمارات العربية المتحدة، والمملكة العربية السعودية، ضمن إطار تحالف سياسي واقتصادي مشترك. وقد لعب هذا المجلس دورًا بارزًا في رسم ملامح هوية إقليمية جديدة، وتوسيع فضاءات التبادل الفني والثقافي بين الدول الأعضاء. ورغم ما يجمع هذه الدول من لغةٍ وتاريخ وقيم، فإن لكل منها تراثًا فنيًا متفرّدًا، وقد ساهم كل فنان في تشكيل الهوية البصرية لمجتمعه، بممارسة لغة فنية متفردة أثرت المشهد الفني الإقليمي والعالمي. إلا أن الفنانين قبل تأسيس المجلس كانوا في مختلف أنحاء المنطقة يعملون على تطوير لغة بصرية نابعة

Art Across the Arabian Gulf brings together a group of seminal artists from the Arabian Gulf, illuminating a formative period in the region's art history—spanning the mid-twentieth century through the 1990s. It foregrounds the contributions of pioneering artists whose practices shaped visual national identities and transregional cultural dialogues, while actively recovering narratives that have been overlooked or underdocumented.

In 1981, the Gulf Cooperation Council (GCC)—comprising the State of Kuwait, the Kingdom of Bahrain, the State of Qatar, the Sultanate of Oman, the United Arab Emirates, and the Kingdom of Saudi Arabia—was established as a political and economic alliance. Its impact shaped new forms of regional identity and enabled expanded frameworks for artistic and cultural exchange. While the member states share language, histories, and values, each uphold a distinct artistic heritage, contributing both individually and collectively to the global art narrative. Before the formal establishment of the GCC, artists across the region were already cultivating local visual languages shaped by their environments, traditions, and cultural

من خصوصياتهم البيئية والتراثية والثقافية. فخلال الخمسينيات والستينيات، ركز كثيرٌ منهم على توثيق مشاهد الحياة اليومية، والعمارة المحلية، والعادات الاجتماعية. وعلى الرغم من اختلاف المسارات التنموية لكل دولة، فقد ازداد الوعي بالروابط الثقافية المشتركة، وتعززت التبادلات الفنية عبر الحدود، ما رسم ملامح هوية إقليمية جماعية، وفي مطلع الستينيات أُعيد تشكيل ملامح الاقتصاد الخليجي بتأسيس منظمة الدول المصدّرة للبترول (أوبك) وتميزت تلك المرحلة بتوطيد الثروة النفطية، بالإضافة إلى إعلانات الاستقلال في بعض دول المنطقة، والتحديث المتسارع، ما أفضى إلى تحولات اجتماعية وثقافية جذرية. وفي خضم هذه التغيرات، بدأ الفنانون في التفاعل مع السرديات الوطنية الجديدة والبيئات الحضرية المتغيّرة، ما مهّد الطريق أمام نشوء مشهد فني متجدد ومتّسع في أرجاء المنطقة.

يدعو المعرض إلى حفظ الأسس الفنية في المنطقة والتأكيد على أهميتها متتبعًا مسارات تطور الفن في المنطقة من خلال خمسة محاور: إيقاعات ثقافية، وتراث البحارة في الخليج العربي و الصمود وما يليه والتجريب وإعادة التفكير في الشكل والمضمون والتجريد والتعبير النصي. ومن خلال هذه المحاور، تظهر كيفية تمسك الفنانين بالذاكرة، وتفاعلهم مع التحولات التي طالت بيئاتهم، بالإضافة إلى سعيهم نحو صياغة لغة بصرية جديدة تعكس ثراء وتنوع النسيج الثقافي في المنطقة، وانطلاقًا من الدور الجوهري للأرشفة وتنظيم المعارض في بناء الذاكرة الجماعية وصياغة الوعي الثقافي يتناول المعرض أهميةَ التوثيق باعتباره أداةً لمقاومة النسيان، واستجابةً للفجوات التي تعاني منها الدراسات الأكاديمية، والتي قد تؤدي إلى فقدان التواريخ غير الموثّقة وإقصائها من السرد العام.

مع تسارع وتيرة التمدّن في منطقة الخليج أواخر القرن العشرين، غلفت المُدن الخليجية أشكال مختلفة من مظاهر الحداثة، مما أثر على المواضيع

memory. In the 1950s and 1960s, many focused on scenes of daily life, vernacular architecture, and social customs. While each country followed its own developmental path, there was a growing awareness of shared cultural threads and an increasing number of cross-border exchanges that shaped a collective regional identity.

During the 1960s and 1970s, the rise of Organization of the Petroleum Exporting Countries (OPEC) had redefined the Gulf's economic landscape. This period—marked by the consolidation of oil wealth, declarations of independence, and rapid modernization—initiated profound social and cultural transformations. In response, artists began to engage with shifting national narratives and evolving environments, catalyzing the broader development of art across the region.

The exhibition traces the evolution of Gulf art through five interconnected themes: cultural heritage, maritime life, conflict and resilience, abstraction, and material exploration and experimentation. Together, these themes reveal how Gulf artists responded to their changing environments, preserved memory, and forged new aesthetic vocabularies that reflect the region's cultural diversity. It also addresses the urgency of documentation, offering a response to the gaps in scholarship that risk turning undocumented histories into forgotten ones. It advocates for the preservation and recognition of the region's artistic foundations, emphasizing the critical role of archival and curatorial practices in shaping collective memory.

As Gulf cities underwent rapid urbanization in the late twentieth century, artists responded to the tension between modernity and tradition. In cities like Riyadh, Dubai, and Doha, where steel skylines rose alongside traditional architecture, artists engaged with the visual contradiction of their environments. Many turned inward, drawing on folkloric motifs, oral traditions, and local customs—not as nostalgic gestures, but as strategies to reframe questions on culture, heritage, and identity amid accelerated change.

The Arabian Gulf is more than a geographic feature; it is a cultural symbol and site of shared identity and lived experience. Its waters shaped the economic, social, and emotional lives of communities for generations. The sea offered sustenance and opportunity, but also brought hardship, particularly for those whose livelihoods depended on its rhythms and risks. Artists have drawn on this maritime history to reflect on the Gulf's rich legacies of trade, pearl diving, and migration.

Artists across the region have explored resistance in multiple forms, often subtle, grounded in reflection and continuity. One of the moments that most profoundly shaped these artistic expressions was a historical rupture: the Gulf War of 1990-1991. This conflict left an indelible mark on the region, resulting in displacement, loss, and a reevaluation of national identity. The invasion of Kuwait prompted urgent artistic responses rooted in grief, resilience, and resistance. Across a range of mediums, artists documented lived experiences and asserted cultural continuity in the face of instability.

Abstraction emerged as a powerful mode of expression for Gulf artists navigating the crosscurrents of rapid modernization and shifting cultural memory in the latter half of the twentieth century. Moving beyond traditional forms, artists developed individualized visual languages that challenged regional conventions and reflected their experiences of sensation, memory, and transformation. Material exploration and experimentation played a central role

وأساليب التعبير لدى الفنانين، وفتح لبعضهم الباب أمام أسئلة الهوية والتحولات الاجتماعية والثقافية، ولبعضهم الآخر أسئلة حول الحفاظ على التقاليد وحمايتها، مستلهمين إبداعهم من الزخارف الشعبية، والتقاليد الشفهية، والعادات المحلية بوصفها أدوات فنية لسرد مواضيع الثقافة والهوية والتراث في ظل التحولات المتسارعة. ولكون الخليج العربي مجالاً لهوية جامعة وتجربة حياتية مشتركة، شكّلت مياهه وجدانًا للمجتمعات ومصائرها عبر الأجيال. وكان البحر مصدرًا للرزق وفضاءً للفرص، خصوصًا لأولئك الذين ارتبطت سبل عيشهم بإيقاعاته وتقلباته، وعلى الرغم من مرور المنطقة بلحظات حرجة مثل حرب الخليج 1990-1991 تفاعل الفنانون واتحدت وجهات نظرهم في رفض واقع الغزو العراقي للكويت، ونتج عنه استجابات فورية من الفنانين اتسمت بالحزن والصمود والمجابهة تأكيدًا على استمرارية الثقافة.

واستجابة للتحولات المتسارعة التي عصفت بالمجتمعات المحلية في النصف الثاني من القرن العشرين. اتخذ التجريد موقعًا مركزيًا في ممارسات العديد من الفنانين الخليجيين، فتوجّهوا نحو تطوير الأشكال التقليدية، وتحدي القوالب الجاهزة بطرق فتحت آفاقًا جديدة للابتكار والتعبير، وقد لعب استكشاف الخامات وتجريبها دورًا جوهريًا في تطوير الإبداعات المحلية، وأصبح وسيلةً للنقد وإعادة التشكيل. وقد انجذب كثير منهم إلى الفن المفاهيمي، واستكشفوا إمكانات الخامات والتقنيات المختلفة التي باتت مع الوقت مركزًا للعمل الفني، وأضحى التجريب أسلوبًا أصيلًا في الممارسة.

بالتوازي مع هذه التحولات في الممارسة الفنية، أسهم الفنانون والحكومات في إنشاء مؤسسات ثقافية نشطة لعبت دورًا حاسمًا في ترسيخ المشهد الفني وتعزيز التبادل الإقليمي. ومن بين هذه المبادرات الرائدة، تأسيس المرسم الحر في الكويت (1960)، وإنشاء الرئاسة العامة لرعاية الشباب وقسم الفنون التشكيلية بالرياض (1974)، وتأسيس دار الفنون السعودية بالرياض على يد

in shaping localized aesthetic and became a means of critique and reinvention. Many artists gravitated toward conceptual art, using process and materiality to question established forms and meanings. Whether through unconventional materials or gestures, experimentation became central to their practices, allowing for new modes of artistic expression.

Parallel to these evolving creative practices, both artists and governments established critical cultural institutions that fostered exchange and artistic growth. Key among them include the founding of the Free Art Atelier in Kuwait (1960), the creation of the General Presidency of Youth Welfare and its Fine Arts Department in Riyadh (1974), the establishment of the Saudi Art House by artist Mohammed Alsaleem (1979), the establishment of the Youth Art Studio in Muscat (1980), the launch of the Friends of the Fine Arts collective (1984), the inauguration of the Sharjah Biennial (1993), and the opening of the Sharjah Art Museum (1997). These institutional developments provided artists with platforms to explore more personal, conceptual, and experimental forms. As support structures expanded and exposure to global movements increased, many artists began to move from purely representational modes, embracing abstraction, symbolism, and material experimentation. This shift reflected not only creative innovation, but also deeper inquiries into memory, identity, and the Gulf's rapidly transforming social landscape.

Art Across the Arabian Gulf revisits the foundational decades of artistic development across the Arabian Gulf, celebrating the artists who shaped a thriving cultural landscape and affirming their lasting influence. Through the work of 78 artists and 154 artworks, it presents a dynamic visual history—one marked by resilience, imagination, and a profound sense of place.

الفنان محمد السليم (1979)، ومرسم الشباب في مسقط (1980)، وإطلاق جماعة أصدقاء الفن التشكيلي (1984)، وتنظيم النسخة الأولى من بينالي الشارقة (1993)، وافتتاح متحف الشارقة للفنون (1997).

وفّرت هذه الديناميكيات المؤسسية للفنانين منابر جديدة للتجريب، وأتاحت لهم الانخراط في ممارسات أكثر فردية ومفاهيمية. ومع نمو بنى الدعم الفني وتزايد الانفتاح على التيارات العالمية، اتجه كثير من الفنانين بعيدًا عن الأساليب التمثيلية التقليدية نحو التجريد والرمزية واستكشاف المواد. ولم يكن هذا التحوّل مجرّد تطور أسلوبي، بل ترافق مع تساؤلات عميقة حول الذاكرة والهوية والتحولات السريعة التي عرفها المجتمع الخليجي.

يسعى معرض «الفن عبر الخليج العربي» إلى إعادة قراءة العقود التأسيسية للحركة الفنية في منطقة الخليج، والاحتفاء بالفنانين الذين أسهموا في بناء المشهد الثقافي المزدهر، مع التأكيد على استمرارية تأثيرهم إلى يومنا هذا. ومن خلال مسار 78 فنانًا و154 عملًا فنيًا، يقدم المعرض سردًا بصريًا حافلًا يتجلّى فيه صدى الكفاح، وخصوبة الخيال، والانغراس العميق في المكان.

الفن في دول مجلس التعاون الخليجي

Art in the Gulf Cooperation Council Countries

عبدالرحمن السليمان
Abdulrahman Alsoliman

The early artistic practices in the Gulf Cooperation Council (GCC) countries share thematic, formal, and methodological similarities, as the emerging artists of that period generally tended toward expressing, representing, and documenting place. The varied landscapes of the Arabian Gulf countries, spanning countryside, desert, sea, and urban sprawl, radiated with manifestations of social, individual, and natural life. It was the simplicity of that life that spurred enthusiasts and artists alike to tap into its rich imagery through aesthetic connotation, literary signification, and self-expression.

The peoples of the Gulf have long sought to beautify their surroundings with color, design, and painting, drawing on natural, botanical, and avian elements through simple and intuitive designs imbued with particular aesthetics and meaning. I recall, for examplc, my mother's cushion embroidery—with designs my father would outline in pencil—depicting floral and avian motifs, with red, blue, green, and yellow thread. I also remember watching carpenters carve door ornamentations and builders sculpt or ornament majlis columns. From an early age, I observed many

تتشابه البدايات الفنية في دول مجلس التعاون الخليجي من حيث المواضيع وشكل الأعمال الفنية وتوجهاتها، كانت المحاكاة والتعبير عن المكان وتوثيقه شكلًا عامًا لنتاج الفنانين الذين كان معظمهم في بداياته. في دول الخليج العربية تتنوع البيئات بين الريف والصحراء والبحر والمدينة، هي صور تنبعث فيها حياة الناس وعموم مظاهر الحياة الاجتماعية والطبيعة فكانت بساطتها مثارًا للهواة والفنانين للنهل من صور غنية بالدلالات الجمالية والمعاني الأدبية بالإضافة الى التعبير الذاتي.

سعى أهل الخليج بشكل عام إلى تجميل محيطهم بالتلوين والتشكيل والرسومات. عناصر يستوحونها من الطبيعة والنباتات والطيور فكان لرسومهم وتشكيلاتهم الفطرية والبسيطة جمالياتها الخاصة ومعانيها. أتذكر تطريز والدتي للفرش والمساند والتي كان يرسمها والدي بقلم الرصاص، عناصرها الزهور والطيور وخيوط فيها الأحمر والأزرق والأخضر والأصفر، كما أستعيد مشاهداتي للنجارين وهم يشكلون زخارف الأبواب، أو البنائين وهم يزخرفون أو يشكلون أركان بعض المجالس. شاهدت مبكرًا عددًا من الرسوم على جدران مجالس بعض المنازل في الأحساء. رسوم

paintings adorning majlis walls in Al Ahsa homes, depicting fruit trees and palms, objects including a clock and a rifle, as well as abstract forms. Homes in Abha were likewise decorated with similar colors and paintings in the art form known as *Al-Qat*, ranging from simple to intricate compositions. In addition to such practices existing across other areas in Saudi Arabia, such as Qassim, Jeddah, and Riyadh, neighboring countries including Bahrain and the Sultanate of Oman were also renowned for artisanal work that drew inspiration from the environment.

The sociocultural and economic changes that the GCC countries have undergone, coupled with exposure to Arab and global art, have contributed to the development and transformation of the arts in the region. This occurred early on, either through formal study, both locally or abroad, which proved to be a vital avenue for keeping abreast of the art scenes across the Arab region, or through personal travel and direct engagement with artworks at museums and galleries worldwide.

The GCC countries provided scholarships for many talented people and artists to study in Arab countries, especially Egypt and Iraq. Scholarships were also made available for study in European countries such as Italy, France, and the United Kingdom, as well as the United States and others. These studies facilitated artistic acculturation and conceptual development, placing artists at the heart of established arts spaces to learn, first-hand, about art's foundations, movements, and transformations.

Early on, the pioneering artists were drawn to social life as their subject, choosing to depict it in all its aspects. This is evident in the works of Mojeb Aldousari and Mohammad Aldamkhi from Kuwait; Abdulkarim Al Orrayed, Rashid Al Oraifi, and Abdullah

لأشجار مثمرة ونخيل وبعض الأدوات من بينها رسم لساعة أو لبندقية أو لأشكال مجردة. ذات الأمر ينطبق بالمثل على البيوت في أبها والتي تتزين بالتشكيلات البسيطة وأحيانًا الدقيقة والتي عرفت بالقط. أيضًا في عدد من المدن الأخرى كالقصيم والرياض وجدة وغيرها، هي بلا شك في بلدان أخرى اشتهرت بالأعمال الحرفية التي تستوحي من معطيات البيئة مثل البحرين وسلطنة عمان وغيرهما.

شهدت دول مجلس التعاون الخليجي تحولات اجتماعية وثقافية واقتصادية أسهمت في تحولات الفن وتطوره من خلال الانفتاح على الفنون العربية والعالمية، إما بالدراسة المحلية أو الخارجية التي كانت وسيلة هامة في مواكبة المتغيرات الفنية على مستوى الوطن العربي على الأقل، أو من خلال السفر الشخصي والتعرف عن قرب على الأعمال الفنية في المتاحف العالمية وقاعات العروض الفنية.

ابتعثت دول الخليج العربي عددًا من الموهوبين والفنانين إلى بعض البلدان العربية للدراسة الفنية خاصة مصر والعراق، بينما كانت هناك بعثات إلى دول أوروبا كإيطاليا وفرنسا وبريطانيا، وإلى الولايات المتحدة الأمريكية وغيرها. كانت هذه الدراسات ثقافة فنية طورت مفاهيم الفنانين ووضعتهم في عوالم الفن الحقيقية وأساسياته وتياراته وتحولاته.

مبكرًا جذبت الحياة الاجتماعية عددًا من الفنانين الأوائل الذين رسموا بعض مظاهرها، نرى ذلك في أعمال معجب الدوسري ومحمد الدمخي من الكويت وعبدالكريم العريض وراشد العريفي وعبدالله المحرقي من البحرين ومحمد السليم وعبدالجبار اليحيا وصفية بن زقر من المملكة العربية السعودية وهي بالمثل في أعمال لجاسم زيني من قطر وأنور خميس سونيا من عُمان وإبراهيم مصطفى وأحمد الأنصاري من الإمارات العربية المتحدة وغيرهم.

Al-Muharraqi from Bahrain; Mohammed Alsaleem, Abduljabbar Alyahya, and Safeya Binzagr from Saudi Arabia; Jassim Zaini from Qatar; Anwar Sonya from Oman; and Ibrahim Mostafa and Ahmad Alansari from the United Arab Emirates, among others.

The emergence of artists across the Gulf countries occurred more or less concurrently, with the 1950s and 1960s marking the beginning of notable individual efforts and expressions of talent that piqued governments' interest in offering scholarships for arts education. These artists would go on to work as teachers, interior designers, among other creative specializations, in addition to some committing themselves fully to their artistic practice. In some cases, artists' families took it upon themselves to fund their sons' and daughters' studies abroad. Also of note were the government grants offered to sustain practicing artists, especially in Kuwait, which was among the first countries to provide such support.

The Free Art Atelier, which emerged in the 1960s under the auspices of Kuwait's Ministry of Education and was transferred to the Ministry of Information in 1972, is a noteworthy institution that served as an incubator and launching point for a genuine, vibrant art movement through which many of the early names and practices gained prominence and enriched the arts scene in Kuwait and across the Arab Gulf countries.

Furthermore, the Kuwait Exhibition for Arab Plastic Artists was among the first official initiatives to assemble artists from Kuwait and elsewhere. Participation and attendance expanded to the point where the exhibition became a prominent Arab institution, awarding distinguished artworks with the Golden Sail Prize. I began attending successive iterations of this event in the 1980s, although Saudi participation had begun years prior, when Mohammed Alsaleem

تتقارب البدايات في هذه الدول من حيث ظهور الفنانين، فالخمسينيات والستينيات عقدان شهدا منطلقات مشجعة في بعض دول الخليج وكانت جهودًا فردية وتعبيرًا عن مواهب لفتت الأنظار فكانت اهتمامات حكومات دول الخليج بابتعاث عدد منهم للدراسة، والعمل فيما بعد في مجالات التعليم أو أعمال الديكور أو تخصصات فنية أخرى أو حتى التفريغ للفن، كما كانت مبادرات أسر بعض الفنانات والفنانين في إلحاق أبنائهم بدراسات خارجية لتعلم الفنون، بجانب مُنح التفرغ الفني خاصة في دولة الكويت التي أقرّتها مبكرًا. كان المرسم الحر الذي ظهر مطلع ستينيات القرن الماضي برعاية وزارة التربية ثم انتقل إلى وزارة الإعلام عام 1972 مطلقًا لحراك فني جادّ ونشط؛ برزت من خلاله العديد من الأسماء والتجارب، واحتضن الأسماء الأولى فكان مركزًا فنيًا هامًا على مستوى الخليج للفنانين بأسمائهم وتجاربهم التي أثرت المشهد الفني في الكويت ودول الخليج العربي.

يعد معرض الكويت للفنانين التشكيليين العرب أولى المبادرات الرسمية التي جمعت الفن والفنانين من داخل الكويت وخارجها، واتسعت دائرة الحضور والمشاركات ليكون علامة هامة على المستوى العربي ومنحت أبرز الاعمال جائزة الشراع الذهبي بجانب الجائزة التقديرية.

حضرتُ دورات هذا المعرض منذ ثمانينيات القرن الماضي لكن المشاركات السعودية بدأت مع منتصف السبعينيات عندما عرض محمد السليم عددًا من أعماله في دورة المعرض الرابعة 1975.كان الحضور العربي في المعرض كبيرًا فقد التقيت في بعض دوراته بأسماء هامة من عدة دول عربية كإسماعيل الشيخلي وفاتح مدرس وإسماعيل فتاح الترك وإسماعيل شموط وتمام الاكحل وطارق الشريف بجانب عدد كبير من فناني دول الخليج العربي. كانت تقام مع المعرض لقاءات منبرية ومحاضرات وحوارات فنية كما كان مناسبة لتعارف الفنانين العرب. استمر المعرض إلى نهاية الثمانينيات، إلا أن الجمعية الكويتية للفنون

التشكيلية وخلال فترات لاحقة طرحت مبادرات لإقامة ملتقيات عربية أطلقت على بعضها تسمية بينالي. يعد تأسيس المجلس الوطني للثقافة والفنون والآداب عام 1973 منطلقًا لحيوية فنية أسهمت في تعزيز مسار الفنون فأقيمت المعارض الداخلية والخارجية واستضاف المجلس معارض فنية أجنبية كما افتتحت قاعات للعروض الفنية وشجع الفنانين على اقتناء أعمالهم الفنية، وطباعة الأدلة لمعارضهم الفردية.

تعد جماعة أصدقاء الفن التشكيلي الخليجي إحدى المبادرات الفردية التي تبنتها مجموعة من فناني دول مجلس التعاون الخليجي، منطلقها رغبة عامة في التحرك بالنتاج الفني وتقديمه في دول المجلس ودول العالم العربي على الأقل، إلا أن الطموح كبر فتحركت الجماعة إلى دول أوربية وإلى الولايات المتحدة الأمريكية وغيرها. وانطلقت أولى المعارض من أبوظبي عام 1985 وهو العام الذي شهد أول لقاءات مؤسسي الجماعة والإعلان عن قيام الجماعة واستمرت عروضها بعد دول المجلس فتم العرض في مصر 1986 فتونس وإسبانيا وواشنطن والدومينكان وعمّان ودمشق واسطنبول وغيرها، وقد تكفل الأعضاء بالإنفاق على مشاركاتهم وحضورهم، ومع معارضهم أصدروا نشرات فنية ومجلة في بعض المحطات وكتاب وثق مسيرة الجماعة. كنت واحدًا من الأعضاء المؤسسين وشاركت في جولات الأصدقاء وكانت أصداء معارض الجماعة بمستوياتها الفنية محط اهتمام الفنانين والإعلام والتلفزيون خاصة في الدول العربية، بل إنها رسمت علاقات مع الأوساط الفنية العربية امتد تأثيرها إلى عقود لاحقة.

في العام 1989 أطلقت وزارات وجمعيات فنية وثقافية حكومية في دول المجلس معرضًا أسمته (المعرض الدوري لفناني دول مجلس التعاون الخليجي) بدأت محطته الأولى في الرياض وعبّر عن مسار فني جمع الفنانين والتجارب الخليجية بإشراف وانتقائية الجهات الرسمية في

presented several of his works in the event's fourth edition in 1975. The exhibition drew extensive engagement, allowing me to meet prominent artists from across the Arab region over the years, including Ismail Alsheikhly, Fateh Moudarres, Ismail Fatah Alturk, Ismail Shammout, Tamam Alakhal, and Tareq Alsharif, in addition to many artists from the Arab Gulf countries. Beyond serving as an occasion for Arab artists to meet, the exhibition hosted art forums, lectures, and discussions. It continued through the 1980s, but the Kuwait Arts Association would subsequently put forward initiatives to hold Arab arts events, some of which would take the form of biennales.

The establishment of Kuwait's National Council for Culture, Arts and Letters in 1973 is credited with invigorating the arts scene and helping define its trajectory. The council held internal and external exhibitions, hosted international exhibitions, opened galleries, and supported artists by acquiring their works and printing catalogs for their solo exhibitions.

For its part, the Friends of the Fine Arts collective, was an initiative undertaken by a group of artists from the GCC, based on a shared desire to invigorate artistic production and to present it across the GCC and the wider Arab region at the outset. That ambition later expanded, and the group's activity went on to include Europe and the United States, among other countries. The first exhibition was inaugurated in Abu Dhabi in 1985, the same year that saw the group's first meetings and the official announcement of its formation.

Beyond the GCC, the group went on to hold an exhibition in Egypt in 1986, followed by Tunisia, Spain, the United States, the Dominican Republic, Jordan, Syria, Turkey, and beyond. Members of the group funded their own participation and attendance, releasing, alongside their exhibitions, newsletters, an occasional magazine, and a book documenting the group's history. I was a founding member of the group and participated in its tours, during which our exhibitions garnered the interest of artists and the media, especially in the Arab countries, cementing across Arab arts circles relations, whose impact would extend over the subsequent decades.

In 1989, ministries as well as arts and cultural associations across the GCC countries launched an exhibition titled the *General Exhibition of Artists from the Gulf Cooperation Council Countries*, with its first edition held in Riyadh as a showcase of the region's artistic legacy and an assembly of Gulf artists and practices. The exhibition was supervised and curated by official bodies in the GCC countries, which would alternate in hosting the event and publishing the exhibition literature annually.

In 1996, the Egyptian Academy of Arts in Rome held a curated exhibition of works by artists from the GCC countries. Such joint art initiatives represented an important format for presenting both local and international art in a single venue, as also exemplified by the annual editions of Art Dubai. Abu Dhabi has likewise shown a growing commitment to developing various art projects, including a noteworthy exhibition held at New York University Abu Dhabi in 2022 titled *Khaleej Modern*, which documented the artistic beginnings in the GCC countries.

Art's beginnings in the Arab Gulf countries share many thematic similarities, given the comparable circumstances under which the region's societies live, with shared geographies, climate, external influences, and socioeconomic conditions. Art and culture have always been inextricably linked to all aspects of life, and the peoples of the Gulf have always ambitiously aspired to that which would enrich their lives.

دول المجلس، ليكون المعرض ملتقى لعدد من الفنانين المشاركين فكانت تطبع الأدلة وتستضيفه كل عام إحدى الدول. في العام 1996 أقيم في الأكاديمية المصرية للفنون بروما في إيطاليا معرض لفناني دول مجلس التعاون الخليجي مثّل خطوة جمعت نماذج منتقاة لتقديم أعمال فناني دول الخليج في العاصمة الإيطالية. تعتبر المبادرات الفنية المشتركة شكلًا هامًا في تقديم الفنون المحلية والخارجية في موقع واحد، تمثّل ذلك في دورات «آرت دبي» السنوية كما تشهد أبوظبي اهتمامًا بالتأسيس للعديد من المشاريع الفنية وقد أقيم في جامعة نيويورك ابوظبي عام 2022 معرض هام باسم (حداثة خليجية) وثق للبدايات الفنية المبكرة في دول المجلس.

البدايات الفنية في دول الخليج العربية متقاربة، هناك العديد من المظاهر التي تلتقي فيها مجتمعات المنطقة وهي التي عاشت ظروفًا متشابهة كما تجمعها الجغرافيا والطقس وتأثير الخارج وجوانب اجتماعية واقتصادية متقاربة. الثقافة والفنون ليستا بمعزل عن كل المظاهر الحياتية، فقد كان الإنسان الخليجي طموحًا باحثًا في ما يضيف إلى حياته وينميها ويطورها، وبالتالي اكتفى التعليم مبكرًا بالعلوم الدينية والحسابية ثم كانت المؤسسات الحكومية التي شرّعت مناهج ومواد دراسية تعلم كافة المعارف بما فيها الفنون الجميلة كالرسم والأشغال اليدوية والموسيقى. الفترة التي ظهرت فيها الفنون والمواهب الفنية تتقارب من حيث التأثير الدراسي من جانب، وبوجود المعلمين العرب في بعض البلدان. فقد ابتعثت الكويت عددًا من أبنائها لدراسة الفنون في مصر ودول عربية أخرى وأجنبية وبالمثل البحرين وقطر والمملكة العربية السعودية ودولة الامارات العربية المتحدة وسلطنة عمان. مع اهتمام الكويت بالفنان المحلي ومنحه الوقت الكافي للإنتاج والاطلاع على نتاج الاخرين وعرض إنتاجه في معارض فردية قامت بتفريغ عدد من كوادرها الشابة للفن، وكان إنشاء المرسم الحر بداية

In that vein, while education had initially focused on religious and arithmetic studies, governmental institutions soon adopted curricula that spanned all aspects of knowledge, including fine art, handcrafts, and music. The period that saw the emergence of talents, which corresponded with the growing impact of education, as well as the presence of Arab teachers in some GCC countries. Kuwait, Bahrain, Qatar, Saudi Arabia, Emirates, and Oman all sponsored many young people to pursue art studies in Egypt, other Arab countries, and abroad.

Kuwait, in particular, was invested in its local artists and was keen to provide them with the time to produce and showcase their work in solo exhibitions, in addition to acquainting themselves with their peers' practices. Accordingly, the establishment of the Free Art Atelier in Kuwait in the early 1960s served as a starting point for a diverse body of artistic production, marking the genuine beginnings of many artists' trajectories. It was a significant initiative that supported mostly young artists seeking valuable artistic achievement and the renewal of cultural expression.

Kuwait provided scholarships for arts studies in Egypt, France, and England to young talented artists, including Mojeb Aldousari, Tareq Alsayid Fakhri, Ahmad Zakariya Alansari, Mohammad Aldamkhi, Issa Saqer, Abdullah Al Qassar, Abdullah Salem, Sami Mohammed, Khalifa Qattan, Khazaal Al-Qaffas, Sabiha Bishara, and Jassem Bu Hamad, among others. These artists returned home to carry the mantle of the arts and to pursue distinguished practices infused with local cultural significance, marked by authenticity and technical proficiency.

In Bahrain, ambitions were high among young artists, whose passion and love for art spurred individual initiatives that came in different forms

الستينيات في الكويت منطلقًا لنتاج فني متنوع أطلق بدايات حقيقية تمثّل مسارات الفنانين وتوجهاتهم الفنية. كان بادرة هامة أسهمت في دعم الفنانين الذين كان جلهم من الشباب المتطلع إلى تحقيق قيمة فنية، وبعث ثقافة جديدة. ابتعثت عددًا من الشباب الموهوب إلى مصر وفرنسا وانجلترا لدراسات فنية متخصصة أو حرة، من بينهم معجب الدوسري وطارق السيد فخري وأحمد زكريا الأنصاري ومحمد الدمخي وعيسى صقر وعبدالله القصار وعبدالله سالم وسامي محمد وخليفة القطان وخزعل عوض وصبيحة بشارة وجاسم بوحمد وغيرهم، وعادوا ليحملوا راية الفن ويحققوا نتاجًا وتجارب فنية تتمايز وتحمل مضامين ثقافية محلية عبرت عن أصالة واقتدار. في البحرين كان طموح الفنانين الشباب كبيرًا ومن خلال شغفهم وحبهم للفن كانت مبادراتهم الفردية، إما بإنشاء مقار لأنفسهم يرسمون ويعرضون أعمالهم، على غرار دكان عبدالكريم العريض أو من خلال دور ندوة الفن والأدب 1952 ثم أسرة هواة الفن 1956 التي انضم إليها فنانون وهواة أقاموا معارضهم في مواقع متفرقة، إلى قيام جمعية الفن المعاصر 1970 وتنظيمها أولى عروضها في نفس العام. تأسست الجمعية على يد عبدالكريم العريض وراشد العريفي وحسين السني، وضمت في بداياتها عددًا كبيرًا من الفنانين والهواة البحرينيين. في الثمانينيات أُنشئت جمعية البحرين للفنون التشكيلية ثم جمعية خزافي البحرين.

انطلق منذ العام 1972 معرض سنوي لفناني البحرين برعاية رسمية بجانب المعارض والنشاطات التي ترعاها وتنظمها جمعيات ومؤسسات ومراكز فنية أخرى. تتنوع التجربة البصرية في البحرين بين توجهات ترتبط بالناس والمكان والبحث في الجماليات، فأعمال المرتبطين بالمحيط والبيئة المحلية نجد فيها صيغًا تبعث حسًا تعبيريًا يتمثل في حلول حسين السني أو عبدالكريم البوسطة أو أصغر إسماعيل أو معالجات

over the years. Some, like Abdulkarim Al Orrayed, established their own ateliers in which to paint and showcase their works. *The Arts and Letters Symposium* of 1952 also had an early role, followed by the founding of The Family of Art Amateurs in 1956, which was composed of artists and enthusiasts who held exhibitions in various venues. Then came the founding of the Bahrain Contemporary Art Association in 1970, which held its first exhibition the same year. Founded by Abdulkarim Al Orrayed, Rashid Al Oraifi, and Hussain Alsunni, the association brought together a substantial number of Bahraini artists and enthusiasts in its early years. In the 1980s, the Bahrain Arts Society was founded, followed by the Bahrain Potters Society in 1993.

In 1972, an annual Bahraini art exhibition was launched under official auspices, complementing the exhibitions and activities organized and backed by other arts associations, institutions, and centers.

Bahrain's visual-art practices are varied, ranging from aesthetic explorations and approaches concerned with people and place, to works linked to the local surroundings and environments, often imbued with expressionist sensibilities, as evident in the strategies employed by Hussain Alsunni, Abdulkarim Albosta, and Asghar Ismail; or in Abdulrahim Sharif's treatments and expressionist reductions; Abbas Almosawi's use of color; Balqees Fakhro's abstractions; and Abdullah Al-Muharraqi's connection to local scenes in his retrospective revival of aspects of olden Bahraini life. Straddling modernism and the contemporary are the works of Shaikh Rashid Al Khalifa, Anas Alshaikh, Omar Alrashid, Ahmad Anan, and Jaafar Aloraibi, as well as the sculptures of Khalil Alhashimi, Khalid Farhan, and Ali Almahmeed, among others.

عبدالرحيم شريف واختزالاته التعبيرية، أو العرض اللوني عند عباس الموسوي أو تجريدات بلقيس فخرو أو ارتباط المحرقي بالمظاهر المحلية وبعث مواضيع استعادية للحياة القديمة في البحرين، كما ونرى بين الحداثة والمعاصرة أعمال الشيخ راشد آل خليفة و أنس الشيخ وعمر الراشد وأحمد عنان وجعفر العريبي كما نراها في منحوتات خليل الهاشمي وخالد فرحان وعلي المحميد وغيرهم.

انطلقت المعارض الفنية في سلطنة عمان من خلال العروض المدرسية ثم إنشاء مرسم الشباب في العام 1980، وكان منطلقًا لرعاية المواهب والفنانين فانضم إليه أنور خميس سونيا وأيوب البلوشي ورابحة محمود وموسى صديق وعبدالله الريامي ومريم الزدجالية وآخرون، فأقيمت المعارض وتمت المشاركات الخارجية خاصة في المعارض العربية إلى أن تم تأسيس الجمعية العمانية للفنون التشكيلية عام 1993 وكانت بمثابة تحول في مسار الفن في عمان، فضمت عددًا من الفنانين الذين كانوا على قدر كبير من الحماس والنشاط الفني، عزّز ذلك البرامج التي وضعتها الجمعية كإقامة المعارض المحلية والمشاركات الخارجية والزيارات التي كانت تنظمها لأعضائها في بعض البلدان العربية والأجنبية للاطلاع على أحدث العروض الفنية و المتاحف، وبدت ملامح التجربة العمانية في البروز بين تجارب الفنانين في دول الخليج الأخرى، فبجانب الأسماء السابقة كان محمد الفارسي ونادرة محمود وحسين عبيد وموسى عمر وعبدالله الحنيني ومحمد نظام ورشيد عبدالرحمن ومحمد فاضل وعالية الفارسي وحسن مير وغيرهم. ظهر في تجاربهم التنوع ومواكبة المتغيرات الفنية على المستوى العربي على الأقل.

في دولة الإمارات العربية المتحدة برز بينالي الشارقة الذي أطلق أولى دوراته عام 1993 وانفتح في دوراته اللاحقة على فناني الوطن العربي والعالم وتنوعت في دوراته بعد العام 2000 الأعمال، وانحازت إلى الأعمال المفاهيمية

In Oman, early exhibitions took the form of school-based displays, followed by the founding of the Youth Art Studio in 1980, which served as a space for nurturing young talent. Anwar Sonya, Ayub Molneg Baluchi, Rabha Mahmoud, Mousa Sadeeq, Abdullah Alriyami, and Maryam Alzadjali, among others, joined the studio. Exhibitions were organized, and participation in Arab regional exhibitions expanded.

The trajectory of art in Oman was then significantly boosted with the 1993 establishment of the Omani Society for Fine Arts, which drew a host of enthusiastic and prolific artists. Their participation bolstered the society's programming, which included local exhibitions, external collaborations, and the arrangement of member visits to the latest art exhibitions and museums in Arab countries and beyond.

The features of Omani art began to gain prominence among the other Arab Gulf countries, thanks to its diversity of practices and engagement with the changes in the arts landscape in the Arab region and beyond. In addition to the aforementioned artists, other notable names include Mohammed Alfarsi, Nadira Mahmoud, Hussain Obaid, Moussa Omar, Abdullah Alhunaini, Mohammad Nizam, Rasheed Abdulrahman, Mohammad Fadel, Alia Alfarsi, and Hassan Meer, among others.

As for the United Arab Emirates, the Sharjah Biennial gained prominence after its initial launch in 1993, opening up participation to Arab and international artists. After the year 2000, the biennial featured a marked diversification of artistic practices, increasingly leaning toward conceptual and contemporary works. Art initially emerged in the UAE through individual initiatives, followed by the establishment of the Emirates Fine Arts Society, whose enthusiastic members diligently laid theoretical foundations through

أو المعاصرة. ظهر الفن في الإمارات من خلال مبادرات فردية ثم تأسيس جمعية الإمارات للفنون التشكيلية التي كان أعضاؤها على قدر كبير من الحماس والجهد فأسسوا لجوانب نظرية من خلال الحوارات أو من خلال المجلة التي تم إصدارها في البدايات. كان مقر الجمعية في الشارقة بمثابة خلية نحل، التقيتُ فيها بعدد كبير من الفنانين الإماراتيين والعرب. وفي العام 1985 عندما عرض أصدقاء الفن التشكيلي الخليجي في أولى محطاتهم بالمركز الثقافي في أبوظبي استضاف الأصدقاء بعض فناني الإمارات (الدولة المضيفة) فكانت مشاركة حسن شريف. كان العمل الذي قدمه خارجا عن مألوف ما كان معروضًا. تميز العمل بفكرته وبساطة خامته وكان مثار حديث الأصدقاء. تواصلت بحوث الفنان شريف واهتماماته وانكب على البحث في متغير يحرك سكون اللوحة إلى عمل يثير الأسئلة ويقدم أفكارًا ومشاركة أو تفاعلًا، انجذب إلى أفكار شريف بعض زملائه مثل محمد كاظم ومحمد أحمد إبراهيم وخاض التجربة محمد يوسف وعبدالرحيم سالم، إلا أن حسن شريف وعددًا من زملائه المتأثرين بمساره سعوا إلى التأكيد على أفكارهم وطرحوا ذلك عمليًا ونظريًا عندما أصدر حسن شريف اكثر من مطبوعة توضح أفكاره. تواصلت حركة الفن الإماراتي من خلال العروض المشتركة التي تنظمها المؤسسات أو القاعات الخاصة وبرزت خلال المسيرة أسماء بينها إبراهيم مصطفى وأحمد الأنصاري وحمد السويدي وعصام الشريدة وعبدالقادر الريس وفاطمة لوتاه ومنى الخاجة ونجاة مكي وصالح الأستاذ وحسين شريف وعبيد سرور، وأسماء أخرى شكلت حضورها الخاص في مناسبات محلية ودولية.

في العام 1980 أُنشئت الجمعية القطرية للفنون التشكيلية وكانت مسبوقة باهتمام وزارة الإعلام ومن خلال إدارة الثقافة والفنون التي أطلقت العروض المبكرة للفنانين. درس الفنان جاسم زيني وحسن الملا الفن في العراق ودرس

forum discussions and the early publication of a magazine. The society's Sharjah headquarters became a beehive of activity, and it was there that I had the opportunity to meet many Emirati and Arab artists.

When the Friends of the Fine Arts group held one of their early exhibitions at the Abu Dhabi cultural center, they hosted some local artists, including Hassan Sharif. Conceptually and in terms of its material simplicity, the work that Sharif presented stood out as unconventional and distinct compared to the other works on view, spurring much discussion among the group. Sharif's explorations persisted, and his interests expanded as he dedicated himself to probing for elements capable of stirring a painting's stillness to create works that are thought-provoking and engaging. Sharif's ideas resonated with some of his peers, among whom were Mohammed Kazem, Mohamed Ahmed Ibrahim, Mohamed Yousif, and Abdulraheem Salim. Together, they sought to affirm and articulate these ideas on both theoretical and practical levels, issuing more than one publication to that end. The Emirati art movement carried forward through collective exhibitions organized institutionally or by private galleries, featuring notable names such as Ibrahim Moustafa, Ahmed Alansari, Hamad Alsuwaidi, Issam Alsharida, Abdulqader Alrais, Fatma Lootah, Mona Alkhaja, Najat Makki, Saleh Alustad, Hussain Sharif, and Obaid Suroor, among others who have left their mark locally and internationally.

The establishment of the Qatar Fine Arts Association in 1980 was preceded by the early and keen involvement of the country's Ministry of Information—through its culture and arts department—in organizing artist exhibitions. Among these artists, Jassim Zaini and Hassan Almulla studied art in Iraq, while Wafika Sultan, Yousef Ahmad, and Salman Almalek obtained their education in Egypt. The early

في مصر رفاقه سلطان ويوسف أحمد وسلمان المالك. كانت العروض المبكرة للفنانين القطريين بمثابة تعبير عن حالة فنية تفاعلت مع المجتمع والمحيط، وتفاعلت مع المكان بكل مظاهره فرسم الفنانون محيطهم بكل تفاصيله، والتقى الجميع على أداء يحاكي أو يستذكر ويستعيد، إلا أن تحولات الفن السريعة والانفتاح العربي ودراسة بعض الفنانين الخارجية؛ منحهم التعرف على أساليب وطرائق وتيارات فنية أكثر انفتاحًا للتعبير ومواكبة المتغيرات فكانت أعمال جاسم زيني التي توثق وتبحث في مواضيع محلية في إحالة إلى تبسيط الفكرة وحلولها، وانحاز يوسف أحمد إلى الحرف العربي والإشارة، مع البحث في التقنيات، وبالمثل علي حسن الجابر الذي سعى إلى البحث في طاقة الحرف وجمالياته، كانت أعمال حسن الملا التعبيرية عن الإنسان وبعض الجوانب الاجتماعية، وتأثرت تجربة فرج دهام بالحداثة وأثر المتغيرات والصراع الإنساني، كما واستلهم سلمان المالك من الأزياء الشعبية ورسم الوجوه بتعبيرية وبساطة. واهتم محمد علي بالتعبير عن الإنسان والمكان وظهرت خلال المسيرة الفنية في قطر أسماء عديدة بينها سلطان السليطي وعيسى الغانم وسيف الكواري وبدرية جاسم ومحمد الجيدة ومحمد الكواري ووفيقة سلطان ويوسف الشريف ومحمد عتيق وآخرون.

نظمت دولة قطر في العام 1980 معرض الخليج للفنون التشكيلية الأول وكانت المشاركة كبيرة لفناني دول الخليج العربي باستثناء سلطنة عمان وحضور الفنانين العراقيين مثل علي طالب ونوري الراوي وعلاء بشير ورافع الناصري وسلمان عباس وخضير الشكرجي وغيرهم. كان المعرض انتقائيًا كما يبدو. قامت الجمعية القطرية بدور في إغناء الساحة المحلية بالمعارض المشتركة والشخصية وأصدرت أعدادًا من مجلة أسمتها «التشكيلي القطري» كما استضافت معارض عدد من الفنانين العرب. أنشئ في قطر مركز الفنون البصرية وعمل على تنظيم نشاطات فنية بينها

المعـارض وإقامـة الحـوارات وإصدار الكتـب الفنية.

في المملكة العربية السـعودية تعود البدايات الموثقـة إلـى السـتينيات عندمـا أطلـق عـدد مـن الفنانيـن والفنانات عروضهـم الفرديـة كعبدالحليم رضوي وعبدالعزيـز الحماد ومحمد السـليم وصفية بـن زقـر ومنيـرة موصلـي، هـذه العـروض كانـت مسـبوقة بنشـاطات متفرقـة وفرديـة مـن بينهـا حضـور الفنـان محمد راسـم وإقامته معرضًـا فرديًا فـي أحد بنـوك مدينـة جـدة. تلقـى راسـم علومه الفنية في اسـطنبول وكان يرسـم الكاريكاتير وتنشـر أعماله بعـض الصحـف المحلية. فـي العام 1969 شـهدت المملكـة أول المعـارض الجماعيـة نظمته مديريـة رعايـة الشـباب، وشـهدت السـبعينيات إنشـاء الرئاسـة العامـة لرعايـة الشـباب التـي رعـت ونظمت من خـلال إدارة الشـؤون الثقافية معارض سـنوية منتظمة تمنح مـن خلالها الجوائـز وتقتني أعمالها، كما تنظم وتشـرف على المعارض الخارجية ومشـاركات الفنانيـن السـعوديين فـي المناسـبات العربيـة والدوليـة. وشـهدت بدايـات العقد نفسـه قيـام الجمعية العربيـة السـعودية للثقافة والفنون التي قامـت بدور مماثل فـي رعاية الفـن والفنانين، فنظمـت المعـارض الفرديـة والجماعية.

أقيمـت المعـارض والمناسـبات الفنيـة خارج المملكة برعاية الرئاسـة العامة لرعاية الشباب، إلا أن فنانيـن كعبدالحليم رضـوي وصفية بـن زقر عرضوا قبل ذلك. تواصل الاهتمام بالفن والفنانين فظهرت القاعـات الخاصـة فـي جـدة والريـاض والخبـر. في العـام 2007 أنشـئت الجمعيـة السـعودية للفنون التشـكيلية (جسـفت)، ومـع قيـام وزارة الثقافـة شـهدت السـاحة الفنيـة تحـولات هامة مـن حيث المشـاريع الفنيـة الكبـرى والمبادرات، أنشـئت هيئة الفنون البصرية فجمعيـة الفنون البصرية. فأطلقت هيئـة الفنـون البصريـة العديـد مـن المبـادرات والمشـاريع الفنيـة ورعـت العديـد من المناسـبات والفعاليـات والمعـارض كإقامـة المسـابقات الفنية وبرامـج الارشـاد والتوجيـه الفنـي وبرامـج الإقامـة الفنيـة وطباعـة الكتـب ورعايـة المعـارض، كمـا تم

exhibitions of Qatari artists reflect expressions of an artistic moment of engagement with society and place in all its aspects. Artists painted their surroundings in detail and collectively converged through practices aimed at representing, recollecting, or reclaiming. Nevertheless, the fast-paced changes in art, coupled with greater exposure to international influences and studies abroad, afforded opportunities to learn about art styles, techniques, and movements, thereby expanding the breadth of expression.

Through his works, Jassim Zaini documented and examined local themes, tending toward the simplification of concepts and their treatment. Yousef Ahmad gravitated toward Arabic letterform and symbology, with a focus on technical exploration. Similarly, Hassan Aljaber explored the energy and aesthetic potential of letters. Hassan Almulla, meanwhile, produced expressionist works with a human and societal focus. Faraj Daham's practice responded to modernity, the impact of change, and human struggle. Drawing inspiration from traditional dress, Salman Almalek painted faces with simplicity and expressionism, while Mohammed Ali was keen on representing people and place. Other notable names that emerged in Qatari art include Sultan Alsulaiti, Issa Alghanim, Saif Alkuwari, Badriya Jassim, Mohammed Aljaidah, Mohammed Alkuwari, Wafika Sultan, Yousef Alsharif, and Mohammed Alatiq, among others.

In 1980, the Qatari state organized and held the first edition of the Gulf Fine Arts Exhibition, with wide participation of artists from the Arab Gulf states, with the exception of the Sultanate of Oman. Also taking part were Iraqi artists Ali Taleb, Nuri Alrawi, Ala Bashir, Rafa Nasiri, Salman Abbas, and Khudair Alshakarji, among others. The Qatar Fine Arts Society played an important role in enriching the local scene through collective and individual exhibitions, in addition to issuing volumes of *Al-Tashkeely Al-Qatari* magazine and hosting a number of Arab artists. Moreover, the establishment of the Visual Art Center in Qatar saw the organization of art-focused events, including exhibitions and forums, in addition to the publication of art books.

The documented beginnings of the art scene in Saudi Arabia date back to the 1960s and the launch of solo exhibitions by several artists, such as Abdulhalim Radwi, Abdulaziz Alhammad, Mohammed Alsaleem, Safeya Binzagr, and Mounirah Mosly. These exhibitions were preceded by discrete individual initiatives, including a solo exhibition held by Mohammad Rasim in a Jeddah bank. Rasim obtained his arts education in Istanbul and was a caricaturist whose works were published in local newspapers.

The kingdom saw its first collective exhibition in 1969, organized by the Youth Welfare Directorate. Subsequently, the General Presidency of Youth Welfare (GPYW) was established in the 1970s, and it would go on to support and organize annual exhibitions through its Cultural Affairs Department, awarding prizes and acquiring artworks. It also organized and supervised external exhibitions, and the participation of Saudi artists in Arab and international events. Early in the same decade, the Saudi Arabian Society for Culture and Arts was founded, taking on a similar role in supporting the arts and artists by organizing solo and group exhibitions.

Though art exhibitions and events outside of Saudi Arabia were held under the auspices of the GPYW, artists such as Abdulhalim Radwi and Safeya Binzagr had exhibited their works prior to its involvement. Keen involvement in the arts and with artists continued as private galleries emerged in Jeddah, Riyadh, and Al-Khobar. With the 2007 founding of the Saudi Society for Fine Arts, and with the establishment

التأسيس للجوائز الثقافية. أنشأ معهد مسك للفنون فكان دوره الكبير في رسم برامج سنوية ومشاريع كبيرة تحتفي بالفن والفنانين. نظم المعهد المعارض المحلية واستضاف الفنانين من الداخل والخارج، وتم التأسيس لأسبوع مسك للفنون، وهو مناسبة سنوية تحتفي بالفن والفنانين، وفي دوراته الأولى تم تكريم عدد من الفنانين السعوديين والخليجيين، وأطلق المعهد مبادرة (مكتبة الفن) بإصدار كتب للفنانين السعوديين والعرب وإقامة معارض مصاحبة لهم، كما أطلقت في العام 2024 فكرة المعارض الشخصية مع إصدار كتاب عن الفنان يستعرض بعض أعماله. شاركت المملكة في بينالي فينيسيا منذ العام 2011 وقد شهدت الساحة تحولاتها مبكرًا ابتداءً بعودة عبدالحليم رضوي من دراسة الفن في إيطاليا وإقامته أول معارضه الفردية إلى الانفتاح على التيارات الفنية الجديدة التي تحققت مبكرًا في أعمال لفيصل السمرة وبكر شيخون، إلى جيل أطلق اهتماماته واتجاهه نحو أعمال الفكرة والمعاصرة فكانت أعمال منال الضويان وفلوة ناظر وزهرة الغامدي وأحمد ماطر وعبدالناصر غارم والعديد من الأسماء، على أن تنوع الاتجاهات الفنية الحداثية مثلته أسماء عدة أجيال ابتداء بالجيل الأول إلى أسماء تالية بينها عبدالله الشلتي وعبدالله حماس ومحمد سيام ويوسف جاها وطه صبان وعلي الرزيزاء وعبدالحميد البقشي وكمال المعلم وعبدالله المرزوق وعلي الصفار وعثمان الخزيم وناصر الموسى وعلي الطخيس إلى جيل تال مثّله عبدالعزيز عاشور وعبدالعزيز الناجم وخالد العويس وزمان محمد جاسم ومحمد الثقفي وفهد النعيمة وآخرون.

امتاز الفن في دول الخليج العربي بأصالته وارتباط فنانيه بمجتمعاتهم وثقافتهم وسعيهم إلى تطوير تجاربهم ومواكبتهم التحولات الفنية التي يشهدها العالم ليكونوا جزءًا من منظومة فنية ترسخ دور الفن وأهميته في التعبير عن الهوية والثقافة.

of the Saudi Ministry of Culture in 2018, the country's art scene witnessed significant transformations in the form of large-scale projects and initiatives. Furthermore, the Visual Arts Commission was set up in 2020, followed by the Visual Arts Association. The commission has since launched various initiatives and projects, supporting a host of events and exhibitions, including art competitions, mentorship and guidance programs, art residencies, in addition to instituting cultural awards.

Since its establishment in 2017, the Misk Art Institute has also played a significant role by designing annual programs and large-scale projects that celebrate artists and the arts, including local exhibitions, hosting artists from the country and abroad. In further celebration of artists and the arts, the institute launched *Misk Art Week*, an annual event whose early editions saw the honoring of many Saudi and Gulf artists. The institute also launched *The Art Library* initiative, publishing books on behalf of Saudi and Arab artists and holding accompanying exhibitions. In 2024, the institute debuted the *Solo Series*, seeking to highlight pioneering Saudi artists with successive exhibitions and catalogs about the featured artists and their works.

Saudi Arabia has participated in the Venice Biennale since 2011, but the transformations within the country's art scene began long before that—starting from the return of Abdulhalim Radwi following his studies in Italy, and holding his first solo exhibition soon thereafter. These developments continued with exposure to new artistic trends, as manifest in the works of Faisal Samra and Bakr Sheikhoun; and on to a generation who honed their interests in on the conceptual and the contemporary, as evident in the works of Manal Aldowayan, Filwa Nazer, Zahrah Alghamdi, Ahmed Mater, and Abdulnasser Gharem, among many others. The country's diverse modernist practices have produced many prominent names, beginning with the first generation and on to names like Abdullah Alshalti, Abdullah Hammas, Mohammed Siam, Youssef Jaha, Taha Alsabban, Ali Alruzaiza, Abdulhamid Albaqshi, Kamal Almualem, Abdullah Almarzouq, Ali Alsaffar, Othman Alkhuzaim, Nasser Almousa, and Ali Altokhais, followed by Abdulaziz Ashour, Abdulaziz Alnajim, Khalid Alowais, Zaman Jassim, Mohammed Althaqafi, and Fahad Alnaymah.

Art in the Arabian Gulf countries has been distinguished by its authenticity and the connection of its artists to their communities and cultures, with a quest to develop artistic practices while engaging with global shifts and taking part in an ecosystem that cements art's vital role in expressions of identity and culture.

جماعة أصدقاء الفن التشكيلي: إرثٌ فنيّ

The Artistic Legacy of the Friends of the Fine Arts

سلطان القاسمي
Sultan Al-Qassemi

Introduction

The history of artist unions and groups in the Arab world dates back to the early decades of the twentieth century, with notable examples including the Arts and Liberty group formed in Cairo in the 1930s, L'École de Tunis in the 1940s, and the Damascus Group, also known as D Group, which was established in 1965, among many others. However, while some of these groups and collectives transcended ethnic and religious proclivities, most of them tended to prioritize national concerns, with membership almost exclusively limited to citizens of their respective countries. It was not until 1971 that Ismael Shammout (1930-2006) and others came together in Damascus to establish the Arab Plastic Artists' Union. However, all the aforementioned unions were short-lived, lasting only a few years. Perhaps the most successful in terms of longevity was the Friends of the Fine Arts (أصدقاء الفن التشكيلي) group in the Arab Gulf states which are part of the Gulf Cooperation Council (GCC). Founded in 1985 during the Iran-Iraq conflict (1980-1988), the group not only survived the invasion of one of its member

مقدمة

تعود جذور الجماعات والنقابات الفنية في العالم العربي إلى العقود الأولى من القرن العشرين، ومن أبرزها «جماعة الفن والحرية» التي تأسّست في القاهرة في ثلاثينيات القرن الماضي، و«مدرسة تونس» في أربعينياته، و«جماعة دمشق»، المعروفة أيضًا باسم «جماعة د»، التي ظهرت عام 1965. وعلى الرغم من أن بعض هذه الجماعات تجاوزت الانتماءات العرقية والدينية، فإن الغالبية منها أعطت الأولوية للاعتبارات الوطنية، فقصرت العضوية على مواطني البلد الواحد. ظل هذا التوجّه سائدًا حتى عام 1971، حين اجتمع إسماعيل شموط (1930-2006) وآخرون في دمشق لتأسيس اتحاد الفنانين التشكيليين العرب، في محاولة لتجاوز تلك الحدود. ورغم أهمية هذه الجماعات، فإن معظمها لم يعمّر طويلًا، إذ لم يتعدَّ وجودُها بضع سنوات. أما «جماعة أصدقاء الفن التشكيلي»، فقد تميزت عن غيرها بقدرتها على الاستمرار؛ إذ تأسست عام 1985 خلال الحرب العراقية الإيرانية (1980-1988)، ونجحت في الصمود رغم التحديات السياسية الكبرى، بما فيها غزو إحدى دولها الأعضاء. وقد تفرّدت هذه الجماعة أيضًا بتنوعها اللافت، لا سيما من حيث تمثيلها للمرأة.

أتاحت جماعة أصدقاء الفن التشكيلي للفنانين فرصة بناء شبكة خليجية واسعة في وقت كانت فيه وسائل الاتصال متقادمةً ومحدودة، ولم تكن اللقاءات والمنصات الحديثة، مثل المؤتمرات والبيناليات، قد تطورت بعد. ومن خلال المعارض التي نظّمتها، بدأ تبادل الأفكار والتأثيرات، ما أسهم في تبلور مشهدٍ فني خليجي مميز. لم تُصدر الجماعة بيانًا فكريًا كما فعلت «جماعة بغداد للفن الحديث» عام 1951 الذي حدّد الإطار الإيديولوجي والمبادئ الفنية لأعضائه؛ بل اكتفت بميثاق يحدد تشكيلها وأهدافها، ترك المجال مفتوحًا لتطورٍ تلقائي وطبيعي للموضوعات السياسية والمفاهيمية المشتركة التي عكست روح منطقة الخليج في ظل التحولات المتسارعة.

النشأة

تأسّست جماعة أصدقاء الفن التشكيلي بعد سنوات من التواصل غير الرسمي القائم على علاقات الصداقة، سعى الفنانون إلى تأطيرها وتحويلها إلى كيان رسمي. ويذكر الفنان والعضو المؤسس يوسف أحمد (مواليد 1955) أن «المفهوم الأولي للجماعة بدأ في 19 نوفمبر 1982، في اجتماع جمعه بعبد الرسول سلمان، لوضع صيغة تحتضن الفنانين من جميع دول مجلس التعاون الخليجي»[1]. وكانت الجمعيات الفنية المحلية تؤدي دورًا مهمًا في تعزيز العلاقات بين الفنانين داخل البلد الواحد، مع امتداد بعضها لتشمل فنانين من دول أخرى. من الأمثلة على ذلك «المرسم الحر» في الكويت، الذي تأسس رسميًا عام 1960، وكان ملتقى لفنانين مثل عبد القادر الريس (مواليد 1951) من الإمارات، ويوسف قاسم الخاجة (1928-2004) وابنه يعقوب يوسف (1948-1973) من البحرين. وفي عام 1979، أسس محمد السليم (1939-1997) «دار الفنون السعودية»، التي جمعت نخبة من الفنانين من مختلف مناطق

1 عبر التواصل الالكتروني، 2 مايو 2025.

states, but it was also notable for its diversity, particularly in terms of gender.

The Friends of the Fine Arts collective enabled artists to build a Gulf-wide network that was unrivaled at a time when means of communication were antiquated and limited. Additionally, the modern formats and platforms, such as conferences and biennales, were not yet developed. Through the exhibitions organized by the group, ideas and influences were exchanged, and a distinct Gulf art scene began to emerge. The Friends of the Fine Arts did not publish a manifesto as the Baghdad Group for Modern Art did in 1951, which set out ideologies or artistic principles. Instead, a charter outlining their formation and objectives was agreed upon, while common political and conceptual themes naturally developed, capturing the spirit of a region undergoing rapid transformation.

Formation

The Friends of the Fine Arts collective was formed after years of informal networking based on casual, friendly relations that artists sought to formalize into an official organization. In fact, the artist and founding member Yousef Ahmad (b. 1955) mentions that "the initial conception of the Friends of the Fine Arts started on the 19th of November 1982 in a meeting between [him] and Abdulrasoul Salman to ideate a format that encompasses artists from across the GCC."[1] Artistic associations on the local level had already played an important role in strengthening ties between artists within a single country, with some even extending to others from abroad. One example is Kuwait's Free Art Atelier, officially established in 1960, which was frequented by artists such as Abdulqader Alrais (b.1951)

1 Electronic communication, May 2, 2025.

from Dubai, Yousef Qasim Alkhaja (1928-2004), and the latter's son Yaqoub Yousef (1948-1973), both from Bahrain. In 1979, Mohammed Alsaleem (1939-1997) founded Dar Al Funoon Al Sa'udiyyah (دار الفنون السعودية)—The Saudi Art House—which brought together a range of artists from across the kingdom. Meanwhile, the UAE Fine Arts Society, established in 1980 in Sharjah, also included non-UAE artists such as Kuwait's Sami Mohammed (b. 1943). These networks were instrumental in the founding of the Friends of the Fine Arts on May 2, 1985, during a solo exhibition of Abdulrasoul Salman (b.1946) of Kuwait in the Sheraton Doha. Salman would go on to serve as the group's president, while Qatar's Yousef Ahmad served as its secretary-general.

The group's founding charter stipulated that artists had to accompany their artworks and be present during the openings, ensuring in-person meetings, thereby strengthening the network. The document stated that each artist would display a minimum of three works and a maximum of five. Additionally, artists were required to cover their own travel and lodging expenses.

In 1996, one year after the collective's final exhibition, Kuwaiti artist Abdulrasoul Salman published a book titled *Formative Art Friends in G.C.C.* (sic), which provided a documented account, including the exhibition history and photographs of the collective's activities. According to the publication, Abdulrasoul Salman and Yousef Ahmad traveled in early 1985 to Abu Dhabi and Sharjah to gauge the interest of the two emirates in hosting the collective's first exhibitions. The duo reported a positive response, and plans were soon underway to host the first exhibition in Abu Dhabi,[2] which took

2 The UAE capital had previously hosted the first Gulf Cooperation Council meeting in May 1981.

المملكة. كما استقطبت «جمعية الإمارات للفنون التشكيلية»، التي تأسست عام 1980 في الشارقة، فنانين غير إماراتيين مثل الكويتي سامي محمد (مواليد 1943). وقد ساهمت هذه الشبكات في تأسيس جماعة أصدقاء الفن التشكيلي في 2 مايو 1985، خلال معرض فردي لعبد الرسول سلمان (مواليد 1946) في فندق شيراتون الدوحة. وتولّى سلمان رئاسة الجماعة، بينما شغل القطري يوسف أحمد منصب أمينها العام.

نصّ الميثاق التأسيسي لجماعة أصدقاء الفن التشكيلي على وجوب حضور الفنانين برفقة أعمالهم الفنية خلال الافتتاحات، بهدف تعزيز اللقاءات الشخصية وتوطيد شبكة العلاقات. كما حددت الوثيقة أن يشارك كل فنان بثلاثة أعمال كحد أدنى وخمسة كحد أقصى، مع تحمّل الفنانين نفقات السفر والإقامة بأنفسهم.

في عام 1996، وبعد عام من إقامة المعرض الختامي للجماعة، نشر الفنان الكويتي عبد الرسول سلمان كتابًا بعنوان «أصدقاء الفن التشكيلي»، قدّم فيه سردًا موثّقًا لتاريخ الجماعة، متضمنًا توثيقًا للمعارض وصورًا للأنشطة. وبحسب ما ورد في الكتاب، سافر عبد الرسول سلمان ويوسف أحمد في أوائل عام 1985 إلى أبوظبي والشارقة لاستكشاف مدى استعداد الإمارتين لاستضافة أول معرض للجماعة. وقد تلقّى الثنائي ردود فعل إيجابية، وسرعان ما وُضعت الخطط لإقامة المعرض الأول في أبوظبي[2] من 11 إلى 13 أكتوبر، تلاه معرض في الشارقة من 15 إلى 17 أكتوبر 1985، ثم معرض ثالث في الدوحة من 19 إلى 21 أكتوبر من العام نفسه.

بين عامي 1985 و1995، نظمت جماعة أصدقاء الفن التشكيلي معارض في الدوحة، والرياض، وجدة، والمنامة، والكويت، والقاهرة، وتونس، ومدريد، وباريس، وعمان، وواشنطن

2 كانت عاصمة دولة الإمارات العربية المتحدة قد استضافت اجتماع مجلس دول التعاون الخليجي في مايو 1981.

العاصمة، وإسطنبول، ومسقط، وبون. وكان من أبرز هذه المعارض المعرض الذي أُقيم في الأردن عام 1988، وشارك فيه عدد كبير من الفنانين، من بينهم ناصر اليوسف (1940-2006) من البحرين، وجاسم بو حامد (مواليد 1946) من الكويت، وثريا البقصمي (مواليد 1952) من الكويت، ووفاء الصباغ (مواليد 1957) من الإمارات العربية المتحدة، وبلقيس فخرو (مواليد 1950) من البحرين، ومنيرة موصلي (1943-2019) من المملكة العربية السعودية، والدكتور فؤاد مغربل (مواليد 1950)، وعبد الرسول سلمان من الكويت، وعبد اللطيف مفيز (1943-1994) من البحرين، وحسن الملا (مواليد 1951) من قطر.

تُشيد بلقيس فخرو[3] بدور البعثات الدبلوماسية الخليجية في الخارج في دعم تنظيم معارض الجماعة، وتستذكر على وجه الخصوص معرض عام 1987 في أكاديمية سان فرناندو الملكية للفنون الجميلة في مدريد، الذي افتتحته الملكة صوفيا ملكة إسبانيا، وحضره كل من صاحب السمو الملكي الأمير محمد بن نواف، سفير المملكة العربية السعودية لدى إسبانيا، وسعادة بدر عمر الدفع، سفير قطر لدى إسبانيا[4]. كما لبّى الشيخ حسن بن حمد آل ثاني، دعوة تولّي الرئاسة الفخرية للجماعة، وشارك في معرض مسقط، وتكفّل بطباعة كتاب عبد الرسول سلمان «أصدقاء الفن التشكيلي».

الموضوعات

عند تأمل الأعمال الفنية لأعضاء جماعة أصدقاء الفن التشكيلي، تبرز بعض الموضوعات العامة التي تعكس اهتماماتهم الخاصة وتجاربهم المشتركة. ومن أبرز هذه الموضوعات التحولات السريعة والمشهد المتغيّر من حولهم، ماديّا وثقافيّا، والتي عبّر عنها الفنانون إما من خلال عدسة الحنين، أو عبر مفردات فنية معاصرة. من بين هؤلاء الفنانين العُماني أنور سونيا، المولود

3 عبر التواصل الالكتروني، 28 أبريل 2025.
4 «أصدقاء الفن التشكيلي»، 1996، عبد الرسول سلمان.

place from October 11 to 13, followed immediately by one in Sharjah from October 15 to 17, 1985. The next exhibition was held in Doha from October 19 to 21, 1985.

Between 1985 and 1995, the group exhibited in Doha, Riyadh, Jeddah, Manama, Kuwait, Cairo, Tunis, Madrid, Paris, Amman, Washington D.C., Istanbul, Muscat, and Bonn. One of the most memorable exhibitions took place in Jordan in 1988 and featured an array of artists, including Nasser Al-Yousif (1940-2006) from Bahrain, Jassem Bu Hamad (b. 1946) from Kuwait, Thuraya Al-Baqsami (b. 1952) from Kuwait, Wafa Sabbagh (b. 1957) from the UAE, Balqees Fakhro (b.1950) from Bahrain, Mounirah Mosly (1943-2019) from Saudi Arabia, Dr. Fouad Mugharbel (b. 1950), Abdulrasoul Salman from Kuwait, Abulatif Mufeez (1950-1994) from Bahrain, and Hassan Almulla (b. 1951) from Qatar.

Balqees Fakhro[3] credits the Gulf diplomatic missions abroad for playing a supportive role in organizing exhibitions. She cites the example of the group's 1987 exhibition at the San Fernando Royal Academy of Fine Arts in Madrid, which was inaugurated by Queen Sofía of Spain. HRH Prince Mohammed bin Nawaf, then the ambassador of the Kingdom of Saudi Arabia to Spain, as well as Bader Omar Al Dafa, the Qatari ambassador to Spain, were also present.[4] Sheikh Hassan bin Hamad Al Thani of Qatar accepted the invitation to become the honorary head of the group, and he participated in the Muscat exhibition and agreed to cover the costs of Abdulrasoul Salman's book *Formative Art Friends in G.C.C.* (sic).

3 Electronic communication, April 28, 2025.
4 Formative Arts Friends of the GCC. (1996). Abdulrasoul Salman.

Themes

Surveying the artistic production of members of this collective, a few themes start to emerge—partly as a result of their own interests or of collective and joint experiences. Among the themes these artists tackled is the rapid modernization and changing landscape around them, both literally and culturally. In some cases, a nostalgic lens was deployed to capture this change, and in other instances, contemporary lexicon was used to depict the same theme. One such artist is Anwar Sonya, an Omani artist and member of the Friends of the Fine Arts, who was born in Bahrain in 1948. In paintings such as *The Old Door* (1988), held in the collection of the Jordan National Gallery of Fine Arts, Sonya depicts a wooden door typically found in the Sultanate of Oman and parts of the UAE.[5] Above the door, decorative features include the official Omani emblem of two crossed daggers and a repetitive bird feature. Behind the ajar door, the frond of a palm tree hangs, offering a glimpse into a bygone era. Other artists who captured this changing world include Kuwait's Samiah Ahmad Al-Sayid Omar Asem (b. 1947), Qatar's Yousef Ahmad, and Bahrain's Nasser Al-Yousif (1940-2006).

Friends of the Fine Arts did not shy away from political themes. For instance, during the height of the Iran-Iraq War, Bahraini artist Balqees Fakhro portrayed in a painting titled *Face to Face* (1986) showing Persian King Xerxes I meeting with Babylonian King Hammurabi on the shore of the Gulf, extending hands, not weapons—as she, like many Gulf artists of her generation, explored themes of conflict, cultural memory, and the tension between ancient ties and modern hostilities. Additionally, in the wake of the Iraqi invasion

5 Jordan National Gallery. (n.d). Anwar Sonya. *The Old Door*, 1988.

في البحرين عام 1948، الذي جسّد هذا التحول في أعماله مثل لوحة «الباب القديم» (1988) المحفوظة في المتحف الوطني الأردني للفنون الجميلة، حيث صوّر بابًا خشبيًا من النمط المستخدم في سلطنة عمان وأجزاء من الإمارات العربية المتحدة[5]. ويعلو الباب شعار سلطنة عمان المكوّن من خنجرين متقاطعين، إلى جانب تكرارات لصورة طائر، بينما تتدلى خلف الباب الموارب سعفة نخيل ترمز إلى زمن مضى. ومن الفنانين الآخرين الذين تناولوا هذا التحوّل في أعمالهم سامية أحمد السيد عمر عاصم من الكويت (مواليد 1947)، ويوسف أحمد من قطر، وناصر اليوسف من البحرين (1940-2006).

لم يتردّد أعضاء جماعة أصدقاء الفن التشكيلي في التطرّق إلى الموضوعات السياسية. فعلى سبيل المثال، خلال ذروة الحرب العراقية الإيرانية، أنجزت الفنانة البحرينية بلقيس فخرو لوحة بعنوان «وجهاً لوجه» (1986)، صوّرت فيها لقاءً متخيّلًا بين الملك الفارسي خشايارشاه الأول والملك البابلي حمورابي على شاطئ الخليج، وهما يمدّان أيديهما لبعضهما البعض بدلًا من رفع السلاح، في استكشاف لموضوعات الصراع والذاكرة الثقافية والتوتر بين الروابط التاريخية والعداوات الحديثة، كما فعل كثير من فناني جيلها في الخليج. وبعد الغزو العراقي للكويت عام 1990، أنجزت ثريا البقصمي مطبوعة بتقنية الحفر على اللينو، محفوظة اليوم ضمن مجموعة دبي، تُصوّر زوجين، رجل وامرأة، وتحمل عنوانًا مباشرًا: «لا للاحتلال»[6]. ومن جهتها، أبدعت الفنانة نجاة مكي، المولودة في دبي، نقشًا بارزًا من الألياف الزجاجية عام 1995 يصوّر نساءً فلسطينيات، إحداهن تمسك بمفتاح، إلى جانب حمامات سلام، إحداها محبوسة خلف القضبان. وهذا العمل محفوظ حاليًا ضمن مجموعة مؤسسة الشارقة للفنون[7].

5 المتحف الوطني الأردني للفنون الجميلة، «الباب القديم». 1988، أنور خميس سونيا.

6 مجموعة دبي، «لا للاحتلال»، 1990. ثريا البقصمي.

7 مؤسسة الشارقة للفنون، «فلسطين»، 1995، نجاة مكي.

الإرث

شكّل الغزو العراقي للكويت في الثاني من أغسطس عام 1990 صدمة كبيرة لجماعة أصدقاء الفن التشكيلي، وكان من أكبر التحديات التي واجهتها. تتذكّر بلقيس فخرو قائلة: «كنا في واشنطن العاصمة عندما سمعنا بغزو الكويت [...] كنتُ ألقي محاضرة هناك عن الفن الإسلامي وتأثيره على العالم»[8]. وتضيف: «توقفت الأنشطة لفترة بعد الغزو»[9]. وقد ترك هذا الحدث الزلزالي أثرًا دائمًا على الجماعة، فلم تُعقد أي اجتماعات لها[10] حتى تنظيم معرض في المتحف الوطني بدمشق في مايو 1991. وللأسف، كان المعرض الذي أُقيم في مسقط في ديسمبر 1995 آخر معرض جماعي نظمته الجماعة[11]. وتضافرت عدة عوامل حالت دون استمرار الاجتماعات، منها ما أشارت إليه ثريا البقصمي من صعوبة الحفاظ على الاستمرارية، لا سيما مع انشغال بعض الفنانين بوظائف تتطلب منهم وقتًا والتزامًا، فضلًا عن الارتباطات العائلية[12]. كما تراجع التمويل بشكل كبير خلال السنوات الأخيرة، وأصبحت التكاليف مثل تذاكر السفر والإقامة مرتفعة جدًا[13]. وأشارت إحدى الفنانات، فضّلت عدم ذكر اسمها، إلى تحديات إضافية، منها القيود التي منعت اختلاط الفنانين والفنانات في المكان نفسه، وأردفت: «لكننا شاركنا على أي حال»[14]. كما شكّلت موضوعات مثل تصوير الجسد البشري تحديًا خاصًا في ظل تصاعد الأفكار الأصولية في العالم الإسلامي خلال ذلك العقد.

عند النظر في عام 2025 إلى جماعة فنية تأسست قبل أربعة عقود، قد يغفل المرء، وربما يتجاهل، بعضًا من أبرز إنجازاتها الريادية. فبالنهاية، كانت جماعة أصدقاء الفن التشكيلي مبادرةً أهلية

8 عبر التواصل الالكتروني، 28 أبريل 2025.
9 المرجع السابق.
10 المرجع السابق.
11 «أصدقاء الفن التشكيلي».
12 عبر التواصل الالكتروني، 28 أبريل 2025.
13 المرجع السابق.
14 المرجع السابق.

of Kuwait in 1990, Thuraya Al-Baqsami created a linocut print, now held in the Dubai Collection, that depicts a male and female couple with the Arabic title of the artwork *No to the Invasion* written beneath.[6] Moreover, in 1995, Dubai-born artist Najat Makki created a fiberglass relief portraying a Palestinian woman alongside doves of peace clutching keys, with one key trapped behind bars. This work is now held in the collection of the Sharjah Art Foundation.[7]

Legacy

The August 2, 1990, Iraqi invasion of Kuwait came as a shock to the Friends of the Fine Arts, presenting its greatest challenge. Balqees Fakhro recalled, "We were in Washington D.C., when we heard about the invasion of Kuwait [...] I gave a lecture there on Islamic Art and its impact on the world."[8] Fakhro said that in the wake of the invasion, "activities were halted for a while."[9] The seismic event had a lasting impact on the group, and until the exhibition at the National Museum in Damascus in May 1991, no meetings were held.[10] Unfortunately, December 1995 marked the final year the Friends of the Fine Arts convened and held a joint exhibition, which took place in Muscat.[11] Numerous factors coalesced that prevented the group from continuing to meet. According to Al-Baqsami, "It was also quite hard to maintain continuity, especially because some of the artists had job positions that required time and dedication from them as well as familial engagements."[12] Furthermore, "the funding also decreased dramatically towards the last few years. It became prohibitively expensive

6 Dubai Collection. (n.d.). *No to the Invasion*, 1990. Thuraya Al Baqsami.
7 Sharjah Art Foundation. (n.d.). *Palestine*, 1995. Najat Makki.
8 Electronic communication, April 28, 2025.
9 Ibid.
10 Ibid.
11 Formative Arts Friends of the GCC.
12 Electronic communication, April 28, 2025.

to pay for our expenses, including flight tickets and hotel stays."[13] An artist who preferred not to be quoted spoke about further challenges they faced, including regulations that prevented the mixing of male and female artists in the same space—"but we showed up anyway,"[14] she said. Other challenges included the depiction of the human body, especially in a decade that followed the rise of fundamentalist views across the Islamic world.

Looking retrospectively from 2025 at a collective that was formed four decades earlier, one might overlook or even dismiss some of its most groundbreaking achievements. After all, this was a grassroots initiative by a group of individuals with limited financial resources, communicating across borders in a geographical area larger than Europe and organizing joint visits and exhibitions across multiple continents—from Asia to Africa, Europe, and North America—in an era before the Internet and mass communications. Additionally, Al-Baqsami, who participated in the very first exhibitions in 1985, stressed that this group included both male and female artists and that it was "not only concerned with local affinities but [also] concerned with the idea of regionality and the Gulf Cooperation Council countries."[15] Furthermore, Al-Baqsami added, "Our artworks were also being collected in every country we would visit. We presented Gulf creativity in its modern manifestation."[16]

The collective formed at the height of the Gulf States' modernization efforts sought to capture and crystallize the identity of a rapidly changing society. Saudi researcher Ghadeer Sadeq stated, "The Friends of Fine Arts transformed Khaleeji art from

13 Ibid.
14 Ibid.
15 Ibid.
16 Ibid.

أطلقها أفراد بموارد مالية محدودة، تواصلوا عبر الحدود في منطقة جغرافية أوسع من أوروبا، ونظموا زيارات ومعارض مشتركة امتدت عبر قارات متعددة – من آسيا إلى أفريقيا وأوروبا وأمريكا الشمالية – وذلك في زمن ما قبل الإنترنت ووسائل الاتصال الجماهيري. وتؤكد ثريا البقصمي، التي شاركت في المعارض الأولى عام 1985، أن الجماعة ضمّت فنانين وفنانات على حد سواء، وأنها «لم تكن معنية بالتقارب المحلي فقط، بل أيضًا بفكرة الإقليمية ودول مجلس التعاون الخليجي»[15]. وتضيف: «كانت أعمالنا الفنية تُقتنى أيضًا في كل دولة نزورها. لقد قدمنا الإبداع الخليجي في تجلياته الحديثة»[16].

سعت جماعة أصدقاء الفن التشكيلي التي تشكّلت في ذروة جهود التحديث في دول الخليج، إلى التقاط ملامح هوية مجتمعٍ سريع التغير وصياغتها فنيًا. وفي هذا السياق، صرّحت الباحثة السعودية غدير صادق قائلة: «انتقل أعضاء الجماعة بالفن الخليجي من العزلة المحلية إلى حوارات إقليمية وعالمية، وصاغوا هوية جماعية تجاوزت الحدود الوطنية. وخلقت أعمالهم مساحة بديلة ازدهر فيها التبادل الفني والدبلوماسية الثقافية والتجريب الإبداعي، رغم محدودية الدعم المؤسسي»[17]. غير أن بلوغ هذا الهدف لم يكن سهلًا في ظل المد المتسارع للتوسع العمراني والتغير الثقافي. ومع ذلك، ترك أصدقاء الفن التشكيلي نافذة مفتوحة على عالم لم يعد قائمًا، يمكن للأجيال القادمة في الخليج وخارجه أن تعود إليه وتختبره. لقد استمرت هذه الجماعة لعقد كامل رغم التحديات الكثيرة، وهو ما تعتبره ثريا البقصمي من أعظم إنجازاتها[18]. وقد وُلد الفنانون الذين شكّلوا الجماعة بين ثلاثينيات وخمسينيات القرن الماضي، وشهد كثير منهم الحياة كما كانت قبل التحولات الجذرية – من المنازل الطينية إلى الأبنية الخرسانية – وهي

15 المرجع السابق.
16 المرجع السابق.
17 عبر التواصل الالكتروني، 2 مايو 2025.
18 المرجع السابق.

local isolation into a regional and global dialogue, forging a collective identity that transcended national borders. Their work carved out an alternative space where artistic exchange, cultural diplomacy, and creative experimentation flourished despite limited institutional support."[17] Yet this endeavor was difficult to achieve against the unstoppable tide of urban development and cultural change. Nevertheless, the Friends of the Fine Arts left behind a window into a world that no longer exists—one that future generations of people, both within the Arab Gulf States and beyond, can observe and experience. The Friends of the Fine Arts lasted for an entire decade despite numerous challenges, something that Al-Baqsami considered one of the group's greatest achievements.[18] The group of artists that came together to form the Friends of the Fine Arts was born between the 1930s and the 1950s, many of whom were first-hand witnesses to life prior to the major changes in lifestyle from mudbrick houses to concrete structures. These changes were captured in poetry, literature, and photographs and thanks partly to the Friends of the Fine Arts, the changes were also captured in the field of fine art.

تحـولات انعكسـت فـي الشـعر والأدب والصـورة الفوتوغرافيـة، وجسّـدتها هـذه الجماعـة أيضًا في مجـال الفنون التشـكيلية.

17 Electronic communication, May 2, 2025.
18 Ibid.

مواضيع المعرض والأعمال الفنية

THEMES & ARTWORKS

إيقاعات ثقافية

صفيه أباالخيل

ما بين عقدَي الخمسينيات والتسعينيات من القرن الماضي، انطلق الفنانون الخليجيون من فضاءاتهم اليومية الشخصية - البيوت، الأفنية، الطقوس، والاحتفالات - ليجعلوا منها مرآةً لذاكرتهم ووسيلةً لتأكيد الهوية في مواجهة التحولات المتسارعة. لم يكن ذلك تشبثًا بالموروث بقدر ما كان استدعاءً شاعريًا للتجارب المعاشة وتعبيرًا صادقًا عن صلة الفرد بمحيطه. ومن خلال السرديات الشخصية والمشاهد المألوفة، التقط الفنانون إيقاعاتٍ ثقافية حيّة متوارثة وقابلة للتكيّف مع التغيرات العمرانية ومع تلاشي المناظر والأمكنة التي شكّلت ذاكرتهم البصرية. فتحوّلت أعمالُهم إلى أرشيفات حية للذاكرة الجماعية، توثّق تقاطع التقاليد مع التحول، وتنقل القصص المرتبطة بالإنسان، بإيقاع يواكب التقدم والتحولات المجتمعية.

هنا، لا يعود الفضاء مجردَ حيّزٍ مادي، سواء أكان شارعًا مشمسًا، أو فناءً مشتركًا مع الجيران، أو سوقًا، أو أرضًا صحراوية مفتوحة؛ بل هو وسيط للتواصل، حيث تتداخل الطقوس مع تفاصيل الحياة اليومية، مع حركة الرقصات الجماعية، مع الأعمال المنزلية، مع الاحتفالات، في تأكيدٍ متواصل على الانتماء. هذه الطقوس لا تمارَس بتكلّف أو تصنّع، بل بعفوية وهدوء، وكأنها امتدادٌ فطري للحياة. وقد صوّر الفنانون الخليجيون المهام المنزلية، والاحتفالات الجماعية، والمناظر الريفية بوصفها أشكالًا دائمة للتعبير عن الهوية، مستلهمين من تجاربهم الشخصية ومحيطهم القريب، بدافع التوثيق وإعادة التصور. وبهذا غدت الطقوس والتقاليد تجسيدًا حـيـاً للخبرة المعاشة، تُنقل إلى المستقبل عبر التكرار وإعادة الإحياء.

في عملَي «البقال» (1974) لعبد الكريم البوسطة و«رقصة شعبية» (1987) لعبد الحليم رضوي، ينبض الفضاء العام بالحياة، ويصير وعاءً للذاكرة والحركة. ففي لوحة البوسطة، يصير مشهد الشارع الهادئ صورةً للمجتمع ومرآةً لإيقاع الحياة الحضرية من خلال ضربات الفرشاة الدقيقة والألوان الدافئة. أما شخصيات رضوي التجريدية، فتدور وسط دواماتِ الصوت والاحتفال، وتلتقط بعفوية طاقة الأداء المتجسدة. في كلا العملين، تحوّلت الفضاءات إلى أماكن مشبعة بالتاريخ المشترك والنبض الإنساني. من جانب آخر، صوّر الفنان ناصر اليوسف في عمله «موكب الزفاف» (1998) مشهدًا جماعيًا بخطوطٍ حفر جريئة ومندفعة بالأبيض والأسود، حيث يظهر المشاركون في هذا الموكب المبتهج كأوصياء على الأغاني وحملة لإيقاع ثقافتهم، فيصير الاحتفال طقسًا وامتدادًا لحياة الجماعة.

يتجلى هذا التداخل بين التحوّل والمجتمع أيضًا في عمل الفنانة الكويتية سامية أحمد السيد عمر عاصم «تاكسي الكويت» (1991)، حيث صوّرت، بألوان الباستيل الهادئة، سيارة أجرة تمضي في طريقها حاملة شجنًا للماضي رغم سيرها إلى الأمام. تلتقط اللوحة لحظةً

CULTURAL RHYTHMS

Safiyah Abaalkhail

In the Gulf, between the 1950s and the late 1990s, artists turned to the intimate spaces and rituals that shaped their daily lives, grounding their practice in what was close at hand. Homes, courtyards, ceremonies, and gestures became vessels for memory, ways of marking identity during rapid transformation. These were not grand declarations of tradition, but subtle reflections of lived experiences and heritage. Through personal narratives and familiar environments, artists captured a cultural rhythm that endures across generations. As cities expanded and landscapes modernized, this rhythm adapted. Artists witnessed urban development, shifting skylines, and the quiet disappearance of familiar sights. Their work became a record of both momentum and memory, of tradition meeting transformation. Personal stories were no longer just about place, but about the people within them, the pace of progress, and the evolving community.

Here, space is not just physical. Whether a sunlit street, a shared courtyard, markets, or a stretch of open desert, each setting serves as a container for connection. Rituals are embedded in the everyday, in the collective movement of dance, in domestic labor, and in celebrations that reaffirm a sense of belonging. These rituals are not too grand or performative; instead, they are quiet, instinctive, and inherited. Across the Gulf, artists depicted domestic tasks, communal celebrations, and rural landscapes not as nostalgic memories but as enduring expressions of identity. Drawing inspiration from their own lives and surroundings, these artists aimed not to romanticize but to document and reimagine their experiences. Spaces, rituals, and traditions are not fixed; they are lived experiences carried forward through repetition and reinvention.

Bahraini artist Abdulkarim Albosta's *The Vegetable Seller* (1974) and Saudi artist Abdulhalim Radwi's *Folk Dance* (1987) both animate public space as a site of memory and movement. In Albosta's work, a quiet street scene is elevated through textured strokes and tonal warmth, the urban rhythm of a marketplace becomes a portrait of community. Radwi's abstract figures swirl through sound and ceremony, capturing the embodied energy of performance. Their spaces are alive, not static; they pulse with shared history. In *Wedding Procession* (1998), Nasser Al-Yousif uses black and white linocut to extract communal joy into bold, urgent lines. The figures are more than celebrants, they are keepers of song, carriers of cultural rhythm. The work does not simply reflect an event, it captures celebration as ritual, a moment in which personal expression becomes communal continuity.

This conversation between change and community continues in Kuwaiti artist Samiah Ahmad Al-Sayid Omar Asem's *70's and 80's Taxi* (1991). Using soft pastels, she portrays a car moving

عابرة مـن ذاكرة الكويـت العمرانية، حين بـدأت معالم المدينة ووسـائل نقلها فـي التبدل. وبهذا، أصبحت جزءًا من أرشـيف بصري أوسع يوثق مشـروع التحديث، على مستوى البنية التحتية، وعلى مسـتوى الوجدان والمشـهد العاطفي للحياة اليومية المتغيرة.

ويتجسـد هذا الإحسـاس بالبيئـة المحيطة في تصويـر المهـام المنزلية اليوميـة. في عمل «تنظيـف الدشـت» (1971)، حيث صوّر الفنان الكويتي إبراهيم إسـماعيل نسـاءً منشـغلات بالغسـيل، في مشـهد يفيض بالسـكينة والدقة، حيث يغـدو الفعل اليومي طقسًـا ذا بعد تاريخـي. أما حسـن مير، فـي «أرض متخيلة» (1992)، فيرسـم صحـراء حالمـة معلّقة بين الذاكرة والأسـطورة، تتداخل فيها الخيام والأشـكال السـريالية في مشـهد تأملي تلتقي فيه الرمزيـة بالوجـدان، والمـوروث بالمخيّلـة. وبينمـا تسـتحضر هذه الأعمـال ملامـح التراث، فإنهـا فـي الوقت ذاتـه ترسـم جغرافيا عاطفيـة، وأرضًـا داخلية يتشـكّل مداها مـن تفاعل المكان والممارسـة.

يحضر التـراث والتحوّل هنا بوصفهما إيقاعًا متجدّدًا يتشـابك مع الناس والأمكنة وتفاصيل الحيـاة. فلـم يكتـفِ الفنانـون بتوثيـق البسـاطة، بـل سـعوا كذلك إلـى صون الأحاسـيس، وتسـجيل الإيماءات، وإبراز الحضور الإنساني وسـط العالم المتغير، حيث تتقاطع السرديات الشـخصية مع الذاكرة الجماعية، وتغدو التقاليد فعلًا تأمليًا لا مجرد نَسـخ أو تكرار. فالتراث فـي هـذه الأعمال حركـةٌ حيّـة، واسـتمراريةٌ تُبنـى وتتجدّد من خـلال الأشـخاص والأمكنة والطقـوس التي تؤكد الارتبـاط العميق بين الإنسـان ومحيطه.

فـي إطار معـرض يضـم التجريد، وجوهـر المادة، والتـراث البحـري، والقدرة علـى التحمّل، مـن خلال أعمال تعيدنا إلى ما هو محسـوس ومألوف: ما نلمسـه، ونسـمعه، ونسـتحضره مـن الذاكرة. وتسـلّط الضوء على ثـراء التـراث الثقافي الخليجـي وتعدديته، بوصفـه تجربةً شـخصية عميقة الجذور في المكان، وتذكّرنـا بأن الثقافة لا تُورث كما هـي، بل تُبنى وتُصاغ علـى الدوام مـن خلال الفضاءات التـي نعيش فيها، والطقـوس الاجتماعيـة والثقافية التي نختار صونهـا وإحياءها.

along a road, nostalgic yet forward moving. The work captures a fleeting moment of transition in Kuwait's urban memory, a time when the city's streets and its taxis were beginning to transform. Her painting becomes part of a broader documentation of modernization, recording both the infrastructure and the emotional landscape of a shifting everyday life.

This sensitivity to the environment continues in depictions of domestic ritual. Kuwaiti artist Ibrahim Ismail's *Cleaning the Dasht* (1971) renders women at work around a traditional water basin, their forms echoing care and coordination. The scene is intimate yet monumental, an act of daily labor becomes a gesture of preservation. In Oman, Hassan Meer's *Alternative Land* (1992) imagines a dreamlike desert suspended between memory and myth. Tents and surreal forms merge into a speculative landscape where tradition meets imagination. These works offer not only a view of heritage, but an emotional geography, an inner terrain shaped by both place and practice.

Through these works, tradition and transformation are shown in rhythm, intertwined through people, space, and the evolving fabric of everyday life. These artists were not simply documenting simplicity; they were preserving feelings, gestures, and presence in a developing world. Personal narratives blend with communal history, and tradition becomes a process of reflection, not replication. Heritage, here, becomes a movement; a continuum shaped by people, space, and the rituals that anchor them to their environment.

Framed within an exhibition exploring abstraction, materiality, maritime heritage, and resilience, these works return us to the tactile; what we can touch, hear, and remember. They highlight the richness of Gulf cultural heritage: layered, personal, and deeply tied to place. They remind us that culture is not inherited in full; it is felt, assembled, and constantly redefined through the spaces we inhabit and the rituals we choose to preserve.

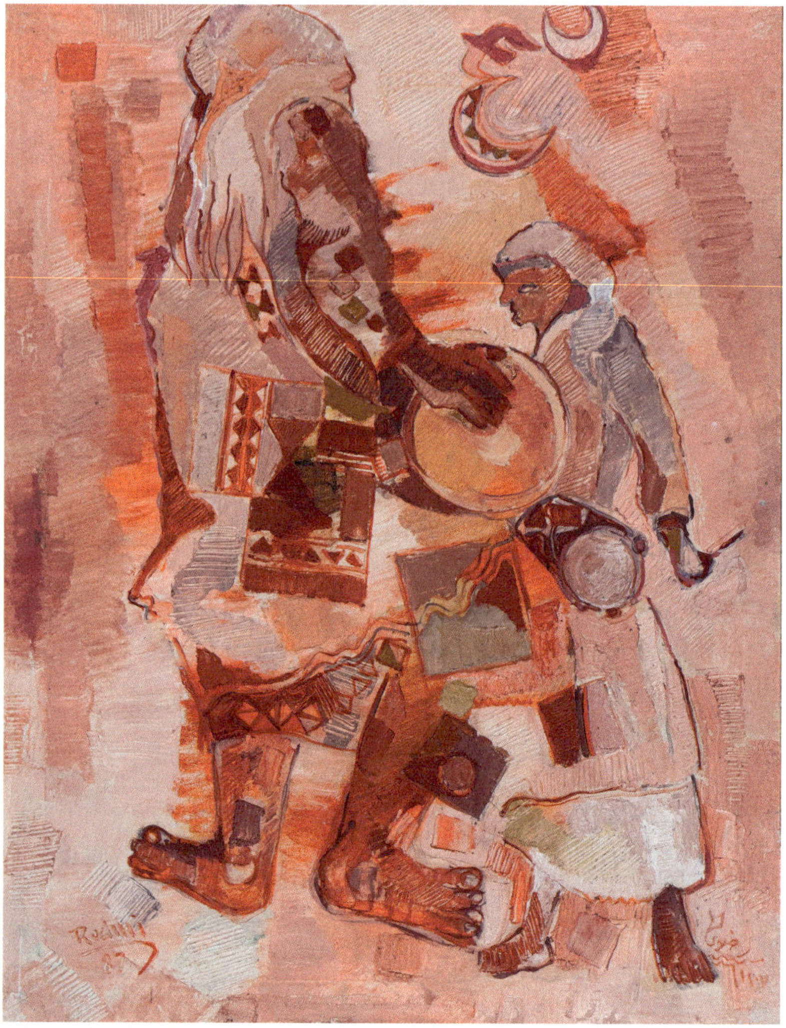

عبدالحليم رضوي
ABDULHALIM RADWI

(b. 1939 – d. 2006, Saudi Arabia)

Folk Dance, 1987
Oil on canvas
89 × 69 cm
Jordan National Gallery of Fine Arts permanent collection, Amman, Jordan

(مواليد 1939 – 2006، المملكة العربية السعودية)

رقصة شعبية، 1987
زيت على قماش
89 × 69 سم
من المجموعة الدائمة للمتحف الوطني الأردني للفنون الجميلة، عمّان، الأردن

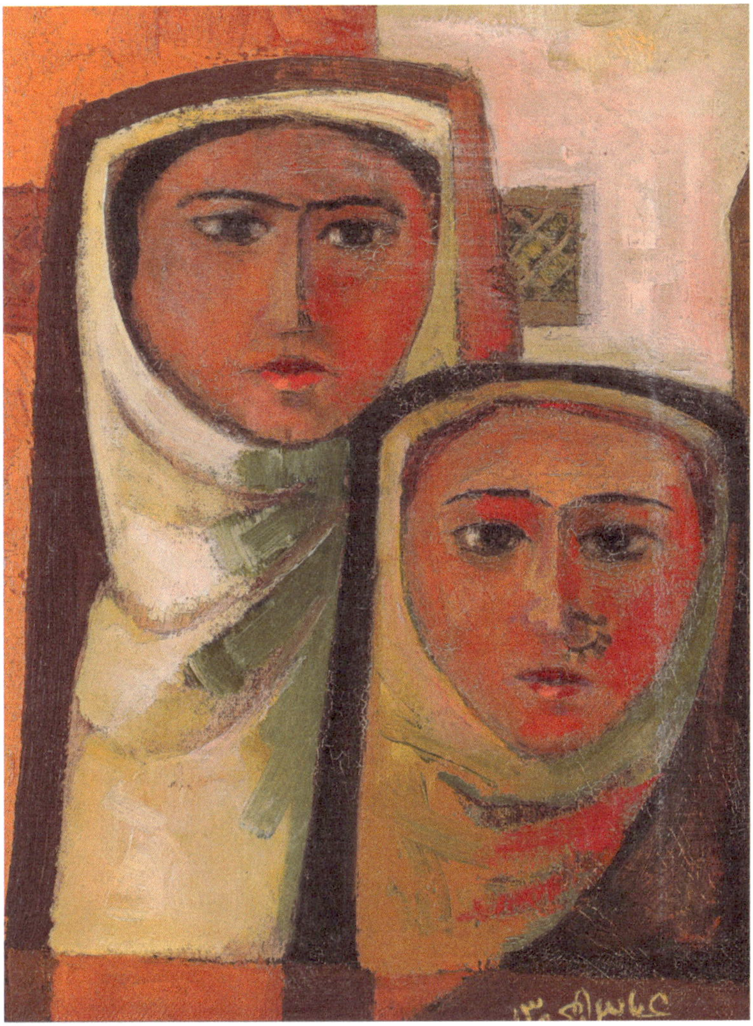

عبـــاس المحـــروس
ABBAS AL MAHROOS

(b. 1943 - d. 2006, Bahrain)

(مواليد 1943 - 2006، البحرين)

Qruitan, 1968
Oil on canvas
23 × 19 cm
Courtesy of the estate of Abbas Al Mahroos

قرويتان، 1968
زيت على قماش
23 × 19 سم
باذن من تركة عباس المحروس

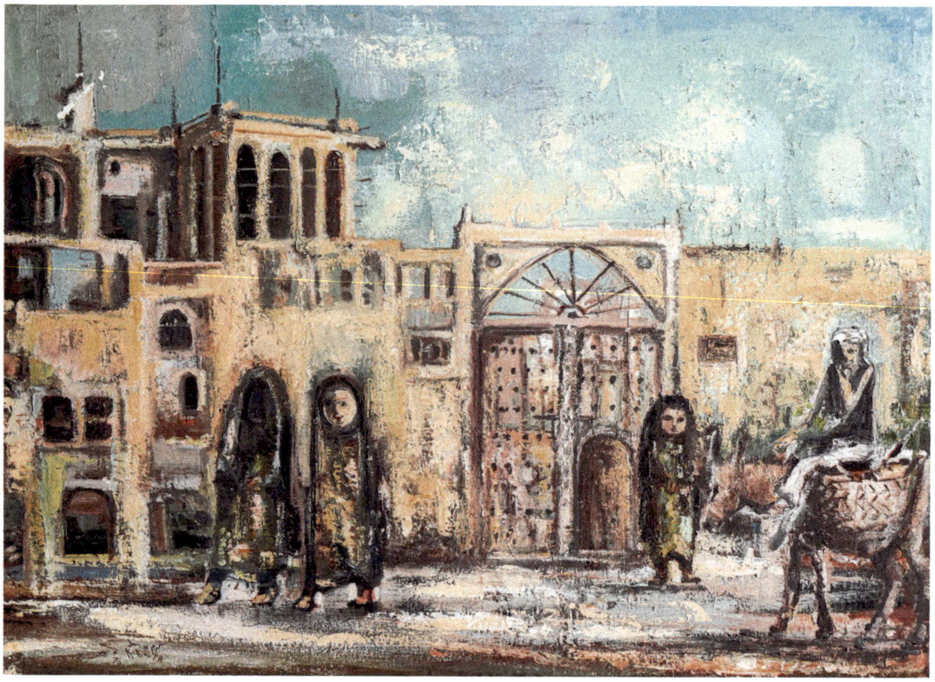

عبدالكريم البوسطة
ABDULKARIM ALBOSTA

(b. 1942 - d. 2011, Bahrain)

The Vegetable Seller, 1974
Acrylic on canvas
77 × 102 cm
Bahrain National Museum,
Permanent Art Collection, Manama, Bahrain

(مواليد 1942 – 2011، البحرين)

البقال، 1974
أكريليك على قماش
77 × 102 سم
من مقتنيات متحف البحرين الوطني،
المنامة، البحرين

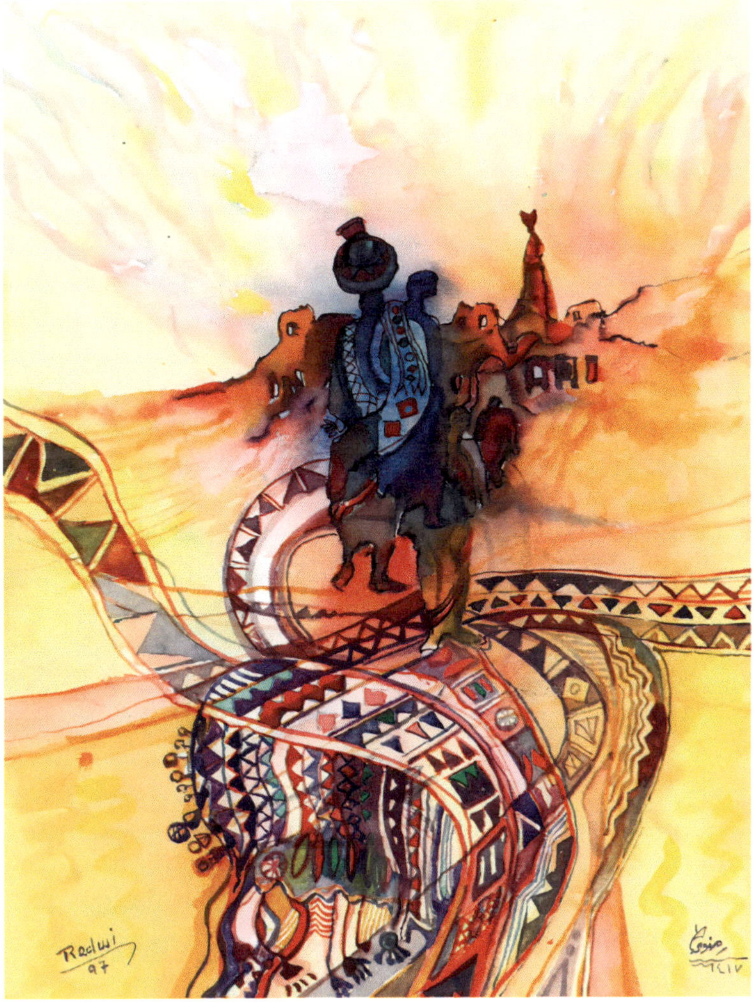

عبدالحليم رضـــوي
ABDULHALIM RADWI

(b. 1939 - d. 2006, Saudi Arabia)

Untitled, 1997
Watercolor on paper
45 × 60 cm
Courtesy of Al-Mansouria Foundation,
Jeddah, Saudi Arabia

(مواليد 1939-2006، المملكة العربية السعودية)

بدون عنوان، 1997
ألوان مائية على ورق
45 × 60 سم
بإذن من مؤسسة المنصـورية، جدة،
المملكة العربية السعودية

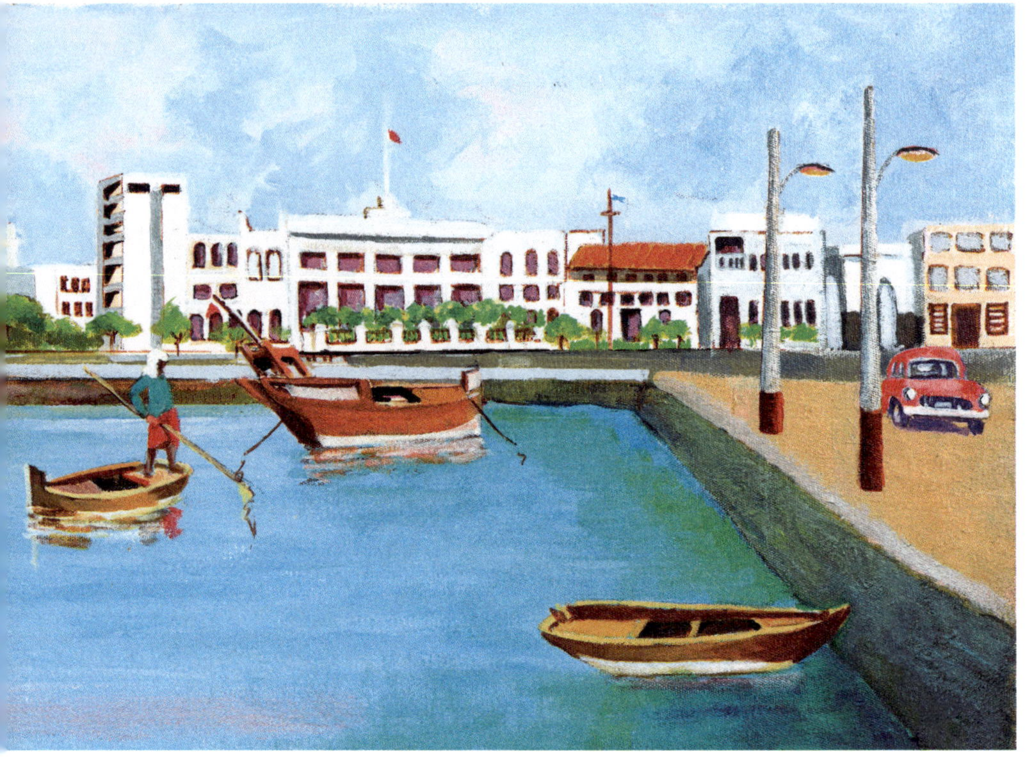

عبدالكريم العريّض
ABDULKARIM AL ORRAYED

(b. 1934 – d. 2025, Bahrain)

(مواليد 1934 – 2025، البحرين)

Government House, 1971
Acrylic on canvas
110 × 40 cm
Courtesy of the estate of Abdulkarim Al Orrayed

بيت الحكومة، 1971
أكريليك على قماش
110 × 40 سم
بإذن من تركة عبدالكريم العريّض

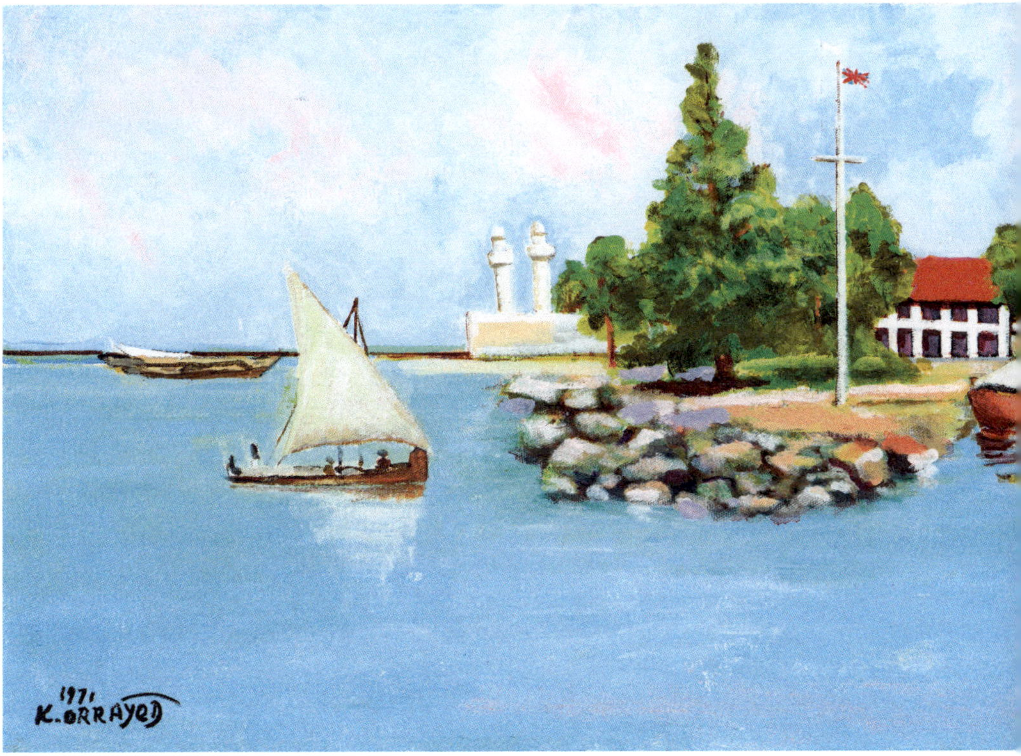
1971
K.ORRAYED

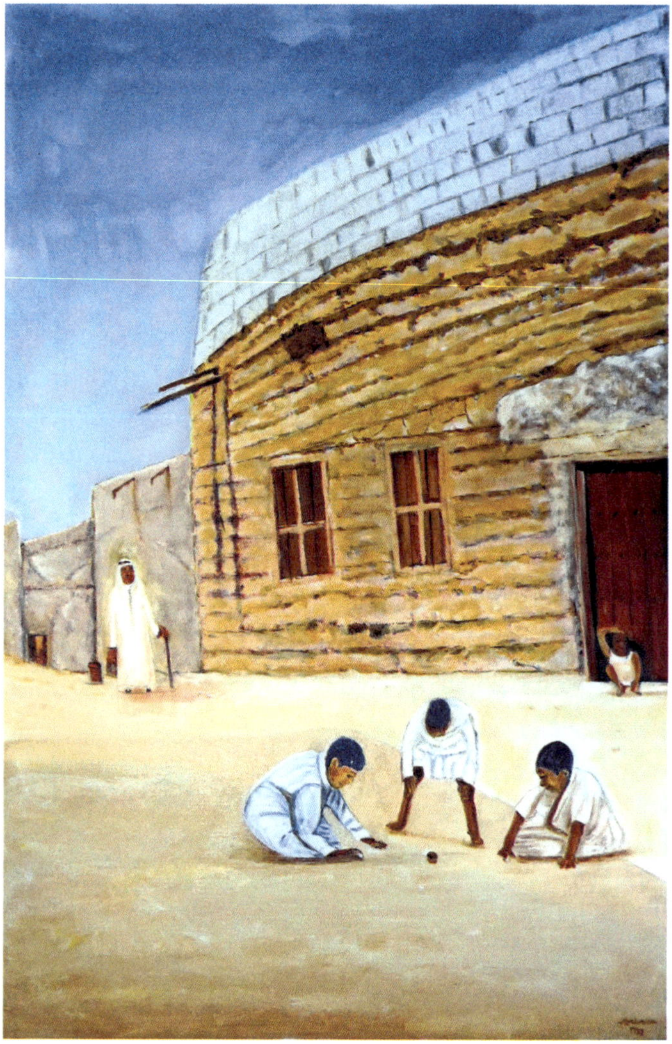

عبدالرســـول سلمـــان
ABDULRASOUL SALMAN

(b. 1946, Kuwait)

(مواليد 1946، الكويت)

The Marble Game, 1964
Oil on canvas
70 × 110 cm
Courtesy of the artist

لعبة التيلة، 1964
زيت على قماش
70 × 110 سم
بإذن من الفنان

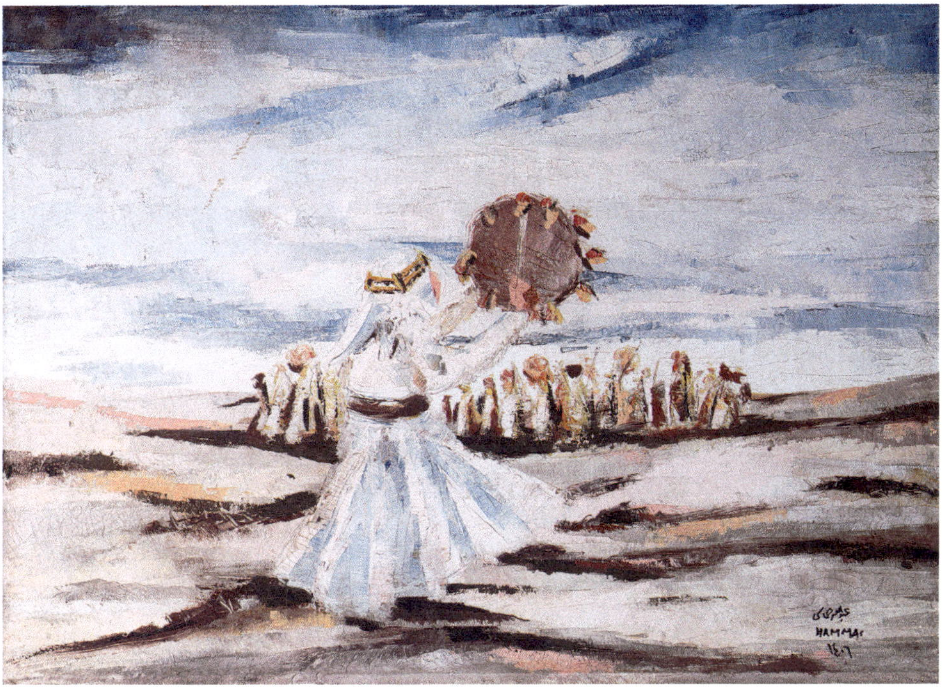

عبدالله حمّاس
ABDULLAH HAMMAS

(b. 1952, Saudi Arabia)

(مواليد 1952، المملكة العربية السعودية)

Almajrour Dance, 1986
Oil on canvas
56 × 72 cm
Courtesy of the artist

رقصة المجرور، 1986
زيت على قماش
56 × 72 سم
بإذن من الفنان

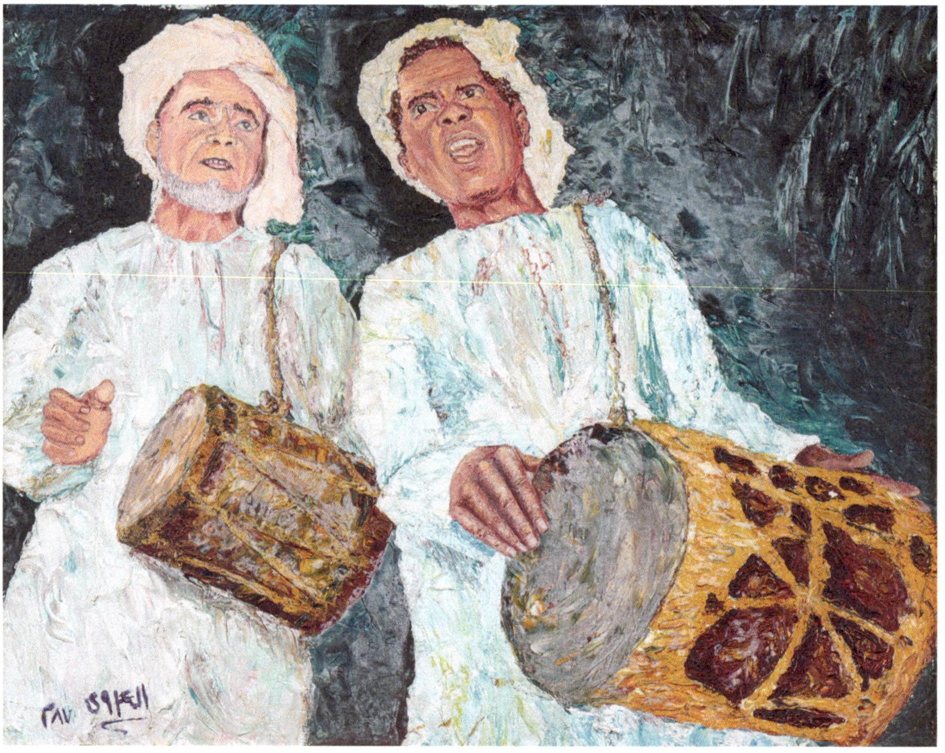

أحمـــد العـــــدوي
AHMED AL ADAWI

(b. 1966, Oman)

Joy and Harmony, 1987
Oil on canvas
70 × 80 cm
Private collection of Maryam Alzadjali,
Muscat, Oman

(مواليد 1966، عمان)

البهجة والانسجام، 1987
زيت على قماش
70 × 80 سم
مجموعة مريم الزدجالية الخاصة،
مسقط، عمان

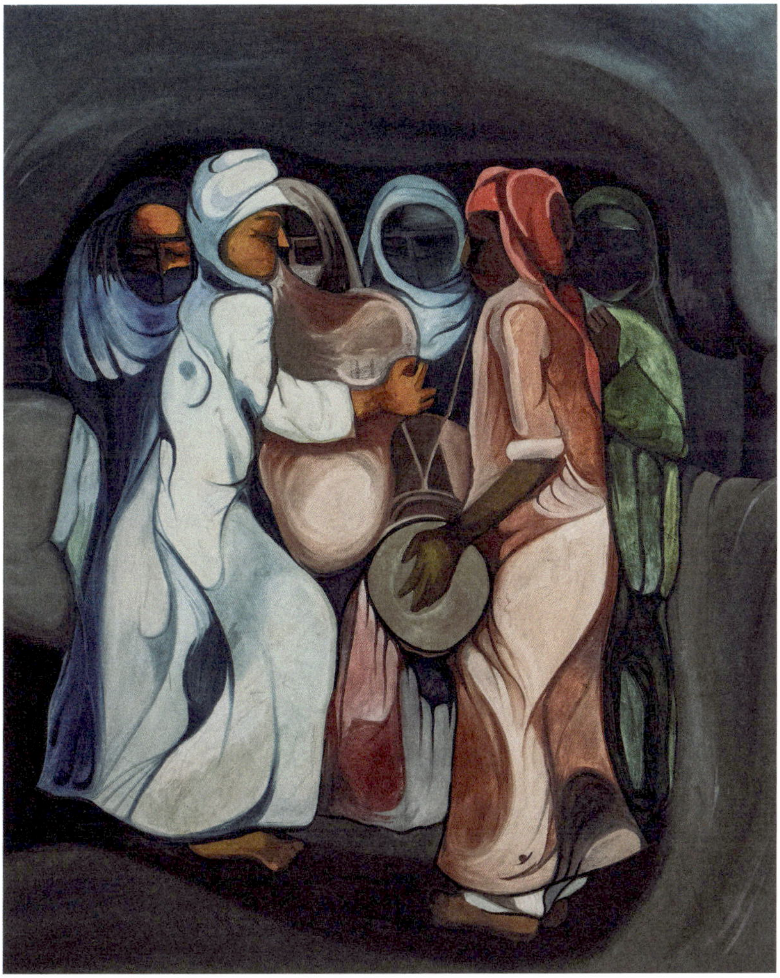

عبيد سرور
OBAID SUROOR

(b. 1955, United Arab Emirates)

Untitled, c. 1961
Oil on canvas on plywood
141 × 111.5 cm

(مواليد 1955، الإمارات العربية المتحدة)

بدون عنوان، حوالي 1961
ألوان زيتية على قماش مثبت على لوح خشبي
141 × 111.5 سم

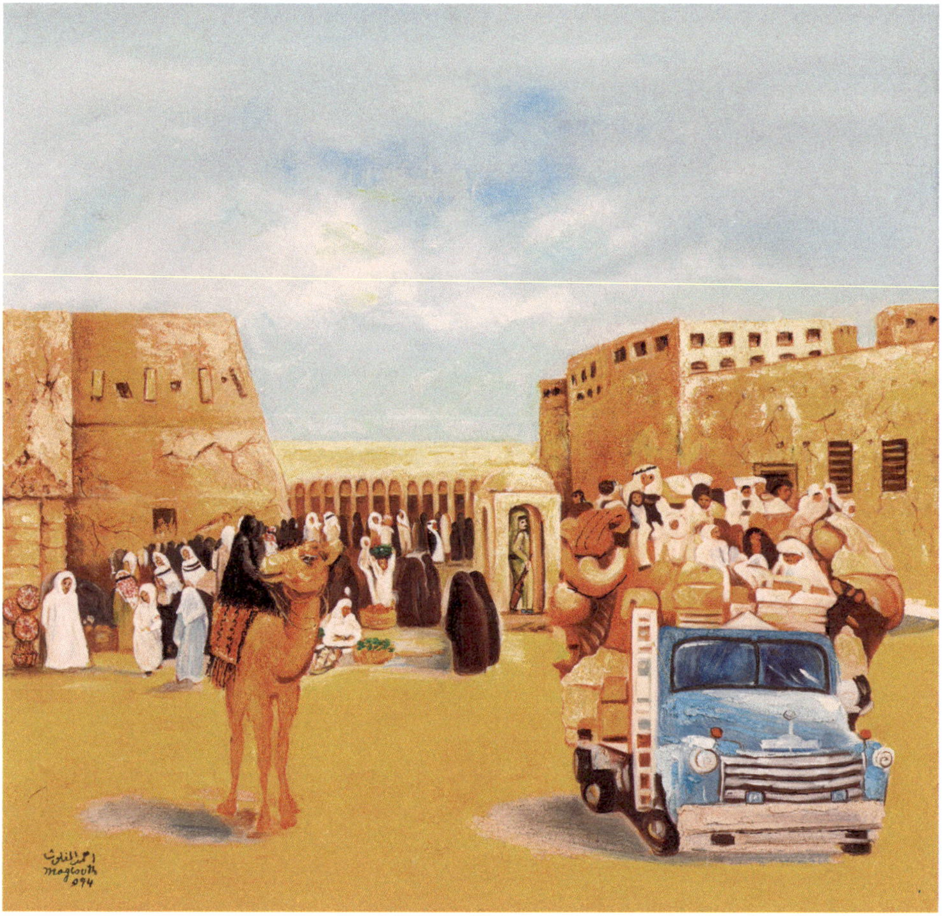

أحمد المغلوث
AHMED ALMAGHLOUTH

(b. 1950, Saudi Arabia)

(مواليد 1950، المملكة العربية السعودية)

Return of the Pilgrims, 1974
Oil on canvas
80 × 80 cm
Courtesy of the artist

عودة الحجاج، 1974
زيت على قماش
80 × 80 سم
بإذن من الفنان

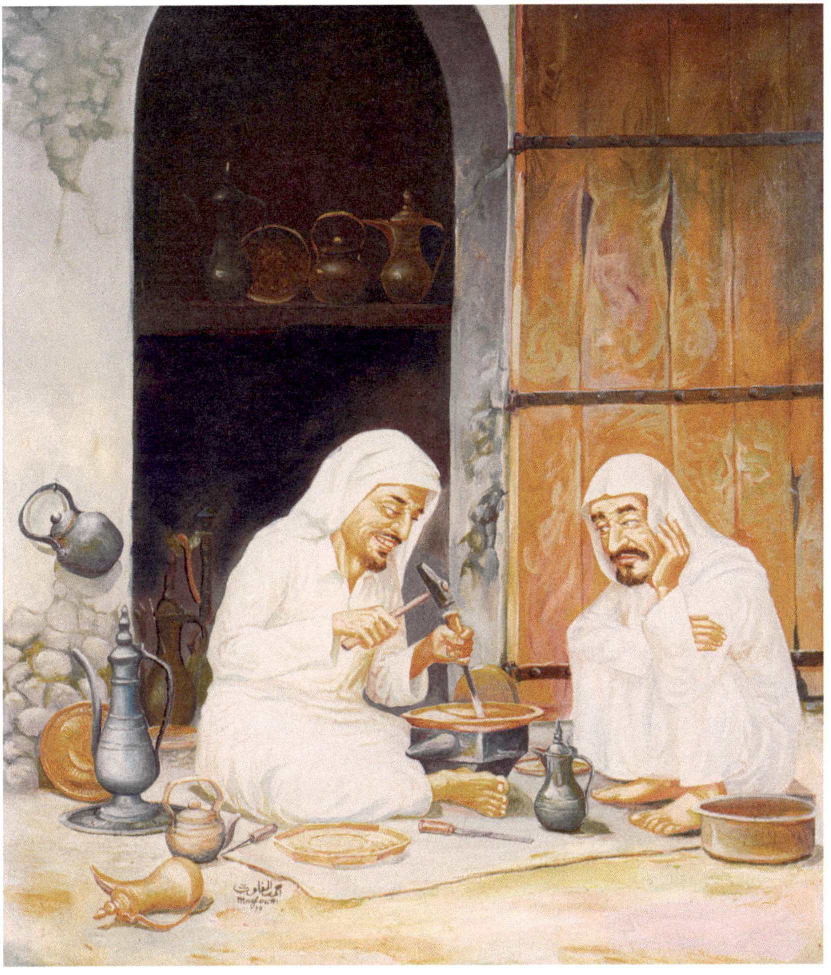

أحمد المغلوث
AHMED ALMAGHLOUTH

(b. 1950, Saudi Arabia)

(مواليد 1950، المملكة العربية السعودية)

AlSaffar, 1978
Oil on canvas
70 × 60 cm
Courtesy of the artist

الصفار، 1978
زيت على قماش
60 × 70 سم
بإذن من الفنان

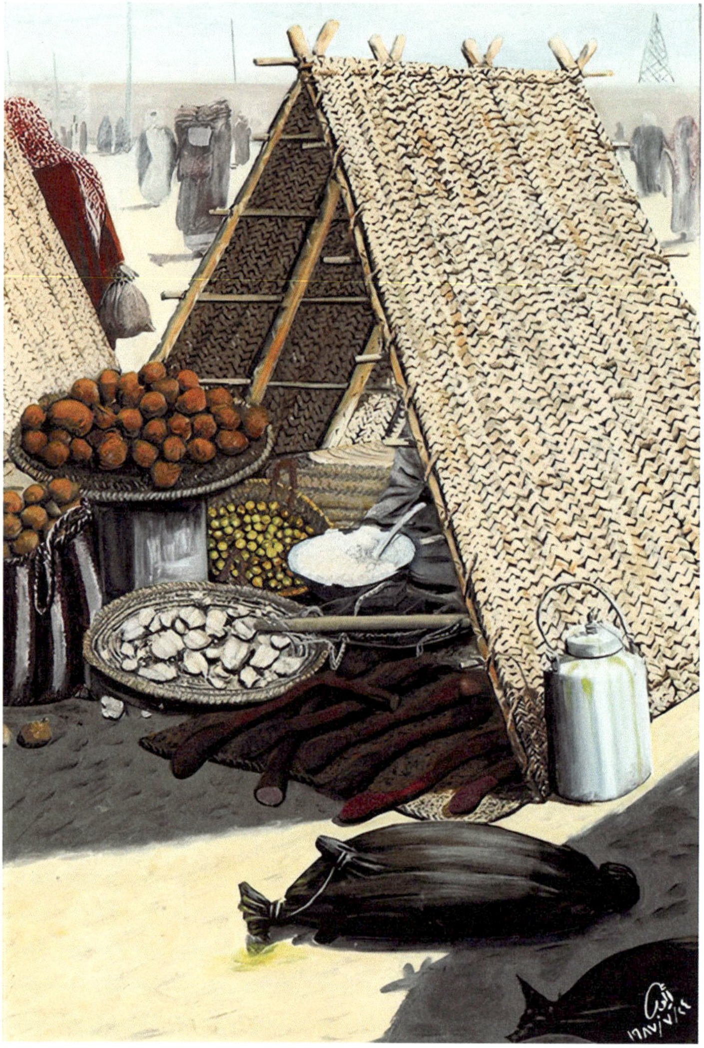

أيوب حسين
AYOUB HUSSEIN

(b. 1932 – d. 2022, Kuwait)

Amariyah, 1987
Oil on canvas
140 × 99.5 cm
Courtesy of the Barjeel Art Foundation, Sharjah, United Arab Emirates

(مواليد 1932 – 2022، الكويت)

العامرية، 1987
زيت على قماش
140 × 99.5 سم
بإذن من مؤسسة بارجيل للفنون، الشارقة، الإمارات العربية المتحدة

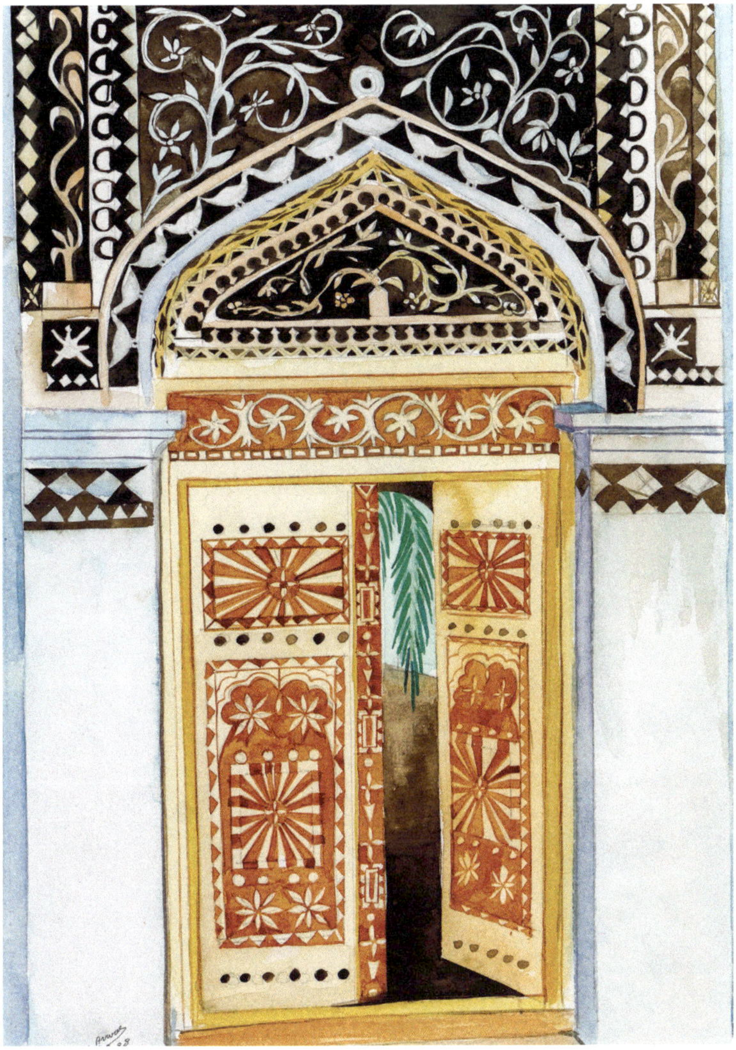

أنور سونيا
ANWAR SONYA

(b. 1948, Bahrain)

The Old Door, 1988
Watercolor on paper
43 × 30 cm
Jordan National Gallery of Fine Arts permanent collection, Amman, Jordan

(مواليد 1948، البحرين)

الباب القديم، 1988
ألوان مائية على ورق
43 × 30 سم
من المجموعة الدائمة للمتحف الوطني الأردني للفنون الجميلة، عمّان، الأردن

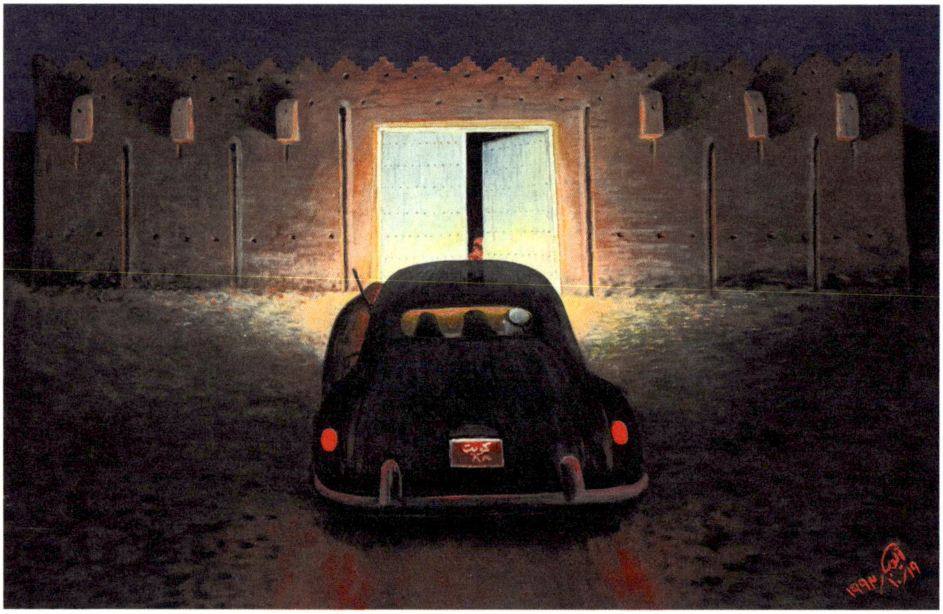

أيوب حسين
AYOUB HUSSEIN

(b. 1932 – d. 2022, Kuwait)

(مواليد 1932 – 2022، الكويت)

The City Gate Closes at Night, 1993
Oil on canvas
81 × 122 cm
Collection of National Council for Culture, Arts and Letters, Kuwait City, Kuwait

باب السور يقفل ليلًا، 1993
زيت على قماش
81 × 122 سم
مـن مقتنيات المجلس الوطني للثقافة والفنون والآداب، مدينة الكويت، الكويت

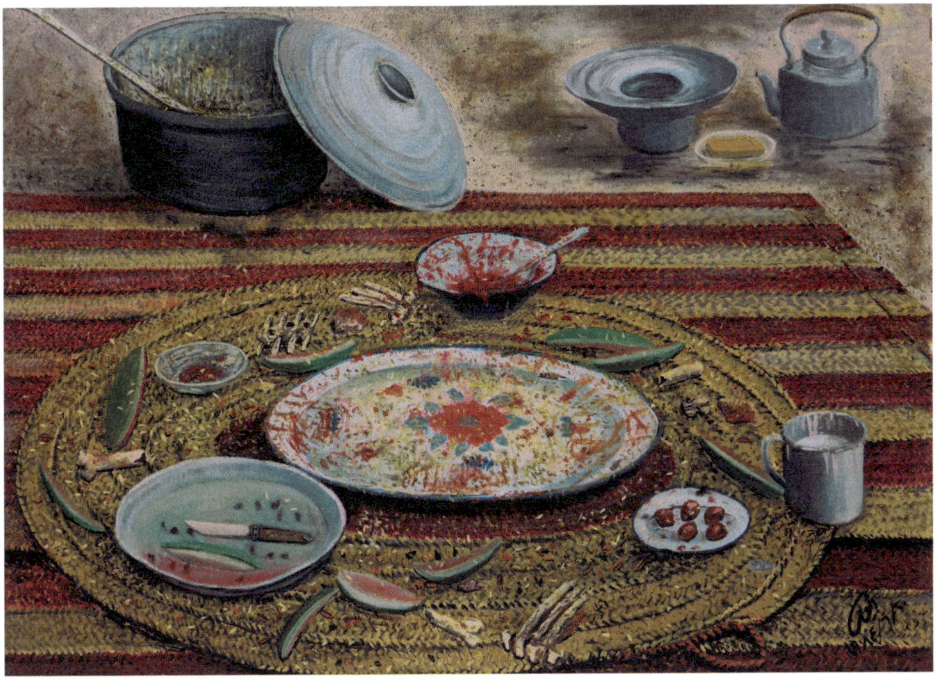

أيـــوب حســـين
AYOUB HUSSEIN

(b. 1932 – d. 2022, Kuwait)

At the Peak of Lunch, 1984
Oil on canvas
90 × 120 cm
Collection of National Council for Culture, Arts and Letters, Kuwait City, Kuwait

(مواليد 1932 – 2022، الكويت)

بعز الغدا، 1984
زيت على قماش
90 × 120 سم
مـن مقتنيات المجلس الوطني للثقافة والفنون والآداب، مدينة الكويت، الكويت

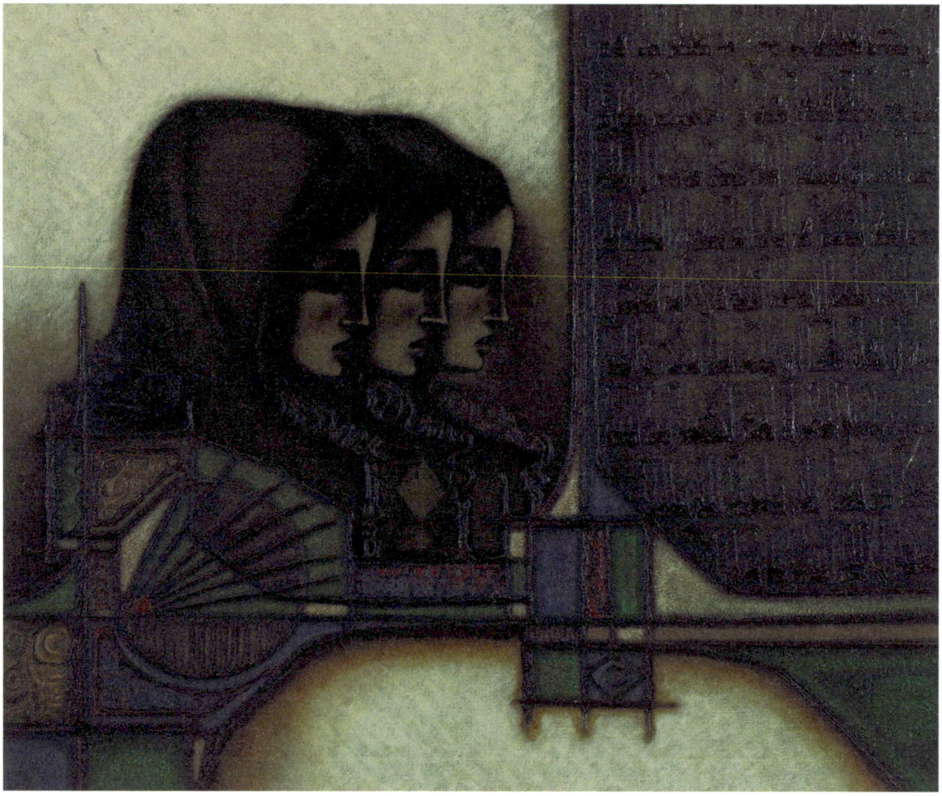

بكر شيخون
BAKR SHEIKHOUN

(b. 1946, Indonesia)

Three Faces, 1981
Oil on canvas
84 × 98 cm
Courtesy of Al-Mansouria Foundation, Jeddah, Saudi Arabia

(مواليد 1946، إندونيسيا)

ثلاث وجوه، 1981
زيت على قماش
84 × 98 سم
بإذن من مؤسسة المنصورية في جدة، المملكة العربية السعودية

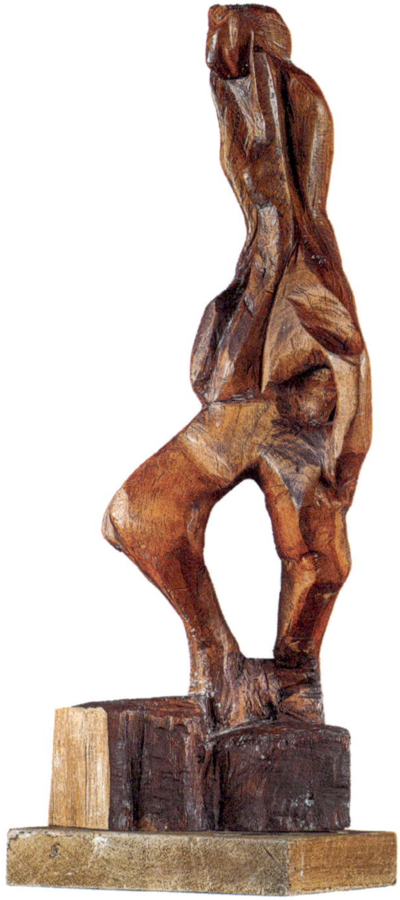

أيوب ملنج البلوشي
AYUB MOLNEG BALUCHI

(b. 1955 – d. 2018, Oman)

Motherhood, 1995
Teak wood
23 × 73 cm
Collection of Omani Society of Fine Arts, Muscat, Oman

(مواليد 1955-2018، عمان)

الأمومة، 1995
خشب الساج
23 × 73 سم
من مقتنيات الجمعية العمانية للفنون، مسقط، عُمَان

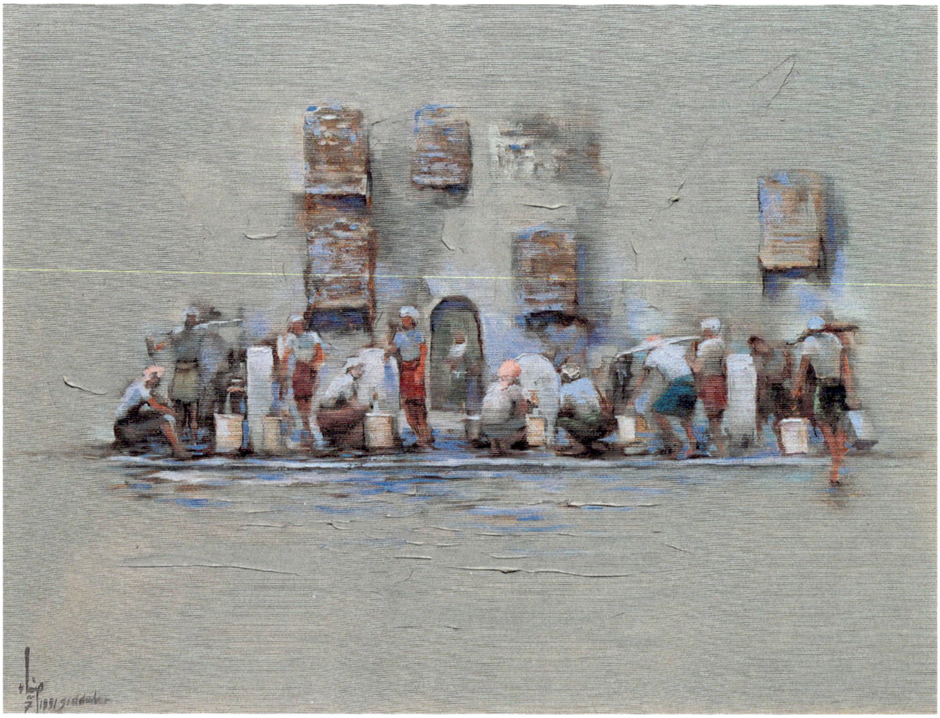

ضياء عزيز ضياء
DIA AZIZ DIA

(b. 1947, Egypt)

Bazan-1, Drawing Water, 1991
Oil on canvas
36 × 46 cm
Courtesy of Al-Mansouria Foundation,
Jeddah, Saudi Arabia

(مواليد 1947، مصر)

البازان 1، 1991
زيت على قماش
36 × 46 سم
بإذن من مؤسسة المنصورية في جدة،
المملكة العربية السعودية

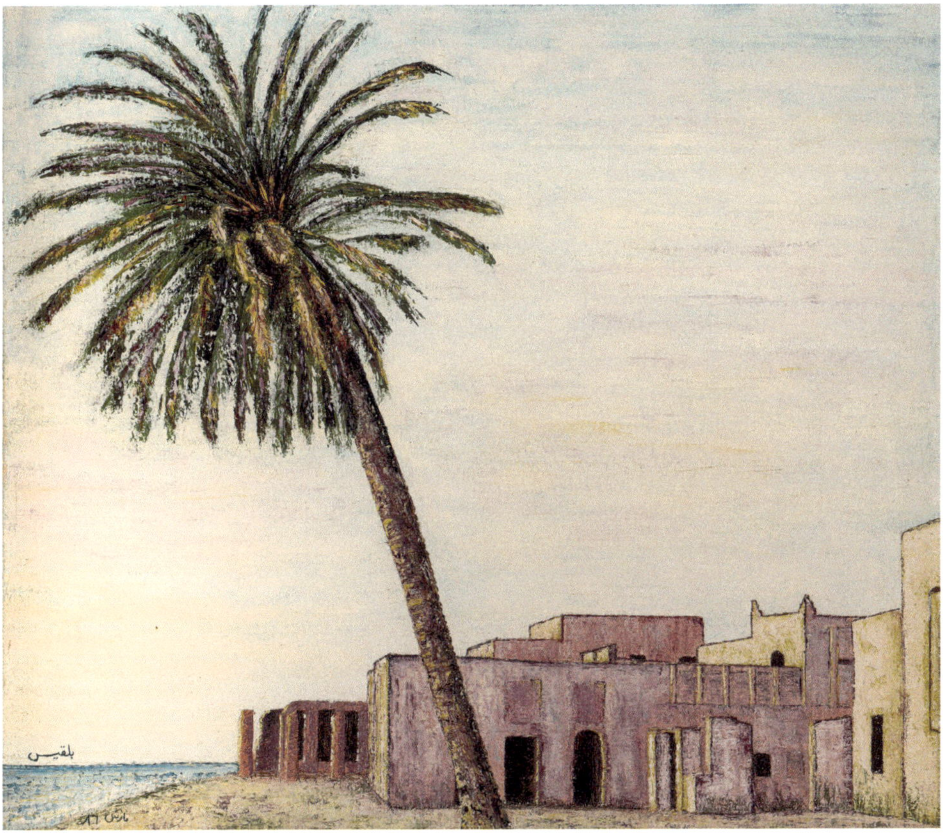

بلقيس فخرو
BALQEES FAKHRO

(b. 1950, Bahrain)

(مواليد 1950، البحرين)

Old Houses by Zallaq Shore, 1986
Acrylic on canvas
70 × 63 cm
Courtesy of the artist

بيوت قديمة على شاطئ الزلاق، 1986
أكريليك على قماش
70 × 63 سم
بإذن من الفنان

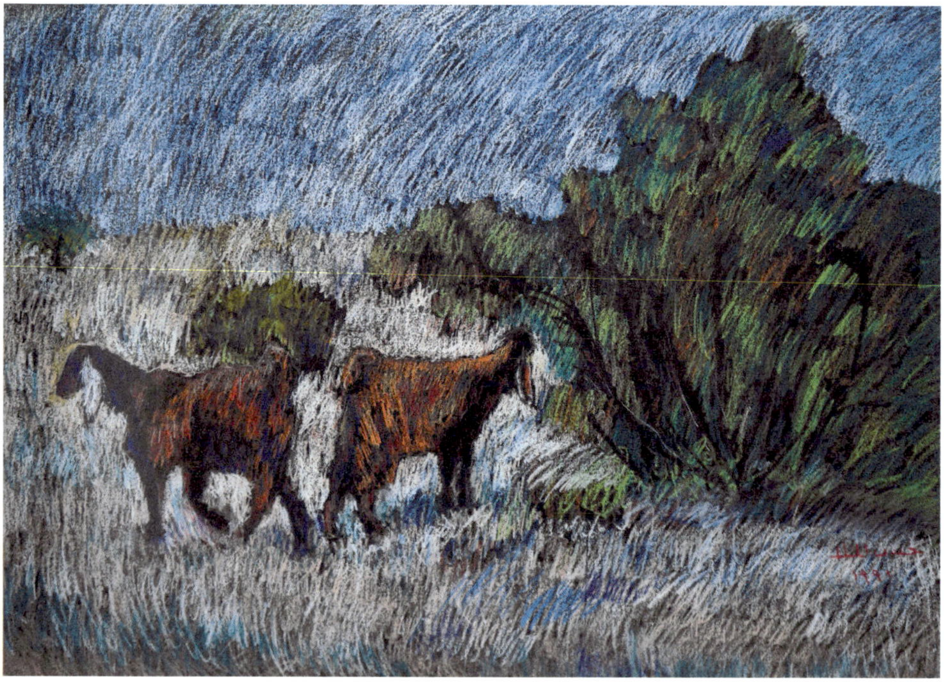

حسن الملا
HASSAN ALMULLA

(b. 1951, Qatar)

Goats in the Wild, 1991
Pastel on paper
70 × 50 cm
Courtesy of Abdulla bin Ali Al-Thani Collection, Doha, Qatar

(مواليد 1951، قطر)

ماعز في البرية، 1991
باستيل على ورق
70 × 50 سم
بإذن من مجموعة عبدالله بن علي آل ثاني، الدوحة، قطر

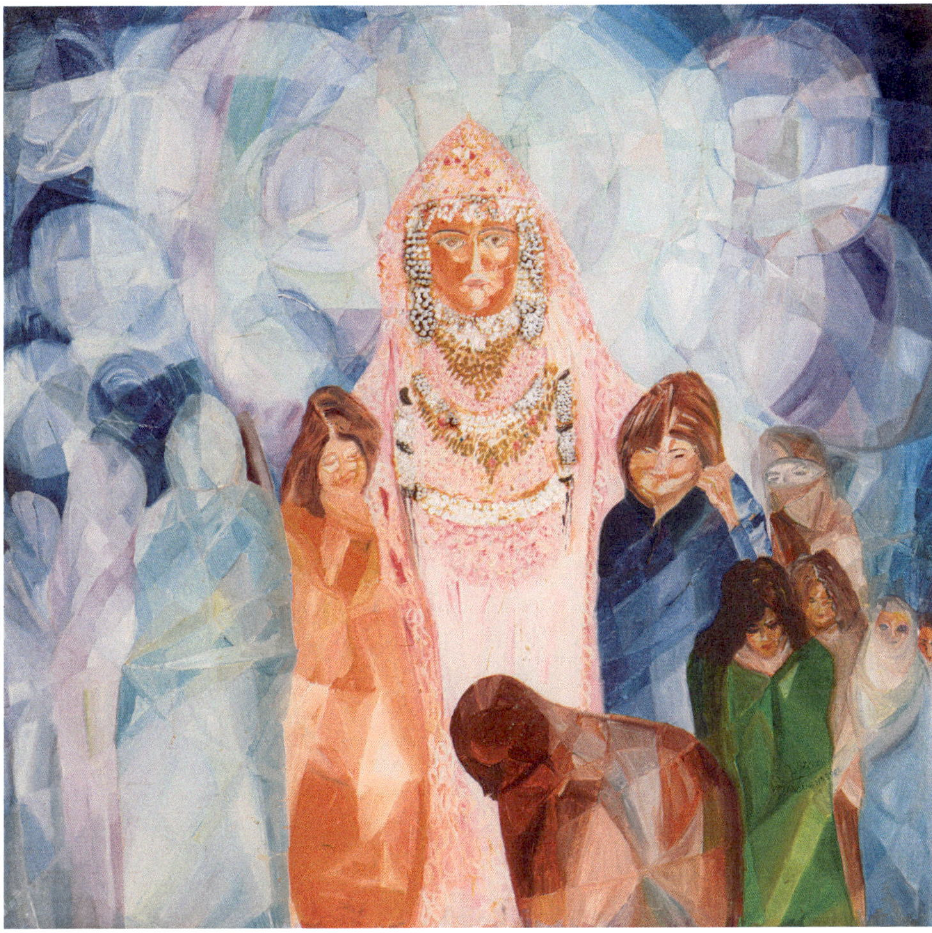

فـــــؤاد مغـــــربل
FOUAD MUGHARBEL

(b. 1951, Saudi Arabia)

(مواليد 1951، المملكة العربية السعودية)

Medina Wedding, 1997
Oil on canvas
100 × 100 cm
Courtesy of the artist

الزفة المدينية، 1997
زيت على قماش
100 × 100 سم
بإذن من الفنان

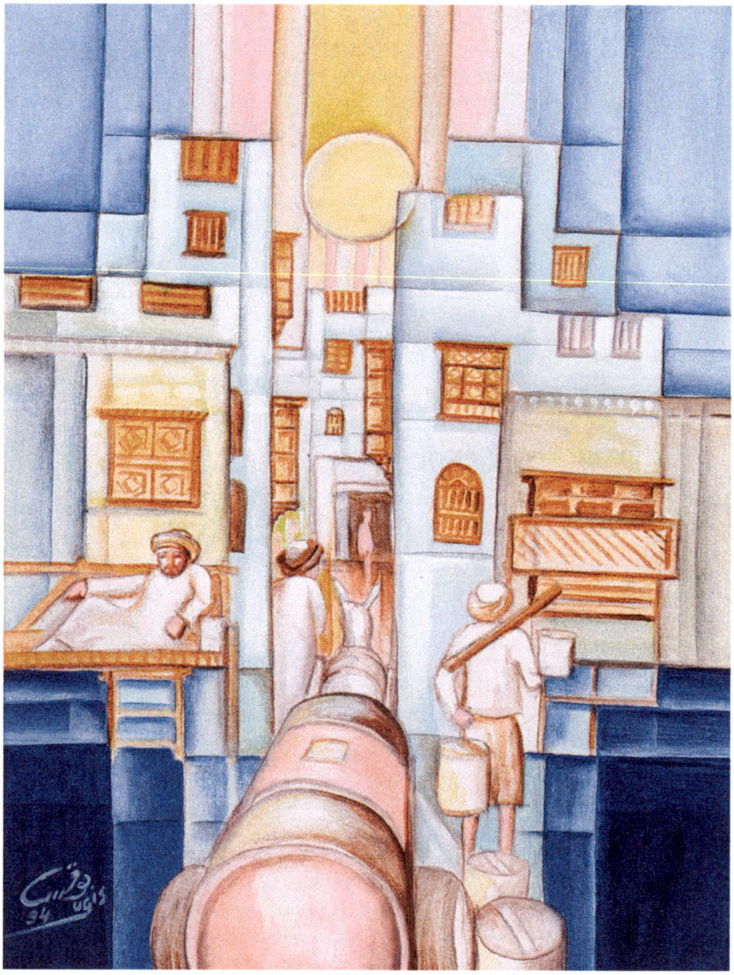

إبراهيم بوقس
IBRAHIM BUGIS

(b. 1953, Saudi Arabia)

Untitled, 1994
Acrylic on canvas
60 × 45 cm
Courtesy of the artist and Abstract Art Gallery, Riyadh, Saudi Arabia

(مواليد 1953، المملكة العربية السعودية)

بدون عنوان، 1994
أكريليك على قماش
60 × 45 سم
بإذن من الفنان وصالة التجريد للفنون، الرياض، المملكة العربية السعودية

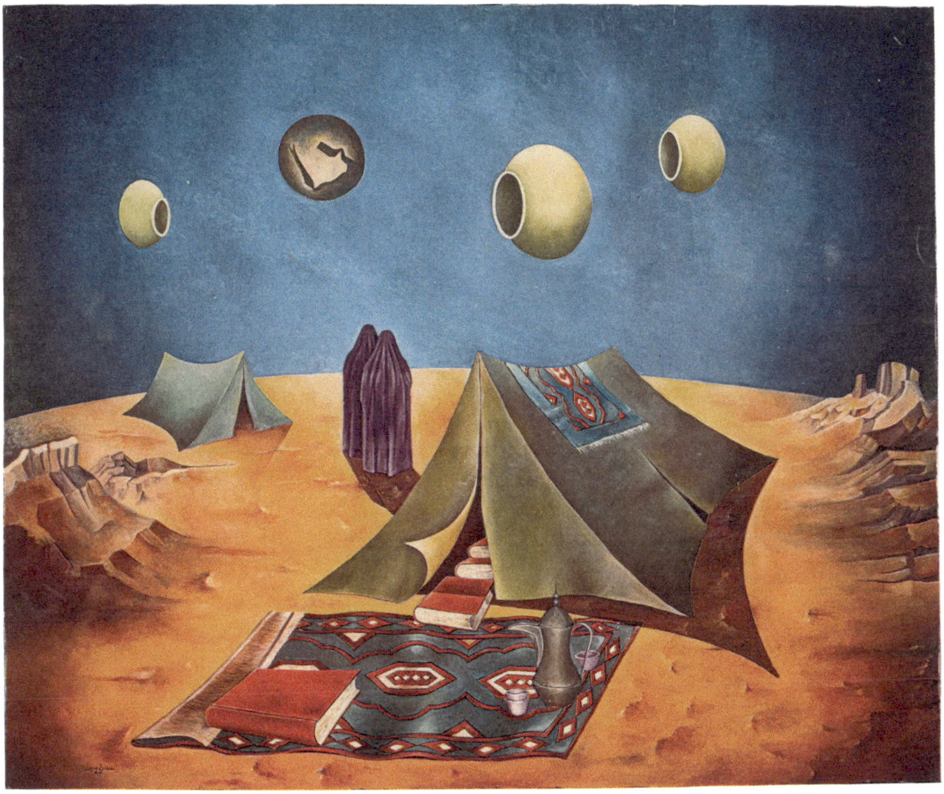

حسن مير
HASSAN MEER

(b. 1972, Oman)

Alternative Land, 1992
Oil on canvas
180 × 152 cm
Courtesy of the artist and Stal Gallery, Muscat, Oman

(مواليد 1972، عُمان)

أرض متخيلة، 1992
زيت على قماش
180 × 152 سم
بإذن من ستال غاليري والفنان، مسقط، عُمان

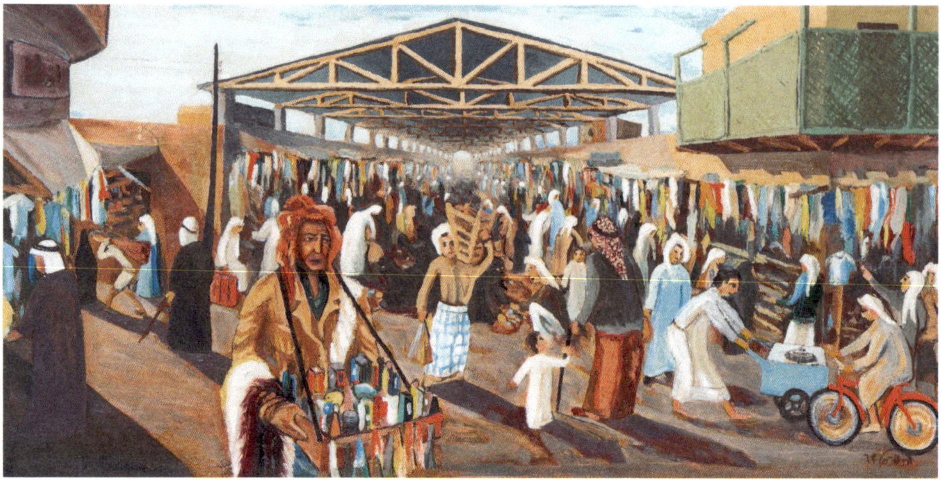

إبراهيم إسماعيل
IBRAHIM ISMAIL

(b. 1945, Kuwait)

Women's Market, 1962
Oil on wood
120 × 65 cm
Private collection of Adel AlKhalaf,
Kuwait City, Kuwait

(مواليد 1945 الكويت)

سوق الحريم، 1962
زيت على خشب
120 × 65 سم
مجموعة عادل الخلف الخاصة، مدينة
الكويت، الكويت

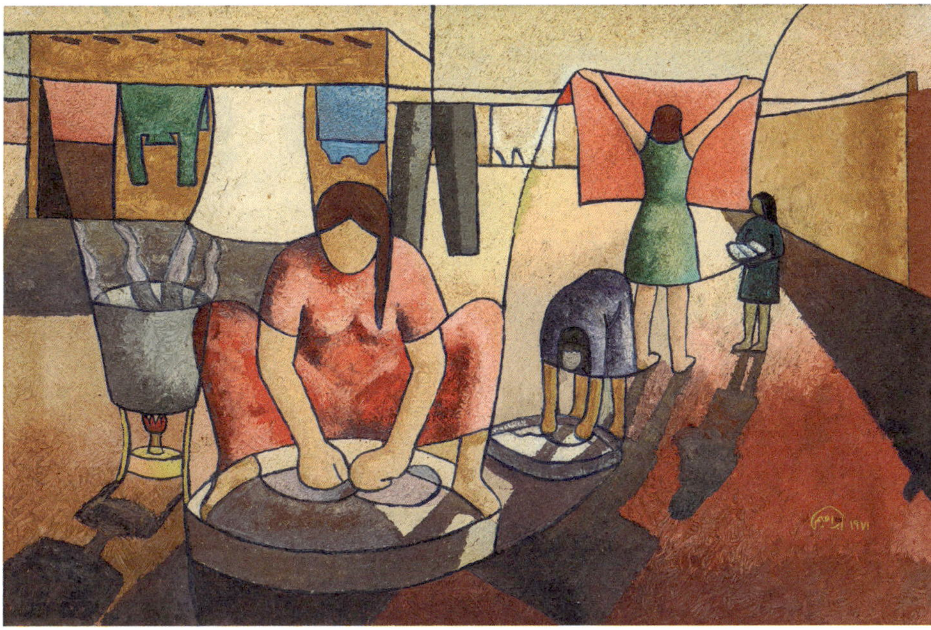

إبراهيم إسماعيل
IBRAHIM ISMAIL

(b. 1945, Kuwait)

Cleaning of Dasht, 1971
Oil on canvas mounted on board
61.5 × 90 cm
Courtesy of the Barjeel Art Foundation, Sharjah, United Arab Emirates

(مواليد 1945، الكويت)

تنظيف الدشت، 1971
زيت على قماش مثبت على لوح
61.5 × 90 سم
بإذن من مؤسسة بارجيل للفنون، الشارقة، الإمارات العربية المتحدة

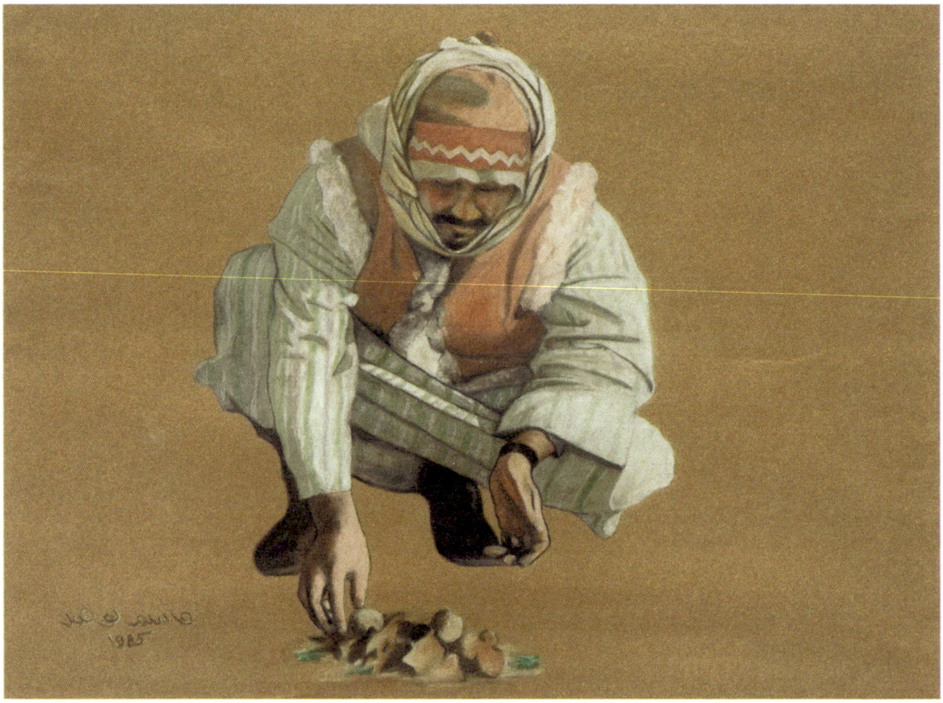

جاسم بو حمد
JASSEM BU HAMAD

(b. 1946, Kuwait)

Truffle Hunting, 1985
Pastel on paper
60 × 45 cm
Collection of National Council for Culture, Arts and Letters, Kuwait City, Kuwait

(مواليد 1946، الكويت)

البحث عن الفقع، 1985
باستيل على ورق
60 × 45 سم
مـن مقتنيات المجلس الوطني للثقافة والفنون والآداب، مدينة الكويت، الكويت

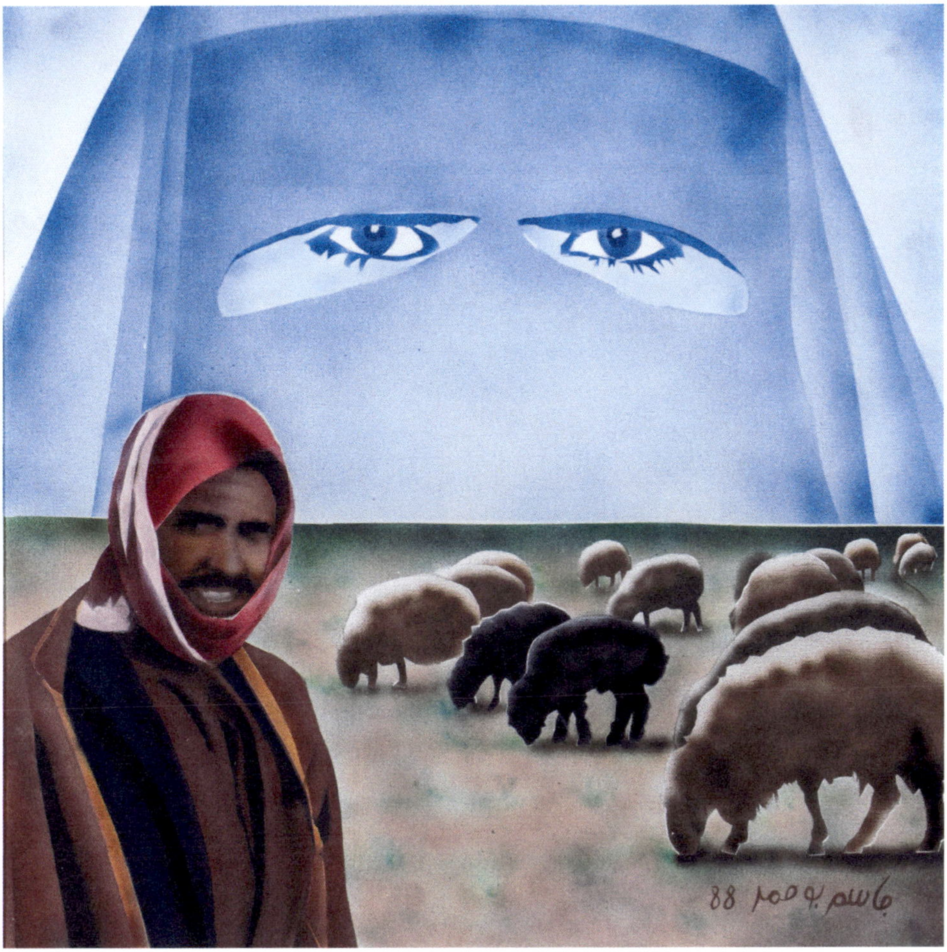

جاسم بوحمد
JASSEM BU HAMAD

(b. 1946, Kuwait)

The Sheep Herder, 1988
Mixed media on canvas
49 × 49 cm
Jordan National Gallery of Fine Arts
permanent collection, Amman, Jordan

(مواليد 1946، الكويت)

راعِي الغنم، 1988
وسائط متعددة على قماش
49 × 49 سم
من المجموعة الدائمة للمتحف الوطني
الأردني للفنون الجميلة، عمّان، الأردن

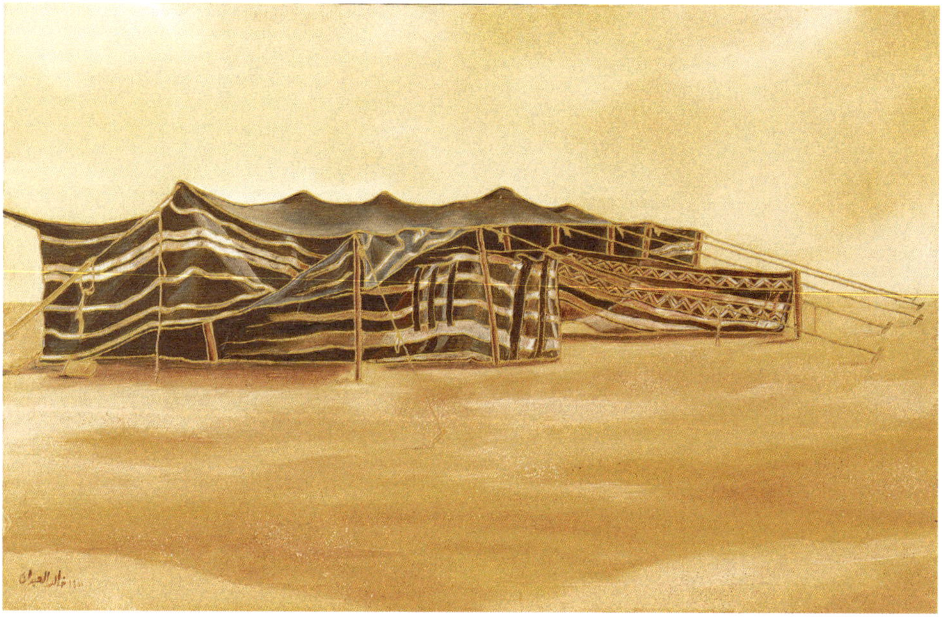

خالد العبدان

KHALID ALABDAN

(b. 1951 – d. 2004, Saudi Arabia)

Untitled, 1990
Acrylic on canvas
60 × 90 cm
Courtesy of Abstract Art Gallery, Riyadh, Saudi Arabia

(مواليد1951 – 2004، المملكة العربية السعودية)

بدون عنوان، 1990
أكريليك على قماش
60 × 90 سم
بإذن من صالة التجريد للفنون، الرياض، المملكة العربية السعودية

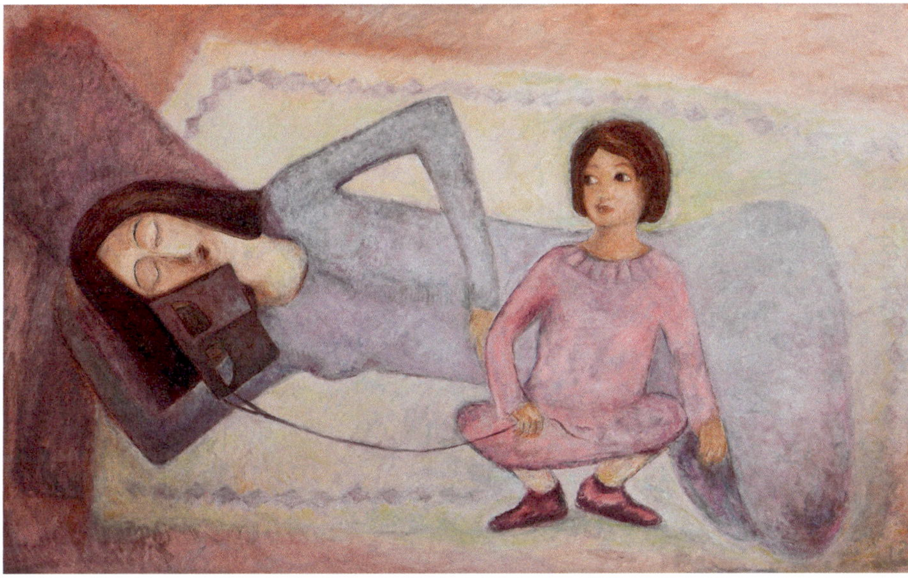

جاسم زيني
JASSIM ZAINI

(b. 1943 – d. 2012, Qatar)

Discovery, 1995
Oil on canvas
190 × 120 cm
Courtesy of Mathaf: Arab Museum of Modern Art, Doha, Qatar

(مواليد 1943 – 2012، قطر)

استكشاف، 1995
زيت على قماش
190 × 120 سم
بإذن من متحف الفن العربي الحديث، الدوحة، قطر

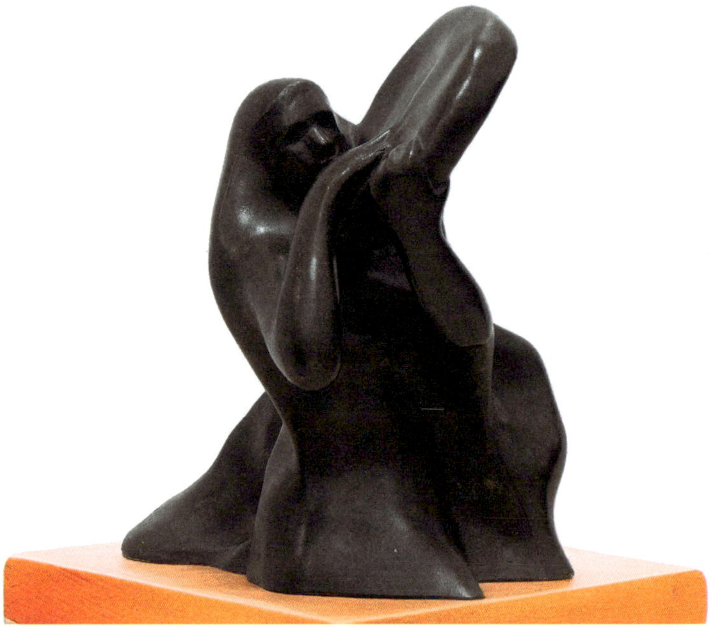

خزعـــل القفـــاص
KHAZAAL AL-QAFFAS

(b. 1944 - d. 2024, Kuwait)

Altar, 1997
Bronze
41 × 40 cm
Courtesy of the estate of Khazaal Awad Alqaffas

(مواليد 1944 - 2024، الكويت)

الطار، 1997
برونز
41 × 40 سم
بإذن من تركة خزعل عوض القفاص

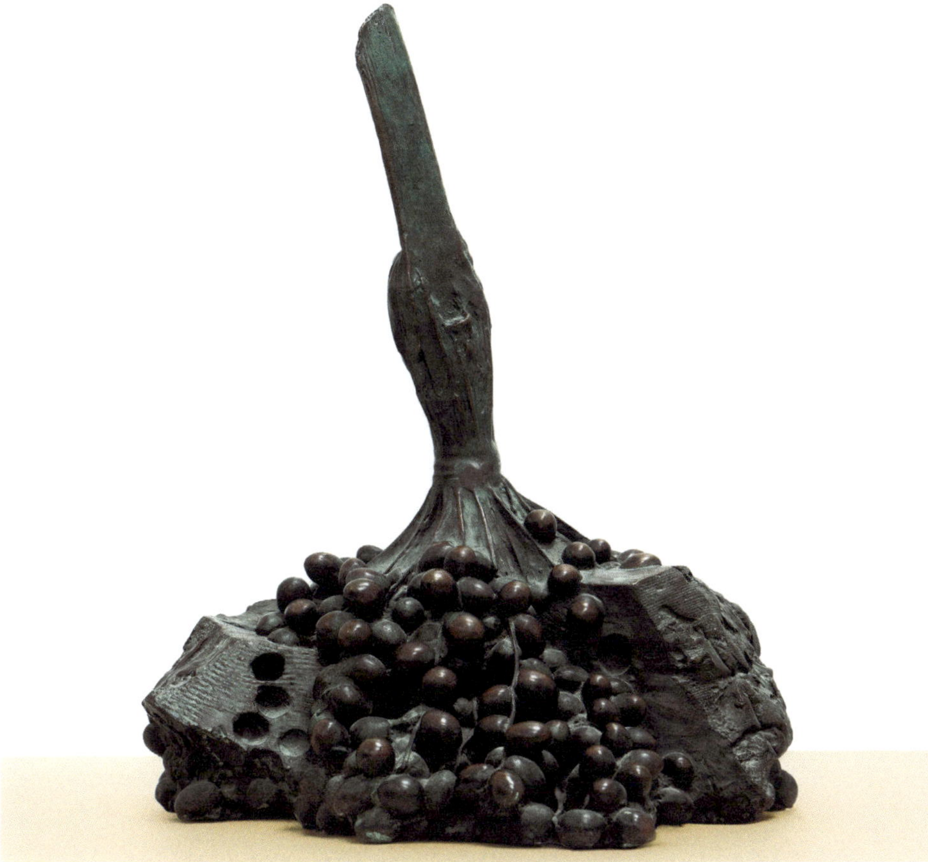

خزعــــل القفـــــاص
KHAZAAL AL-QAFFAS

(b. 1944 – d. 2024, Kuwait)

Alkhilal, 1979
Bronze
67 × 60 cm
Courtesy of the estate of Khazaal Awad Alqaffas

(مواليد 1944 - 2024، الكويت)

الخلال، 1979
برونز
67 × 60 سم
بإذن من تركة خزعل عوض القفاص

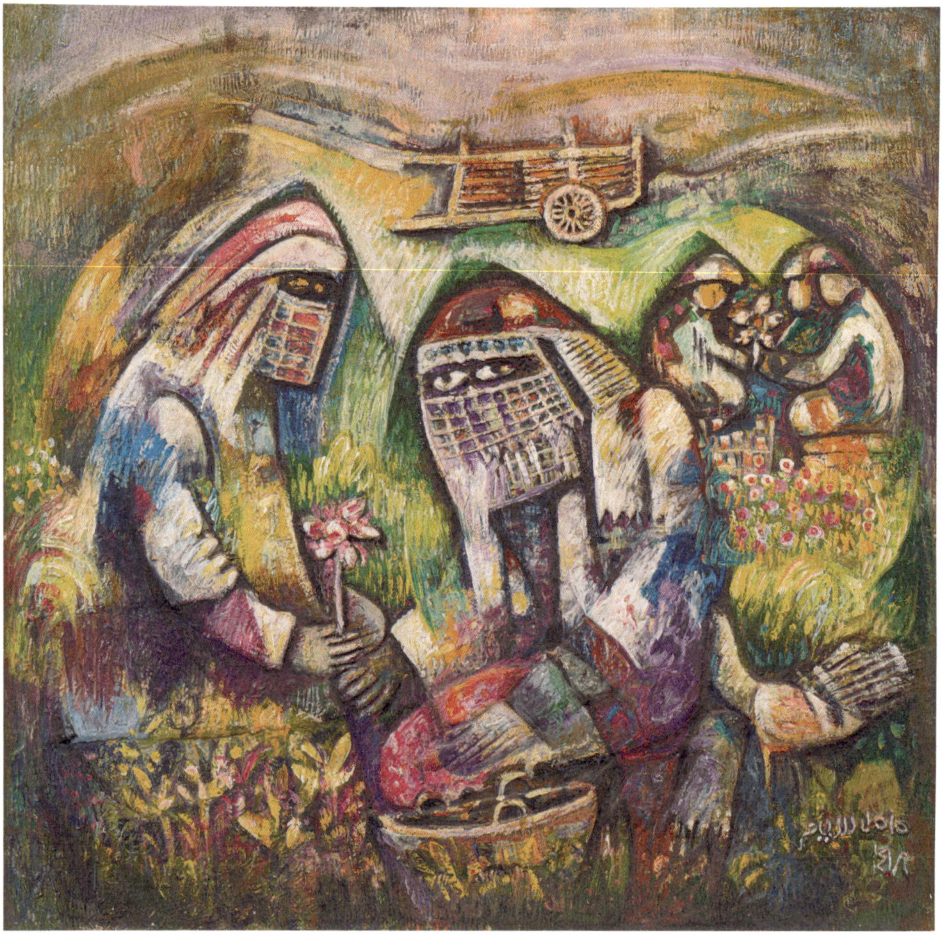

محمد سيام
MOHAMMED SIAM

(b. 1954 – d. 2011, Saudi Arabia)

Untitled, 1997
Mixed media on wood
80 × 80 cm
Courtesy of the artist and Abstract Art Gallery, Riyadh, Saudi Arabia

(مواليد 1954 – 2011، المملكة العربية السعودية)

بدون عنوان، 1997
وسائط متعددة على خشب
80 × 80 سم
بإذن من الفنان وصالة تجريد للفنون، الرياض، المملكة العربية السعودية

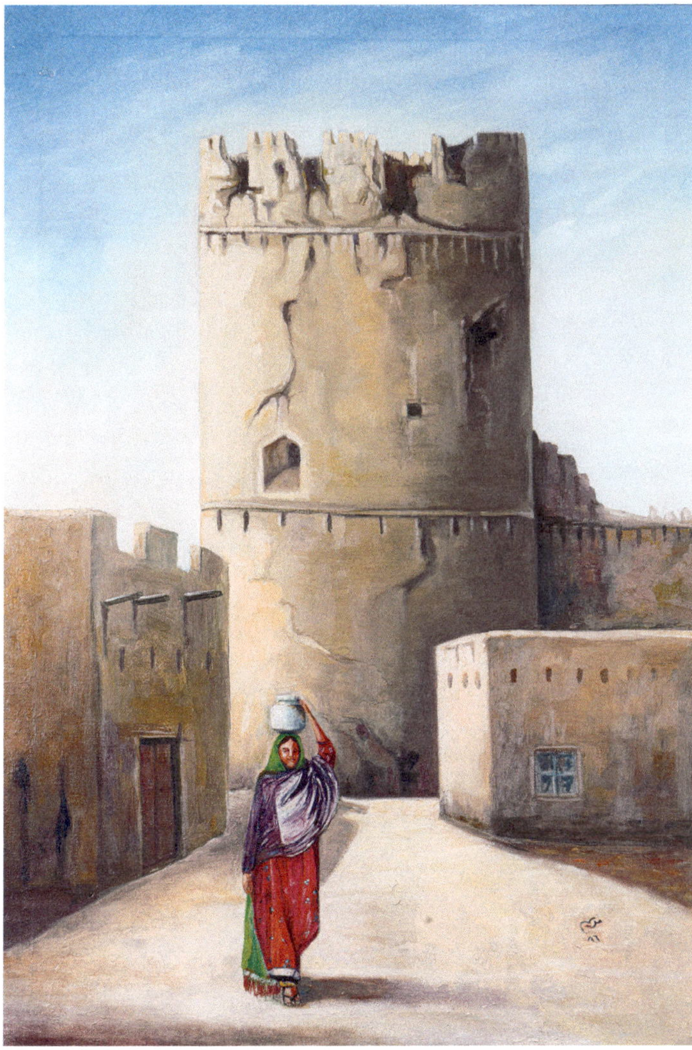

مريم الزدجالية
MARYAM ALZADJALI

(b. 1964, Bahrain)

(مواليد 1964، البحرين)

AlKhidr Fort in AlSharqiyah, 1986
Oil on canvas
80 × 100 cm
Courtesy of the artist

قلعة الخضر بالشرقية، 1986
زيت على قماش
80 × 100 سم
بإذن من الفنانة

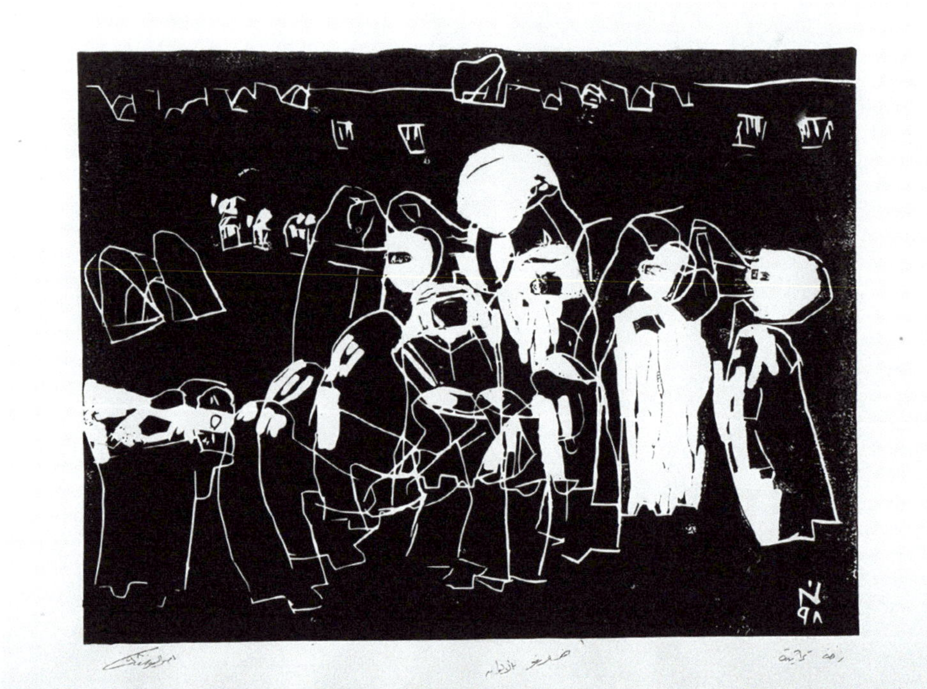

ناصر اليوسف
NASSER AL-YOUSIF

(b. 1940 – d. 2006, Bahrain)

Wedding Procession, 1998
Linocut print
51 × 40 cm
Courtesy of the Barjeel Art Foundation,
Sharjah, United Arab Emirates

(مواليد 1940 – 2006، البحرين)

موكب زفاف، 1998
طباعة لينوكت
51 × 40 سم
بإذن من مؤسسة بارجيل للفنون، الشارقة،
الإمارات العربية المتحدة

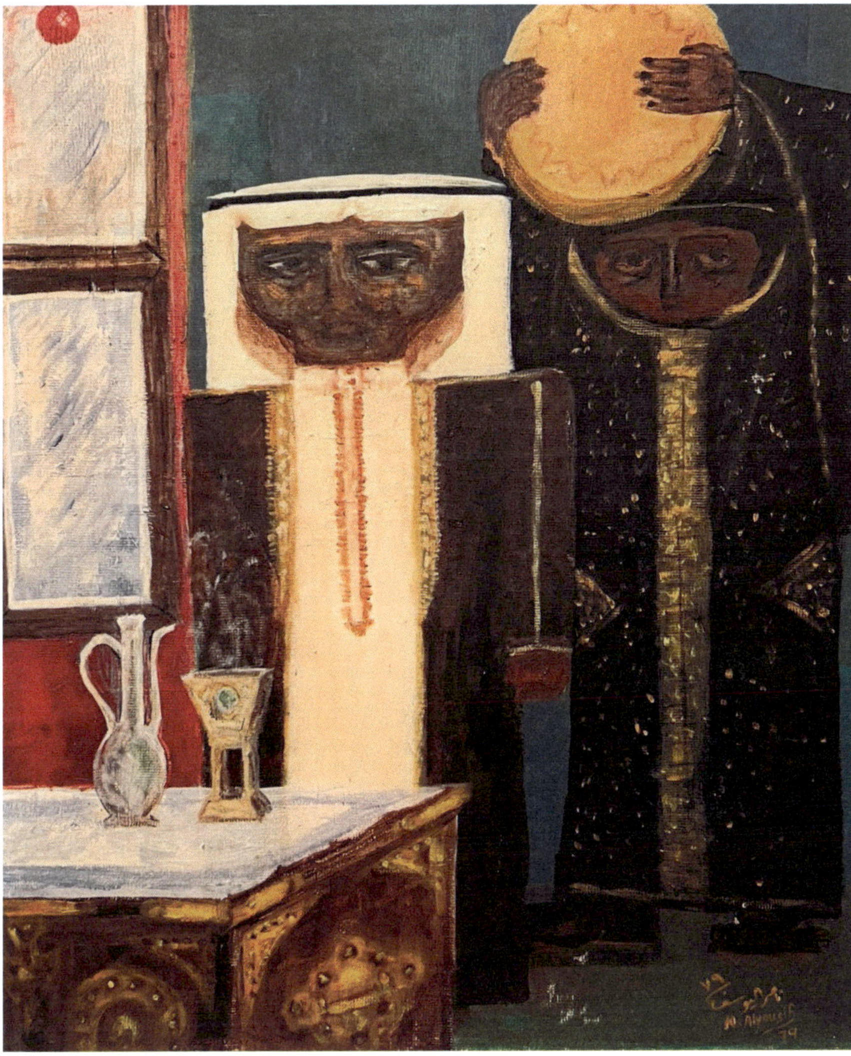

ناصر اليوسف
NASSER AL-YOUSIF

(b. 1940 – d. 2006, Bahrain)

The Groom, 1979
Oil on board
59 × 49 cm
Courtesy of the Barjeel Art Foundation,
Sharjah, United Arab Emirates

(مواليد 1940 – 2006، البحرين)

العريس، 1979
زيت على لوح
59 × 49 سم
بإذن من مؤسسة بارجيل للفنون، الشارقة،
الإمارات العربية المتحدة

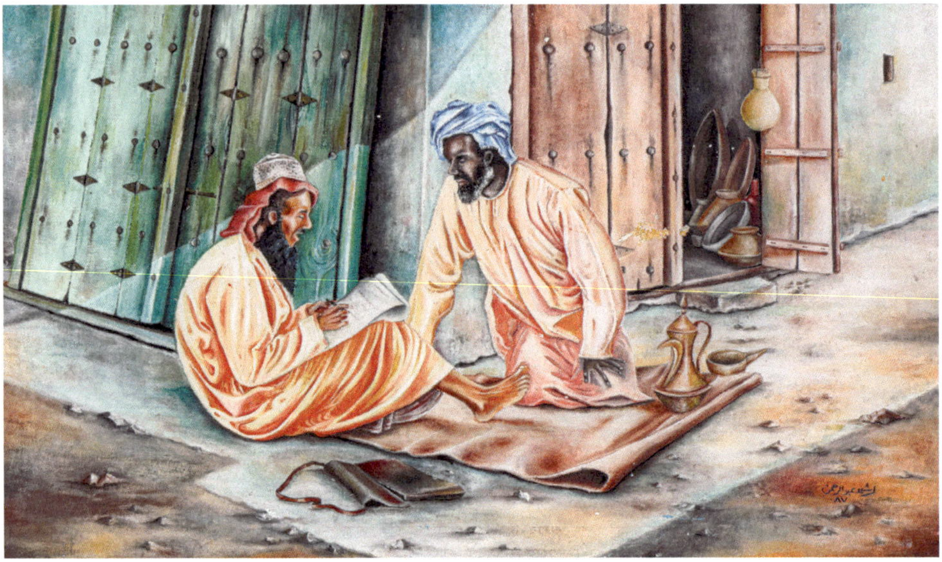

رشيد عبدالرحمن
RASHEED ABDULRAHMAN

(b. 1965, Oman)

(مواليد 1965، عُمان)

The Accountant, 1987
Oil on canvas
106 × 66 cm
Private Collection of Hassan Meer,
Muscat, Oman

المحاسب، 1987
زيت على قماش
106 × 66 سم
مجموعة حسن مير الخاصة،
مسقط، عُمان

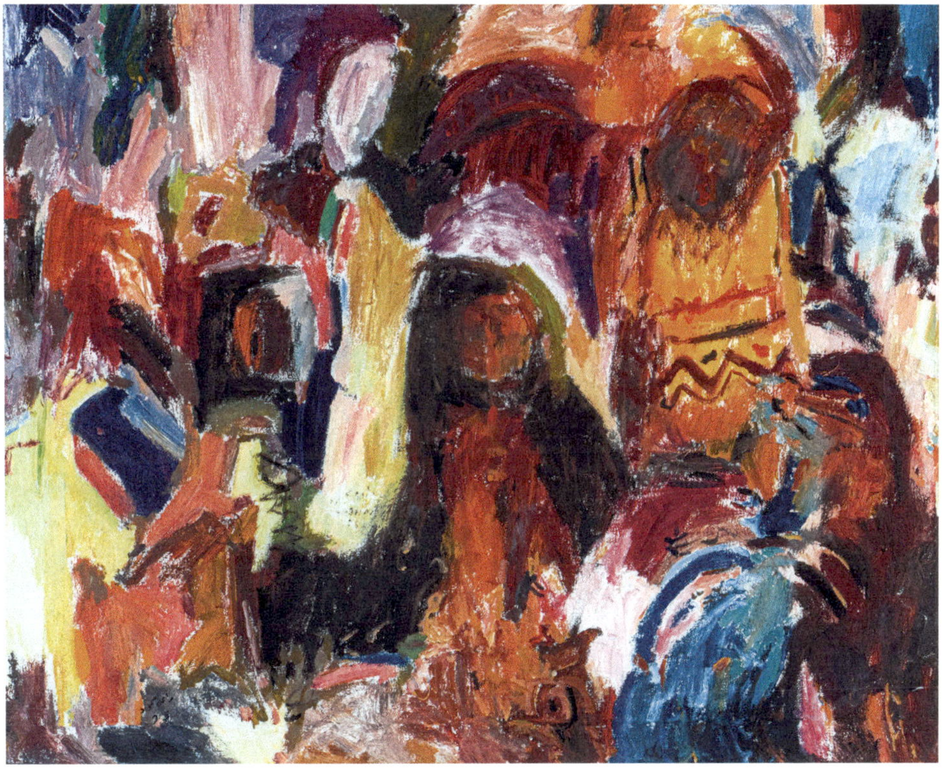

رابحـــــة محمـــود
RABHA MAHMOUD

(b. 1949, Iraq)

Omaniyat 2, 1995
Oil on canvas
47 × 58 cm
Collection of Omani Society of Fine Arts, Muscat, Oman

(مواليد 1949، العراق)

عمانيات 2، 1995
زيت على قماش
47 × 58 سم
من مقتنيات الجمعية العمانية للفنون، مسقط، عُمان

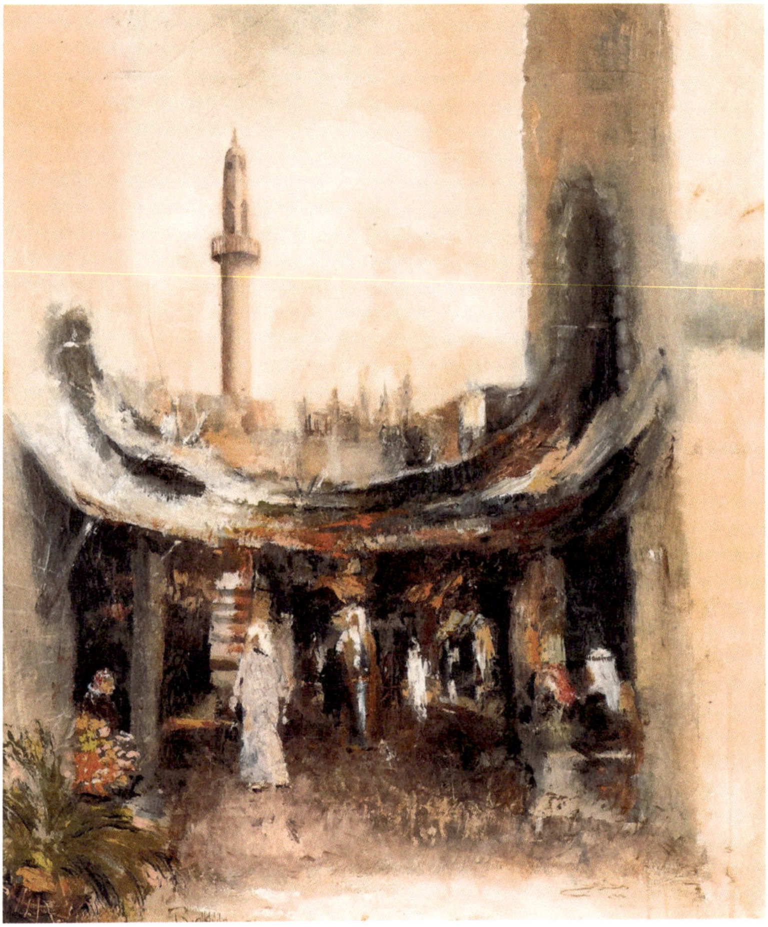

راشـــد آل خليـــفة

RASHID AL KHALIFA

(b. 1952, Bahrain)

(مواليد 1952، البحرين)

Manama Souq, 1979
Oil on canvas
44 × 36.6 cm
RAK Art Foundation, Riffa, Bahrain

سوق المنامة، 1979
زيت على قماش
44 × 36.6 سم
مؤسسـة راشد آل خليفة للفنون، الرفاع، البحرين

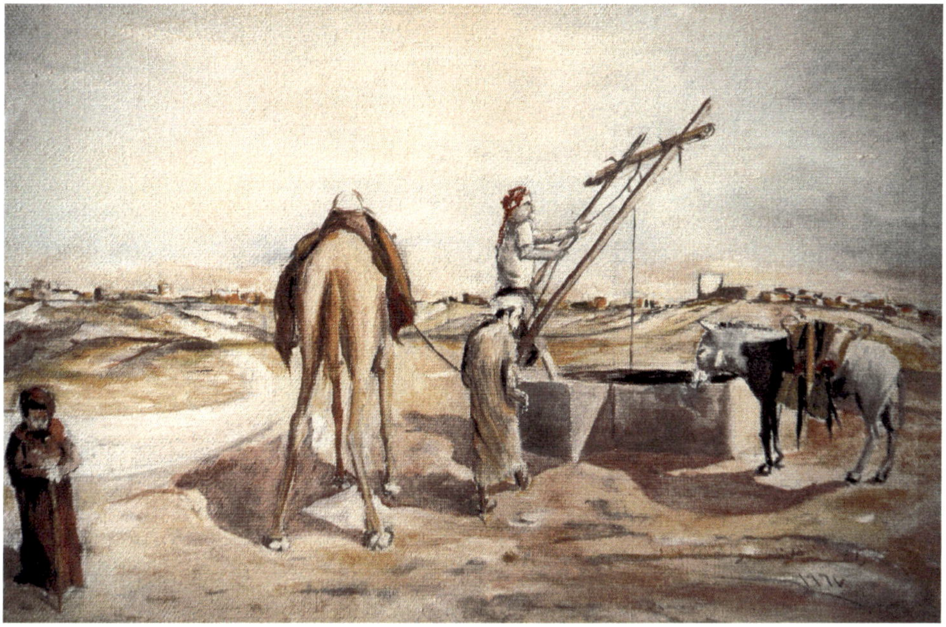

راشـــد آل خليـــفة
RASHID AL KHALIFA

(b. 1952, Bahrain)

(مواليد 1952، البحرين)

Al Hunainiya Water Well, 1968
Oil on canvas
25.5 × 40.5 cm
RAK Art Foundation, Riffa, Bahrain

بئر الحنينية، 1968
زيت على قماش
25.5 × 40.5 سم
مؤسسـة راشد آل خليفة للفنون، الرفاع، البحرين

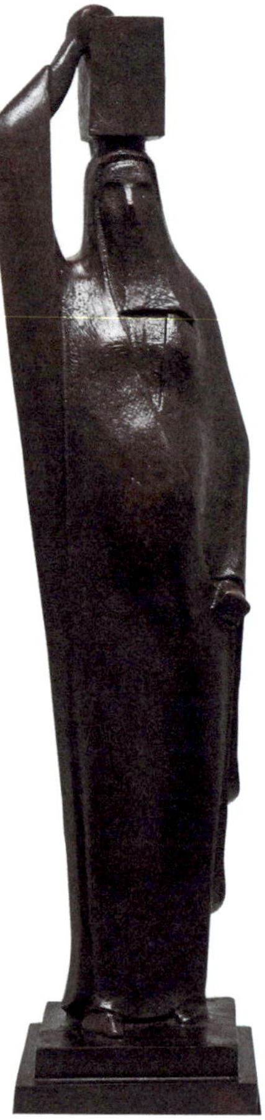

سامي محمد
SAMI MOHAMMED

(b. 1943, Kuwait)

The Water Carrier, 1966
Bronze
18 × 18 × 84 cm
Courtesy of the Barjeel Art Foundation, Sharjah, United Arab Emirates

(مواليد 1943، الكويت)

السقّاء، 1966
برونز
84 × 18 × 18 سم
بإذن من مؤسسة بارجيل للفنون، الشارقة، الإمارات العربية المتحدة

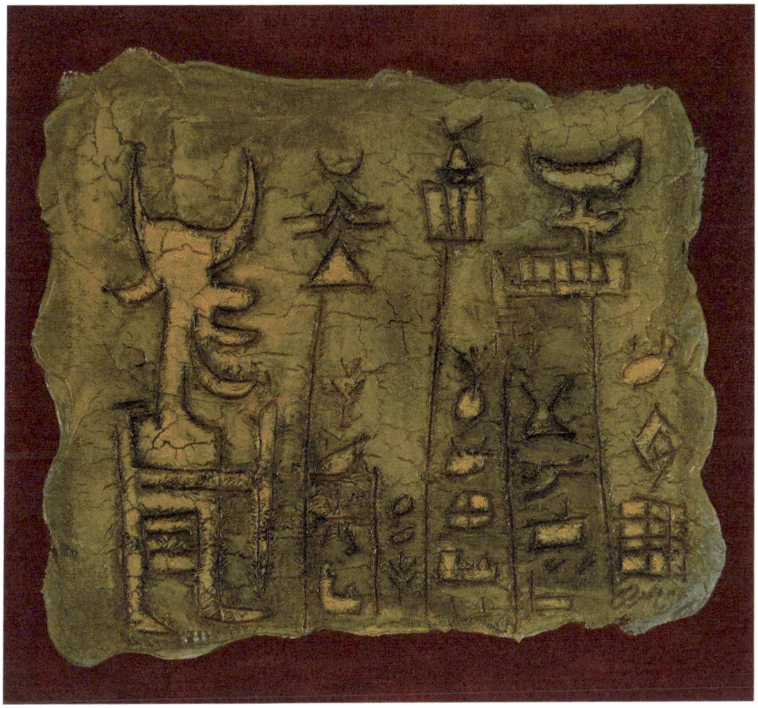

راشـــد العريـــفي
RASHID AL ORAIFI

(b. 1941 – d. 2017, Bahrain)

(مواليد 1941 – 2017، البحرين)

Delmon Legend, 1970s circa
Acrylic, gypsum, glue on jute mounted on board
103 × 97 cm
Courtesy of the estate of Rashid Al Oraifi

أسطورة دلمون، حوالي السبعينيات
أكريليـك، جبس وغراء على خيش مثبت على لوح
103 × 97 سم
بإذن من تركة راشد العريفي

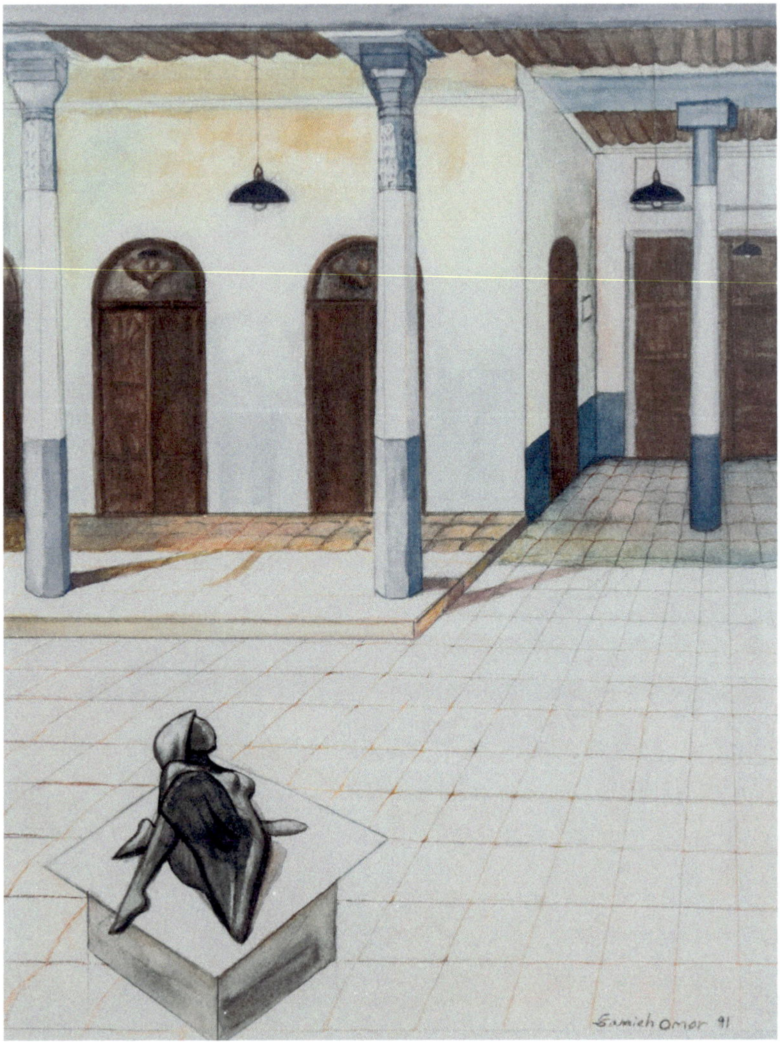

سامية أحمد السيد عمر عاصم
SAMIAH AHMAD AL-SAYID OMAR ASEM

(b. 1947, Kuwait)

(مواليد 1947، الكويت)

Free Art Atelier, 1991
Watercolor on paper
55 × 44 cm
Courtesy of the artist

المرسم الحر، 1991
ألوان مائية على ورق
55 × 44 سم
بإذن من الفنانة

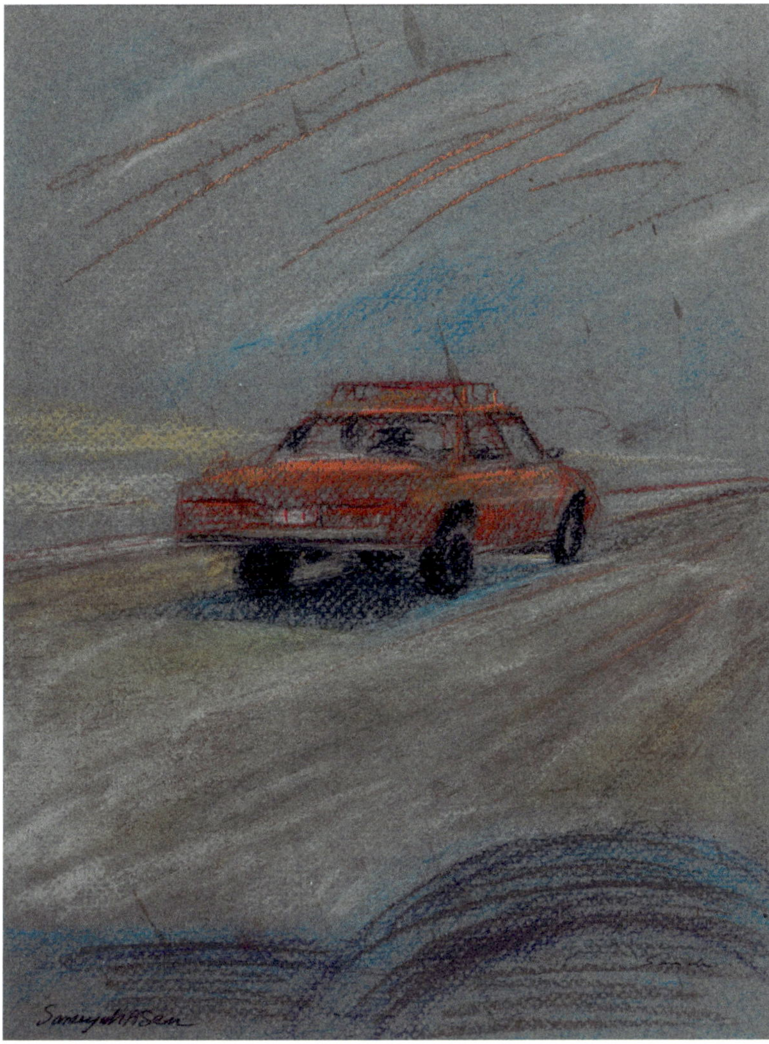

سامية أحمد السيد عمر عاصم
SAMIAH AHMAD AL-SAYID OMAR ASEM

(b. 1947, Kuwait)

(مواليد 1947، الكويت)

80's and 90's Taxi, 1991
Pastel on paper
30 × 41 cm
Courtesy of the artist

تاكسي الكويت، 1991
باستيل على ورق
30 × 41 سم
بإذن من الفنانة

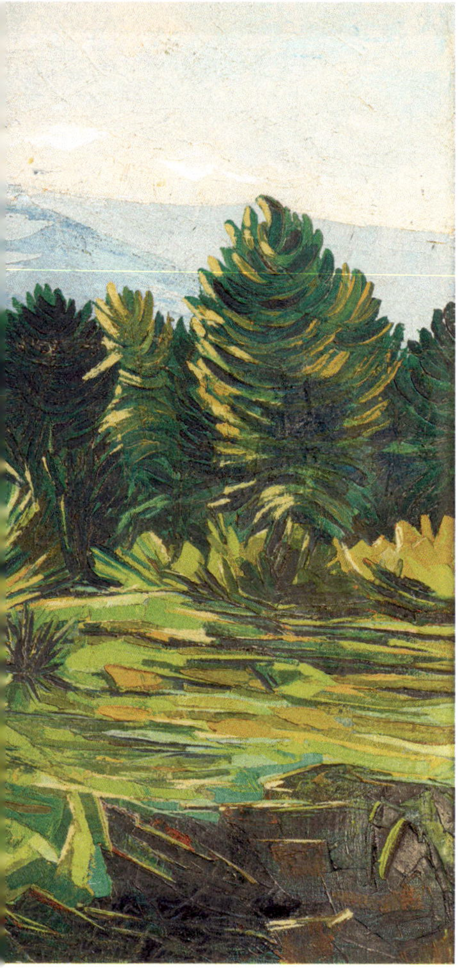

سعود القحطاني
SAUD ALQAHTANI

(b. 1953, Saudi Arabia)

(مواليد 1953 المملكة العربية السعودية)

Palaces and Harvest, 1977
Oil on canvas
67 × 121 cm
Courtesy of the artist

القصور والحصاد، 1977
زيت على قماش
67 × 121 سم
بإذن من الفنان

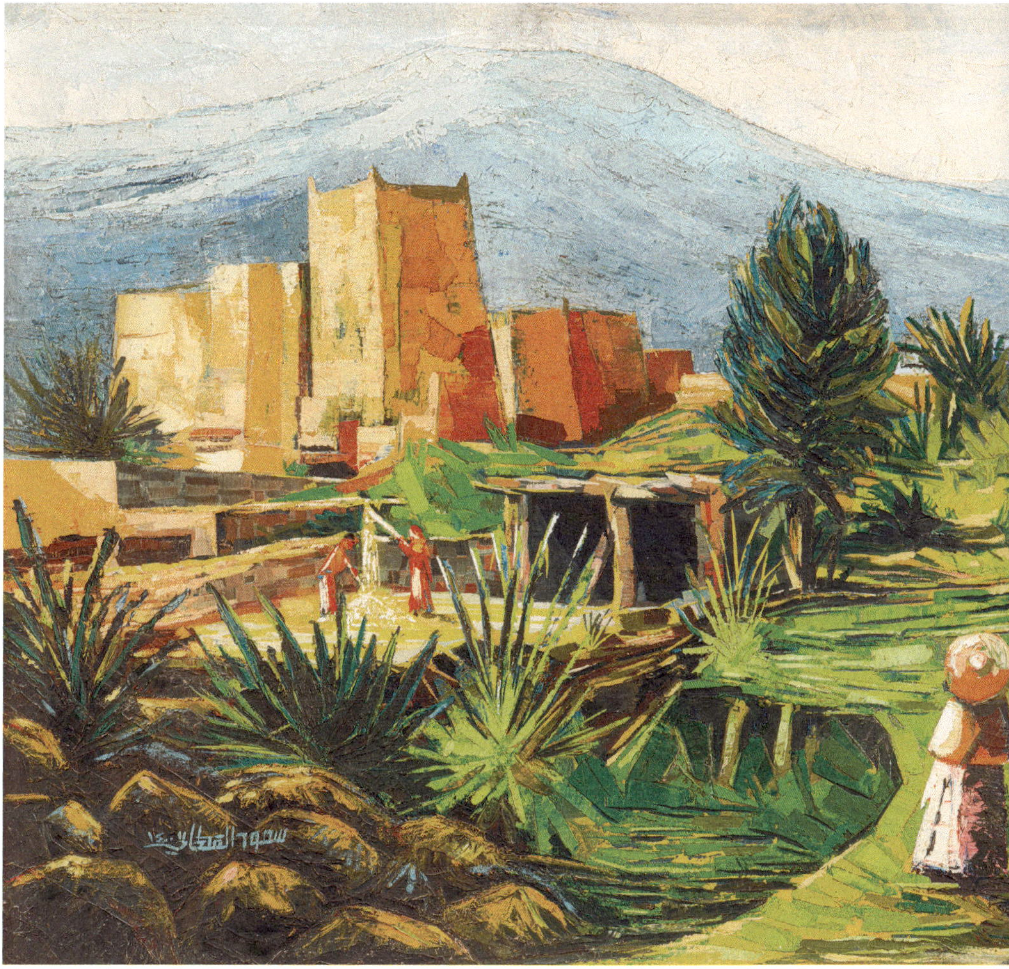

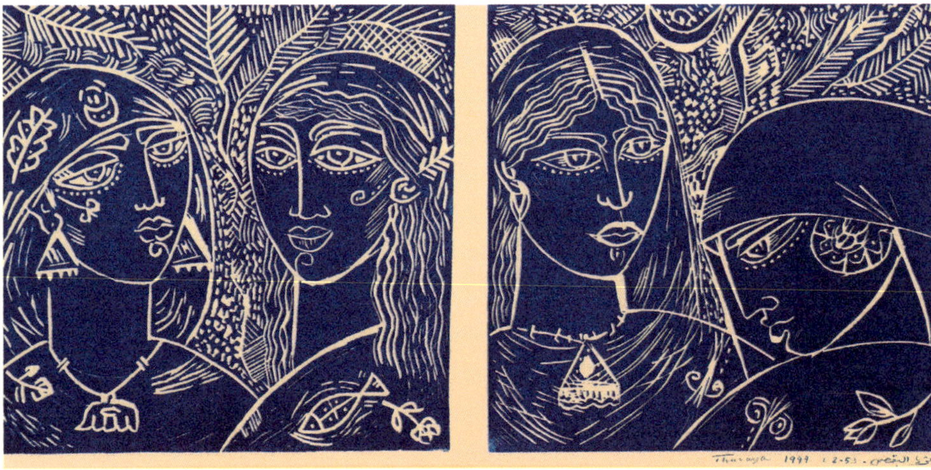

ثريا البقصمي
THURAYA AL-BAQSAMI

(b. 1951, Kuwait)

(مواليد 1951، الكويت)

The Good Land, 1999
Linocut print on paper
50 × 80 cm
Courtesy of the artist

الارض الطيبة، 1999
طباعة لينو على ورق
50 × 80 سم
بإذن من الفنانة

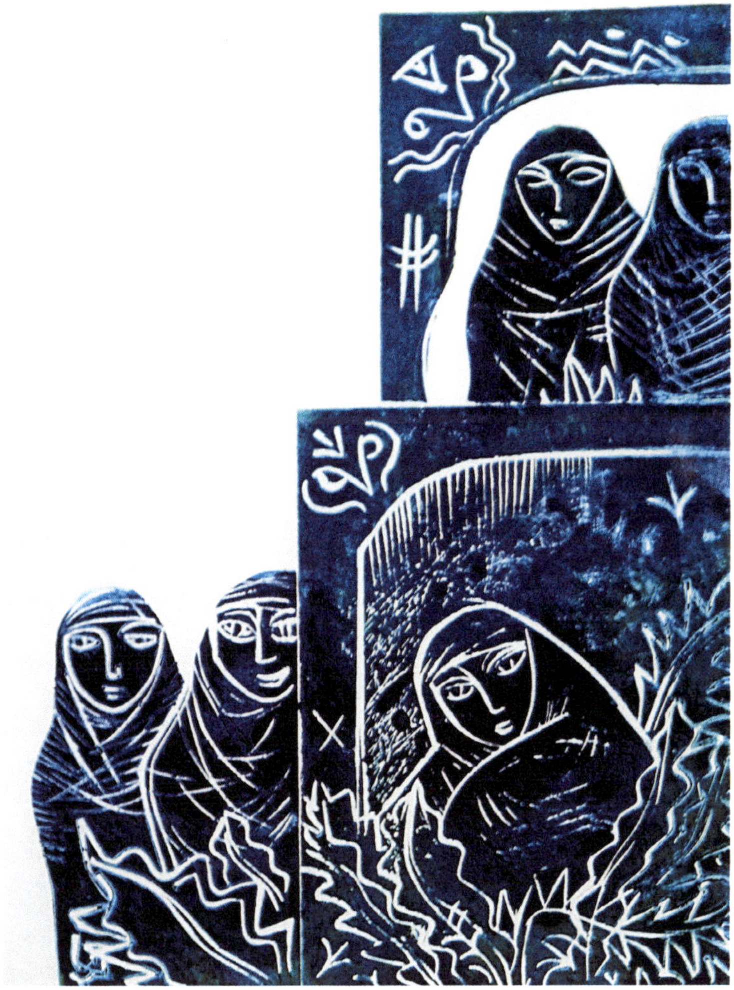

ثريا البقصمي
THURAYA AL-BAQSAMI

(b. 1951, Kuwait)

(مواليد 1951، الكويت)

Visit 2, 1996
Linocut print on paper
40 × 50 cm
Courtesy of the artist

زيارة 2، 1996
طباعة لينو على ورق
40 × 50 سم
بإذن من الفنانة

تراث البحارة في الخليج العربي

سيسيليا روجيري

يُعدّ التراث البحري مكوّنًا أساسيًا من مكوّنات الهوية الاقتصادية والثقافية والفنية لمنطقة الخليج العربي؛ وقد شكّل أرضًا خصبة للفنانين الساعين إلى صون هذا التاريخ، وتؤكد المكتشفات الأثرية والسجلّات التاريخية في جميع أنحاء المنطقة، من حضارة دلمون في البحرين إلى المستوطنات البحرية القديمة في عُمان والكويت، على آلاف السنين من النشاط البحري: من الملاحة وصيد الأسماك واستخراج الملح، إلى صيد اللؤلؤ وبناء السفن والتجارة. فقد مثّل البحر، قبل بزوغ عصر النفط بوقت طويل، شريانَ تواصل حيوي داخل الخليج وخارجه. ومع تسارع وتيرة التحديث بعد اكتشاف النفط في منتصف القرن العشرين، عاد الفنانون إلى البحر، كموضع اصطياد للذاكرة ومساحة تأكيد على استمرارية الانتماء الثقافي.

من هذا المنظور، تعامل الفنانون مع البحر بوصفه فضاءً اجتماعيًا متعدّد الطبقات. فقد رأوا في البيئات البحرية مجموعةً من التجارب المكانية التي تشمل أماكن السكن والعمل من جهة، ومساحات مؤقتة تمثّلها القوارب والجزر والمرافئ والمناظر المتخيَّلة من الجهة الأخرى. وتستعين الأعمال المعروضة هنا بالرموز والزخارف البحرية كأدوات مفاهيمية لتثبيت الهوية الثقافية في مواجهة العولمة والتوسع العمراني ومسارات بناء الدولة الحديثة.

في عملين لافتين، «البحّارة» (ستينيات القرن العشرين) لسامية العمر و«الصيادون» (1978) لعبدالكريم العريض، تتجلى مشاهد مؤثرة لبحّارة محليين في لحظات عملهم. وقد أُنجز هذان العملان في أعقاب انقضاء عصر الإبحار التقليدي، بعد اكتشاف النفط، فغدوا بمثابة شهادتين بصريتين على زمن مفعم بالمعارف والفولكلور والتقاليد. جمعت سامية العمر بين العناصر التصويرية والتعبيرية، مركّزةً على مشهد جماعي لبحّارة غارقين في عملهم، بينما استعان العريض بضربات فرشاة حرة وألوان دافئة لاستحضار لهيب شمس الخليج ومشقّة إيقاع الحياة اليومية على السواحل. تتجاوز لوحة «صيادون» مجرد الحنين والتوثيق، إذ رُسمت بعد سنوات قليلة من استقلال البحرين، في وقت كانت ملامح الوحدة الخليجية في طور التشكل، ما يمنحها بُعدًا تأمليًا حول الاستمرارية في خضم التحولات الاجتماعية. ومن البحرين أيضًا، يبرز عبد الله المحرّقي بلوحته « صناعة السفن » التي أنجزها عام 1979، والتي تجسّد علاقته الشخصية بالتراث البحري، وقد كان والده قبطانًا لقارب بريدي يربط بين قطر والسعودية. تصوّر هذه اللوحة مركب دهو ضخم قيد الإنشاء، محاطًا بعمّال المرافئ وبنّائي السفن، في مشهد يوثّق صناعةً بحرية ربطت الخليج بالهند وأفريقيا، وشكّلت شبكةً تجارية عابرة للحدود سبقت عصر النفط.

أما تقليد الغوص لإصطياد اللؤلؤ، الضارب في القِدم والعائد إلى القرن الرابع قبل الميلاد، فيحضر بقوة في عمل الفنانة القطرية مريم محمد عبدالله الحمادي «غوّاصو اللؤلؤ»

MARITIME HERITAGE FROM THE ARABIAN GULF

Cecilia Ruggeri

The maritime heritage of the Gulf is central to its economic, cultural, and artistic identity, providing fertile ground for artists engaged in preserving this history through processes of nostalgia and recollection. Archaeological and historical evidence across the region—from the Dilmun civilization in Bahrain to ancient maritime settlements in Oman and Kuwait—attests to millennia of seafaring, fishing, salt making, pearling, shipbuilding, and trade. Long before the rise of oil economies, the sea served as a vital point of connection within and beyond the Arabian Gulf. Following the discovery of oil, many Gulf nations underwent rapid transformation during the latter half of the twentieth century, prompting artists to turn to the sea as a site of memory, continuity, and cultural grounding.

In doing so, they engaged with the sea not merely as a geographical feature, but as a layered social space. In this context, maritime environments can be understood as a pluralistic assemblage of spatial experiences, from coastal zones of habitation and labor to transitory spaces represented by boats, islands, harbors, and imagined seascapes. The works featured here use maritime motifs as conceptual tools for negotiating cultural identity amid accelerating urbanization, globalization, and nation-building.

Two works, *Sailors* (c. 1960s) by Samiah Ahmad Al-Sayid Omar Asem and *Fishermen* (1978) by Abdulkarim Al Orrayed, capture poignant scenes of local seafarers at work. Depicted shortly after the age of sail came to an end, following the discovery of oil in the region, these works serve as quietly radical acts of witnessing, paying homage to an era rich in knowledge, folklore, and tradition. Asem's composition blends figurative and expressive elements, centering on a group of sailors mid-task.

Al Orrayed, by contrast, employs warm tones and gestural brushwork to evoke the heat of the Gulf sun and the laborious rhythm of life by the water. This is more than a nostalgic image; painted just a few years after Bahrain's independence and on the cusp of regional unity through the nascent Gulf Cooperation Council (GCC), *Fishermen* also functions as a meditation on continuity amid social transformation. Also from Bahrain, Abdullah Al-Muharraqi memorializes his country's maritime heritage, a legacy to which he held a personal connection. His father was the captain of a mail ship which operated between Qatar and Saudi Arabia, and this familiarity and respect for seafaring tradition is reflected in his 1978 painting, *Building of Ships*. The viewer is confronted by the monumental presence of a *dhow* under construction, surrounded by dockworkers and shipwrights. In the pre-oil era, wooden sailing vessels,

(1985). تُصوّر اللوحة مجموعة من الغوّاصين في لحظة استعداد، حيث تتخذ أجسادهم وضعيات إيقاعية تنمّ عن التركيز والتأهّب لمهمة شاقة. يَظهرون وهم يفتحون المحار لاستخراج اللؤلؤ بسكاكين مقوّسة تسمى "المِفلقة"، في مشهد يحتفي بمهارة مهنةٍ اندثرت، ويخلّد عزيمة أولئك الذين تحمّلوا مشقة البحر ومخاطره.

في السياق نفسه، تجسّد منحوتة «الصيّاد» للفنان العُماني أيوب ملنج البلوشي إيقاع العمل الموسمي وما ينطوي عليه من جهد، مسلطةً الضوء على موقع عُمان التاريخي كإحدى أغنى مناطق الصيد في الشرق الأوسط منذ عصور ما قبل التاريخ، وممرّ موسمي للكائنات البحرية المهاجرة.

انطلاقًا من مَشاهد العمل الجماعي، وصولًا إلى الشخصيات الرمزية وممارسات الملاحة البحرية التقليدية، تكشف الأعمال المعروضة في هذا القسم رؤى متفرّدة حول العلاقة المتجددة بين منطقة الخليج العربي وتراثها البحري، وتشكّل أرشيفًا بصريًا يربط بين التجربة المعاشة والابتكار في الشكل، في توثيق حيّ لذاكرةٍ اجتماعية واقتصادية لطالما همّشتها السرديات الرسمية. كما تفتح نافذةً على عالم البحر، الذي، رغم تراجع دوره الاقتصادي، لا يزال يحتفظ بمكانته باعتباره عنصرًا أصيلًا من عناصر الهوية الثقافية والذاكرة الإقليمية.

commonly referred to as *dhows*, traveled to India and Africa for trade, establishing an intricate and wide-reaching commercial network.

Pearl diving, another time-honored maritime tradition dating back to the late fourth century BCE, is powerfully evoked in *Pearl Divers* (1985) by Qatari artist Maryam Alhammadi. Alhammadi's work portrays a group of divers preparing for their task, their bodies rhythmically positioned in anticipation of arduous labor. They are depicted shucking oysters and extracting pearls using a *miflaqa*—a distinctive, curved knife specifically used for this purpose. This gesture memorializes a vanished tradition and pays tribute to the endurance and precision of its practitioners, who faced the hardship of maritime life and its associated risks with unwavering determination.

The deep-rooted rhythms of seasonal labor and endurance also appear in works such as *The Hunter* by Ayub Molneg Baluchi. This sculpture responds to the significance of Baluchi's native Omani coast, historically recognized as one of the richest fishing zones in the Middle East since the prehistoric period, as it constitutes a seasonal passage for popularly hunted migrating species.

From collective labor and symbolic figures to traditional seafaring practices, the works in this section present distinct perspectives on the Gulf's evolving relationship with its maritime heritage. Together, the featured works form a visual archive that bridges lived experience and formal innovation, functioning as vital documents of social and economic histories that have often been marginalized in official narratives. They offer insight into a maritime world that, while diminished in economic importance, continues to shape cultural identity, regional memory, and the broader trajectory of Gulf modernism.

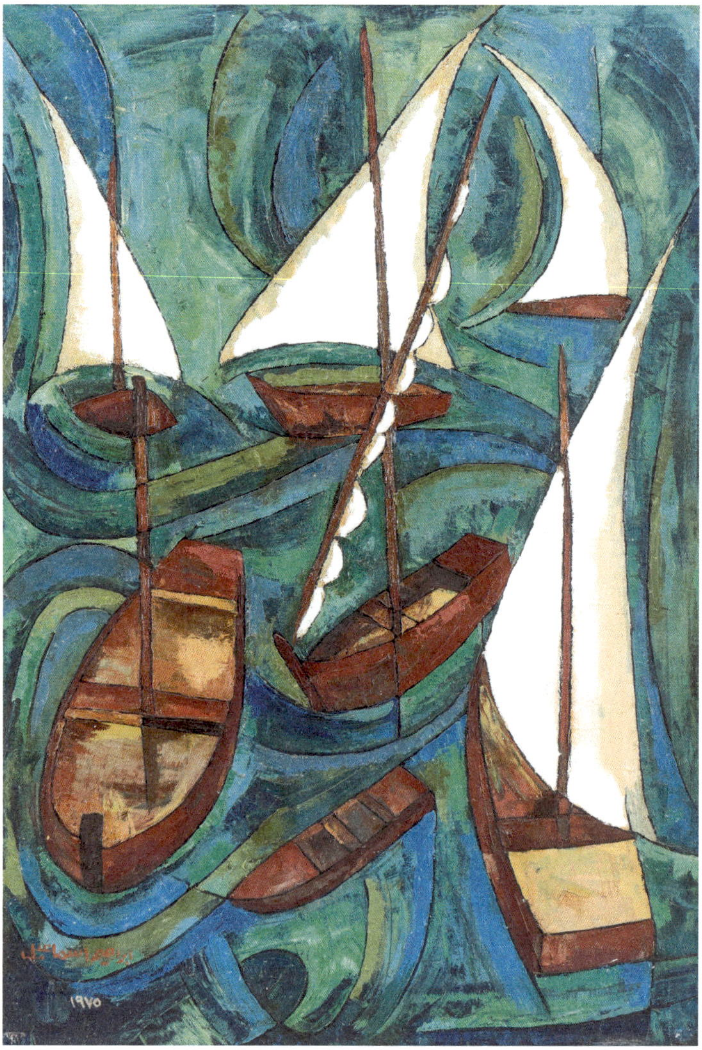

إبراهيم إسماعيل
IBRAHIM ISMAIL

(b. 1945, Kuwait)

Al Naqa'a, 1975
Oil on canvas
90 × 60 cm
Courtesy of the Barjeel Art Foundation, Sharjah, United Arab Emirates

(مواليد 1945، الكويت)

النقعة، 1975
زيت على قماش
90 × 60 سم
بإذن من مؤسسة بارجيل للفنون، الشارقة، الإمارات العربية المتحدة

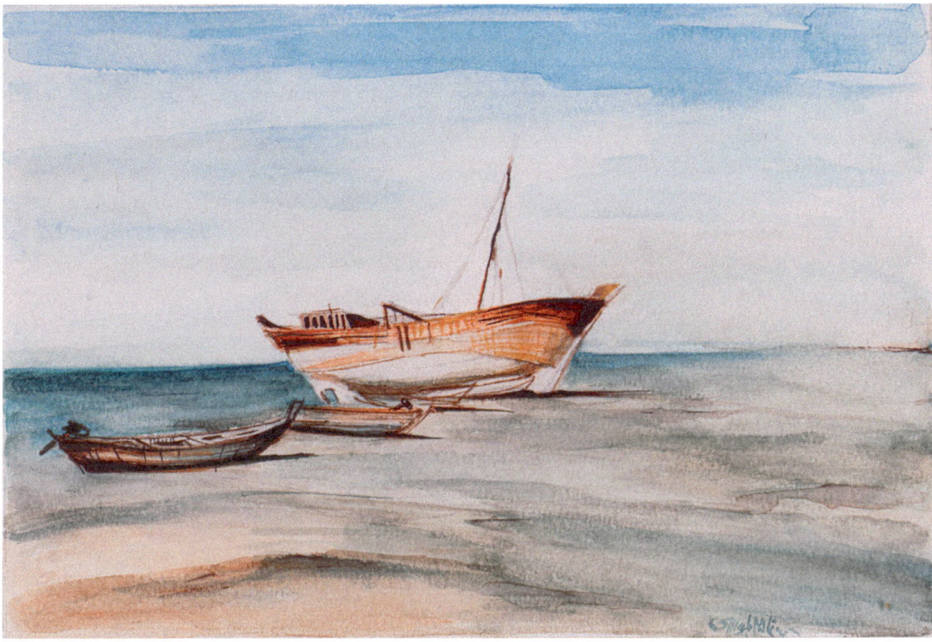

ناصر الموسى
NASSER ALMOUSA

(b. 1955, Saudi Arabia)

(مواليد 1955، المملكة العربية السعودية)

View of the Arabian Gulf, 1988
Watercolor on paper
36 × 25 cm
Courtesy of the artist

إطلالة على الخليج العربي، 1988
ألوان مائية على ورق
36 × 25 سم
بإذن من الفنان

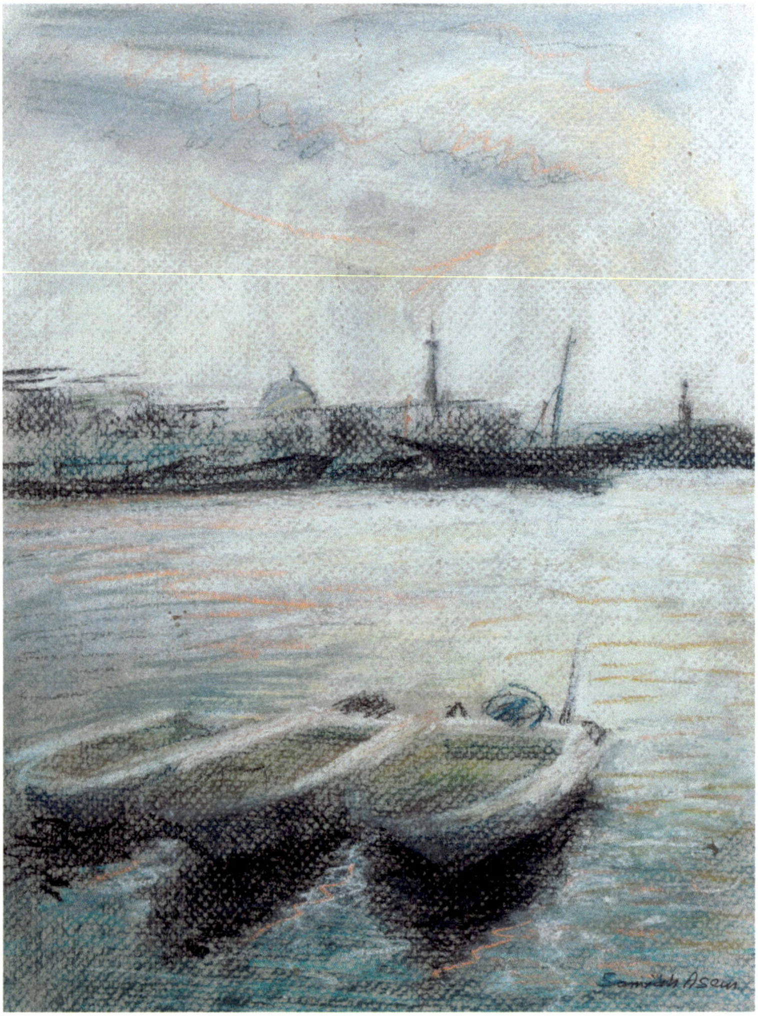

سامية أحمد السيد عمر عاصم
SAMIAH AHMAD AL-SAYID OMAR ASEM

(b. 1947, Kuwait)

(مواليد 1947، الكويت)

Kuwait Bay Coast (2), 1991
Pastel on paper
30 × 41 cm
Courtesy of the artist

على السيف (2)، 1991
باستيل على ورق
30 × 41 سم
باذن من الفنانة

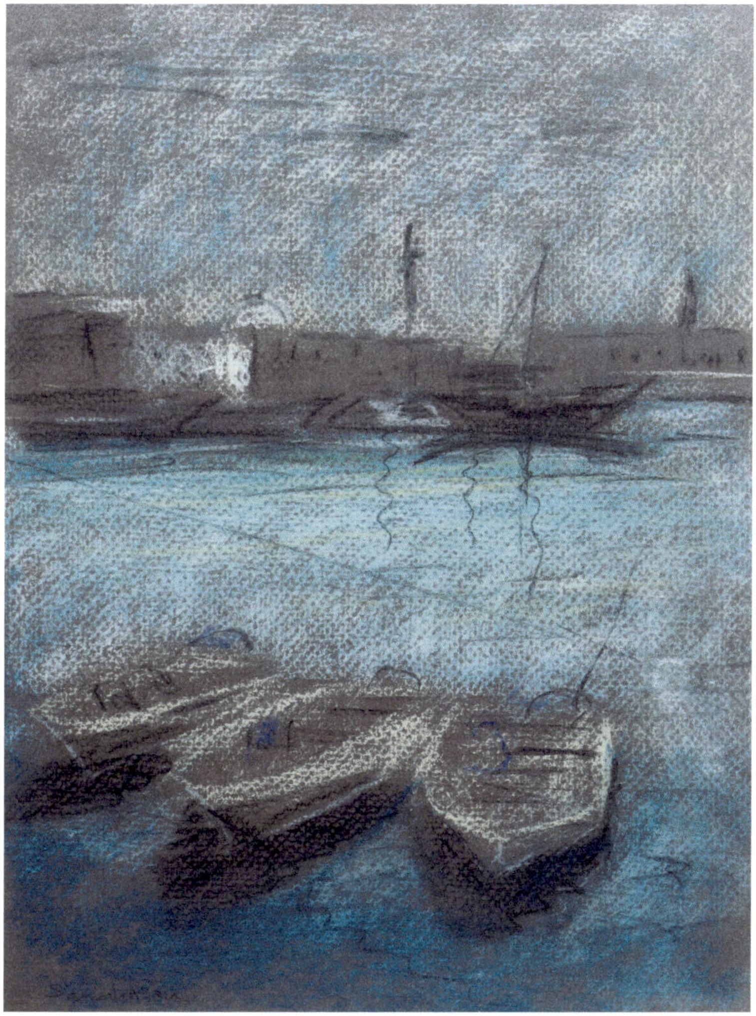

سامية أحمد السيد عمر عاصم
SAMIAH AHMAD AL-SAYID OMAR ASEM

(b. 1947, Kuwait)

(مواليد 1947، الكويت)

Kuwait Bay Coast (1), 1991
Pastel on paper
30 × 41 cm
Courtesy of the artist

على السيف (1)، 1991
باستيل على ورق
30 × 41 سم
باذن من الفنانة

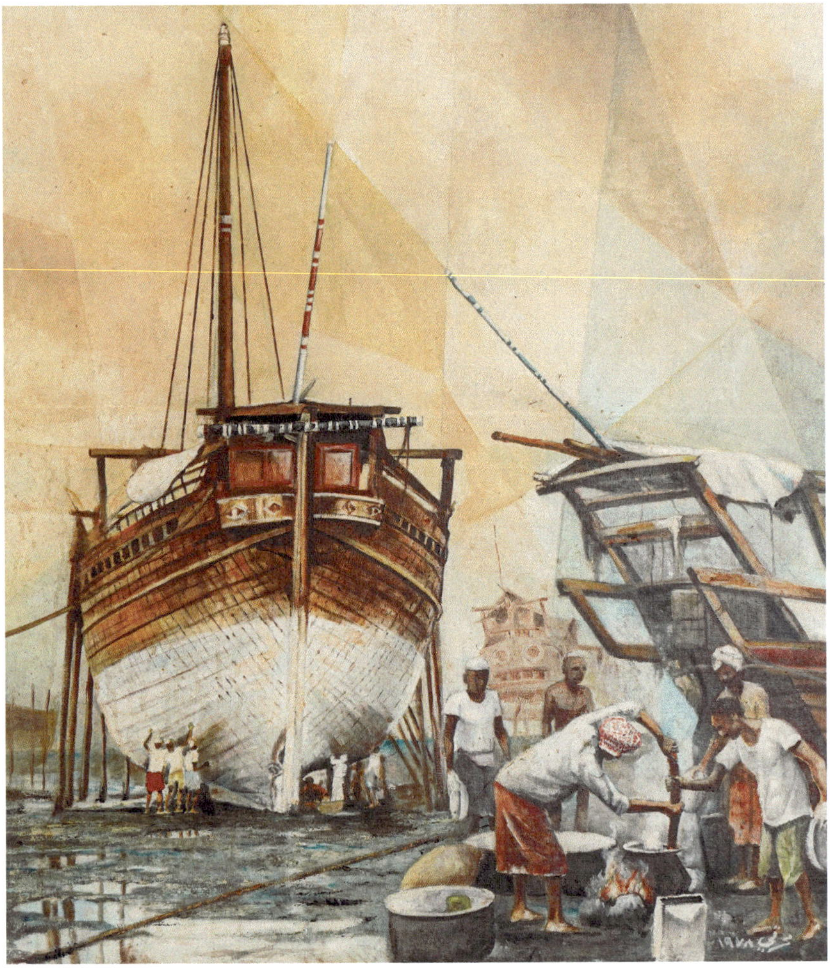

عبدالله المحرقي
ABDULLAH AL-MUHARRAQI

(b. 1939 – d. 2017, Bahrain)

Building of Ships, 1978
Acrylic on canvas
100 × 120 cm
Bahrain National Museum Permanent Art Collection, Manama, Bahrain

(1939 – 2017، البحرين)

صناعة السفن، 1978
أكريليك على قماش
100 × 120 سم
مقتنيات متحف البحرين الوطني، المنامة، البحرين

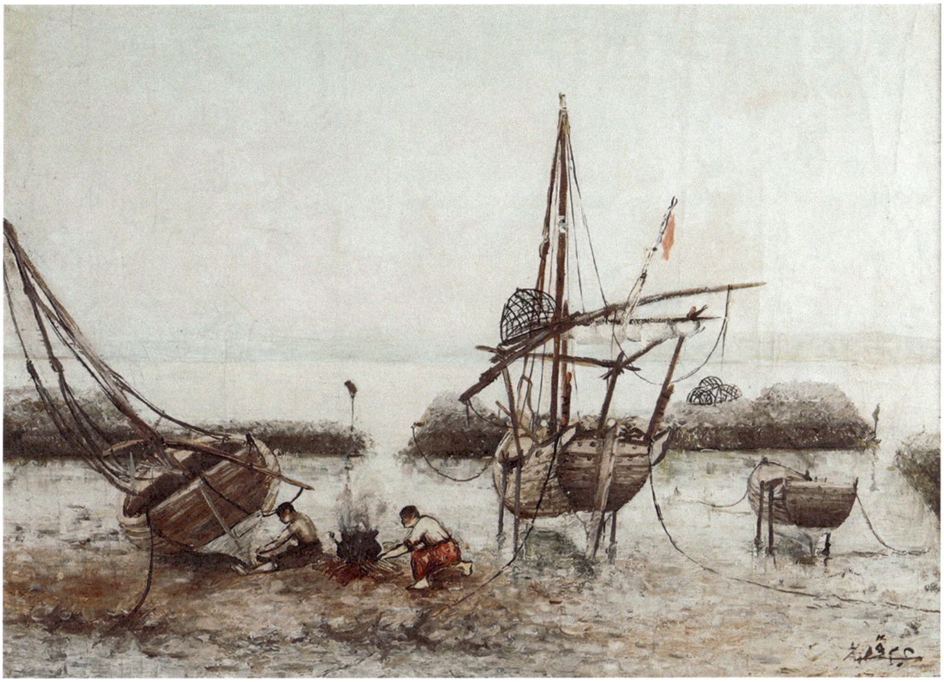

عبدالله القصّار
ABDULLAH AL QASSAR

(b. 1941 – d. 2003, Kuwait)

Lwhat Al-shouna, 1960-1961
Oil on canvas
55 × 74 cm
Courtesy of the Barjeel Art Foundation, Sharjah, United Arab Emirates

(1941 – 2003، الكويت)

لوحة الشونة، 1960–61
زيت على قماش
55 × 74 سم
بإذن من مؤسسة بارجيل للفنون، الشارقة، الإمارات العربية المتحدة

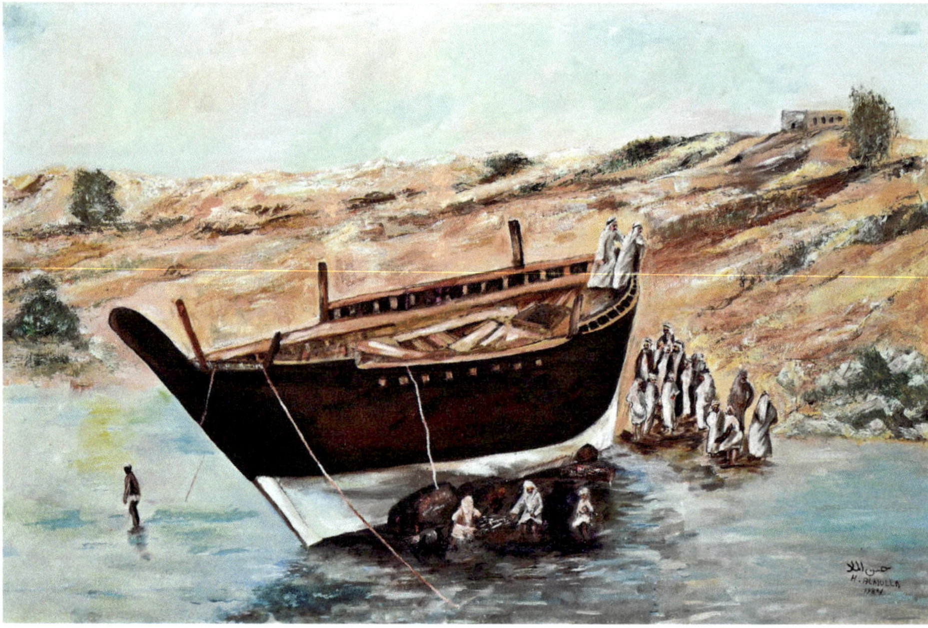

حسن الملا
HASSAN ALMULLA

(b. 1951, Qatar)

Repairing Ship, 1984
Acrylic on canvas
150 × 100 cm
Courtesy of Abdulla bin Ali Al-Thani Collection, Doha, Qatar

(مواليد 1951، قطر)

إصلاح السفينة، 1984
أكريليك على قماش
150 × 100 سم
بإذن من مجموعة عبد الله بن علي آل ثاني، الدوحة، قطر

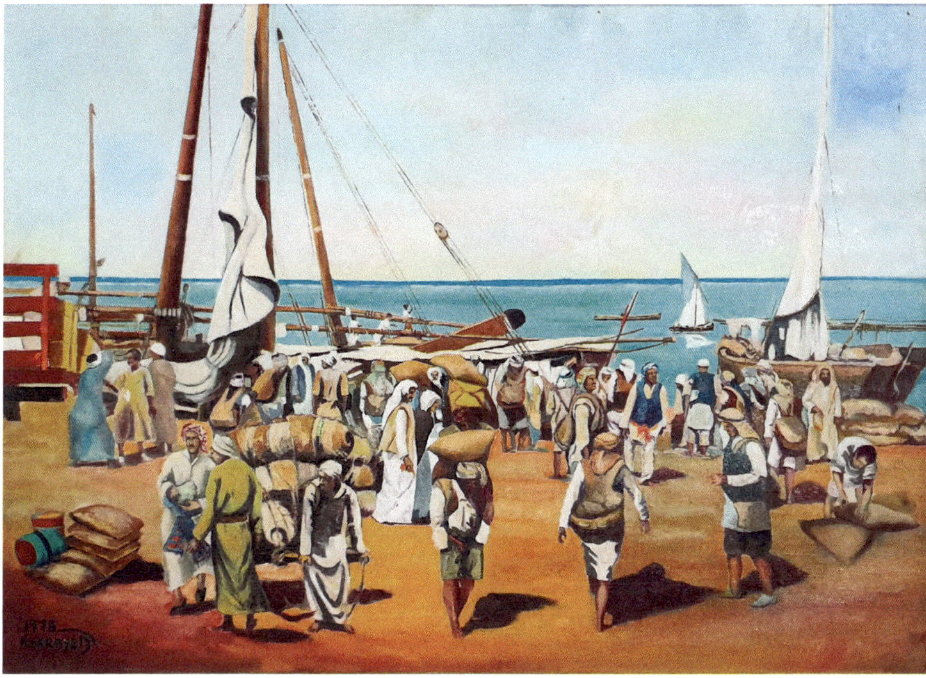

عبدالكريم العريّض
ABDULKARIM AL ORRAYED

(b. 1934 – d. 2025, Bahrain)

(1934 – 2025، البحرين)

Fishermen, 1978
Oil on canvas
88.5 × 122 cm
RAK Art Foundation, Riffa, Bahrain

الصيادون، 1978
زيت على قماش
88.5 × 122 سم
مؤسسة راشد آل خليفة للفنون ، الرفاع، البحرين

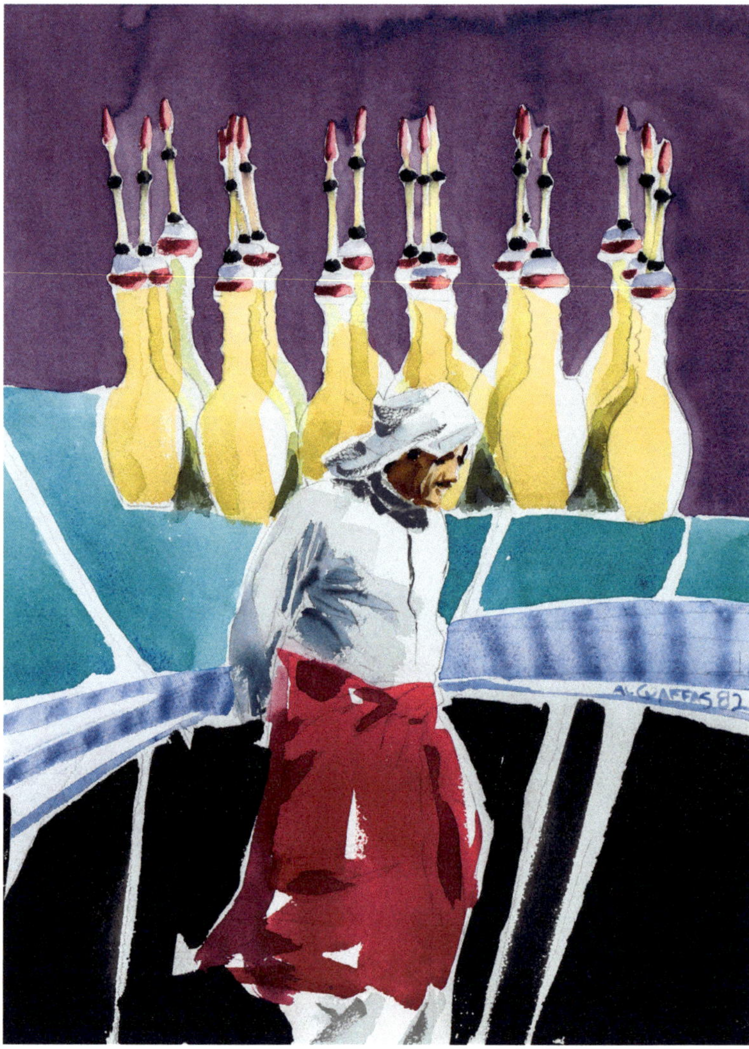

خزعل القفاص
KHAZAAL AL-QAFFAS

(b. 1944 - d. 2024, Kuwait)

Kuwaiti Sailor, 1982
Watercolor on paper
46 × 33 cm
Jordan National Gallery of Fine Arts permanent collection, Amman, Jordan

(1944 - 2024، الكويت)

بحّار كويتي، 1982
ألوان مائية على ورق
46 × 33 سم
من المجموعة الدائمة للمتحف الوطني الأردني للفنون الجميلة، عمّان، الأردن

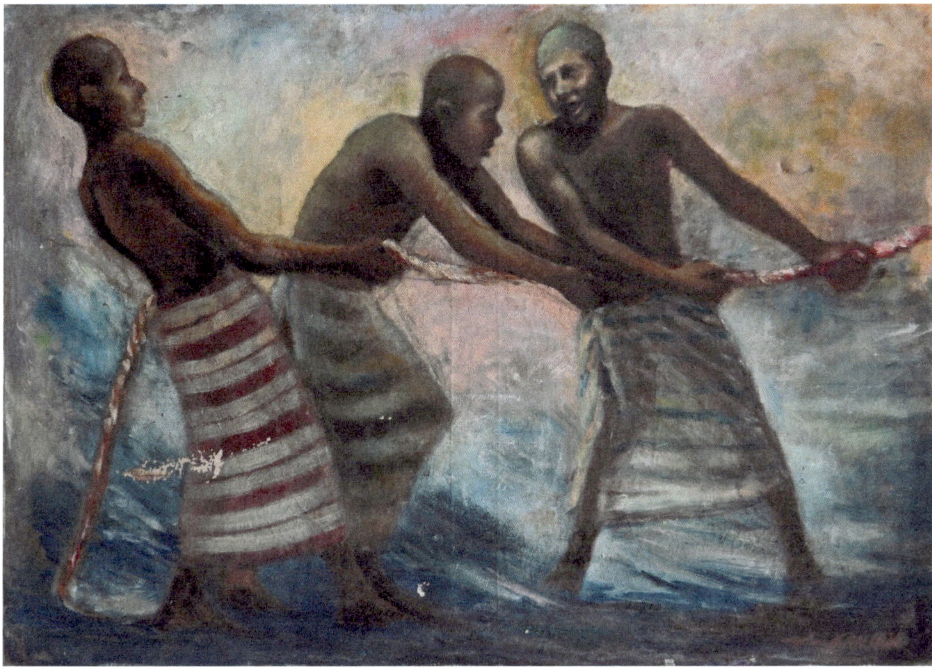

سامية أحمد السيد عمر عاصم
SAMIAH AHMAD AL-SAYID OMAR ASEM

(b. 1947, Kuwait)

Sailors, 1960s
Oil on canvas
71 × 102 cm
Courtesy of the Barjeel Art Foundation, Sharjah, United Arab Emirates

(مواليد 1947، الكويت)

البحّارة، الستينيات
زيت على قماش
71 × 102 سم
بإذن من مؤسسة بارجيل للفنون، الشارقة، الإمارات العربية المتحدة

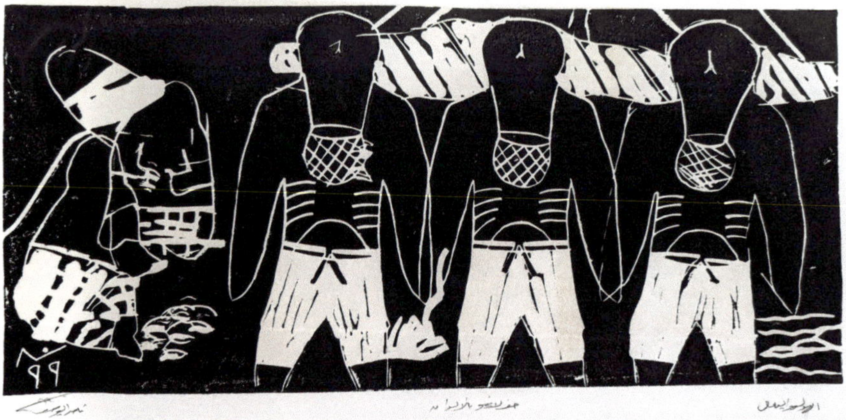

ناصر اليوسف
NASSER AL-YOUSIF

(b. 1940 – d. 2006, Bahrain)

(مواليد 1940 – 2006، البحرين)

Traditional Pearl Divers Chant, 1999
Linocut print
61 × 51.9 cm
Courtesy of the estate of Nasser Al-Yousif

الهولو واليامال، 1999
طباعة لينوكت
61 × 51.9 سم
بإذن من تركة ناصر اليوسف

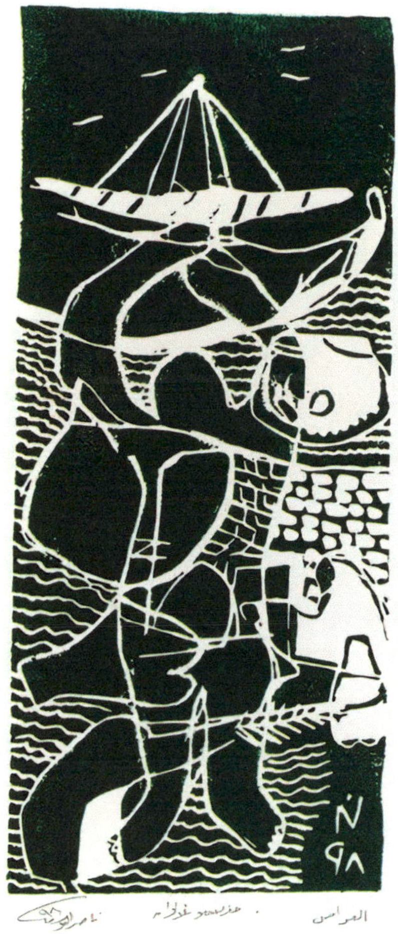

ناصر اليوسف
NASSER AL-YOUSIF

(b. 1940 – d. 2006, Bahrain)

(مواليد 1940 – 2006، البحرين)

The Pearl Diver, 1998
Linocut print
14 × 35 cm
Courtesy of the estate of Nasser Al-Yousif

الغواص، 1998
طباعة لينوكت
14 × 35 سم
بإذن من تركة ناصر اليوسف

مريم الحمادي
MARYAM ALHAMMADI

(b. 1961, Qatar)

Pearl Divers, 1985
Oil on canvas
117 × 165 cm
Courtesy of the Barjeel Art Foundation, Sharjah, United Arab Emirates

(مواليد 1961، قطر)

غواصو اللؤلؤ، 1985
زيت على قماش
117 × 165 سم
بإذن من مؤسسة بارجيل للفنون، الشارقة، الإمارات العربية المتحدة

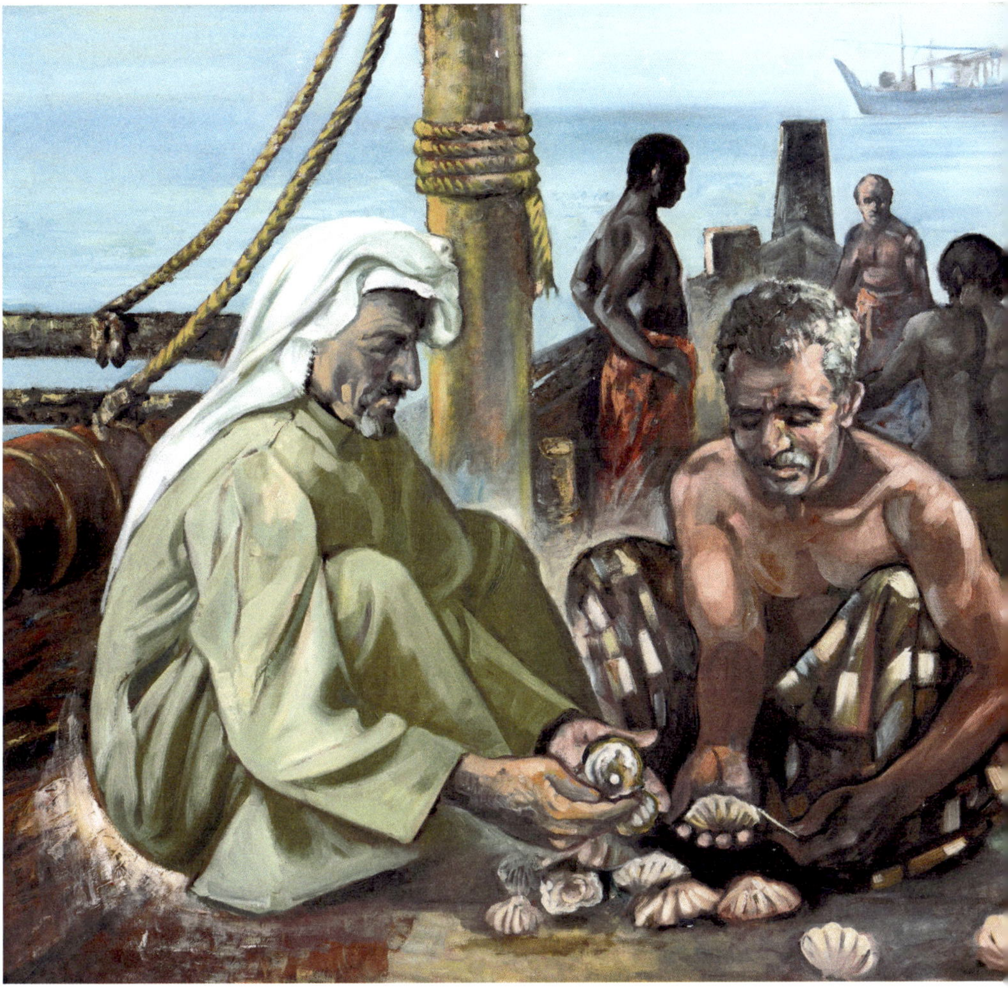

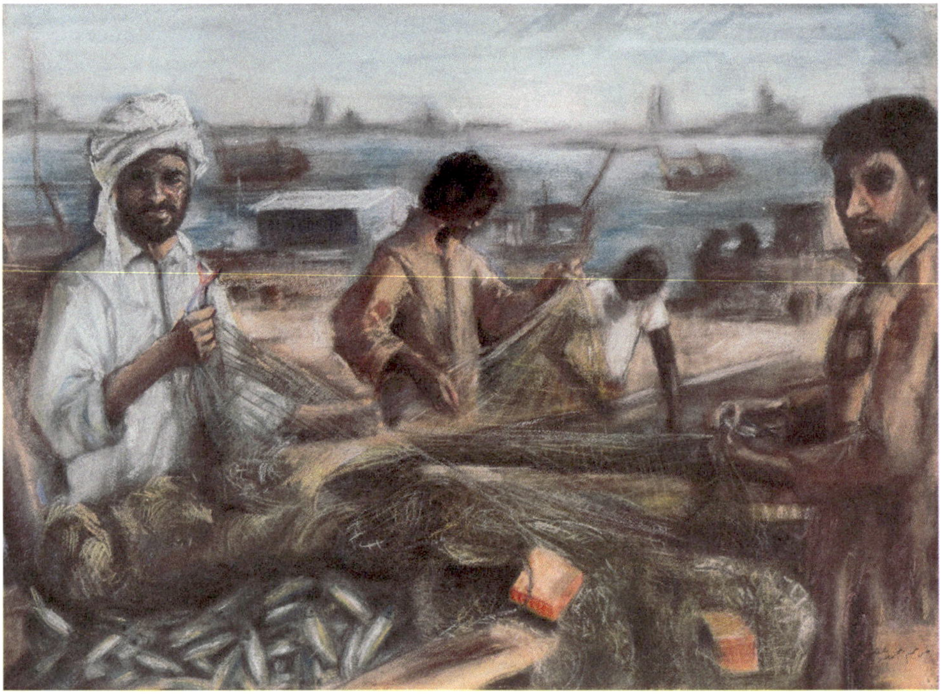

مريم الحمادي
MARYAM ALHAMMADI

(b. 1961, Qatar)

(مواليد 1961، قطر)

Fish Market, 1982
Pastel on paper
93 × 76 cm
Courtesy of the artist

سوق السمك، 1982
باستيل على ورق
93 × 76 سم
بإذن من الفنانة

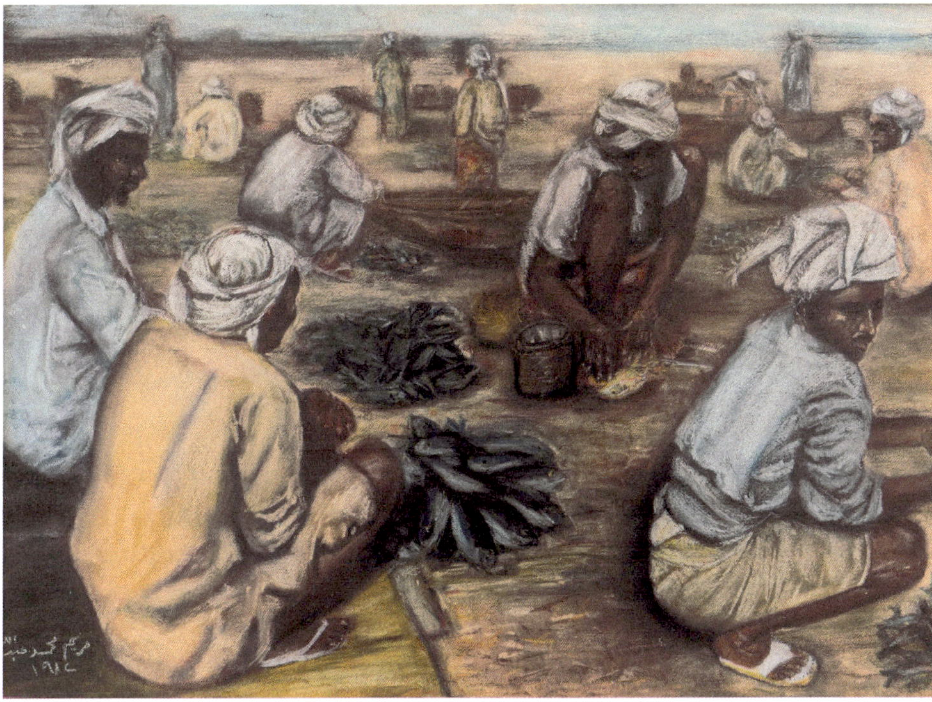

مريم الحمادي
MARYAM ALHAMMADI

(b. 1961, Qatar)

Fishermen, 1982
Pastel on paper
93 × 76 cm
Courtesy of the artist

(مواليد 1961، قطر)

صيادو السمك، 1982
باستيل على ورق
93 × 76 سم
بإذن من الفنانة

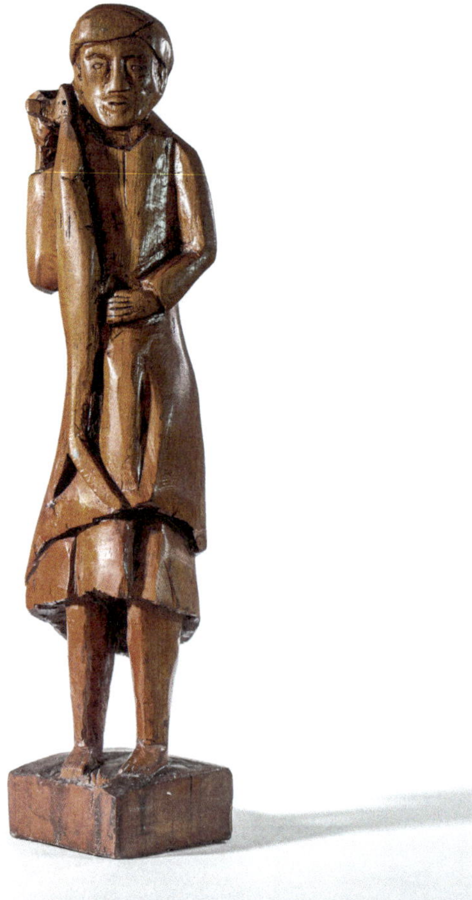

أيوب ملنج البلوشي
AYUB MOLNEG BALUCHI

(b. 1955 - d. 2018, Oman)

The Hunter, date unknown
Wood
75.5 × 15 × 14 cm
Jordan National Gallery of Fine Arts permanent collection, Amman, Jordan

(مواليد 1955، عُمان)

الصيّاد، دون تاريخ
خشب
75.5 × 15 × 14 سم
من المجموعة الدائمة للمتحف الوطني الأردني للفنون الجميلة، عمّان، الأردن

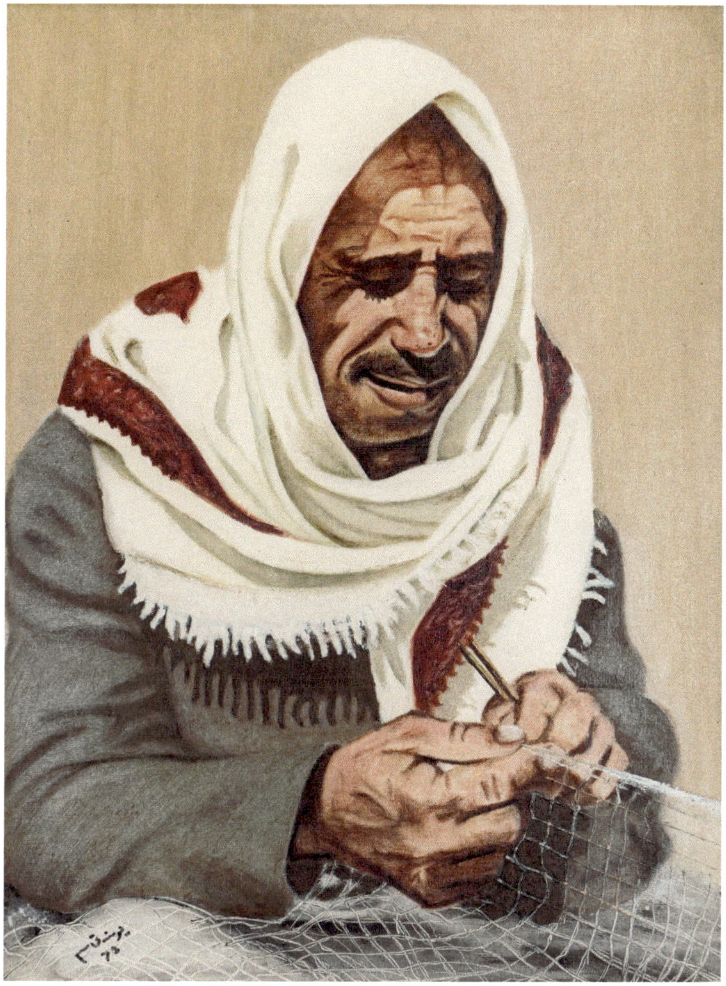

يوسف قاسم
YOUSIF QASSIM

(b. 1928 – d. 2004, Bahrain)

The Net Maker, 1973
Acrylic on canvas
62 × 80 cm
Bahrain National Museum,
permanent collection, Manama, Bahrain

(1928 – 2004، البحرين)

صانع الشباك، 1973
أكريليك على قماش
62 × 80 سم
مقتنيات متحف البحرين الوطني،
المنامة، البحرين

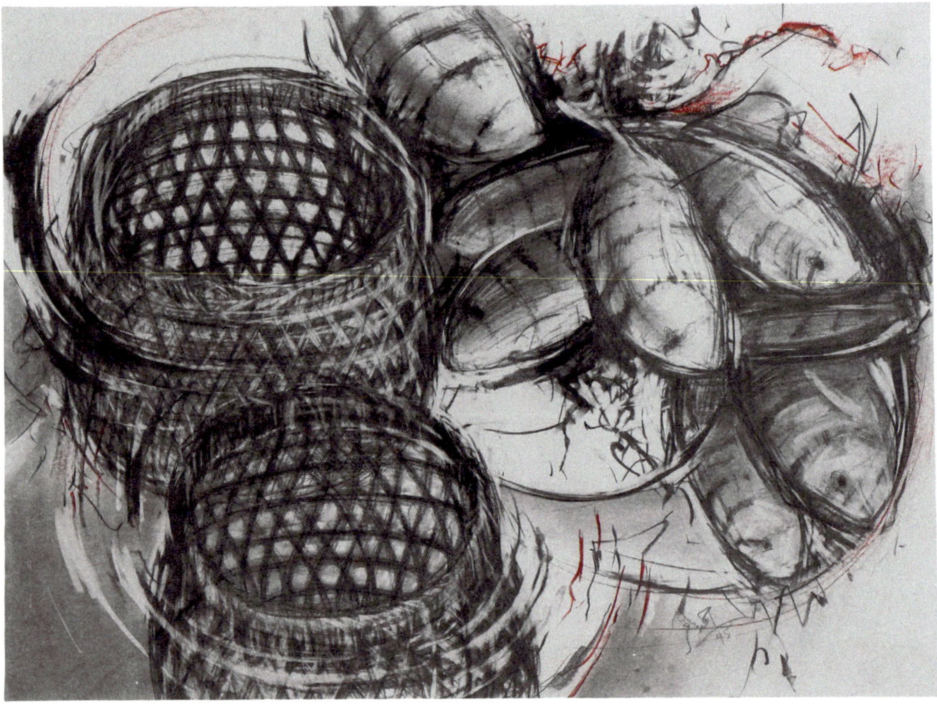

أحمد باقر
AHMED BAQER

(b. 1946, Bahrain – d. 2008, Lebanon)

Hammour, 1995
Charcoal on paper
102 × 128 cm
Bahrain National Museum,
permanent collection, Manama, Bahrain

(1946، البحرين – 2008، لبنان)

هامور، 1995
فحم على ورق
102 × 128 سم
مقتنيات متحف البحرين الوطني،
المنامة، البحرين

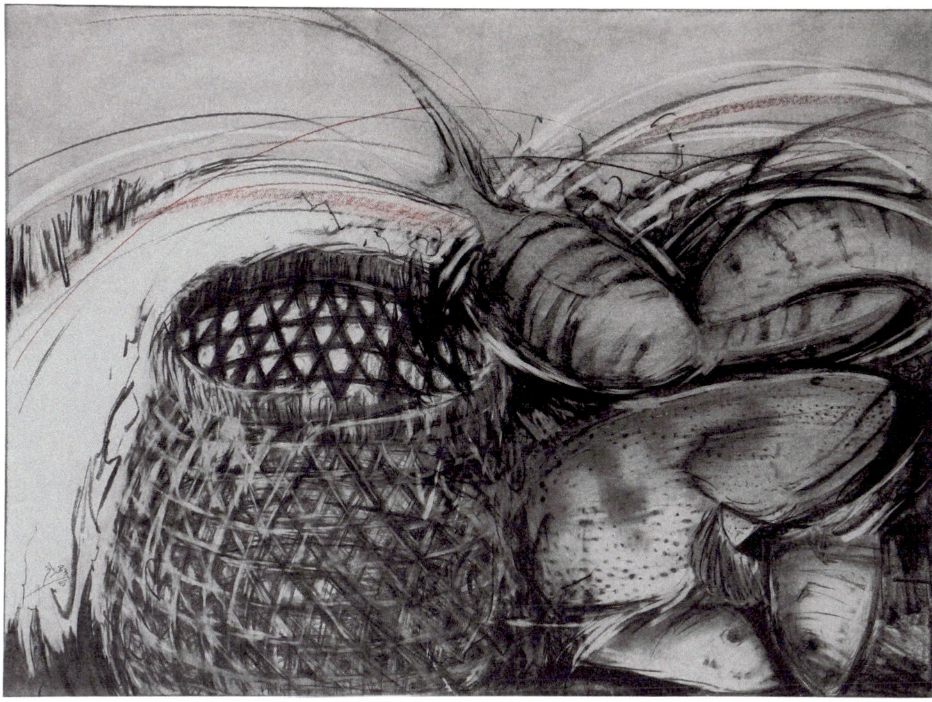

أحمد باقر
AHMED BAQER

(b. 1946, Bahrain – d. 2008, Lebanon)

(1946، البحرين – 2008، لبنان)

Rabeeb, 1995
Charcoal on paper
102 × 128 cm
Bahrain National Museum, permanent collection, Manama, Bahrain

ربيب، 1995
فحم على ورق
102 × 128 سم
مقتنيات متحف البحرين الوطني، المنامة، البحرين

الصمود وما يليه

ندى العرادي

غالبًا ما يوضع الفن العربي في إطار سياسي ضمن السردية العالمية، حيث طغت موضوعات الثورة والحرب والمقاومة بوصفها سماته الأبرز في ذلك المخيال، خصوصًا منذ منتصف القرن العشرين. ومع توالي الاضطرابات السياسية، جاءت استجابات الفنانين في أنحاء المنطقة على هيئة أعمال مشحونة، طارئة، ومحمّلة بروح المواجهة. غير أن هذا التصور، رغم استناده إلى واقع تاريخي، قد يحجب أشكالًا أخرى من التعبير أكثر هدوءًا ورويةً، تلك التي اختارها الفنانون كسبل بديلة للتعبير.

شكّلت حرب الخليج (1990–1991)، التي بدأت بتوترات بين العراق والكويت، لحظةً مفصلية في تاريخ المنطقة، ودفعت الفنانين إلى التفاعل المباشر مع تداعياتها وآثارها؛ فجاء التعبير الفني الخليجي ليعكس التقارب الجغرافي والروابط الاجتماعية العميقة في المنطقة، حيث لم تكن الحرب في نظر الفنانين حدثًا بعيدًا نائيًا، بل تجربةً مباشرة، طارئة ووجودية. فبينما يستلهم بعض الفنانين عناصر بصرية من محيطهم، يعبّر آخرون عبر التجريد أو الرموز عن مشاعرهم وسط الأزمات. أتت استجاباتهم حاملةً طيفًا من التعبيرات، من المواجهة المباشرة إلى الحضور الخافت، في محاولة لمقاومة النسيان واستعادة الذاكرة، وتأكيد الذات بصوت منخفض أو بفعل إبداعي، أصبح مجرد ظهوره تحدّيًا بحد ذاته.

في مطبوعاتها المعنونة «الشاهد» (1990)، و«أمهات الشهداء» (1991)، و«الطلقة الأخيرة» (1991)، تنقل ثريا البقصمي سردًا بصريًا مكثفًا للحياة تحت الاحتلال، انطلاقًا من تجربتها الشخصية من وسط الأزمة حيث عاشت الحرب شاهدةً ومشاركةً في آن معًا. هذه الأعمال، التي أُنتجت في ظروف استثنائية، لا تكتفي بتصوير المقاومة، بل تجسّدها بكليّتها. نرى فيها رموزًا تشبه الرصاص تخترق رؤوس الشخصيات، في ترميز فادح للهشاشة والصلابة، للفناء والوجود. أبدعت الفنانة في هذه اللحظة لغةً بصرية للنضال والتذكّر وتأكيد الهوية، حيث غدا فعل الطباعة ذاته، تحت التهديد، فعلًا مقاومًا في جوهره، مشحونًا بطاقة راديكالية.

بدوره، استلهم عيسى صقر الخلف في منحوتاته البرونزية التي أبدعها عقب الغزو، من صورة المرأة لتجسيد قوة المرأة الكويتية وصمودها. ففي منحوتتي «الصامدون» (1992) و«فرحة التحرير» (1992)، لا تظهر النساء كضحايا، بل يرفعن أيديهن في إيماءة صامتة تؤكد البقاء وترفض الاستسلام. تكتسب هذه المنحوتات زخمها من بساطتها وكثافة مادتها، وتستمد قوّتها من ثباتها الهادئ، ومن قدرتها على مقاومة النسيان والإقصاء.

وفي عمل «قوة الإنسان» (1987)، نجد محمد السليم معبرًا عن القوة بوصفها طاقة داخلية منبعثة، حيث ترفع شخصية تجريدية يدها، منبثقة من تكوين من الأشرطة الأفقية متعددة الطبقات التي تميز أسلوبه المعروف بـ"الآفاقية"، مستحضرةً اتساع

THE POWER OF RESILIENCE

Nada Alaradi

Within a global narrative, Arab art has often been framed through the lens of the political—revolution, war, and resistance are seen as defining themes, especially since the mid-twentieth century. In the wake of political upheaval and unrest, artists across the region have responded with urgent, charged, and often confrontational work. While grounded in real histories, this perception can obscure the more subtle and nuanced ways in which artists confront power.

Whether in response to large-scale conflicts such as the 1990–1991 Gulf War, which began with tensions between Iraq and Kuwait, artistic expression in the Gulf reflects the region's geographic proximity and strong social ties. The war was not experienced as a distant event but carried an immediate sense of urgency. Artists responded not only to such defining political events, but also to the tensions between memory and erasure. Some artists drew on visual cues from their surroundings; others turned to gestural abstraction or symbolic forms to express emotional states amid upheaval. Defiance may be loud or subtle: a refusal to forget, the reclamation of memory, the quiet assertion of identity, or the act of making art in a climate where visibility itself can be a risk.

The Gulf War was a defining time in the region's history, prompting several artists to respond directly to its impact. Thuraya Al-Baqsami's prints, *Witness* (1990), *Martyr's Mothers* (1991), *The Last Shot* (1991) offer a visceral account of life under occupation. Created from within the crisis, Al-Baqsami experienced the war as both witness and participant. These works, produced under extraordinary conditions, do not merely reflect resistance; they embody it. Bullet-like markers pierce her figures' heads, stark symbols of both existence and mortality. She crafts a visual language of struggle, remembrance, and the assertion of identity, where even printmaking, undertaken under threat, becomes a radical gesture.

Issa Saqer's bronze sculptures, cast in the aftermath of the invasion, draw on the archetype of the female figure—a recurring motif in his practice that affirms the role of Kuwaiti women in resistance. Simplified yet heavy with symbolism, these figures reflect the lived experience of women during the occupation. They are never passive; they stand or raise their hands in gestures that speak to survival, not surrender. In *Al-Samidoun* (The Resilient, 1992) and *The Joy of Liberation* (1992), this weight is deliberate. Bronze, with its density and permanence, becomes a vessel for existence and rootedness. These figures are not heroic in the traditional sense but deeply grounded—resisting erasure through presence.

الصحـراء واسـتمرارية التأمـل. ويتـردد هـذا النَفَـس التأملي في عمـل «الحريـة 1» (1995) لسـيف العامـري، حيث يتجسّـد التحرر عبـر الانعتاق مـن القيـود الموروثـة والتخلص من البنـى الفكريـة الجامـدة. كلا العمليـن يطرح رؤيـة لقـدرة التحمّل التـي تنبع مـن الداخل، وتتجلّـى في حضـور هادئ يؤكـد الـذات دون صخب.

تنبثـق جميع هذه الأعمال من تجاربٍ معيشـةٍ أثقلتها الحرب والتمـزق، حيث لجأ الفنانون إلـى الفن وسـيلةً للفهـم والمكابـدة والبقـاء على صلـة بذواتهـم ومكانهـم وتضامنهم مع مجتمعاتهـم. فالمقاومة وقدرة التحمل ليسـتا مجرد أفعال فردية، بل ممارسـات متجدّدة ومتجـذّرة فـي التجربة الشـخصية، والذاكـرة الثقافيـة، وإرادة الصمـود. هـؤلاء الفنانون لا يتحدثون عن أنفسـهم، بـل يمنحون صوتـا للتاريخ الجمعـي والصدمات المشـتركة والقوة الهادئـة الكامنـة فـي مجتمعاتهم. وقـد وسّـعت أعمالهم من لغـة المقاومة فـي الخليج، فلـم تقتصـر على تقديم شـهادة، بل مثّلـت تحوّلًا في طرائـق التعبير. وسـواء في مواجهة صدمـة الحـرب أو وطـأة القيـود الاجتماعيـة، تذكّرنـا هـذه الأعمال بـأن المثابـرة والإبداع والتذكّـر، هي في حـد ذاتها شـكلًا فاعلًا من أشـكال التحـدي والمواجهة.

In *Human Strength* (1987), Mohammed Alsaleem conveys power as an emanating interior force. At the center, an abstract figure raises its hand, emerging from the layered horizontal bands that define Alsaleem's signature style, that he coined as "Horizonism". These lines evoke the vastness of the desert and a sense of meditative continuity. This contemplative mode of resistance is echoed in Saif Al Amri's *Freedom 1* (1995), where freedom is imagined as a release from inherited constraints and restrictive ways of thinking. Together, these works articulate a vision of resilience rooted in inner strength and the assertion of being.

Emerging from lived experience, these works were made by artists who felt the weight of war and disruption, and who turned to art as a means to process, endure, and stay connected to their sense of self, place, and solidarity with their communities. Resistance and resilience are not singular acts but evolving practices—rooted in personal experience, cultural memory, and the will to endure. These artists do not speak only for themselves, they give voice to collective histories, shared traumas, and the quiet strength of their communities.

Their works expand the language of resistance in the Gulf, offering not only testimony, but transformation. Whether confronting the trauma of war or the weight of social constraint, these works remind us that to persist, to create, and to remember is, in itself, a powerful form of defiance.

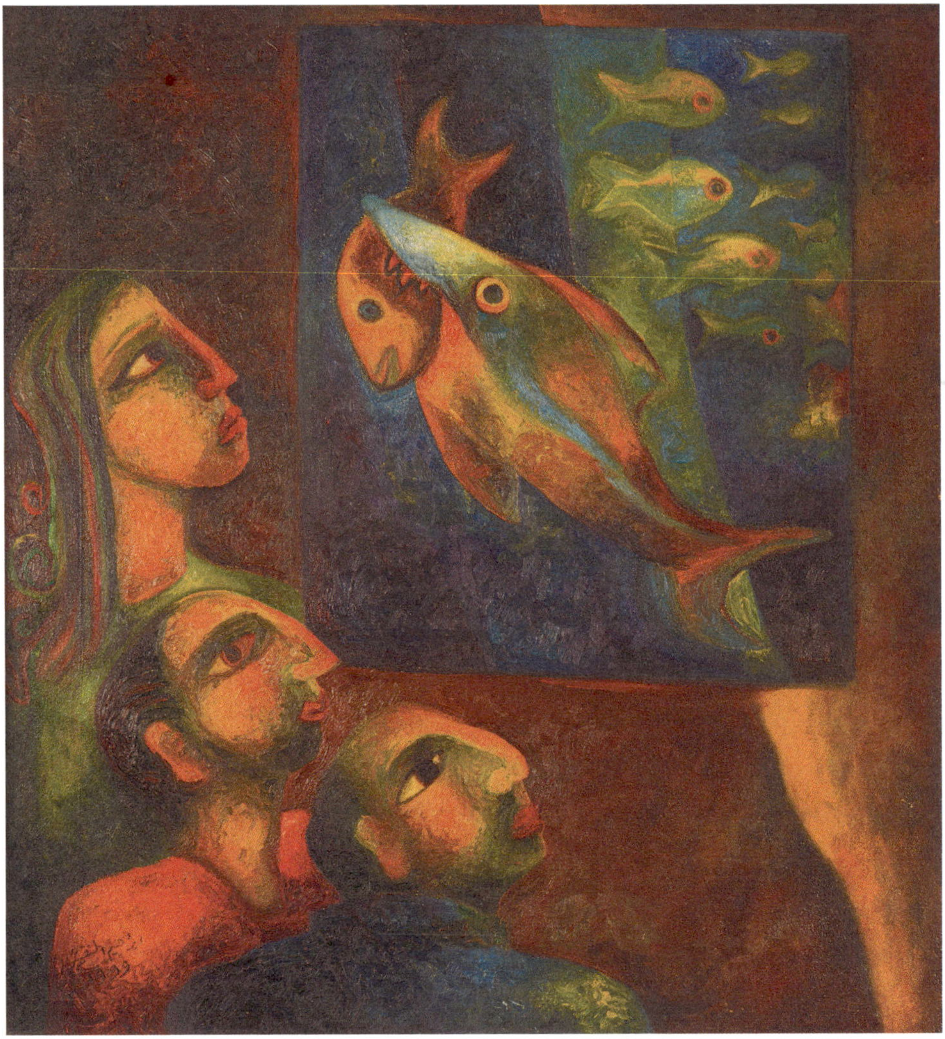

إبراهيم النغيثر
IBRAHIM ALNUGHAYTHIR

(b. 1956, Saudi Arabia)

(مواليد 1956، المملكة العربية السعودية)

The Spectators, 1999
Oil on canvas
100 × 90 cm
Courtesy of the artist

المتفرجون، 1999
زيت على قماش
100 × 90 سم
بإذن من الفنان

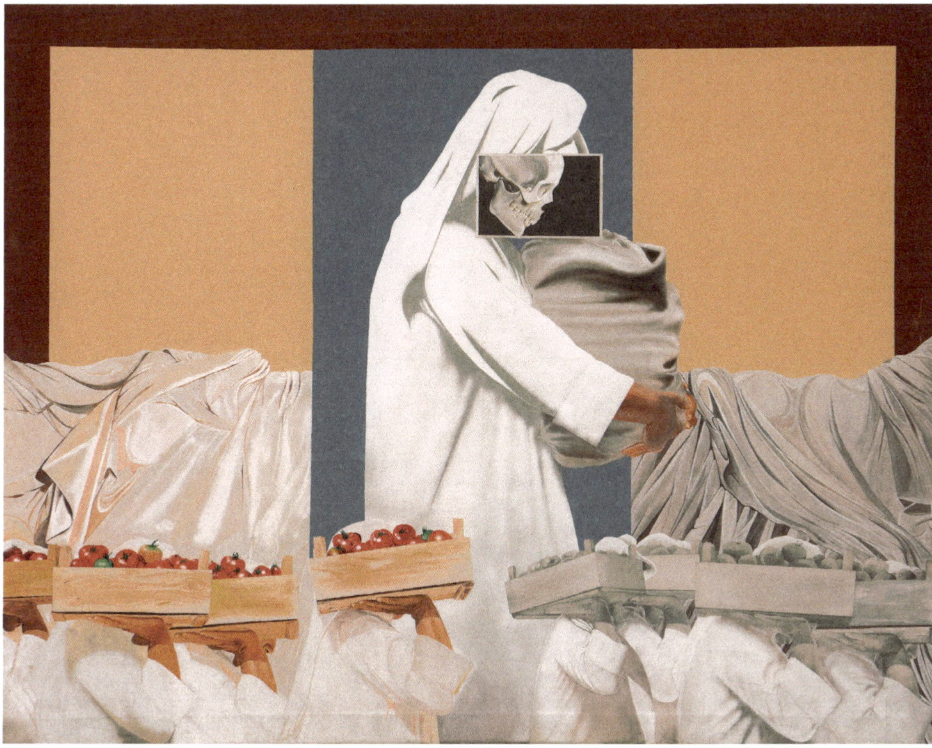

جاسم بوحمد
JASSEM BU HAMAD

(b. 1946, Kuwait)

The Return from the Market, 1999
Acrylic on canvas
120 × 150 cm
Collection of National Council for Culture, Arts and Letters, Kuwait City, Kuwait

(1946، الكويت)

العودة من السوق، 1999
أكريليك على قماش
120 × 150 سم
مـن مقتنيات المجلس الوطني للثقافة والفنون والآداب، مدينة الكويت، الكويت

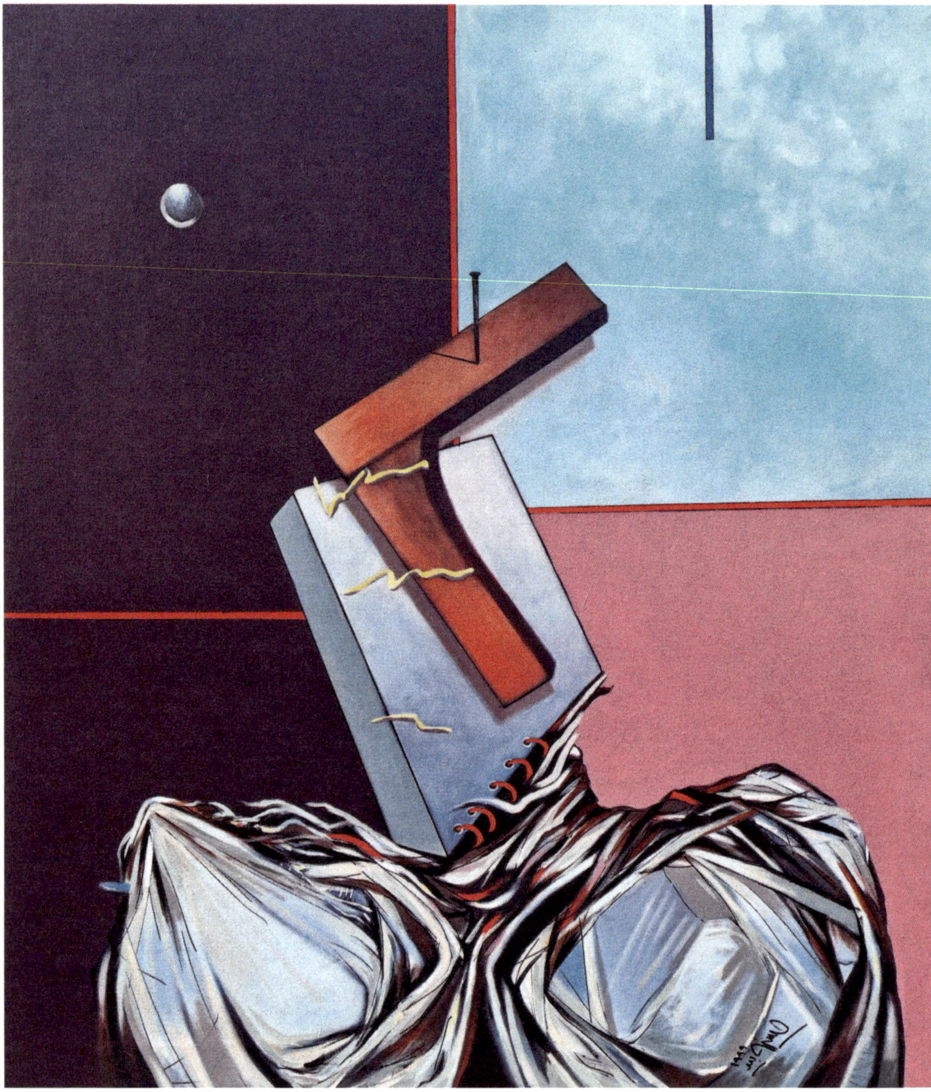

حسين عبيد
HUSSAIN OBAID

(b. 1968, Oman)

(مواليد 1968, عمان)

Despair 1, 1999
Acrylic on canvas
90 × 105 cm
Courtesy of the artist

انكسار 1، 1999م
اكريليك على قماش
90 × 105 سم
بإذن من الفنان

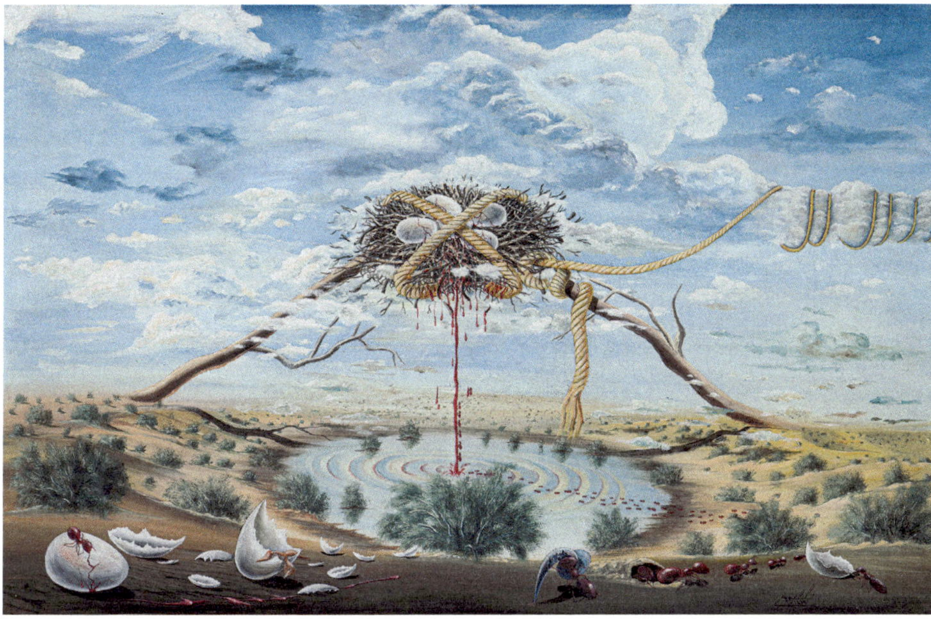

خـــالــد الصــويـــنع
KHALED ALSOWIANEA

(b. 1969 – d. 2021, Saudi Arabia)

(1969 – 2021، المملكة العربية السعودية)

Call for Help, 1999
Oil on canvas
60 × 90 cm
Courtesy of the estate of Khaled Alsowianea

طلب النجاة، 1999
زيت على قماش
60 × 90 سم
بإذن من تركة خالد الصوينع

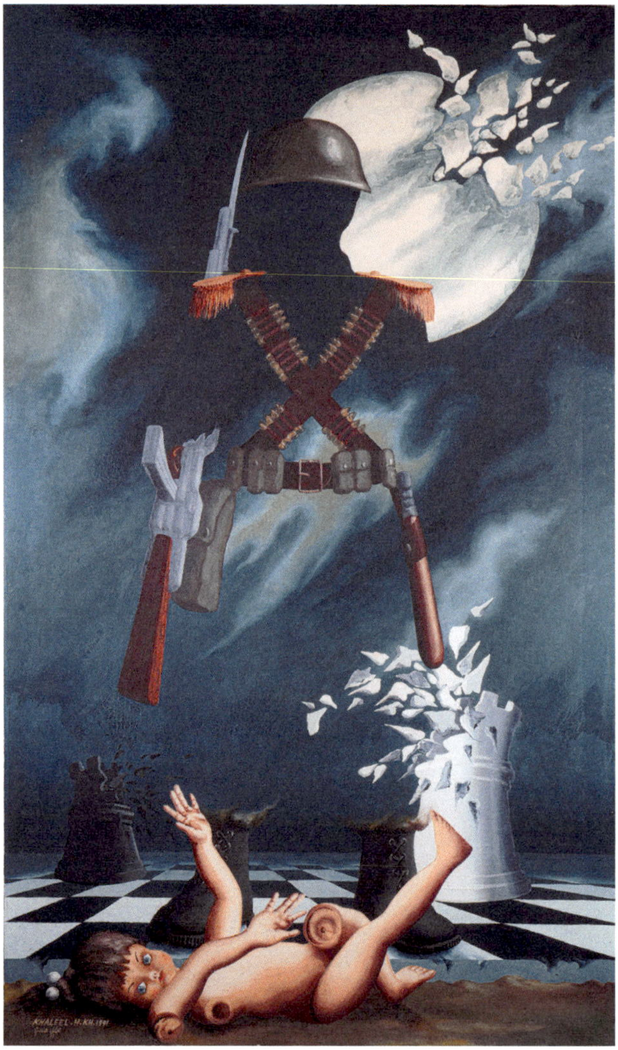

خليل حسن خليل
KHALEEL HASSAN KHALEEL

(b. 1958, Saudi Arabia)

(مواليد 1958، المملكة العربية السعودية)

Dummy, 1991
Oil on canvas
135 × 80 cm
Courtesy of the artist

الدمية، 1991
زيت على قماش
135 × 80 سم
بإذن من الفنان

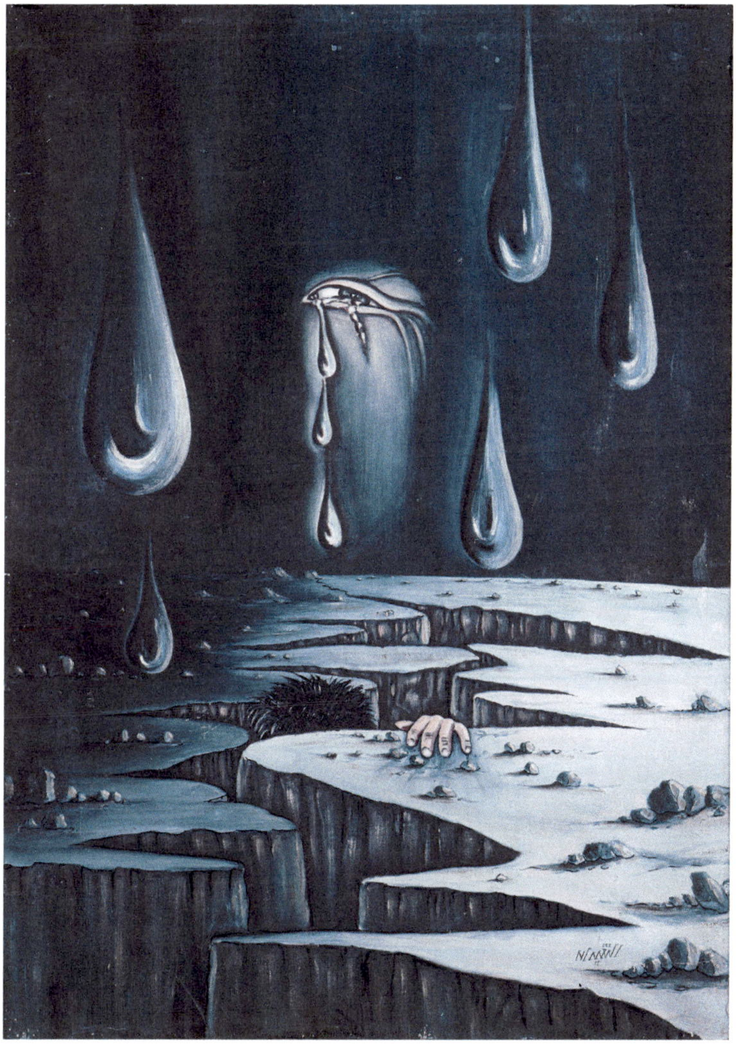

صـــالح النقيـــدان
SALEH ALNEGEDAN

(b. 1954, Saudi Arabia)

(مواليد 1954، المملكة العربية السعودية)

The Sins, 1982
Oil on cardboard mounted on canvas
100 × 70 cm
Courtesy of the artist

الخطايا، 1982
زيت على كرتون مثبت على قماش
100 × 70 سم
بإذن من الفنان

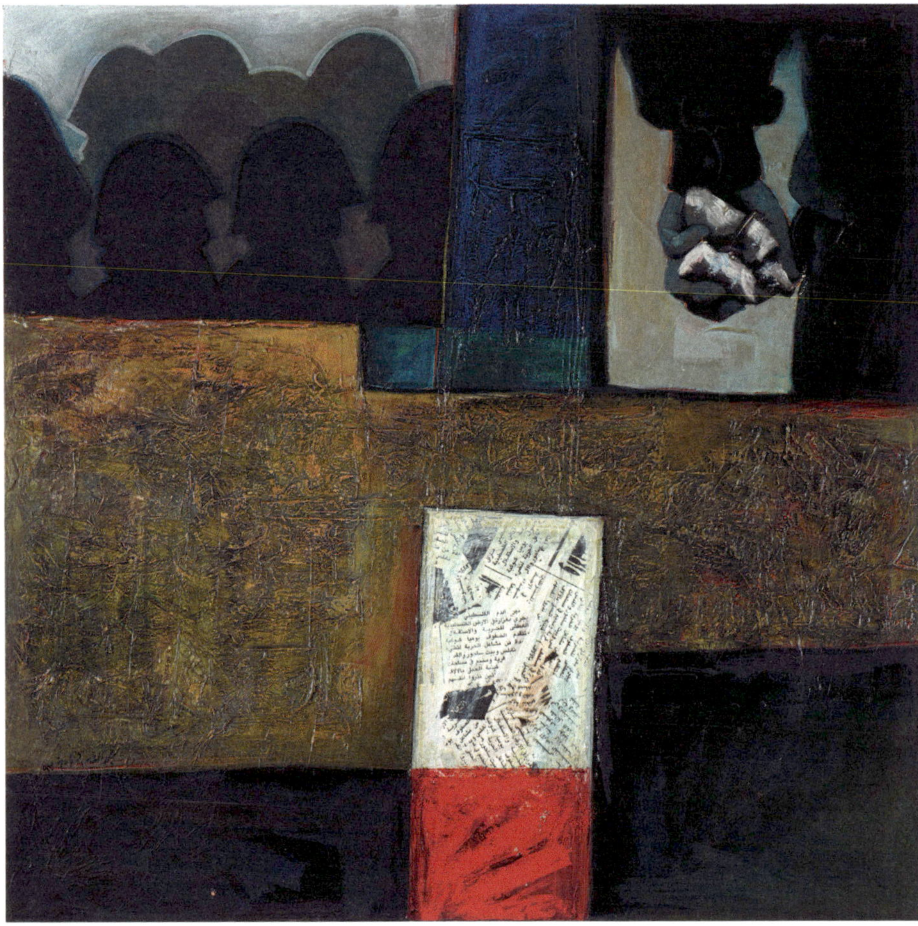

عبدالله الشيخ
ABDULLAH ALSHAIKH

(b. 1936, Iraq – d. 2019, Saudi Arabia)

(1936، العراق – 2019، المملكة العربية السعودية)

Intifidah, 1992
Oil on canvas
91 × 91 cm
Courtesy of the estate of Abdullah Alshaikh

الانتفاضة، 1992
زيت على قماش
91 × 91 سم
بإذن من تركة عبدالله الشيخ

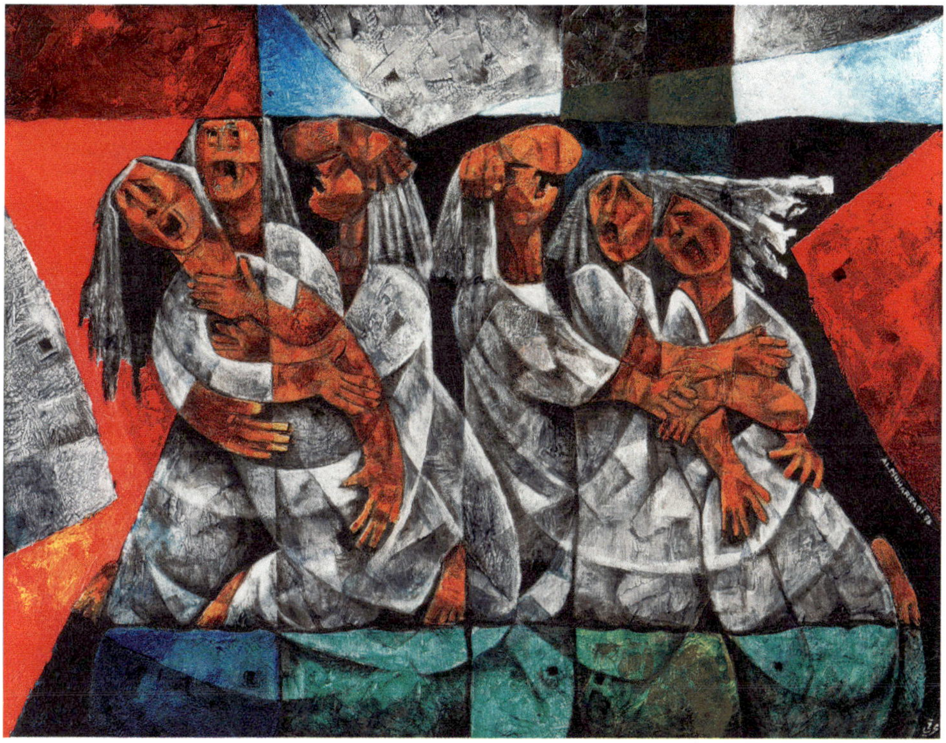

عبـــــــدالله المحــــــرقي
ABDULLAH AL-MUHARRAQI

(b. 1939, Bahrain)

(مواليد 1939، البحرين)

Sad Souls, 1998
Acrylic on canvas
96 × 118 cm
Courtesy of the artist

أرواح حزينة، 1998
أكريليك على قماش
96 × 118 سم
بإذن من الفنان

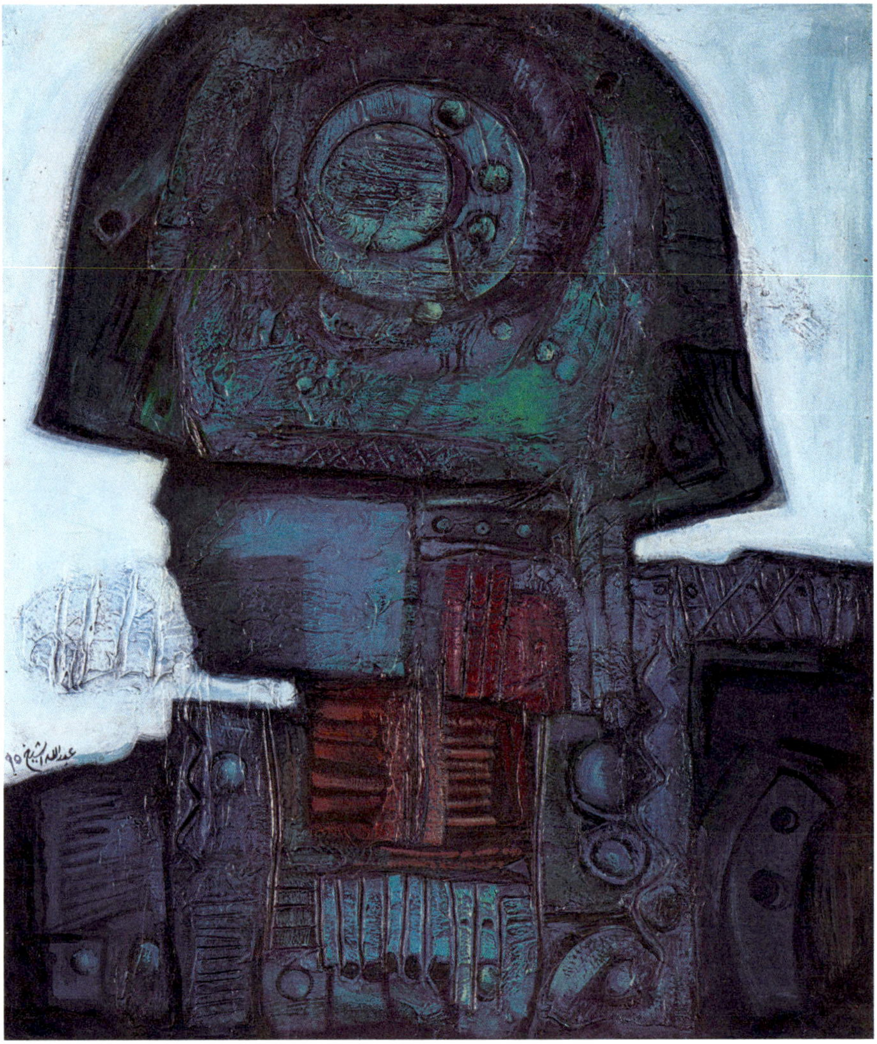

عبدالله الشيخ
ABDULLAH ALSHAIKH

(b. 1936, Iraq – d. 2019, Saudi Arabia)

(1936، العراق – 2019، المملكة العربية السعودية)

Soldier, 1995
Oil on wood
92 × 76 cm
Courtesy of the estate of Abdullah Alshaikh

جندي، 1995
زيت على خشب
92 × 76 سم
بإذن من تركة عبدالله الشيخ

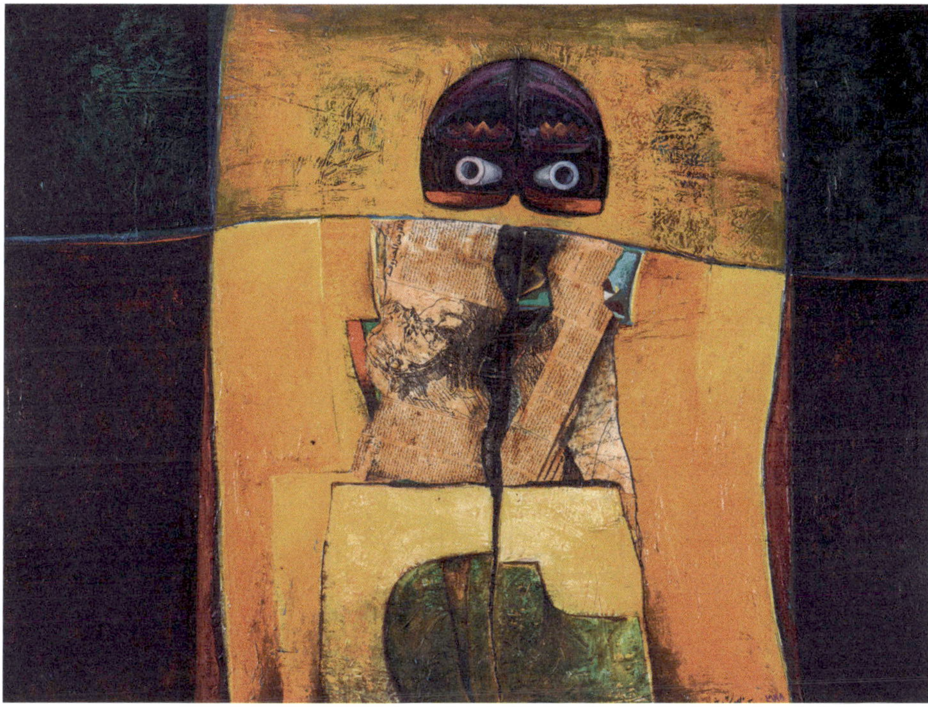

عبدالله الشيخ
ABDULLAH ALSHAIKH

(b. 1936, Iraq – d. 2019, Saudi Arabia)

(1936، العراق – 2019، المملكة العربية السعودية)

Shwahid 1, 1988
Oil on canvas
92 × 123 cm
Courtesy of the estate of Abdullah Alshaikh

شواهد 1، 1988
زيت على قماش
92 × 123 سم
بإذن من تركة عبدالله الشيخ

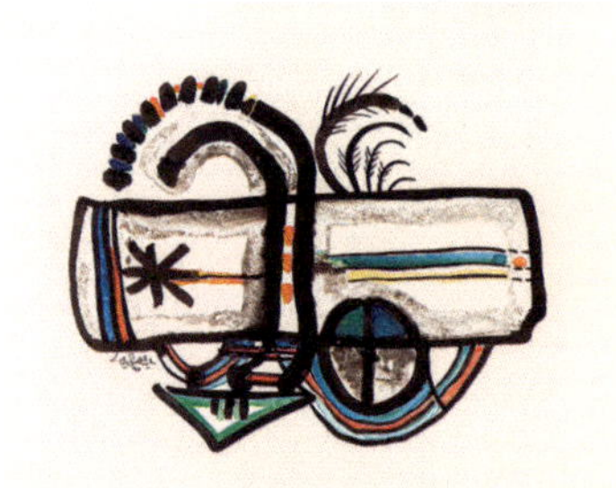

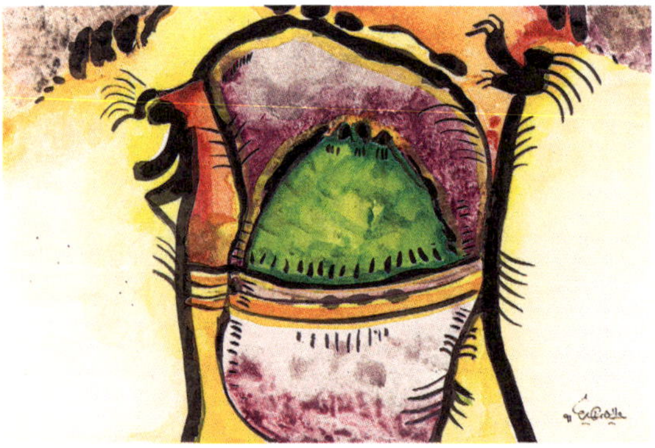

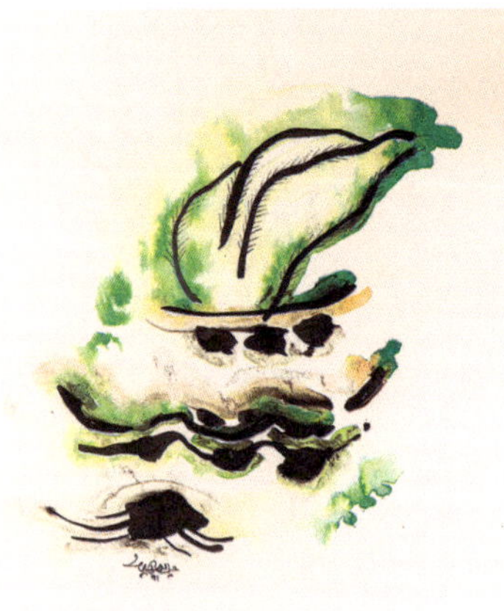

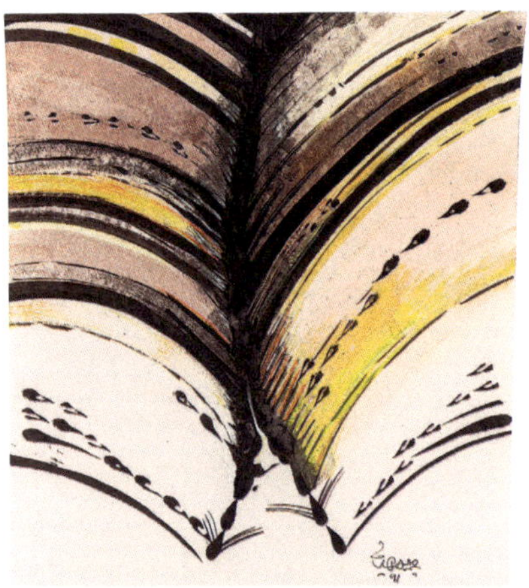

عبد الرحمن السليمان
ABDULRAHMAN ALSOLIMAN

(b. 1954, Saudi Arabia)

(مواليد 1954، المملكة العربية السعودية)

Memory series, 1-18, 1991 – 1992
Watercolor and China ink on paper
Dimensions variable
Courtesy of the artist

من مجموعة *ذاكرة*، 1 - 18، 1991 - 1992
ألوان مائية وحبر صيني على ورق
مقاسات مختلفة
بإذن من الفنان

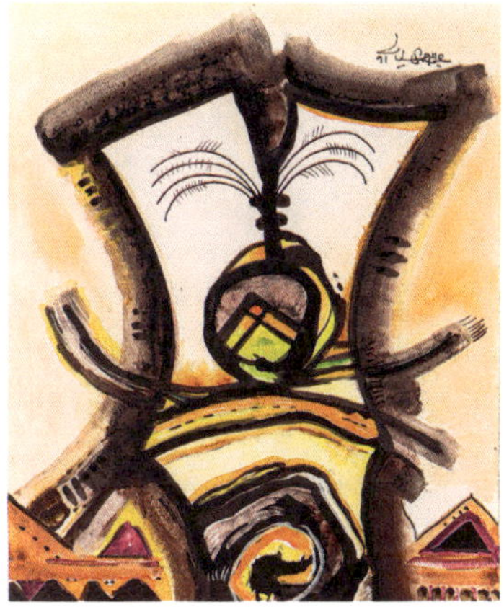

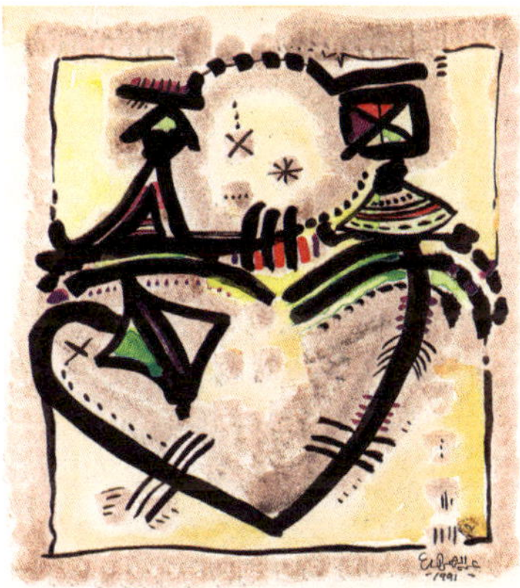

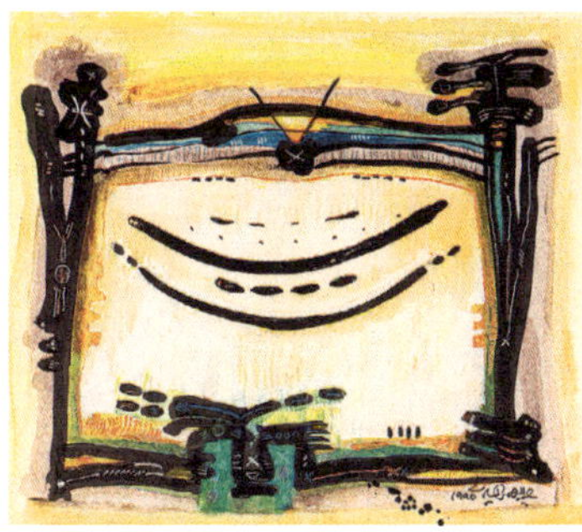

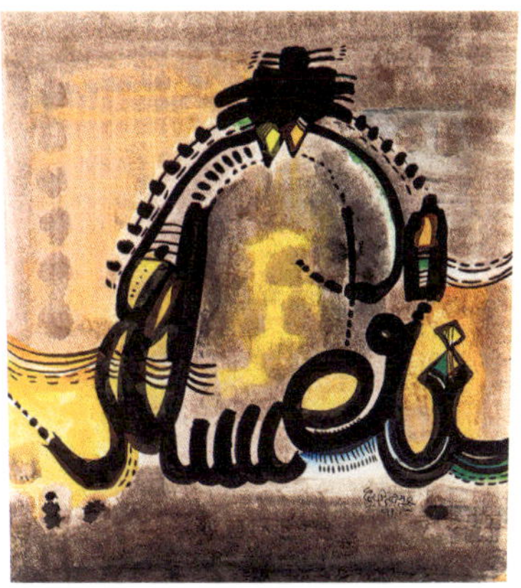

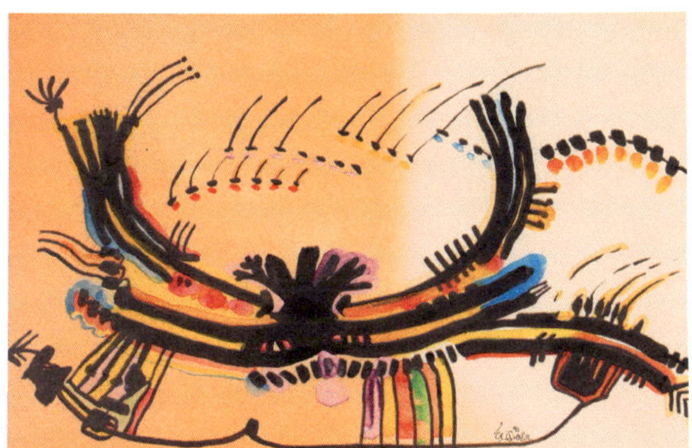

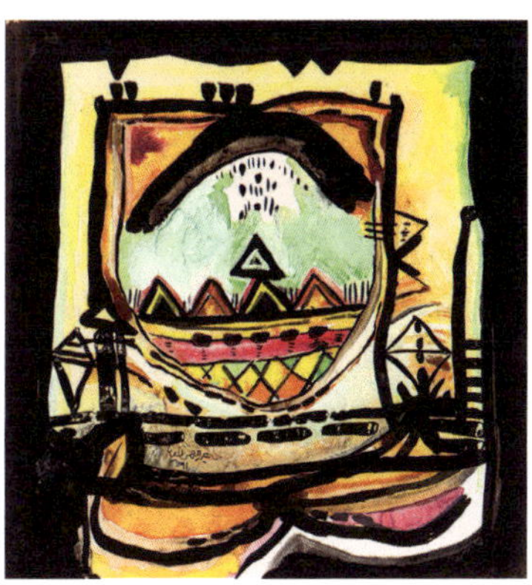

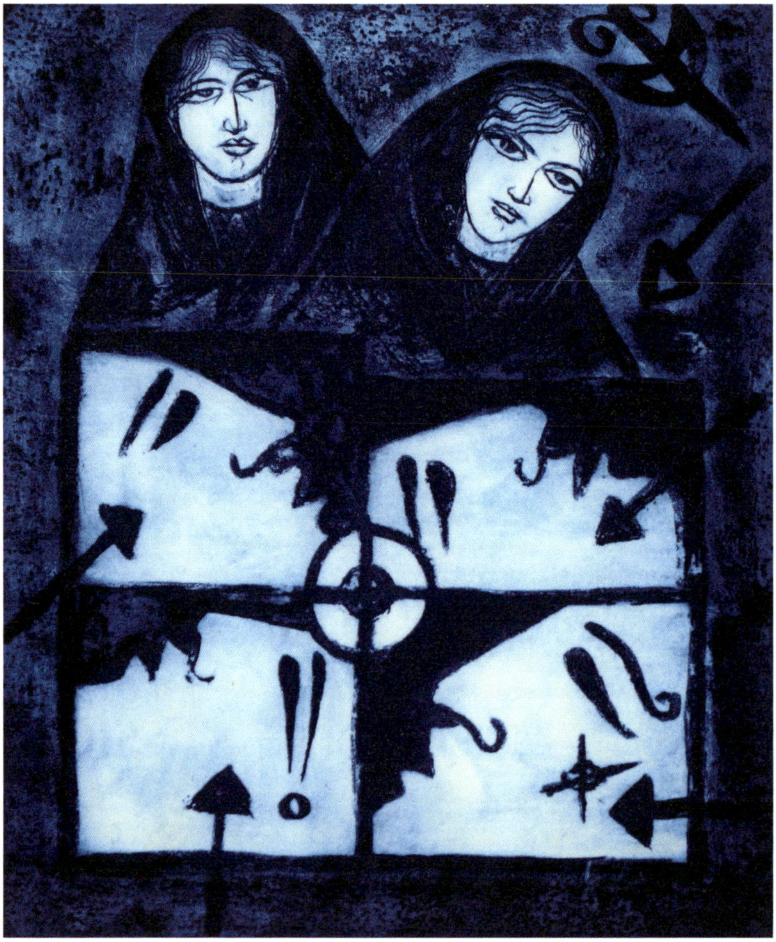

ثريا البقصمي
THURAYA AL-BAQSAMI

(b. 1951, Kuwait)

(مواليد 1951، الكويت)

Martyr's Mothers, 1991
Etching print on paper
40 × 32 cm
Courtesy of the artist

أمهات الشهداء، 1991
طباعة حفر على الورق
40 × 32 سم
بإذن من الفنانة

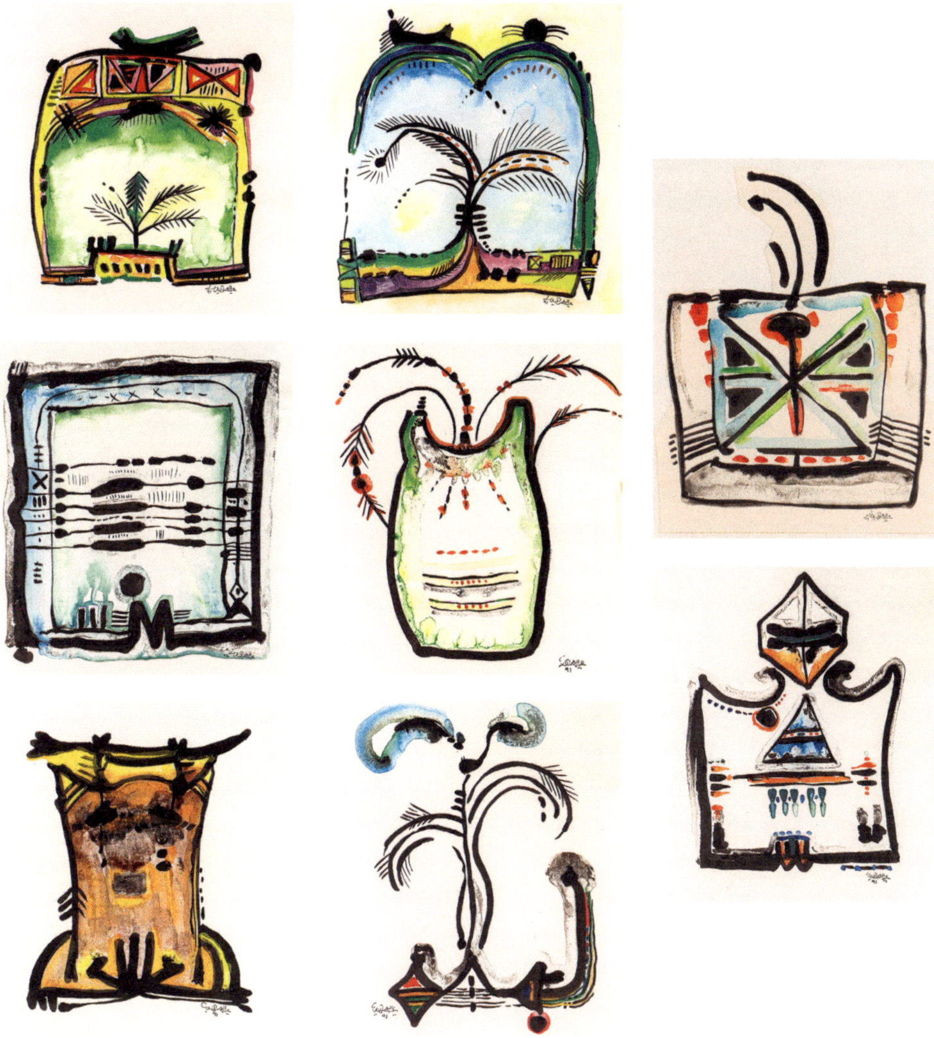

عبدالرحمن السليمان
ABDULRAHMAN ALSOLIMAN

(b. 1954, Saudi Arabia)

(مواليد 1954، المملكة العربية السعودية)

Memory series, 1-18, 1991 – 1992
Watercolor and China ink on paper
Dimensions variable
Courtesy of the artist

من مجموعة *ذاكرة*، 1 - 18، 1991 - 1992
ألوان مائية وحبر صيني على ورق
مقاسات مختلفة
بإذن من الفنان

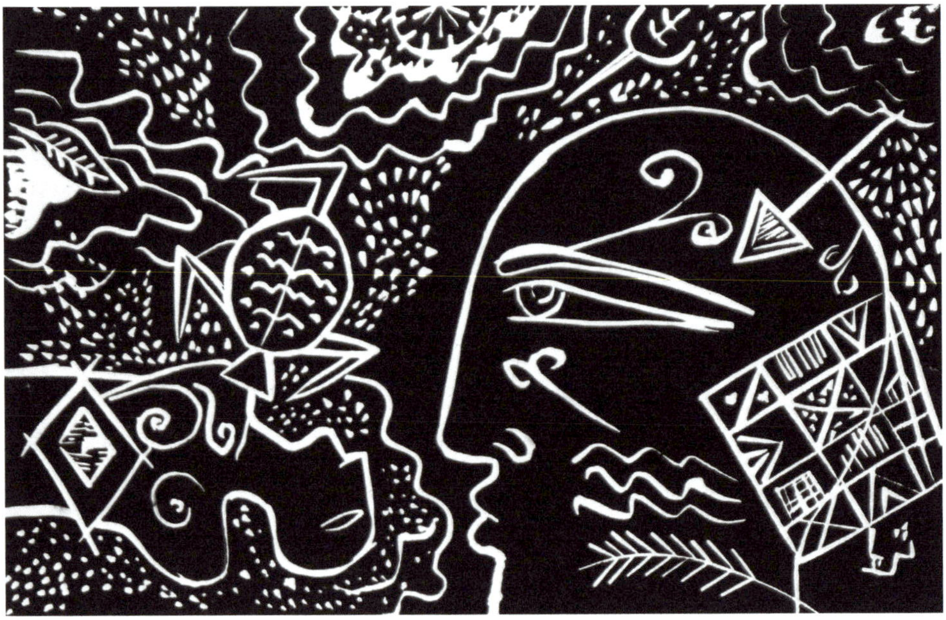

ثريا البقصمي
THURAYA AL-BAQSAMI

(b. 1951, Kuwait)

(مواليد 1951، الكويت)

Witness, 1990
Linocut print on paper
20 × 30 cm
Courtesy of the artist

الشاهد، 1990
طباعة لينوكوت على ورق
20 × 30 سم
بإذن من الفنانة

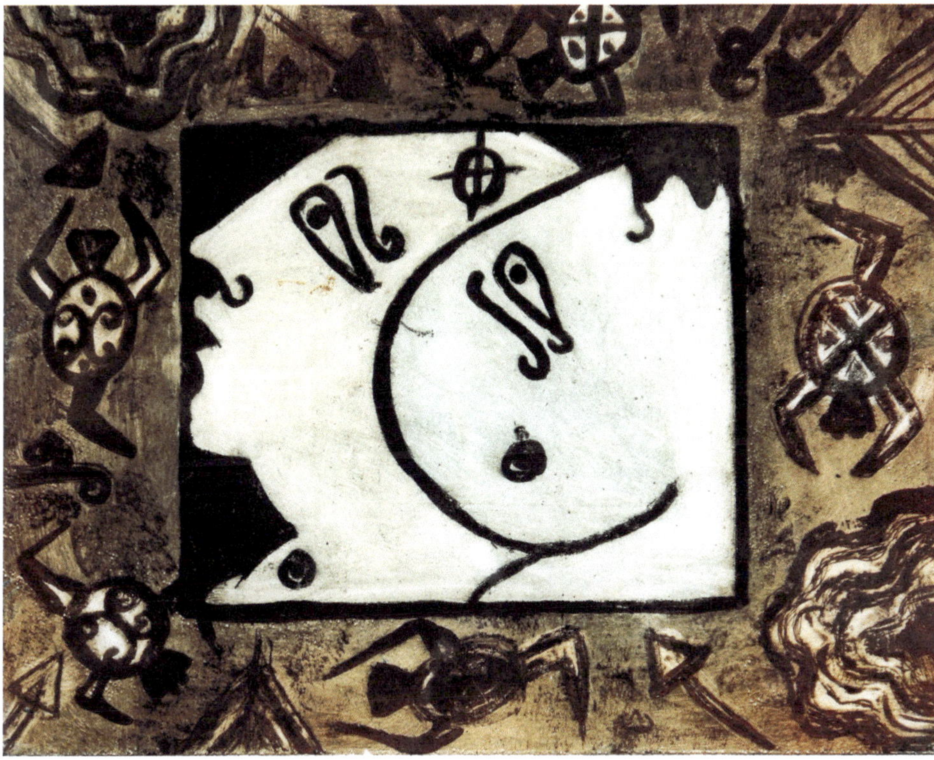

ثريـــا البـــقصـي
THURAYA AL-BAQSAMI

(b. 1951, Kuwait)

The Last Shot, 1991
Etching print on paper
32 × 40 cm
Courtesy of the artist

(مواليد 1951, الكويت)

الطلقة الأخيرة، 1991
طباعة حفر على الورق
32 × 40 سم
بإذن من الفنانة

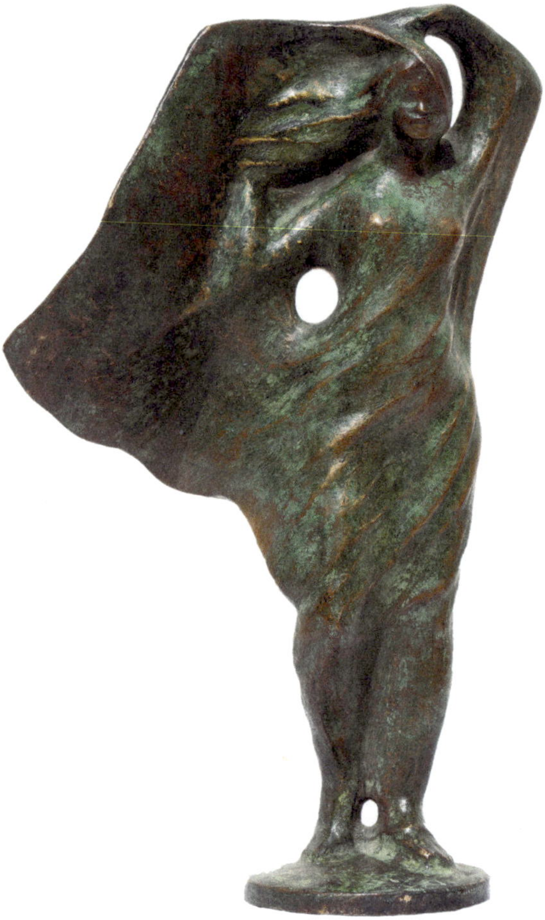

عيسى صقر
ISSA SAQER

(b. 1940 – d. 2000, Kuwait)

The Joy of Liberation, 1992
Bronze
8 × 18 × 35 cm
Courtesy of the estate of Issa Saqer Alkhalaf

(1940 - 2000، الكويت)

فرحة التحرير، 1992
برونز
35 × 18 × 8 سم
بإذن من تركة عيسى صقر الخلف

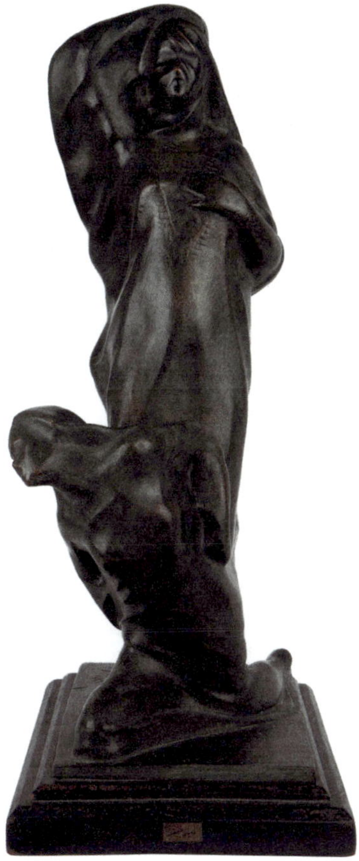

عيسى صقر
ISSA SAQER

(b. 1940 – d. 2000, Kuwait)

Al-Samidoun, 1992
Bronze
70 × 30 × 37 cm
Courtesy of the Barjeel Art Foundation, Sharjah, United Arab Emirates

(1940 - 2000، الكويت)

الصامدون، 1992
برونز
70 × 30 × 37 سم
بإذن من مؤسسة بارجيل للفنون، الشارقة، الإمارات العربية المتحدة

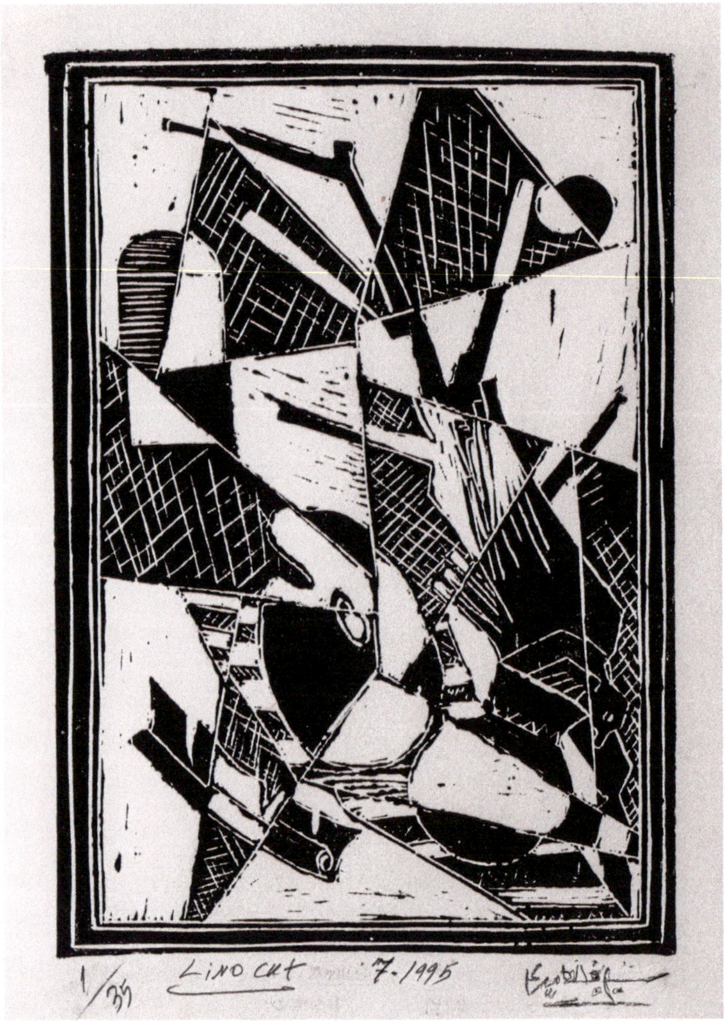

سيف العامري
SAIF AL AMRI

(b. 1965, Oman)

(مواليد 1965، عمان)

Freedom 1, 1995
Printmaking
40 × 50 cm
Courtesy of the artist

الحرية 1، 1995
طباعة
40 × 50 سم
بإذن من الفنان

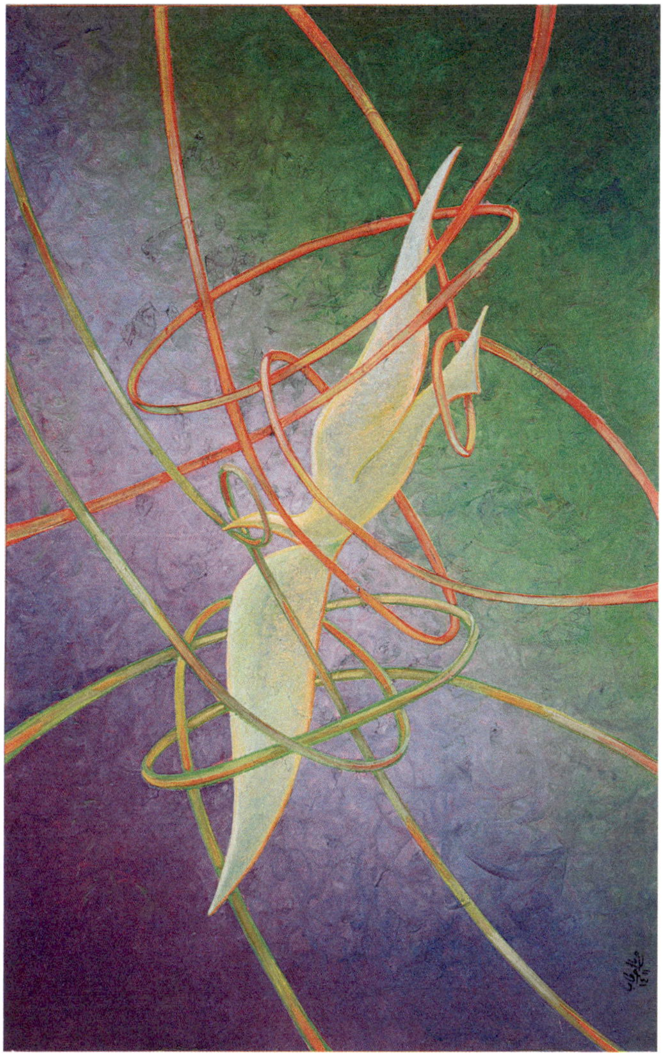

صـــالح الخطـــاب
SALEH KHATTAB

(b. 1956, Saudi Arabia)

(مواليد 1956، المملكة العربية السعودية)

Conflict, 1991
Oil on canvas
77 × 123 cm
Courtesy of the artist

صراع، 1991
زيت على قماش
77 × 123 سم
بإذن من الفنان

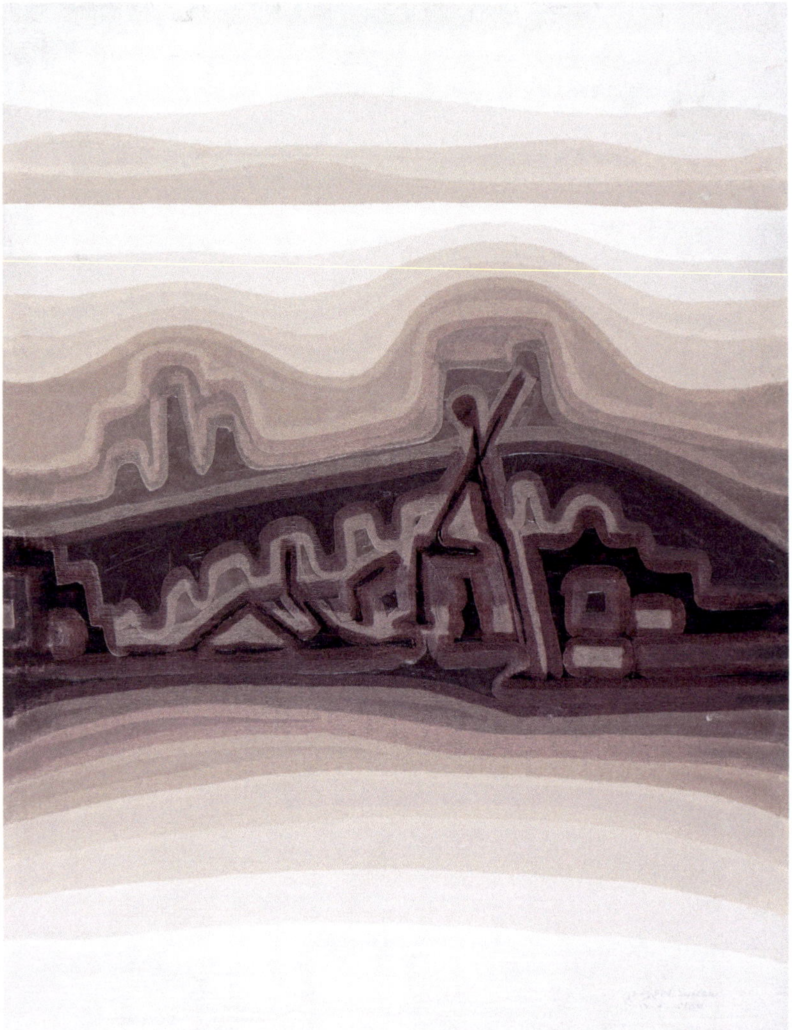

محمد السليم
MOHAMMED ALSALEEM

(b. 1939, Saudi Arabia – d. 1997, Italy)

(1939، المملكة العربية السعودية – 1997، إيطاليا)

Human Strength, 1987
Oil on canvas and wood
79 × 59 cm
Jordan National Gallery of Fine Arts permanent collection, Amman, Jordan

قوة الإنسان، 1987
زيت على قماش وخشب
79 × 59 سم
من المجموعة الدائمة للمتحف الوطني الأردني للفنون الجميلة، عمّان، الأردن

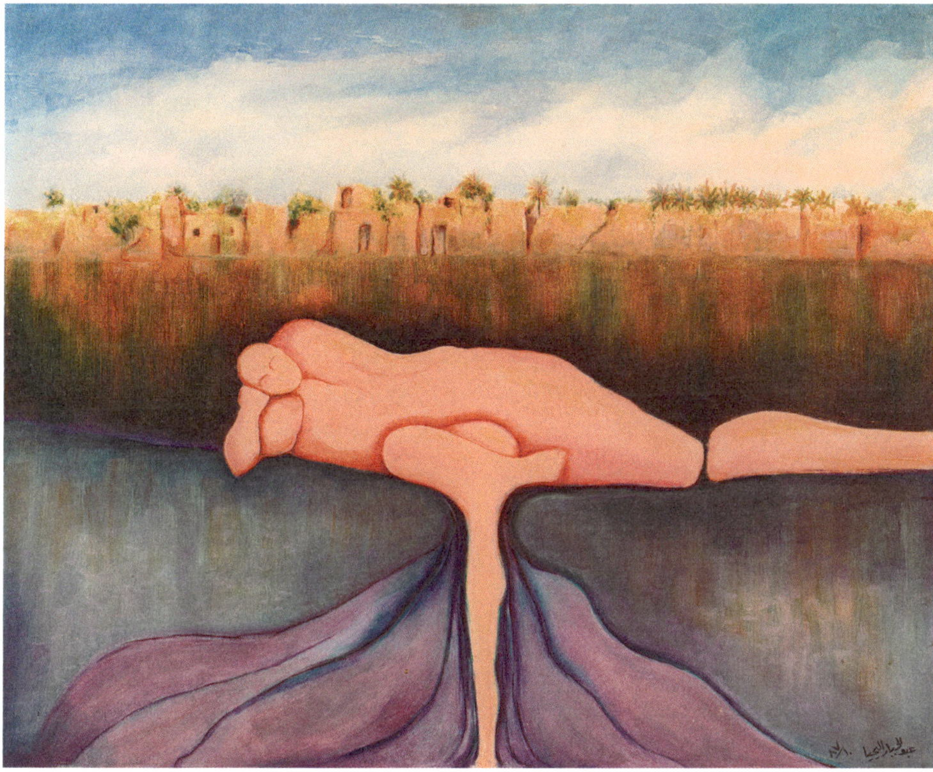

عبدالجبار اليحيي
ABDULJABBAR ALYAHYA

(b. 1954, Saudi Arabia)

Reflections on Basra, 1987
Oil on canvas
76 × 91 cm
Private collection, Jeddah, Saudi Arabia

(مواليد 1954، المملكة العربية السعودية)

تأملات في البصرة، 1987
76 × 91 سم
زيت على قماش
مجموعة خاصة، جدة، المملكة العربية السعودية

التجريد والتعبير النصي

سيسيليا روجيري

في النصف الثاني من القرن العشرين، شكّل التيار التجريدي في العالم العربي لغةً بصرية جامعة للفنانين الذين كانوا يعيشون في خضم تحولات اجتماعية عميقة وغير مسبوقة، والذين استندوا إلى إرث تجريدي عريق متجذّر في ثقافتهم البصرية، صاحبه انفتاحهم على الحركات الفنية العالمية، فمن اللوحات المتأثرة بالتكعيبية إلى الأعمال التجريدية التعبيرية، دمج الفنانون بين التأثيرات العالمية والمراجع المحلية والإقليمية، في صياغات بصرية تحمل توقيعًا فرديًا وهوية جماعية في الآن نفسه.

وقد اتخذ التجريد في السياق الخليجي مسارات متعددة تعكس تنوّع البيئات التي نشأ فيها وتفاعله مع الخصوصيات المحلية. ومن أبرز هذه المسارات التجريدُ النصي، حيث برز الحرف العربي كأداة جمالية ومفاهيمية للتجريب. وقد رأى الفنانون في الحرف وسائل وإيماءات قادرة على حمل دلالات وطنية جديدة، دون أن تنفصل عن العمق الرمزي للتراث. فبتجريد الحرف، يتحقّق التوازن الدقيق بين الحداثة والأصالة، حيث يغدو النص سبيلًا للاستمرارية وإعادة ابتكار العلاقة مع الهوية المحلية.

ويتجلّى هذا البُعد في عمل «بدون عنوان» (1988)، للفنان محمد السليم، والذي استحضر فيه بأسلوبه المميز المعروف بـ"الآفاقية"، روح الخط الإسلامي عبر تفكيك كلمة "الله" إلى وحدات بصرية تُحاكي الإيقاع، ويتردد في تشكيلاتها صدى الأشكال المعمارية المنبثقة من قلب الصحراء، فيما ترسّخ الألوان الخافتة المشرّبة بأشعة الشمس سياق اللوحة الإقليمي المعيّن.

من جهته، استكشف علي حسن في عملَيه «الخط رقم 1» و«الخط رقم 2» (1983) الإمكانات التجريدية والحركية للخط العربي، معتمدًا على تكرار حرف واحد لتكوين صورة تتشابك فيها الرمزية والنص والتجريد. ويجسد هذان العملان كيف أعاد الفنانون الخليجيون تشكيل نُظم الكتابة، لا كرموز ثابتة، بل كأوعية للذاكرة وأدوات للتعبير الثقافي. وقد مكّنتهم هذه المقاربة من إدماج التجريد، الذي طالما ارتبط بنظرة أوروبية مركزية، مع معالم الهوية المحلية، في تحدٍّ للمفهوم المهيمن عن الحداثة.

أما جعفر إصلاح، فقدّم في عمله «ألوان مع الأسود والرمادي» (1968) تجريدًا يستلهم التراث الجمالي الإسلامي، مستندًا إلى الأشكال الهندسية في المنسوجات التقليدية لإعادة صياغة الزخارف التراثية باللغة الحديثة للتجريد. وتندرج أعماله ضمن حركةٍ فنية كويتية أوسع، نشأت في أجواء الانفتاح الاجتماعي الفريد الذي شهدته البلاد، والمدفوع بالازدهار الاقتصادي الذي جلبته الطفرة النفطية عند منتصف القرن العشرين. وقد أتاح هذا المناخ للفنانين استكشاف الأفكار الطليعية، بدعم مؤسساتي وتفاعل جماهيري واسع.

ويبرز إلى جانبه أيضًا خليفة القطان بأسلوب جريء ومحلي الطابع أطلق عليه اسم "الدائرية"، وهي فلسفة فنية استلهمها من فكرة ترابط جميع الأشياء التي استمدها

ABSTRACTION AND TEXTUAL EXPRESSION

Cecilia Ruggeri

Abstraction in the Arab world during the second half of the twentieth century offered a shared visual language for artists navigating unprecedented social change. It enabled them to draw on a deep-rooted regional lineage of abstraction while also connecting with broader art histories. From cubist-inspired paintings to abstract-expressionist works, artists working in this framework blended global influences with local and regional references.

Throughout the Gulf, abstraction took many forms, echoing the specific localities that produced them. One of these was textual abstraction, in which the Arabic letter functioned as vehicle for experimentation. For many artists, script became a means of gestural expression that could encapsulate a new national identity, while remaining anchored in the historical vocabulary of abstraction that preceded the modern era. Text, and its abstraction in Arab art, is a crucial signifier of identity, offering a means of continuity and reinvention with local heritage.

In *Untitled* (1988), Mohammed Alsaleem, best known for his idiosyncratic style he called "Al afakia" (Horizonism), draws on Islamic calligraphic traditions, fracturing the word "Allah" into a rhythm of forms. In this work, the calligraphic sweep of the text echoes the architectural forms rising from the desert, while the muted, sun-washed palette also roots the composition in a regionally specific context.

Ali Hassan's *Calligraphy No. 1* and *Calligraphy No. 2* (1983) also explore the abstract and kinetic potential of Arabic script, using the repetition of a single letter to construct an image that incorporates abstract, figurative, and textual elements. These works exemplify how Gulf artists reimagined writing systems not as fixed signs but as dynamic vehicles for cultural memory and expression. This approach also allowed them to infuse abstraction, which at the time was predominantly viewed through a Eurocentric lens, with distinct identity markers that challenged the hegemonic notion of modernism.

In *Colors with Black and Grey* (1968), Jafar Islah exemplifies a form of abstraction deeply informed by Islamic aesthetic traditions. Drawing on the geometry of traditional textiles, Islah's hand-rendered, slightly textured paint panels reinterpret historical motifs through the visual language of modern abstraction. His oeuvre belongs to a wider Kuwaiti art movement shaped by the country's unique atmosphere of social openness and fueled by oil wealth during the mid-twentieth century. This context allowed artists to explore avant-garde ideas with state support and public interest.

مـن المفاهيـم الروحيـة والعلميـة والميتافيزيقيـة. إذ نلاحظ فـي لوحته «السـائل الأصفر» (1962)، الدمـج بين العناصر السـريالية والتصويرية ضمن تكوين ينطلـق من التجريد ليبلغ به أسـلوبه التعبيـري الخاص.

غالبًـا مـا تنقّل الفنانـون في فضاء حدودي بيـن التجريـد المنبثق من سـياقاتهم الإقليمية، والتأثيـرات الآتيـة مـن الحـركات الفنيـة العالميـة. وقد عبّـر عرب جـاوا عن هـذا التوتر في عملـه «رباعيـات هندسـية» (1973)، الذي يُعـد من أوائـل الأمثلة على فن الخـداع البصري (الأوب آرت) فـي الخليـج. كان جاوا قـد تعرّف علـى التيـارات الفنية الغربية خلال دراسـته فـي لنـدن، واهتم تحديـدًا بتقنيـات الأوب آرت في توظيف الأنمـاط الهندسـية التجريدية لابتـكار تأثيـرات بصرية تُربك الإدراك الحسـي.

أفسـح التجريـد المجال أمام العديد من الفنانين، ولا سـيما النسـاء، وأتاح لهم هامشًـا من الحرية الشـكلية ومسـاحةً لاستكشاف الشـكل الأنثوي برهافة وحساسـية رمزية. فقد طوّرت منيـرة موصلـي عبر لوحاتهـا المفعمة بالحركـة، وخطوطهـا العفوية، واسـتخدامها الغني للأصبـاغ، أسـلوبًا تجريديًـا شـاعريًا ومشـحونًا بالتعبيـر، إذ تُضفي تدرجـات ألوانهـا الدافئة، القريبـة من لون البشـرة، إحساسًـا إنسـانيًا حميميًـا، وتقاوم محـاولات اختزال الجسـد في صورته التشـخيصية المباشرة.

وقـد ظهر هـذا الحضـور الأنثوي كذلك فـي تجربة منيـرة القاضـي التي تناولت فـي عملها المبكر «بذور 2» (1966) موضوع الخصوبة الذي لطالما طبع بداياتها الفنية، التي قد تكون متأثـرة بنشـأتها في الهند. وفـي عملها «موكب ضوء القمـر الأزرق» (أواخر سـتينيات القرن العشرين)، تسود لمسـةٌ تجريدية تجريبية توحي بلقاء حالم بين المنظر الطبيعي والذاكرة.

يكشـف هذا المعرض التيـار التجريدي باعتباره قوةً مؤثرة في مسـار الفـن العربي الحديث. ولكن رغم انتشـاره الواسـع في منطقة الخليج، لم يكن التجريد تيارًا متجانسًا، بل تجلّى في أطيـاف متعدّدة وتلـوّن بالتجارب الفردية. وعبّـر الفنانون بفضل أبعاده غيـر التصويرية عن رفضهـم للخطاب الفني الأوروبي المركـزي، ونقدهم للتمييع الثقافي، وتحديهم للسـرديات المهيمنـة. وقـد وفّر التيـار التجريدي للفنانين فسـحةً مـن الحرية الإبداعية لـم تكن متاحة لهـم لولا ذلـك. فتحـوّل من خيـار أسـلوبي إلى وسـيلة للتأمـل الروحـي والابتكار الشـكلي، وإلـى لغـة بصرية تؤكـد خصوصيـة الهويـة الخليجية وتسـهم فـي إثـراء النقـاش العالمي حول الحداثـة وتجلّياتها.

Alongside Islah were artists like Khalifa Qattan, who developed a bold, locally-conceived style he called "circulism." The artist describes his theory as a reflection of the interconnectedness of all things, drawing on spiritual, scientific, and metaphysical concepts. In his 1962 painting, *The Yellow Liquid*, Qattan blends surrealist and figurative elements in a composition that uses abstraction as a point of departure for his distinctive style.

Artists often navigated a liminal space between abstraction shaped by their specific regional context and the influence of international movements. Arab Jawa's *Square Grid* (1973) exemplifies this tension as an early example of op art in the Gulf. Exposed to Western art movements during his studies in London, Jawa became particularly interested in op art's technique of employing abstract geometric patterns to create illusionary effects.

For many artists, particularly women, abstraction offered formal freedom and a means to explore the female form in subtle, nuanced ways. Mounirah Mosly's dynamic surfaces, intuitive linework, and application of tint create a lyrical, expressive abstraction. Her use of warm, flesh-like tones evokes a humanistic feel while resisting rigid figuration.

Seed II (1966) is an early work by Munira Al Kazi that explores the theme of fertility, a subject characteristic of her early practice and perhaps reminiscent of her upbringing in India. Adopting a tactile immediacy, she layers surface textures to suggest a synthesis of childhood memory, materiality, and personal myth. In *Blue Moonlight Procession* (c. 1960s), her abstraction is atmospheric and experimental, suggesting a dreamlike encounter with landscape and memory.

Through the works in this exhibition, abstraction emerges as a unifying force in modern Arab art. While widespread and ubiquitous across the Gulf, the movement was characterised by subtle pluralities and could be deployed by artists as a refusal to conform to Eurocentric artistic discourse, a critique of cultural homogenization amid rapid modernization, or a subtle challenge to dominant narratives through non-figurative expression. For many artists, abstraction gave them the opportunity to experiment with a kind of creative freedom that was not always available to them otherwise. More than a stylistic choice, abstraction has become a vehicle for spiritual reflection and formal innovation, shaping a visual language that affirms a distinctly Gulf identity, while contributing to the discourse on global modernisms.

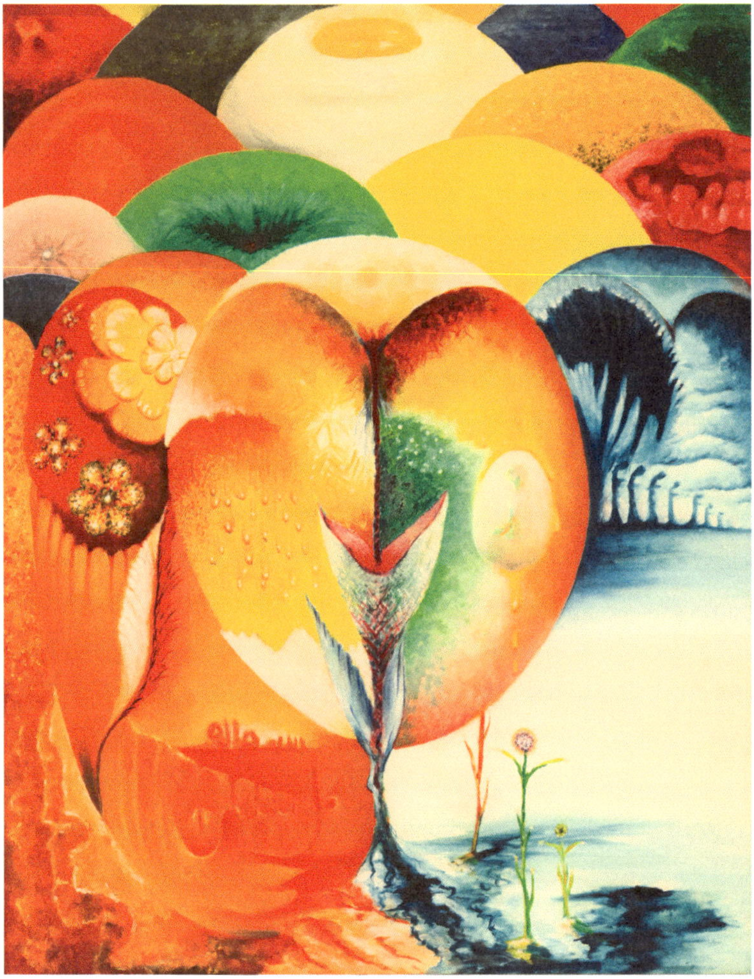

خليفة القطان
KHALIFA QATTAN

(b. 1934 – d. 2003, Kuwait)

The Yellow Liquid, 1979
75 × 125 cm
Oil on canvas
Collection of National Council for Culture, Arts and Letters, Kuwait City, Kuwait

(1934—2003، الكويت)

السائل الأصفر، 1979
75 × 125 سم
زيت على قماش
مـن مقتنيات المجلس الوطني للثقافة والفنون والآداب، مدينة الكويت، الكويت

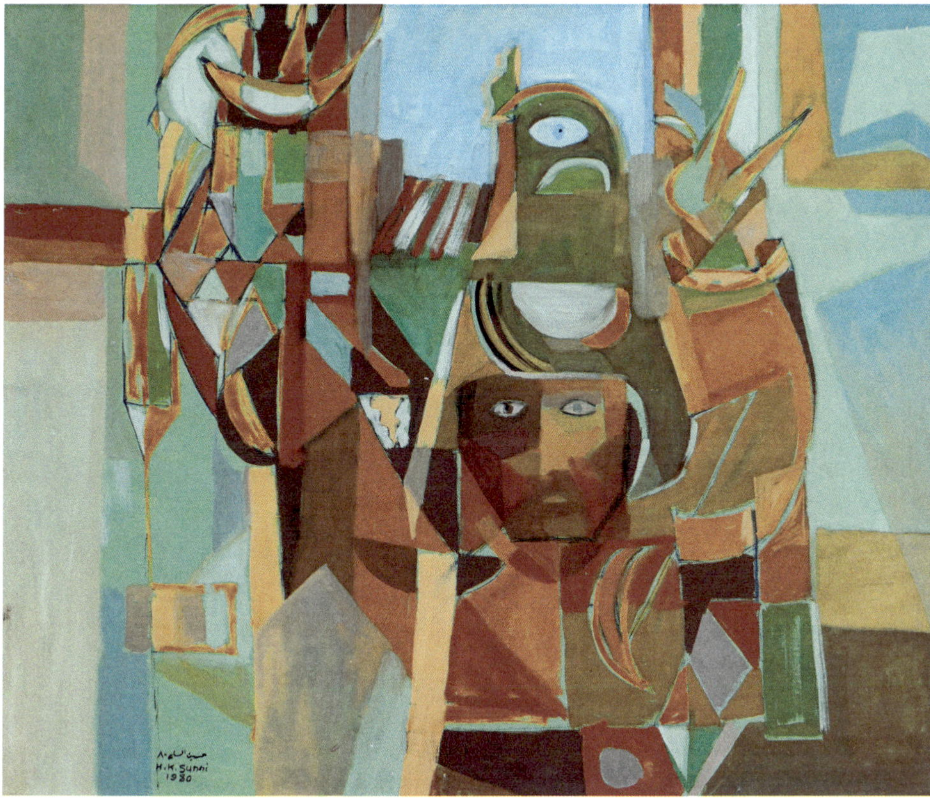

حسين السني
HUSSAIN ALSUNNI

(b. 1939 – d. 2001, Bahrain)

Falcon, 1980
Acrylic on canvas
83 × 73 cm
Bahrain National Museum,
permanent collection, Manama, Bahrain

(1939 - 2001، البحرين)

الصقر، 1980
أكريليك على قماش
83 × 73 سم
مقتنيات متحف البحرين الوطني،
المنامة، البحرين

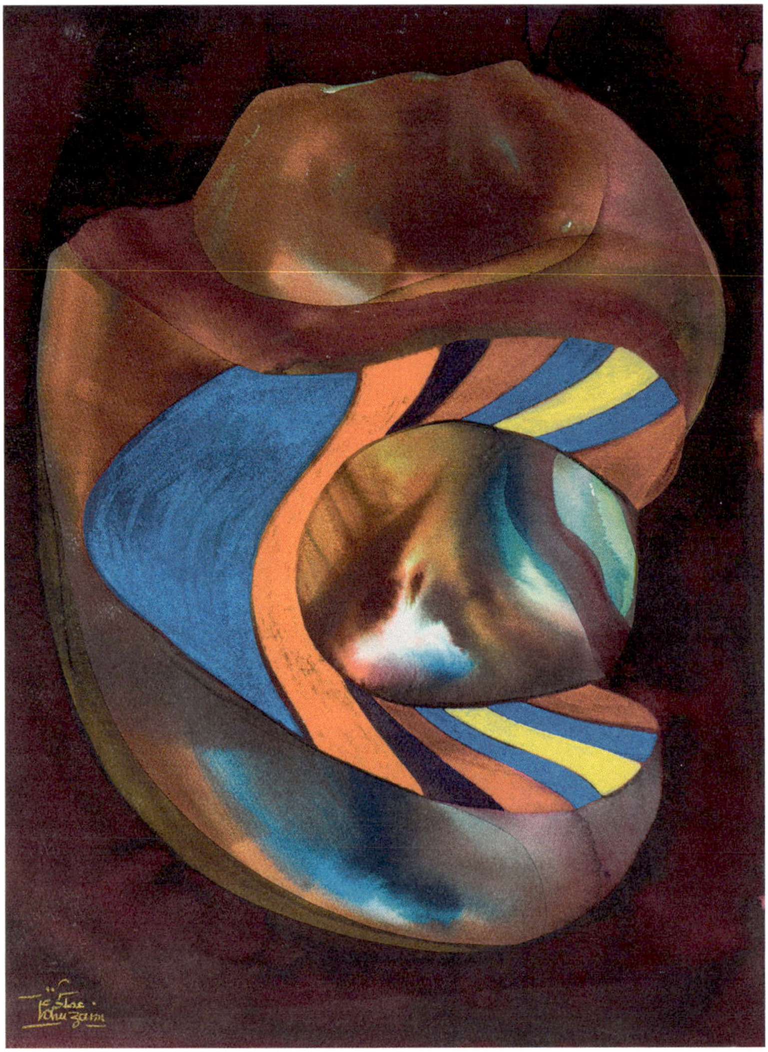

عثمـــان الخزيـــم
OTHMAN ALKHUZAIM

(b. 1955, Saudi Arabia)

(مواليد 1955، المملكة العربية السعودية)

The Hug, 1991
Acrylic and ink and flomaster on paper
60 × 42 cm
Courtesy of the artist

الحضن، 1991
أكريليك وحبر على ورق
60 × 42 سم
بإذن من الفنان

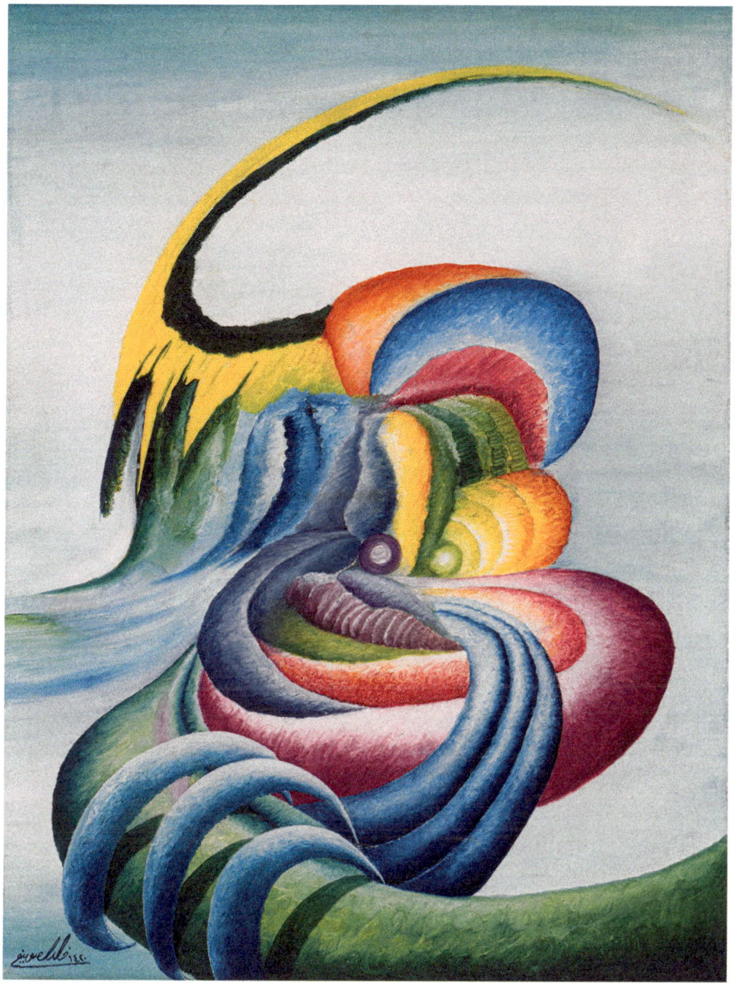

خـــــالـد الصويـــــنع
KHALED ALSOWIANEA

(b. 1969 – d. 2021, Saudi Arabia)

(1969 – 2021، المملكة العربية السعودية)

Clash of Colors, 1999
55 × 76 cm
Oil on canvas
Courtesy of the estate of Khaled Alsowianea

تصارع الألوان، 1999
55 × 76 سم
زيت على قماش
بإذن من تركة خالد الصوينع

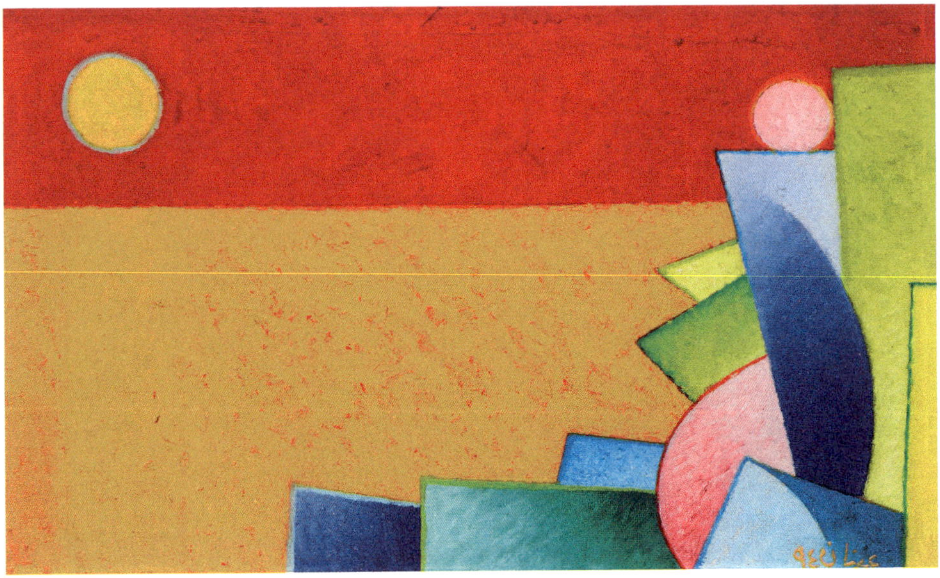

عدنـــــان الأحمـــــد
ADNAN AL AHMED

(b. 1960, Bahrain)

Study No. (3), 1994
Oil on canvas
25 × 40 cm
Courtesy of the artist

(مواليد 1960، البحرين)

دراسة رقم (3)، 1994
زيت على قماش
25 × 40 سم
بإذن من الفنان

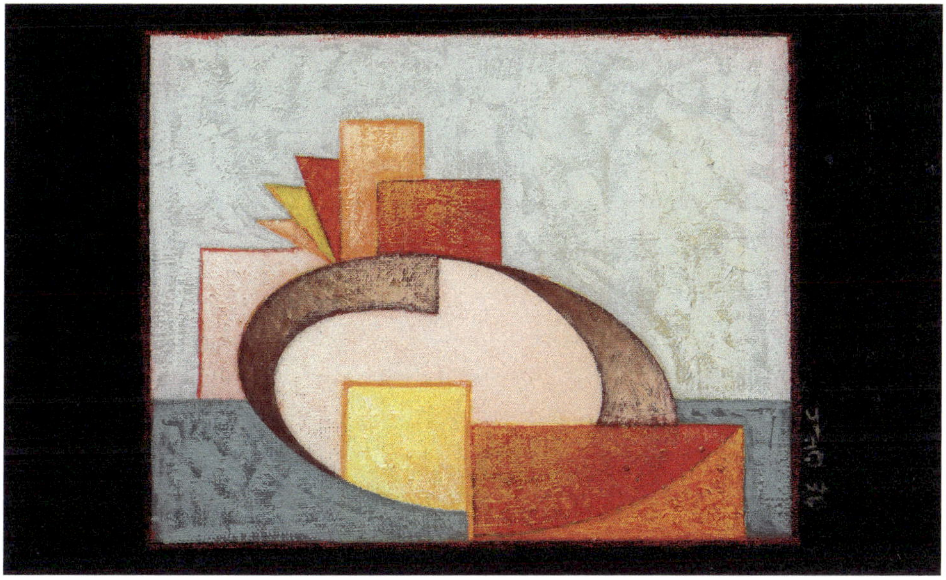

عدنــــان الأحمـــــد
ADNAN AL AHMED

(b. 1960, Bahrain)

(مواليد 1960، البحرين)

Fragment, 1994
Oil on canvas
25 × 40 cm
Courtesy of the artist

مقطع، 1994
زيت على قماش
25 × 40 سم
بإذن من الفنان

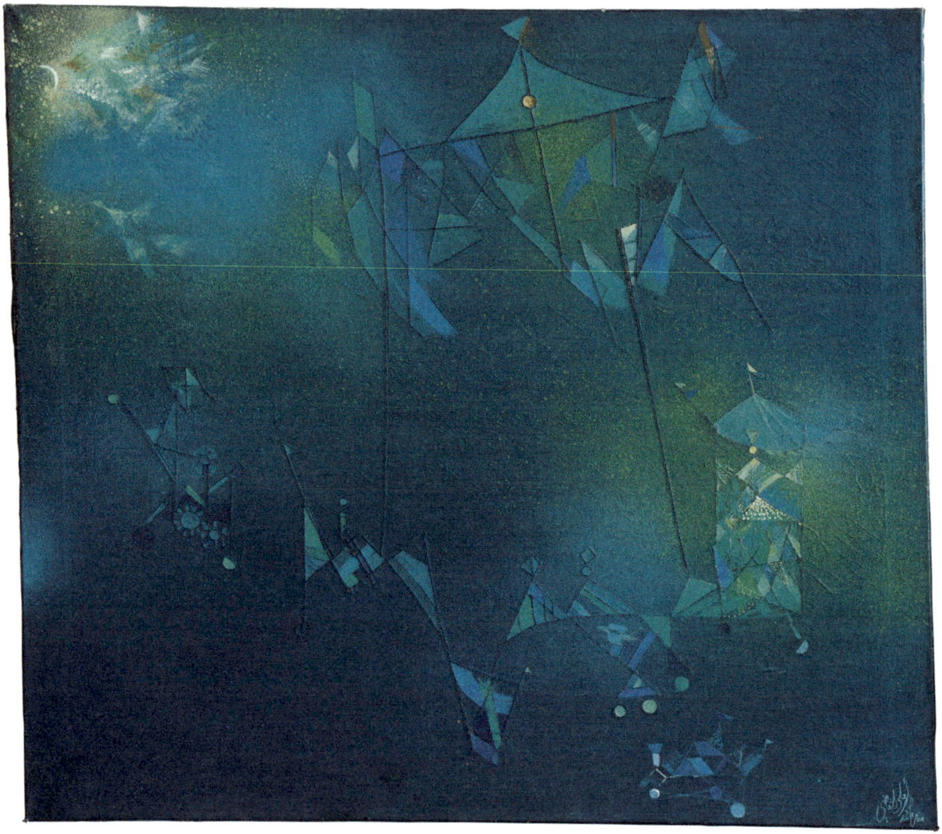

منيـــرة القــاضـــي
MUNIRA AL KAZI

(b. 1939, India - d. 2023, Kuwait)

Blue Moonlight Procession, c. 1960s
Oil on canvas
91.5 × 102 cm
Private collection of Salwa Al Kazi,
Kuwait City, Kuwait

(1939، الهند – 2023، الكويت)

موكب ضوء القمر الأزرق، حوالي الستينيات
زيت على قماش
91.5 × 102 سم
من المجموعة الخاصة لسلوى القاضي،
مدينة الكويت، الكويت

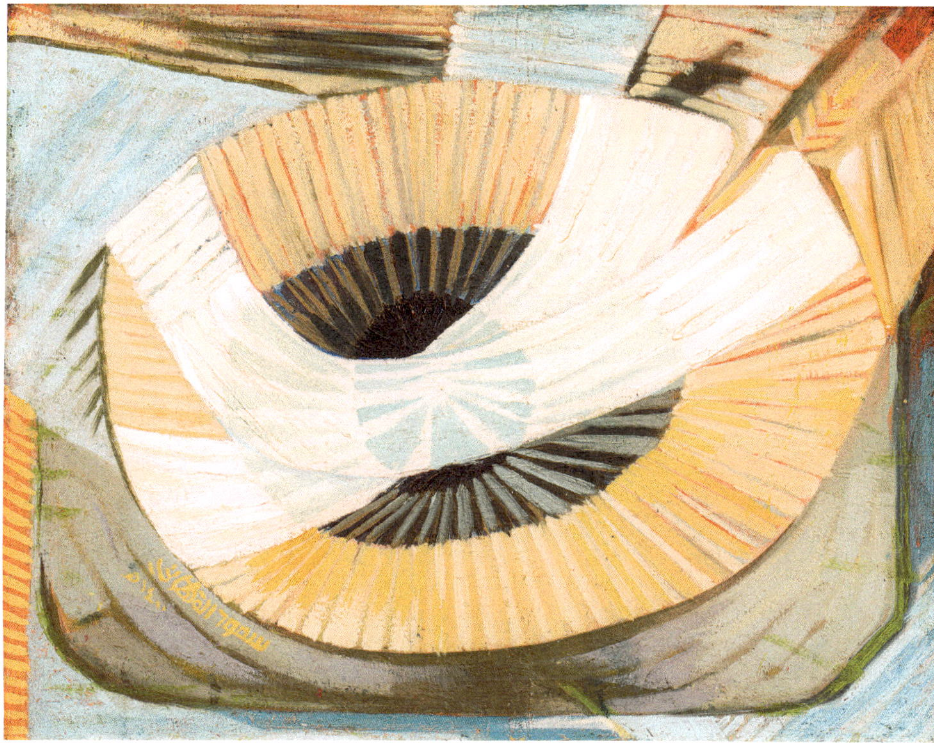

سعـــود القحطـــــاني

SAUD ALQAHTANI

(b. 1953, Saudi Arabia)

(مواليد 1953، المملكة العربية السعودية)

Abstract Vision, 1977
Oil on wood
50 × 40 cm
Courtesy of the artist

رؤية تجريدية، 1977
زيت على خشب
50 × 40 سم
بإذن من الفنان

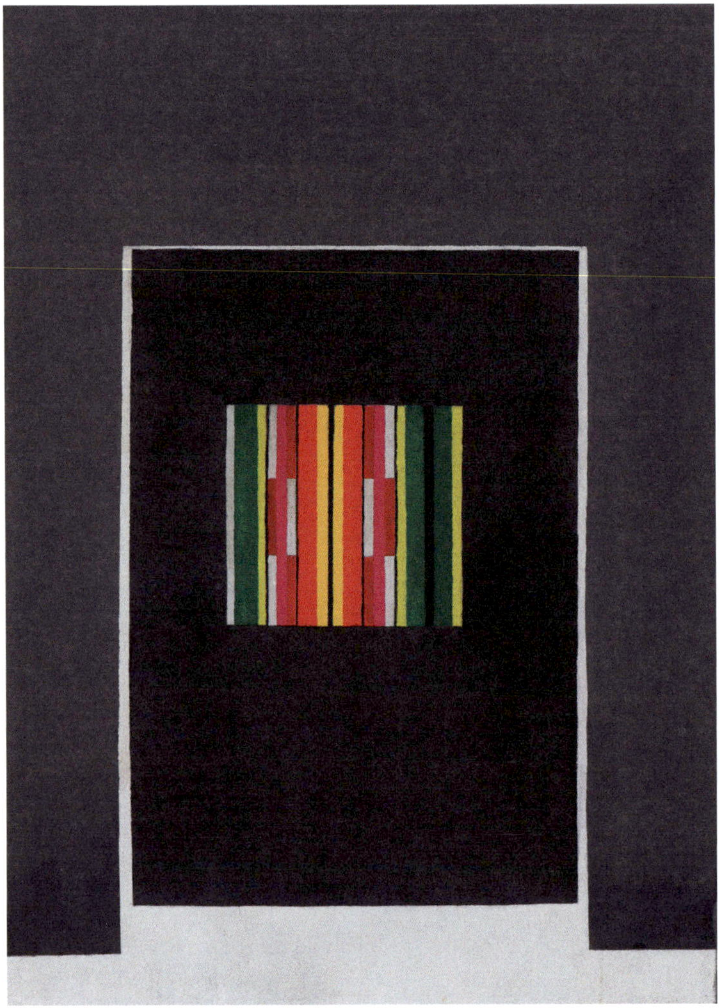

جعفر إصلاح
JAFAR ISLAH

(b. 1946, Kuwait)

Colors with Black and Grey, 1968
Acrylic on canvas
63 × 44 cm
Courtesy of the Barjeel Art Foundation, Sharjah, United Arab Emirates

(مواليد 1946، الكويت)

ألوان مع الأسود والرمادي، 1968
أكريليك على قماش
63 × 44 سم
بإذن من مؤسسة بارجيل للفنون، الشارقة، الإمارات العربية المتحدة

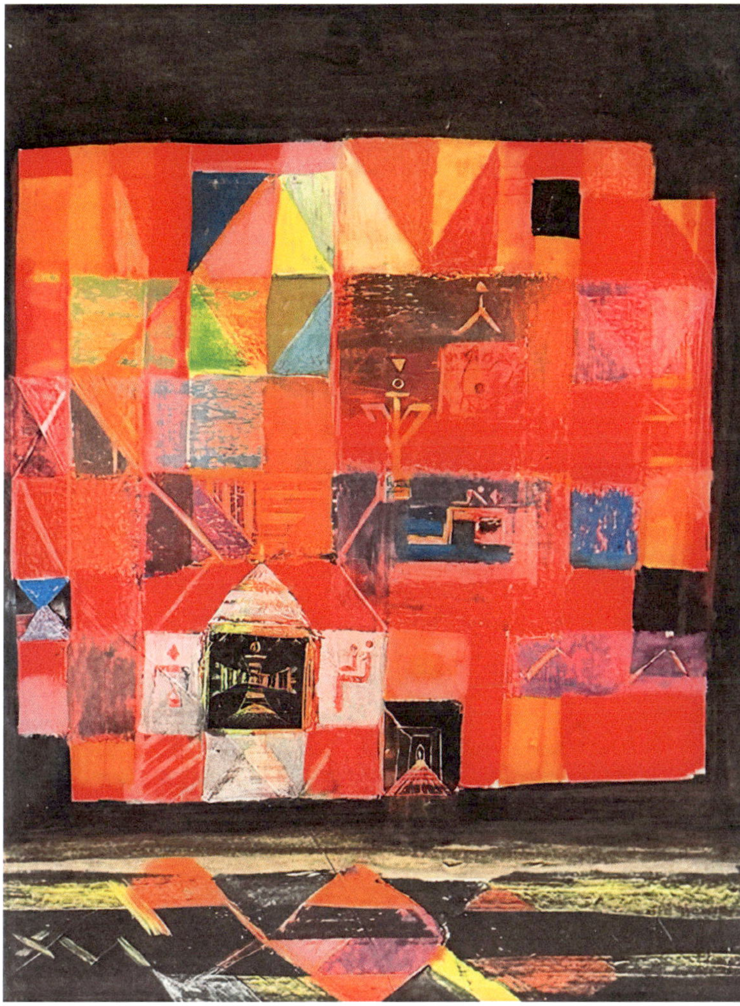

منيـــرة القـــاضـــي

MUNIRA AL KAZI

(b. 1939, India - d. 2023, Kuwait)

Colored Crayon I, 1987
Crayon on paper
36 × 27 cm
Private collection of Salwa Al Kazi,
Kuwait City, Kuwait

(1939، الهند – 2023، الكويت)

ألوان شمعية، 1987
ألوان شمعية على ورق
36 × 27 سم
من المجموعة الخاصة لسلوى القاضي،
مدينة الكويت، الكويت

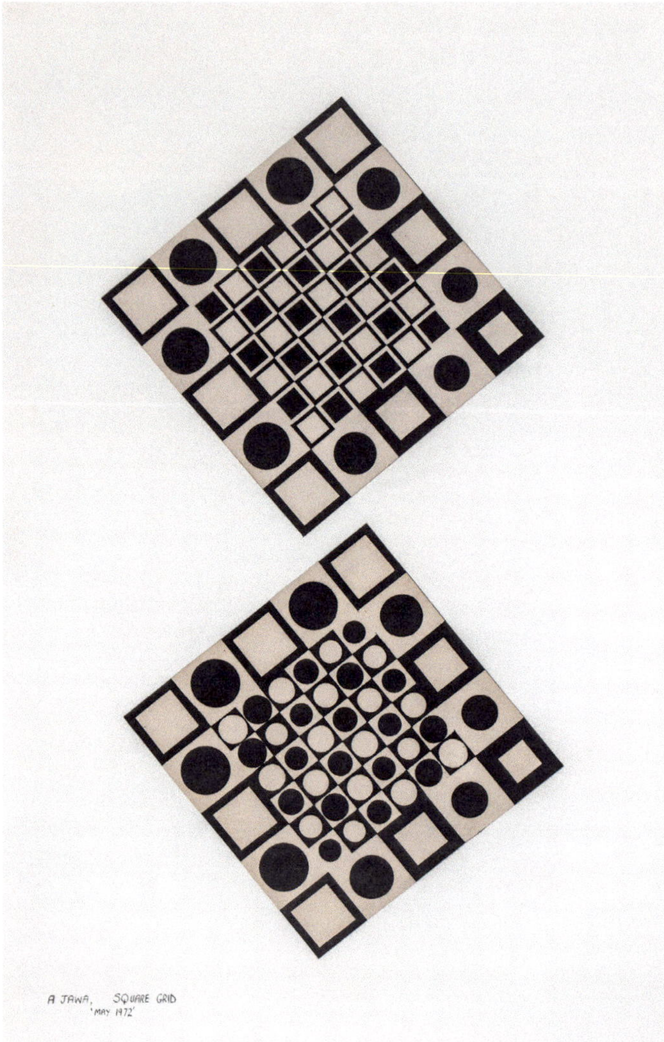

عــرب جــاوا
ARAB JAWA

(b. 1947, Saudi Arabia)

Geometrical Quadruples, 1972
China ink on cardboard
70 × 35 cm
Jordan National Gallery of Fine Arts
permanent collection, Amman, Jordan

(مواليد 1947، المملكة العربية السعودية)

رباعيات هندسية، 1972
حبر صيني على كرتون
70 × 35 سم
من المجموعة الدائمة للمتحف الوطني الأردني
للفنون الجميلة، عمّان، الأردن

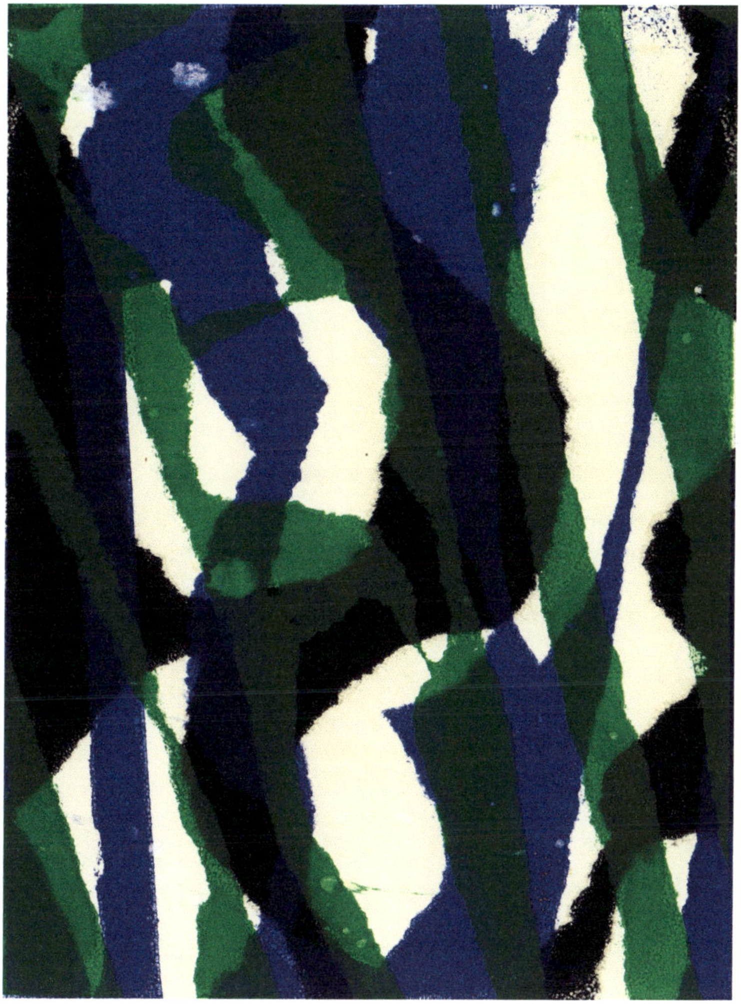

عـــرب جـــاوا
ARAB JAWA

(b. 1947, Saudi Arabia)

Abstract, 1975
Watercolor on paper
20 × 15 cm
Jordan National Gallery of Fine Arts
permanent collection, Amman, Jordan

(مواليد 1947، المملكة العربية السعودية)

تجريد، 1975
ألوان مائية على ورق
20 × 15 سم
من المجموعة الدائمة للمتحف الوطني الأردني
للفنون الجميلة، عمّان، الأردن

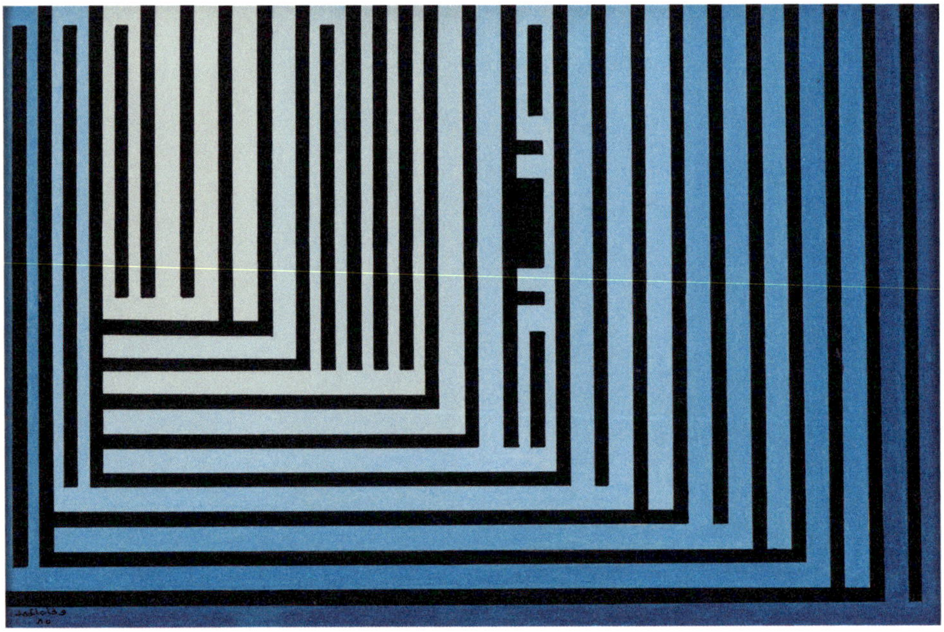

وفاء الحمد

WAFA ALHAMAD

(b. 1964, Qatar – d. 2012, Germany)

Optical Illusion, 1985
50 × 75 cm
Acrylic on canvas
Courtesy of Mathaf: Arab Museum of Modern Art, Doha, Qatar

(1964، قطر – 2012، ألمانيا)

خداع البصر، 1985
50 × 75 سم
أكريليك على قماش
بإذن من متحف الفن العربي الحديث، الدوحة، قطر

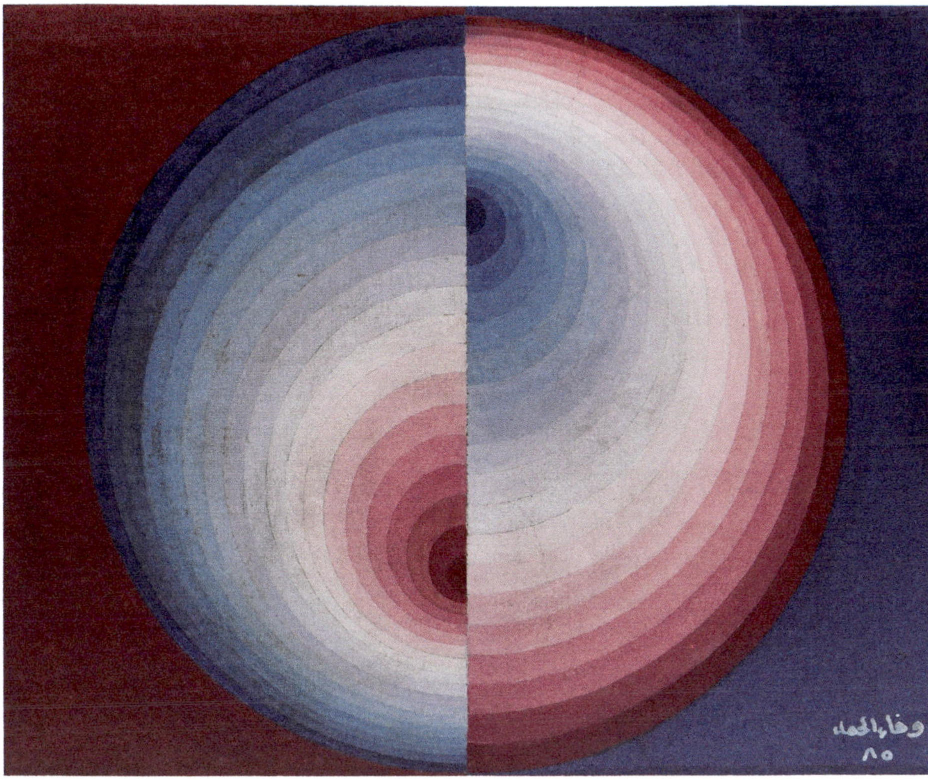

وفاء الحمد
WAFA ALHAMAD

(b. 1964, Qatar – d. 2012, Germany)

Untitled, 1985
60 × 50 cm
Acrylic on canvas
Courtesy of Abdulla bin Ali Al-Thani Collection, Doha, Qatar

(1964، قطر - 2012، ألمانيا)

بدون عنوان، 1985
60 × 50 سم
أكريليك على قماش
بإذن من مجموعة عبدالله بن علي آل ثاني، الدوحة، قطر

محمد السليم
MOHAMMED ALSALEEM

(b. 1939, Saudi Arabia – d. 1997, Italy)

Untitled, 1988
Pastel on carton
80 × 60 cm
Misk Art Institute collection, Riyadh, Saudi Arabia

(1939، المملكة العربية السعودية – 1997، إيطاليا)

بدون عنوان، 1988
باستيل على كرتون
80 × 60 سم
من مجموعة معهد مسك للفنون، الرياض، المملكة العربية السعودية

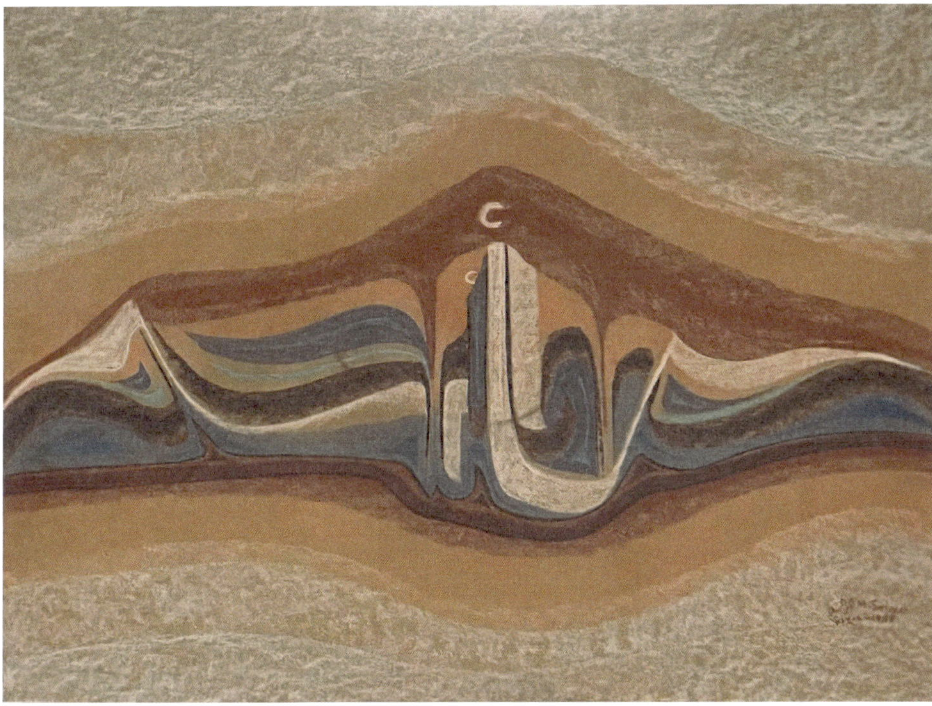

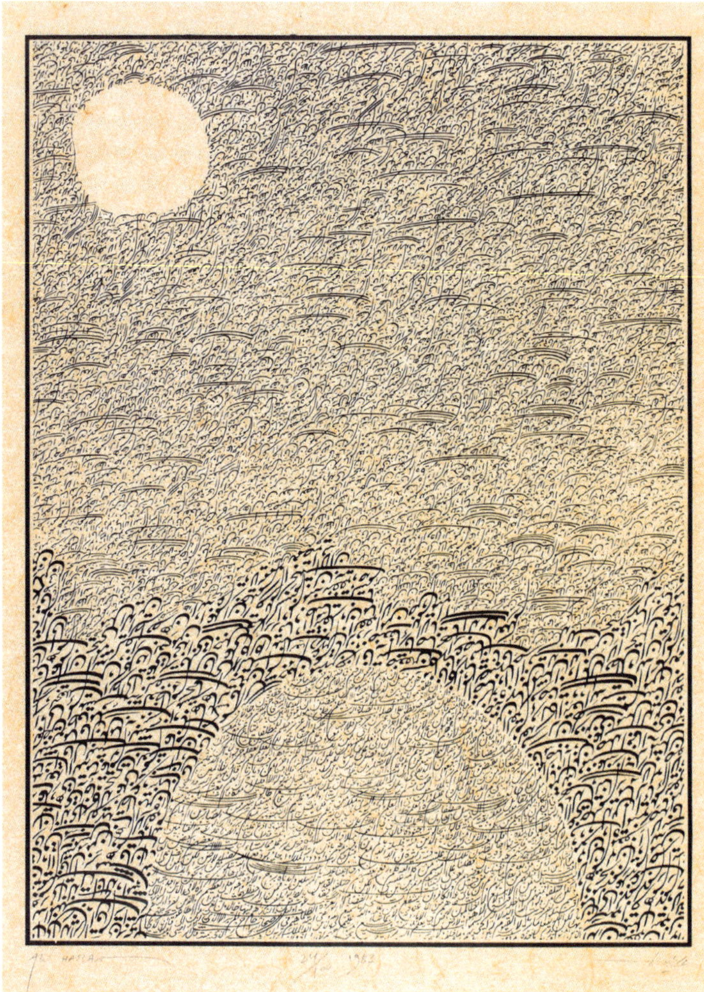

علــــي حســـن
ALI HASSAN

(b. 1956, Qatar)

Calligraphy No.2, 1983
Silkscreen
40 × 39 cm
Jordan National Gallery of Fine Arts permanent collection, Amman, Jordan

(مواليد 1956، قطر)

الخط رقم 2، 1983
طباعة حريرية
40 × 39 سم
من المجموعة الدائمة للمتحف الوطني الأردني للفنون الجميلة، عمّان، الأردن

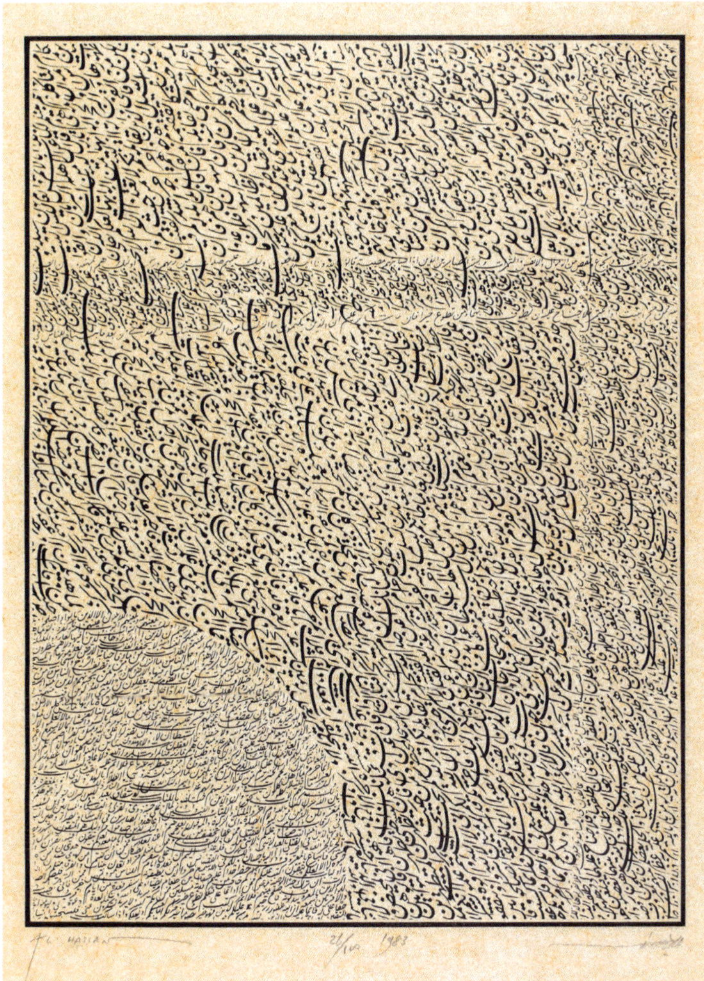

علـــي حســـن
ALI HAŠSAN

(b. 1956, Qatar)

Calligraphy No.1, 1983
Silkscreen
40 × 39 cm
Jordan National Gallery of Fine Arts permanent collection, Amman, Jordan

(مواليد 1956، قطر)

الخط رقم 1، 1983
طباعة حريرية
40 × 39 سم
من المجموعة الدائمة للمتحف الوطني الأردني للفنون الجميلة، عمّان، الأردن

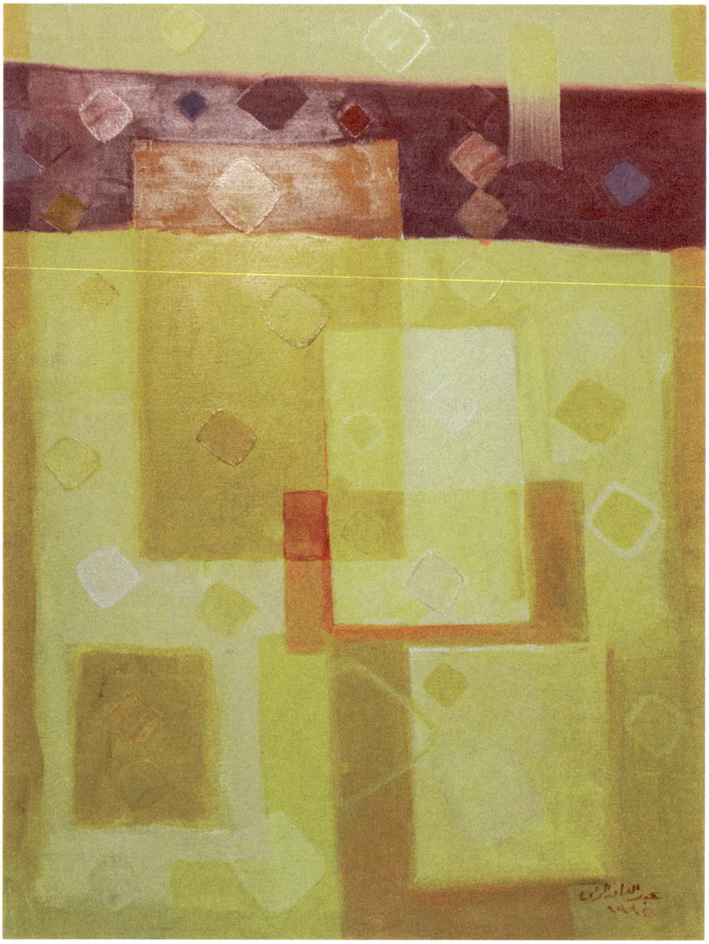

عبدالقادر الريس
ABDULQADER ALRAIS

(b. 1951, United Arab Emirates)

Untitled, 1994
Oil on canvas
78.5 × 58.5 cm

(مواليد 1951، الإمارات العربية المتحدة)

بدون عنوان، 1994
زيت على قماش
78.5 × 58.5 سم

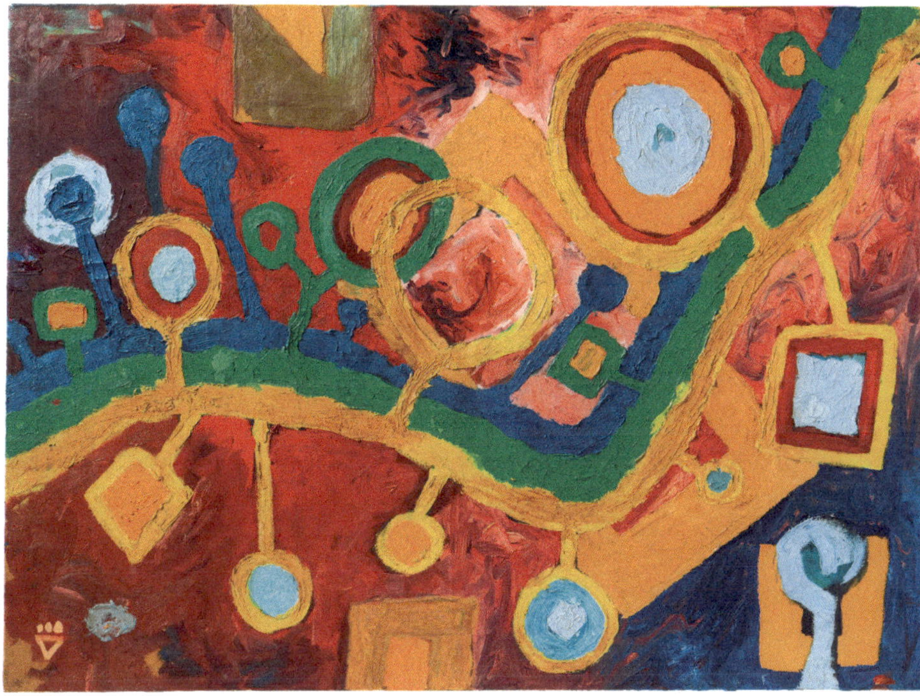

محمد أحمد إبراهيم
MOHAMED AHMED IBRAHIM

(b. 1962, United Arab Emirates)

(مواليد 1962، الإمارات العربية المتحدة)

Untitled, 1986
Oil on canvas
120 × 90 cm
Sharjah Art Foundation Collection,
Sharjah, United Arab Emirates

بدون عنوان، 1986
زيت على قماش
120 × 90 سم
مجموعة مؤسسة الشارقة للفنون، الشارقة،
الإمارات العربية المتحدة

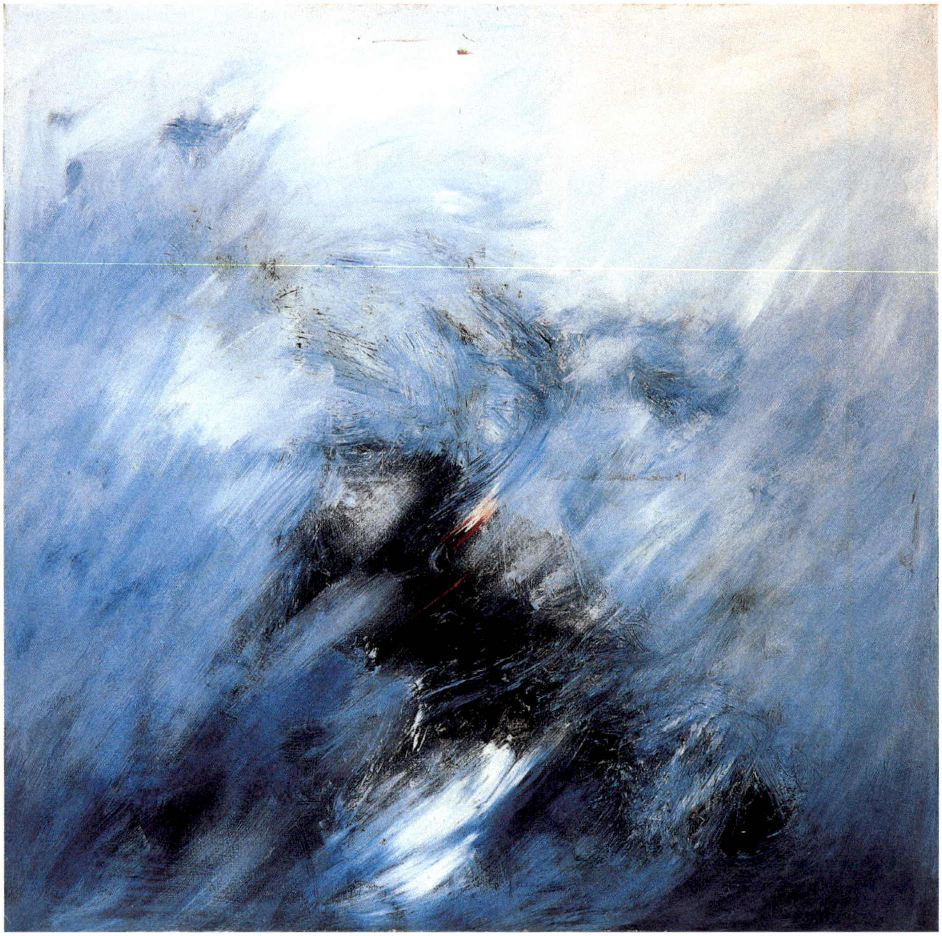

عبدالرحيم سالم
ABDULRAHEEM SALIM

(b. 1955, United Arab Emirates)

Untitled, 1998
Acrylic on canvas
200 × 200 cm
Jordan National Gallery of Fine Arts
permanent collection, Amman, Jordan

(مواليد 1955، الإمارات العربية المتحدة)

بدون عنوان، 1998
أكريليك على قماش
200 × 200 سم
من المجموعة الدائمة للمتحف الوطني الأردني
للفنون الجميلة، عمّان، الأردن

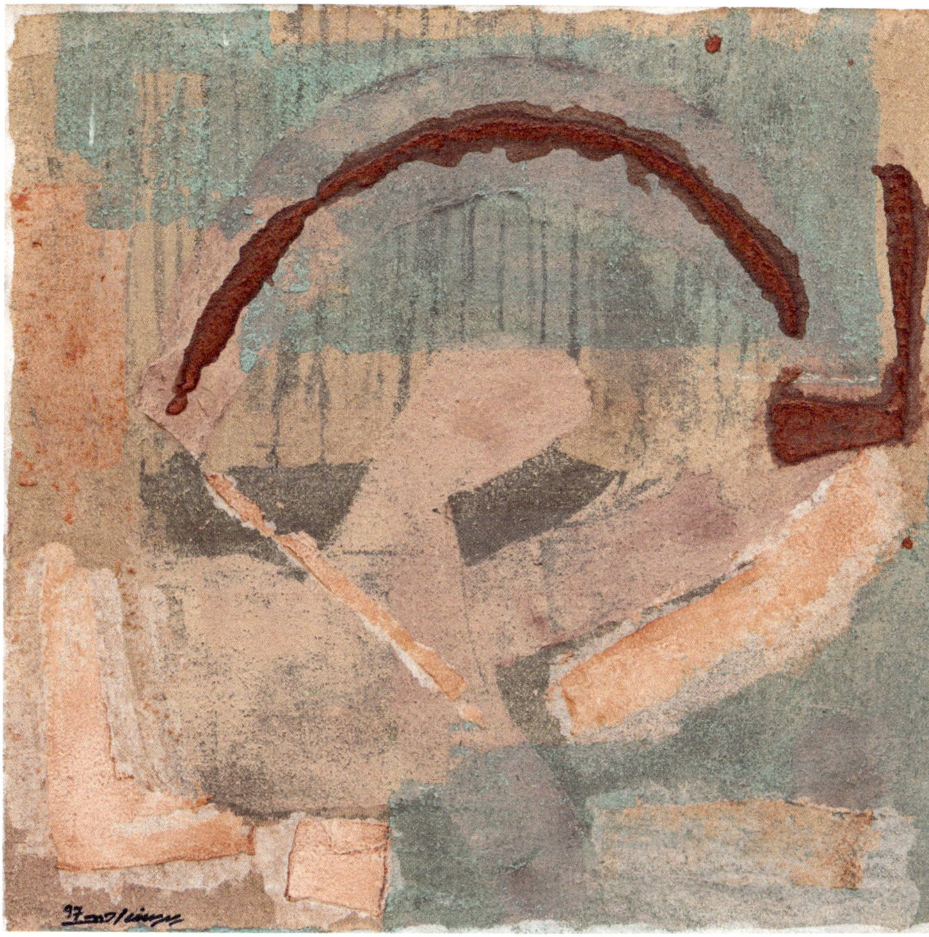

يوسف أحمد
YOUSEF AHMAD

(b. 1955, Qatar)

Untitled, 1997
Mixed media on canvas
70 × 70 cm
Courtesy of Abdulla bin Ali Al-Thani Collection, Doha, Qatar

(مواليد 1955، قطر)

بدون عنوان، 1997
وسائط متعددة على قماش
70 × 70 سم
بإذن من مجموعة عبدالله بن علي آل ثاني، الدوحة، قطر

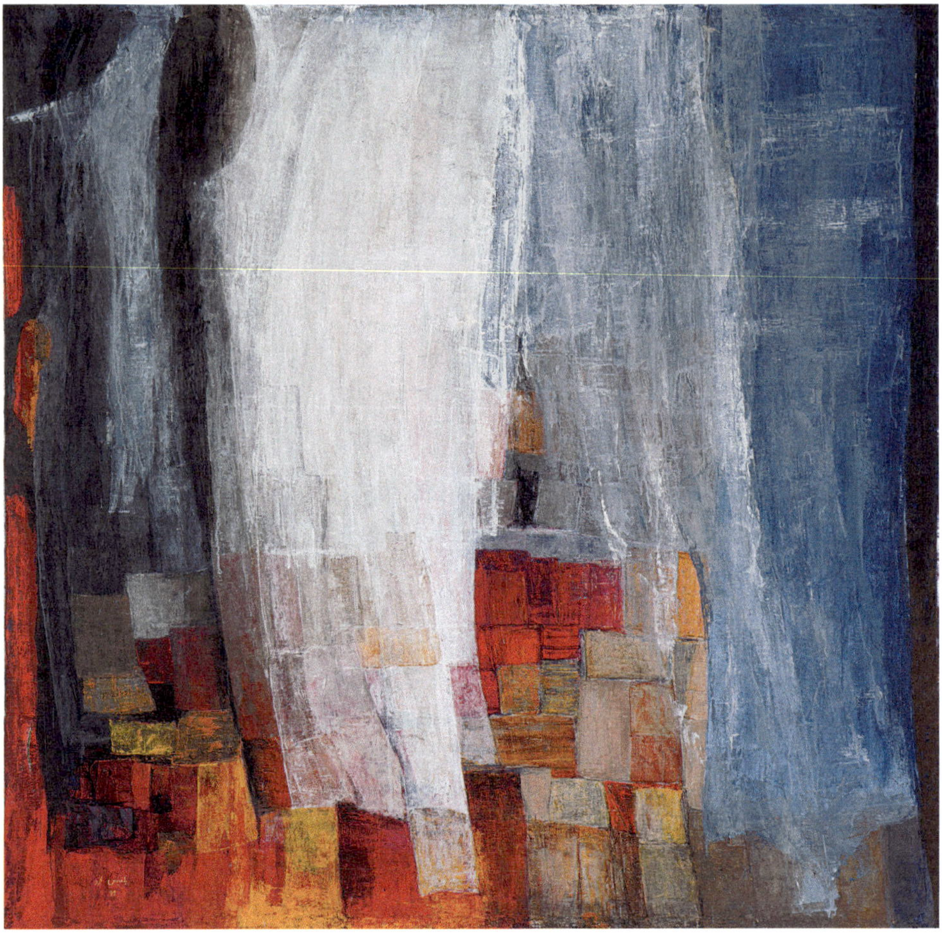

بلقيــــس فخــرو
BALQEES FAKHRO

(b. 1950, Bahrain)

City 3, 1999
Acrylic on canvas
130 × 130 cm
Courtesy of the artist

(مواليد 1950، البحرين)

مدينة رقم 3، 1999
أكريليك على قماش
130 × 130 سم
بإذن من الفنانة

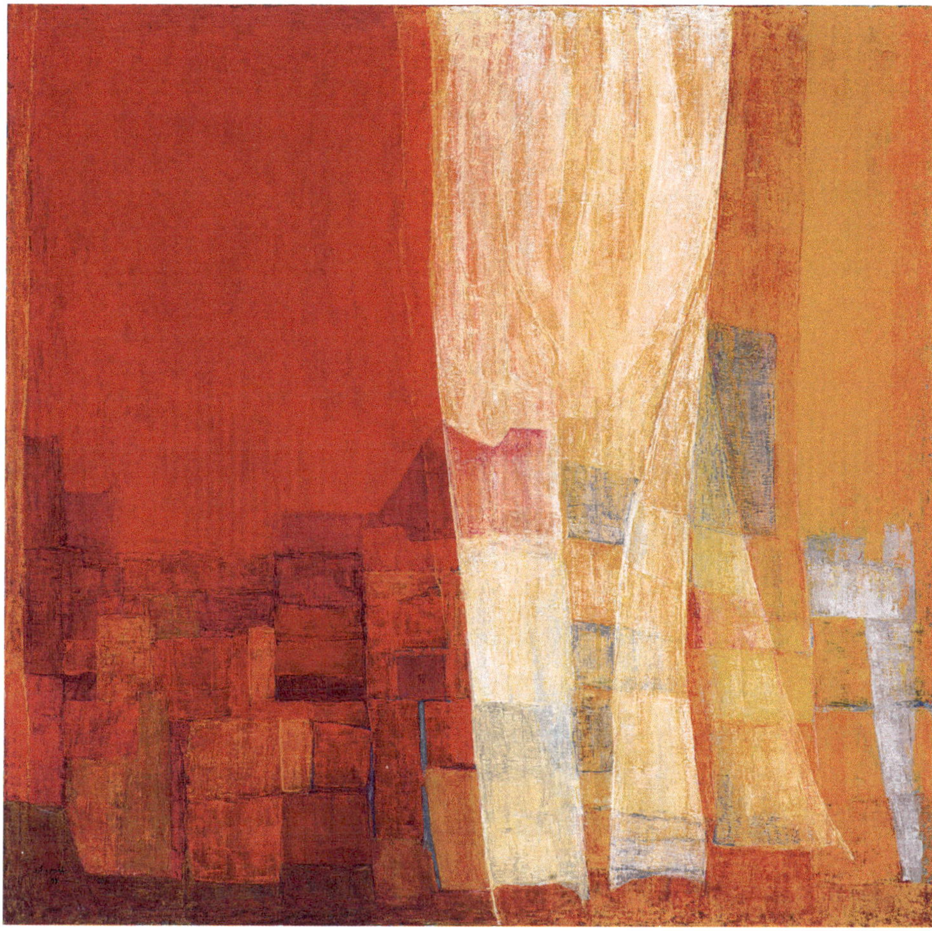

بلقيـــس فخـــرو
BALQEES FAKHRO

(b. 1950, Bahrain)

(مواليد 1950، البحرين)

City 1, 1999
Acrylic on canvas
130 × 130 cm
Courtesy of the artist

مدينة رقم 1، 1999
أكريليك على قماش
130 × 130 سم
بإذن من الفنانة

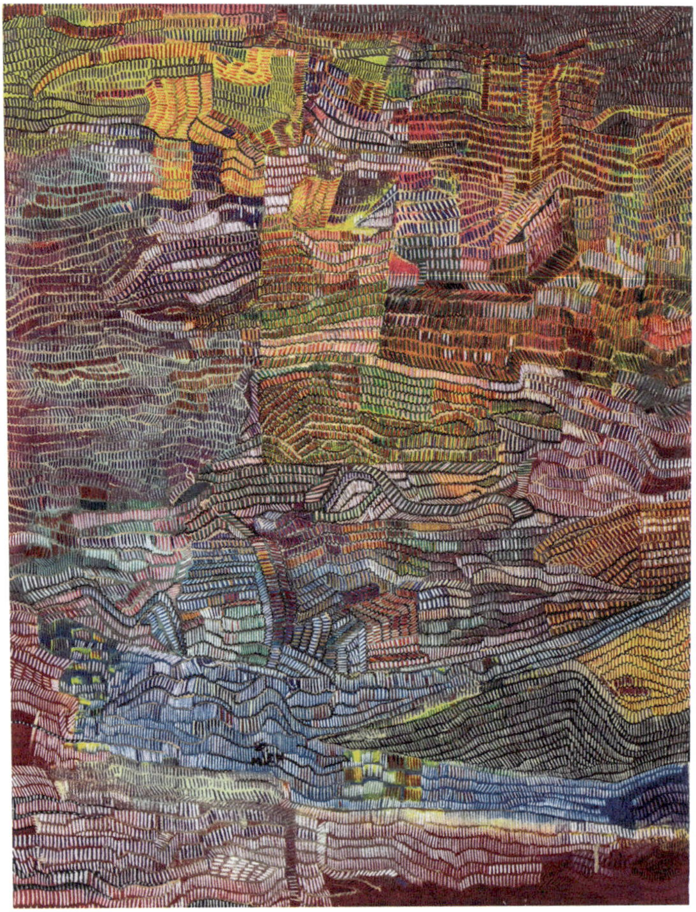

نجاة مكي
NAJAT MAKKI

(b. 1956, United Arab Emirates)

Untitled, 1989
Acrylic on canvas on plywood, wooden frame
120 × 89 cm

(مواليد 1956، الإمارات العربية المتحدة)

بدون عنوان، 1989
أكريليك على قماش مثبت على لوح خشبي، بإطار خشبي
120 × 89 سم

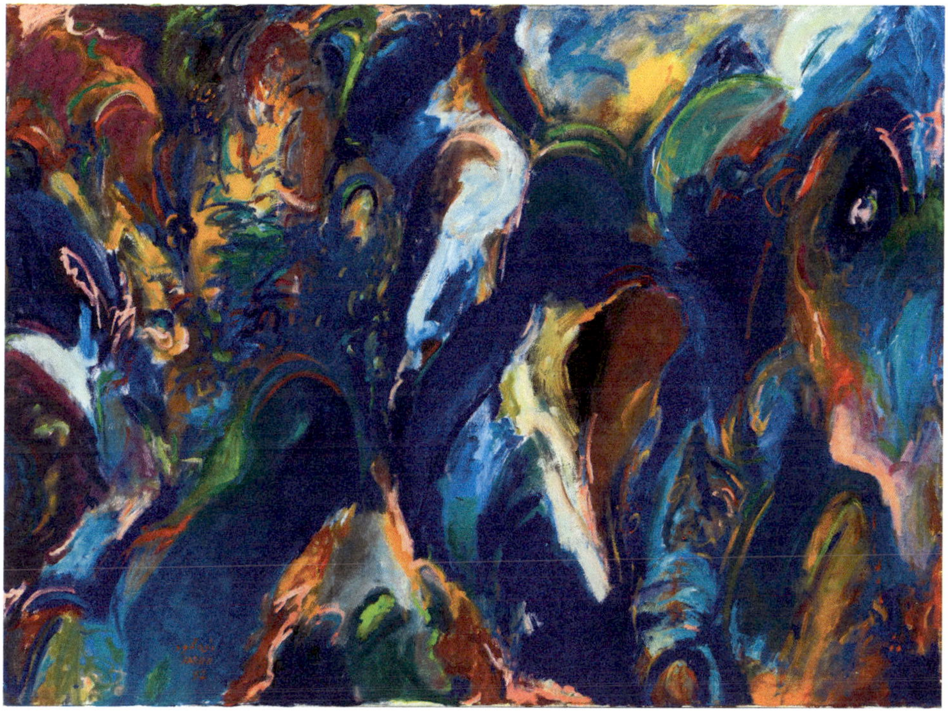

رابحـــة محمـــود
RABHA MAHMOUD

(b. 1949, Iraq)

Omaniyat 3, 1992
Oil on canvas
91.5 × 121 cm
Jordan National Gallery of Fine Arts
permanent collection, Amman, Jordan

(مواليد 1949، العراق)

عمانيات 3، 1992
زيت على قماش
91.5 × 121 سم
من المجموعة الدائمة للمتحف الوطني الأردني
للفنون الجميلة، عمّان، الأردن

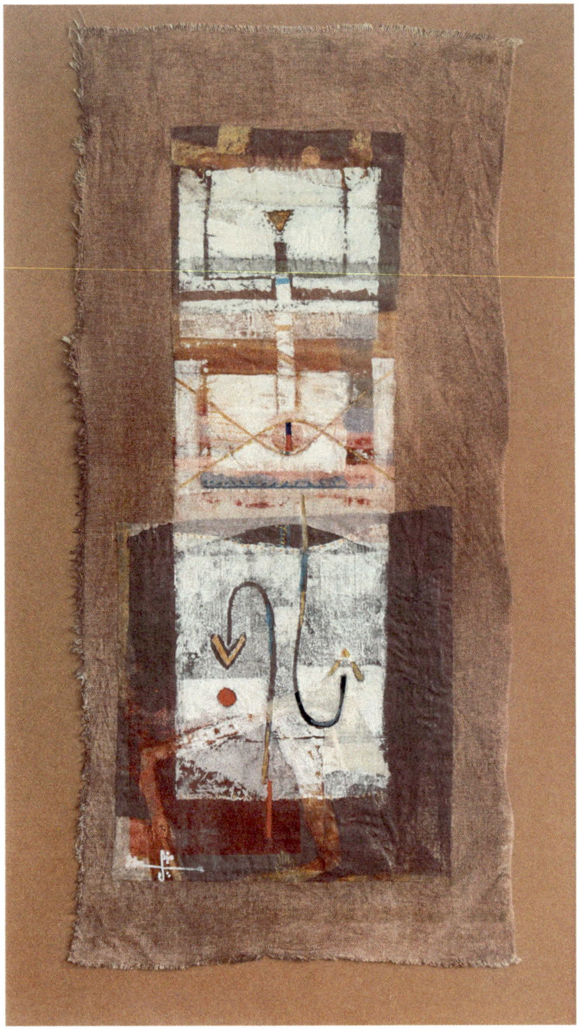

منيـــرة القاضـــي
MUNIRA AL KAZI

(b. 1939, India - d. 2023, Kuwait)

Seed II, 1966
Mixed media
41 × 64 cm
Private collection of Salwa Al Kazi,
Kuwait City, Kuwait

(1939، الهند - 2023، الكويت)

بذور 2، 1966
وسائط متعددة
41 × 64 سم
من المجموعة الخاصة لسلوى القاضي،
مدينة الكويت، الكويت

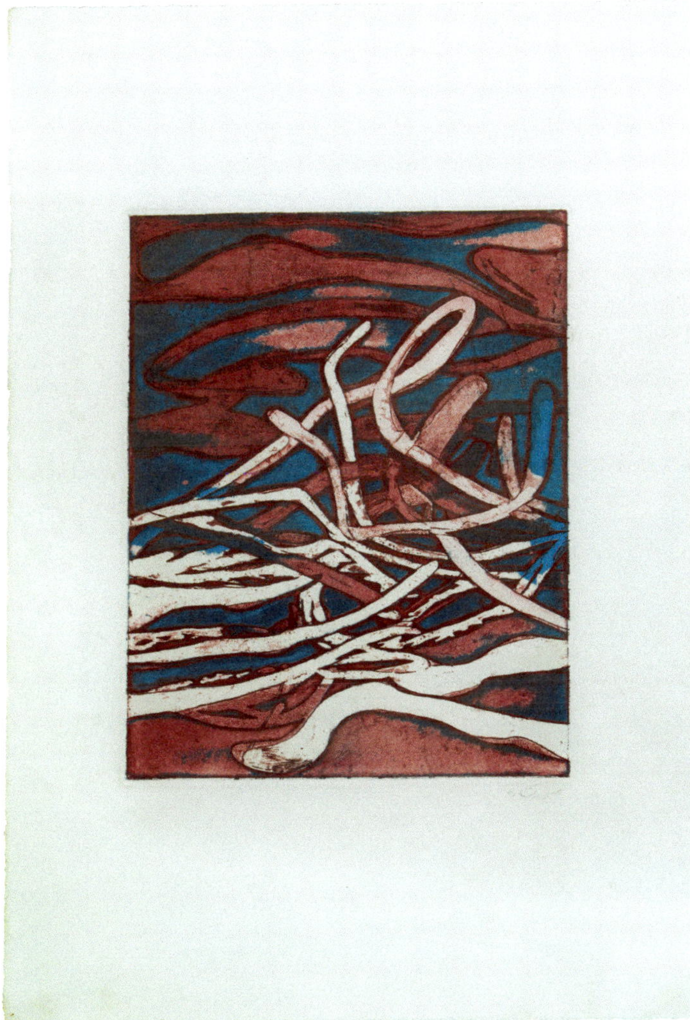

صبيحة بشارة
SABIHA BISHARA

(b. 1949, Kuwait)

Composition, 1975
Printmaking on paper
52 × 70 cm
Private collection of Adel Alkhalaf,
Kuwait City, Kuwait

(مواليد 1949، الكويت)

تكوين، 1975
طباعة على ورق
52 × 70 سم
مجموعة عادل الخلف الخاصة،
مدينة الكويت، الكويت

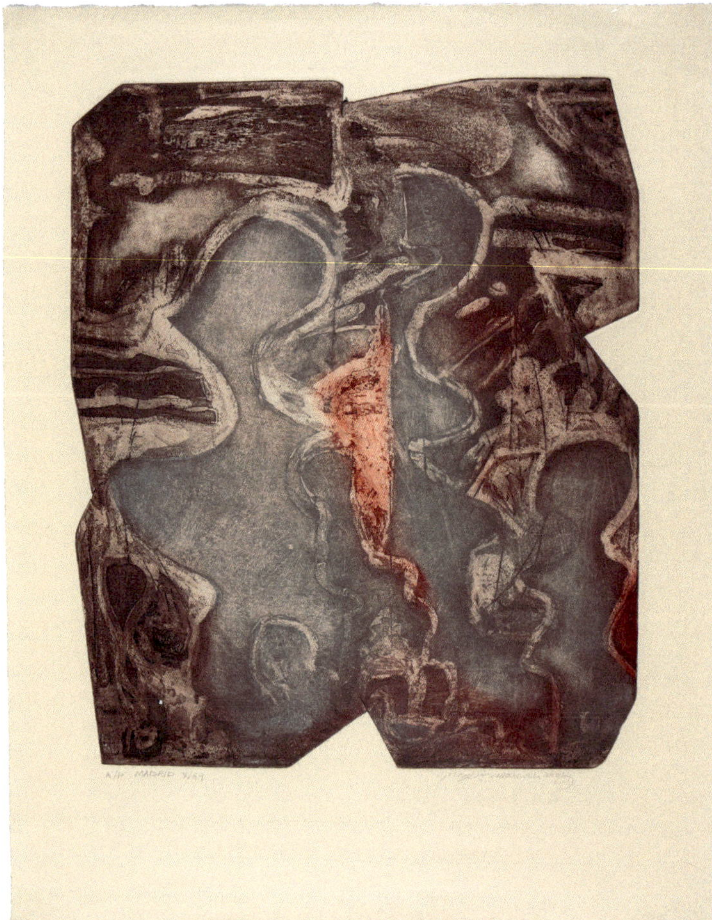

منيرة موصلي
MOUNIRAH MOSLY

(b. 1943 – d. 2019, Saudi Arabia)

Untitled, 1989,
Etching, Aquatint
65.8 × 50 cm
Museo Nacional Centro de Arte
Reina Sofía, Madrid, Spain

(1943 – 2019، المملكة العربية السعودية)

بدون عنوان، 1989
حفر وطباعة ألوان (إكواتنت)
65.8 × 50 سم
متحـف مركز الفن الوطني الملكي رينا صوفيا،
مدريد، إسبانيا

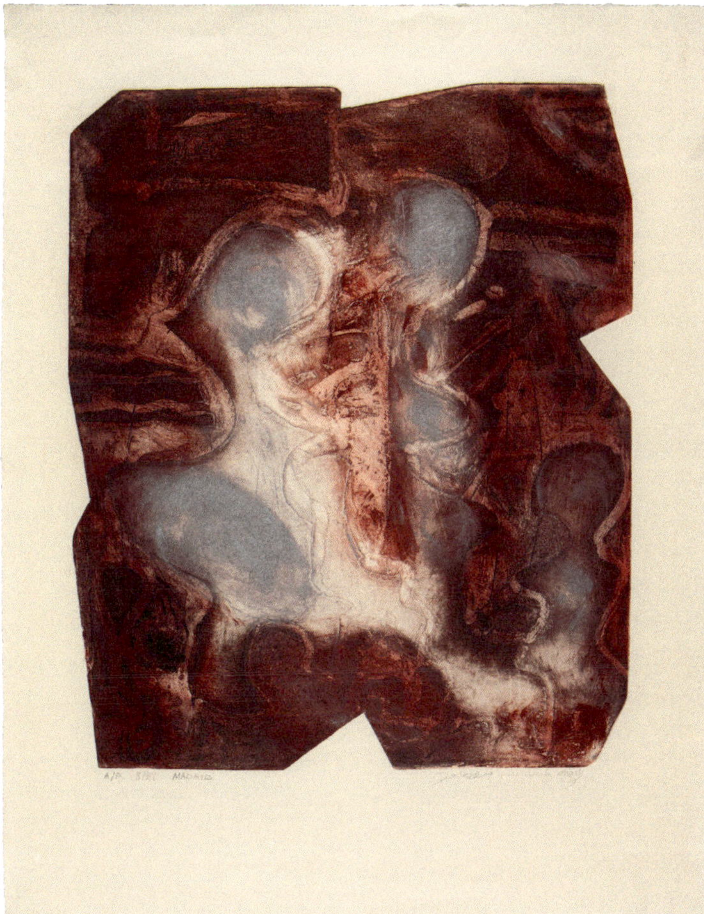

منيـــرة موصــــــلي
MOUNIRAH MOSLY

(b. 1943 – d. 2019, Saudi Arabia)

Untitled, 1989
Etching, Aquatint
65.8 × 50 cm
Museo Nacional Centro de Arte
Reina Sofía, Madrid, Spain

(1943 – 2019، المملكة العربية السعودية)

بدون عنوان، 1989
حفر وطباعة ألوان (إكواتنت)
65.8 × 50 سم
متحـف مركز الفن الوطني الملكي رينا صوفيا،
مدريد، إسباني

التجريب وإعادة التفكير في الشكل والمضمون

آرام العجاجي

خلال خمسينيات وستينيات القرن العشرين، شكّلت اللوحة والأعمال الورقية الوسيط الأبرز في ممارسات الفنانين الخليجيين، الذين استخدموا في الغالب الألوان الزيتية والمائية والحبر. غير أن الساحة الفنية شهدت تحوّلًا بارزًا في أواخر السبعينيات وبدايات الثمانينيات، مع توجه متزايد نحو تجاوز الوسائط المعتادة، واستكشاف مواد وأساليب بديلة تنسجم مع تحولات اللحظة وتعكس السرديات الشخصية.

من خلال اختيارهم للحرير عوضًا عن القطن، أو للحجر بدلًا من الخشب، أو باستخدامهم لأشياء مهملة من الوسائط التقليدية، اتّخذ الفنانون قرارات واعية تتجاوز حدود الشكل إلى عمق الفكرة. فالجوهر المادي، كمفهوم وممارسة، يحتل موقعًا محوريًا في التعبير الفني، يؤثر في ما نراه وفي كيفية إدراكنا للعمل الفني وتفسيره. واختيار المادة ليس فعلاً محايدًا أو اعتباطيًا؛ فهي تحمل في طياتها تاريخًا ووظيفة ودلالة. وفي نظريات الفن، يشير "الجوهر المادي" إلى الخصائص الفيزيائية للمواد، كملمسها ووزنها وسطحها، وكيفية مساهمة هذه الخصائص في بناء المعنى، بما يتجاوز الصورة الظاهرة أو التكوين الشكلي. بهذه التجارب، أعاد الفنانون التفكير في الجوهر المادي كفعل نقدي وابتكاري مقصود.

في الإمارات العربية المتحدة تحديدًا، مثّل عقد الثمانينيات مرحلة مفصلية مع بروز الفن المفاهيمي وتجريب الخامات غير المألوفة. وفي هذا المناخ، تتجلّى مركزية الجوهر المادي في أعمال حسين شريف، الذي حوّل خامات بسيطة كالكرتون والخيش إلى أعمال تركيبية مشبعة بالمعنى. فقصاصات الكرتون، في نظره، لا تقتصر على شكلها الظاهري، بل تحمل سرديات ضمنية وتطرح تساؤلات نقدية حول الاستهلاك والنفايات والمجتمع المعاصر. تأثر حسين تأثرًا عميقًا بشقيقه حسن شريف، رائد الفن المفاهيمي في الخليج، وقد أظهر كلاهما، كلٌّ بطريقته، كيف أن المادة ليست مجرّد حاملةٍ للشكل، بل هي جزء لا يتجزّأ من بنية المعنى ذاته.

لم يكن هذا التحوّل نحو الفن المفاهيمي مقتصرًا على الساحة الإماراتية. ففي عام 1976، عاش الفنان السعودي فيصل سمرة تحولًا جوهريًا في ممارسته الفنية خلال فترة إقامته في الخارج. ويُعدّ عمله «هدف» (1976) نقطة انعطاف حاسمة، إذ ابتعد فيه كليًا عن الوسائط النمطية، متبنّيًا الجسد بوصفه موقعًا للتجريب الفني. وبهذا، كان من أوائل من خاضوا تجربة الأداء الفني في المنطقة، مستعينًا بلغة بصرية جديدة تمزج بين التجريب الحسي والنقد المفاهيمي.

على مسار موازٍ، انتهج جاسم الزيني مسارًا مختلفًا في استكشاف الجوهر المادي عبر فن الفسيفساء، كما في عمله «قطر» (1969)، حيث تناول مسألة الهوية الوطنية من خلال استحضار جماليات الفن الإسلامي. ويتجلّى الحضور المادي هنا في قطع الفسيفساء

FORM, SUBSTANCE, AND EXPERIMENTATION: RETHINKING THE MATERIAL

Aram Alajaji

Throughout the 1950s and 1960s, painting and works on paper represented the dominant mode of artistic practice in the Gulf, with artists working primarily in oil, watercolor, and ink. By the late 1970s and into the 1980s, a shift emerged: artists began to move beyond traditional media, experimenting with alternative materials and methods to reflect personal narratives and engage with forces of modernization.

In choosing silk over cotton, stone over wood, or discarded objects over traditional media, artists were making deliberate decisions that surpass form. As both concept and practice, materiality lies at the core of expression, shaping what we see, and how we experience and interpret the work itself. The choice of material is never arbitrary; materials carry history and intention. In art theory, materiality refers to the physical qualities of materials (texture, weight, surface) and how these characteristics contribute to meaning beyond image or form. These artists were innovators who challenged conventional boundaries of art, their experimentation was not raw, it was intentional.

In the United Arab Emirates especially, the 1980s marked a groundbreaking period with the emergence of conceptual art and material experimentation. Materiality is central to Hussain Sharif's work, as he transforms everyday materials like cardboard and jute into installations. For him, scraps of cardboard are more than what meets the eye; they are imbued with narrative and critique, reflecting on contemporary consumerism and questioning our relationship to consumption and waste. Sharif's approach is deeply influenced by his brother, Hassan Sharif, a pioneering figure in conceptual art in the Gulf. Together, they have demonstrated how raw materials function not simply as carriers of form, but as integral to the meaning of the work itself.

This turn toward conceptualism was not limited to the Emirates. In 1976, Saudi artist Faisal Samra experienced a pivotal shift in his practice during his time abroad. His performance *Performance Target* (1976) marked a radical departure from conventional media, embracing the body as a site of experimentation. He was among the first artists in the region to explore performance as an artistic language, introducing a form that was both experimental and critically engaged.

Taking a different approach, Jassim Zaini explores materiality through mosaic in his work *Qatar* (1969) which spells out "Qatar" in Arabic, is an exploration of national identity and may allude to the aesthetics of Islamic art. The work's physical presence is defined by its use of small, colored

الصغيـرة الملونة المصفوفة بعناية لتشـكّل وحدة بصرية متكاملة. اختـار الزيني ألوانًا دافئة كالبنـي الترابـي، والأصفـر الرملـي، والأزرق الفيروزي، فـي اسـتحضار للمشـهدية الصحراوية والبحريـة فـي قطـر. وبهـذا، تحولت الفسيفسـاء إلـى تأمـل بصري في قـدرة المـادة على تجسـيد تراث المكان وهويتـه الثقافية.

فـي سـجادتها الفنية «مشـهد من أبهـا» (سـبعينيات القـرن العشـرين)، وثّقـت صفية بن زقـر لحظةً سـاكنة في مدينـة أبها، حيـث تقف امرأة إلـى جانـب بغلتها. يُعد هـذا العمل خروجًـا نـادرًا عـن ممارسـتها المعتـادة فـي الرسـم والطباعـة، وإحـدى سـجادتي الحائط الوحيدتيـن المعروفتين لهـا، ويعكس انخراطها الواعي في استكشـاف الخامـة. فقد أعدّت الفنانـة بطاقات تصميم كرتونية دقيقة، وتعاونت مع مصنع أوبيسـون في فرنسـا لإنجازه. وبهذا، أصبح الوسـيط ذاته، أي النسـيج، حاملًا لذاكرة الفنانة وامتدادًا مفاهيميًا لممارستها التـي لطالما اسـتخدمت فيهـا خامات النسـيج ذات الأبعـاد الثقافية. وعلـى ذات المنوال، اسـتخدمت منـى المنجد خامة الحريـر في عملها «نجـران» (1987) لتعزيز أثيرية المشـهد الطبيعي، مبرزةً هشاشـة الذاكـرة الثقافية وإمكانية اسـتمرارها.

تتجلّـى فـي هذا القسـم ممارسـاتٌ نحتيـة مميزة تنبـع من صميـم العلاقة مع المـادة. إذ يتّبـع النحّات علي الطخيس نهجًا دقيقًـا في اختيار الحجارة، مسـتجيبًا لتكوينها الطبيعي، معتبرًا أن المادة تنطق، وأن العمل ينبثق من حواره معها. أما محمد يوسـف، فقد وظّف الخشـب كمكوّن عضوي لاستكشـاف إمكانـات النحت، في مقاربـات تتأرجح بيـن التصويري والتجريـدي، حيـث تتحوّل الخامة إلى وسـيط للتعبير الجمالي والتأمـل المفاهيمي.

يتنـاول هـذا المعرض مجمـل هـذه التجـارب الفنيـة الخليجية الممتـدة من خمسـينيات القـرن العشـرين حتى عام 1999، مسـلطًا الضـوء على جوهـر المواد والتجريـب بوصفهما اسـتعارةً ومنهجية فـي آن معًا. وتكمن أهمية الوسـائط التـي اختارها الفنانون -سـواء في فسيفسـاء الزينـي أو أداءات سـمرة- قدرتهم علـى احتضـان التجريب العفوي الذي أسـهم في تشـكيل المشـهد الفنـي وصياغة الهويـة الجماليـة للمنطقة. غيـر أن هـذه المجازية لا تقـف عنـد حدود التعبيـر الفني، بـل تعكس تحـوّلات أعمق يعيشـها المجتمـع الخليجي، منخرطًا فـي ديناميـات التحديث والتغير المتسـارع.

tesserae, each piece placed to form a unified whole. Zaini's pallete of earthy browns, sandy yellows, and turquoise blues evokes both the Qatari desert landscape and coastal identity. In this way, the mosaic becomes a meditation on how materials can embody a country's heritage.

More traditionally, in Safeya Binzagr's tapestry, *A Scene from Abha* (c. 1970s), she captures a quiet moment in Abha, where a woman stands beside her mule. This work represents a rare departure from Binzagr's more common practice of printmaking and painting. One of only two known tapestries by the artist, it reflects a deliberate engagement with material experimentation. She produced a detailed carton and collaborated with the Aubusson manufactory in France to produce the work. The medium itself becomes a site for memory and tradition—a conceptual extension of her broader textile-based oeuvre with cultural history. Similarly, in *Najran* (1987) by Mona Almunajjed, the delicate landscape and choice of silk as a material enhances the ethereal quality of the scene, foregrounding materiality to evoke both the fragility and resilience of cultural memory.

Within this theme, we also see distinctive sculptural practices rooted in material exploration. Ali Altokhais follows a very specific process: he searches for and selects each stone, allowing its natural form to guide his process. For Altokhais, the material is not passive, it speaks, and the work emerges through a dialogue with the stone itself. In parallel, Mohamed Yousif turns to natural materials such as wood, exploring both figurative and non-figurative sculptural forms.

In examining the work of the Gulf artists from the 1950s to 1999, this exhibition foregrounds materiality and experimentation as both metaphor and method. The significance of artists' chosen mediums, whether Zaini's mosaic tesserae or Samra's performance, rests in their capacity to embrace raw experimentation, which helped shape the region's artistic landscape and identity. Yet the allegory extends further, reflecting a society immersed in progress and transformation within a context of rapid modernization.

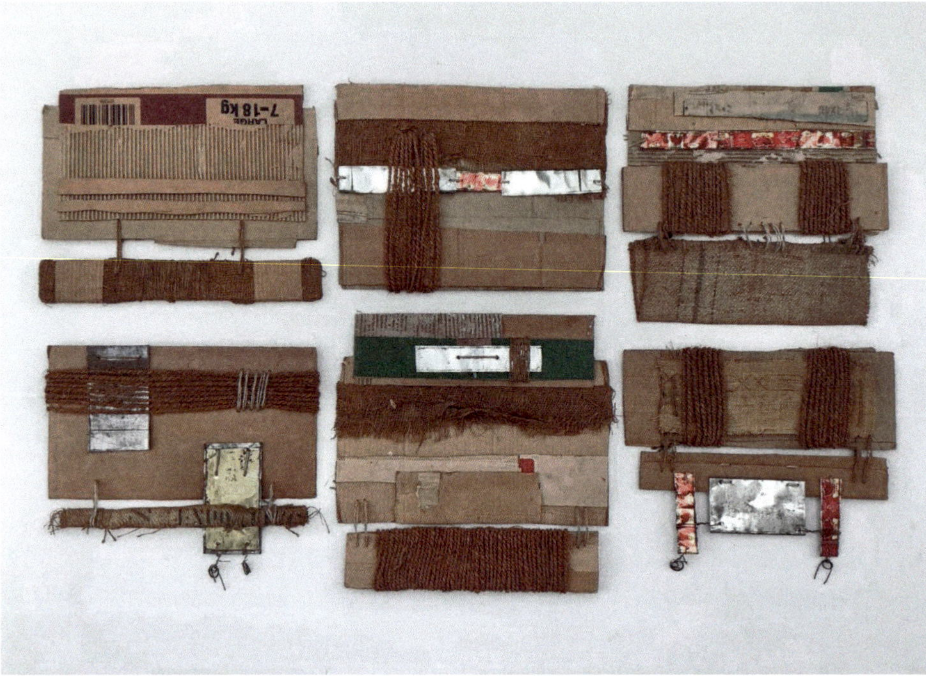

حسين شريف
HUSSAIN SHARIF

(b. 1961, United Arab Emirates)

(مواليد 1961، الإمارات العربية المتحدة)

Untitled 03, 1999
Mixed media
Dimensions variable
Private collection and courtesy of the artist

بدون عنوان 3، 1999
وسائط متعددة
الأبعاد مختلفة
بإذن من الفنان ومجموعة خاصة

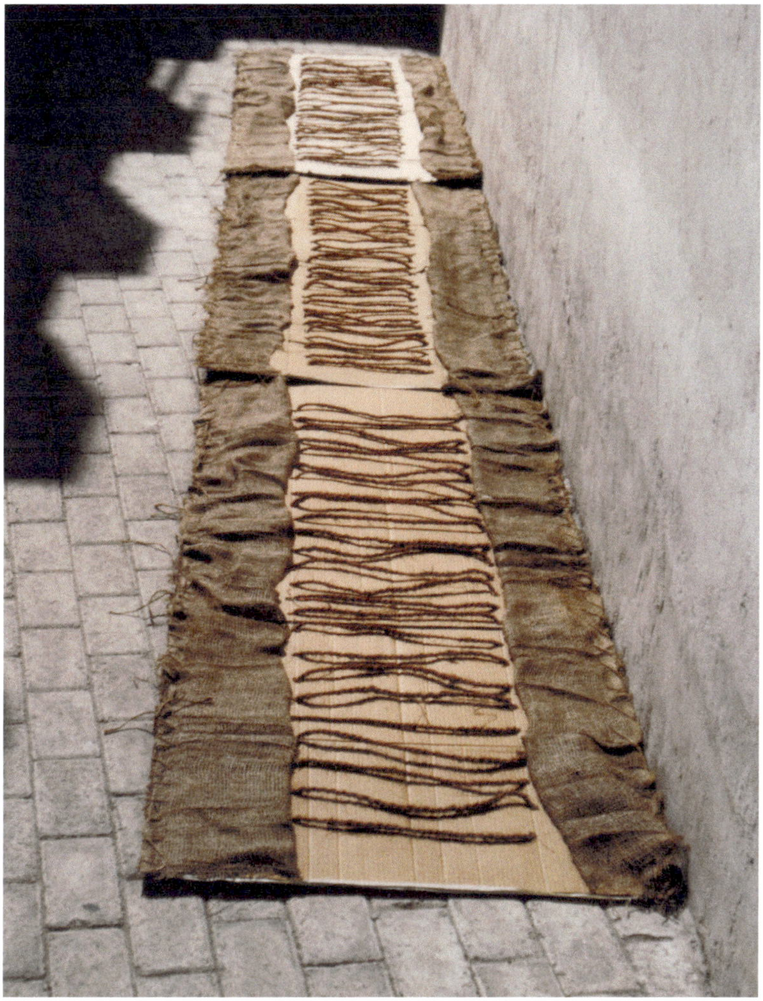

حسين شريف
HUSSAIN SHARIF

(b. 1961, United Arab Emirates)

(مواليد 1961، الإمارات العربية المتحدة)

Untitled 08, 1999
Mixed media
Dimensions variable
Private collection and courtesy of the artist

بدون عنوان *08*، 1999
وسائط متعددة
الأبعاد متغيرة
بإذن من الفنان ومجموعة خاصة

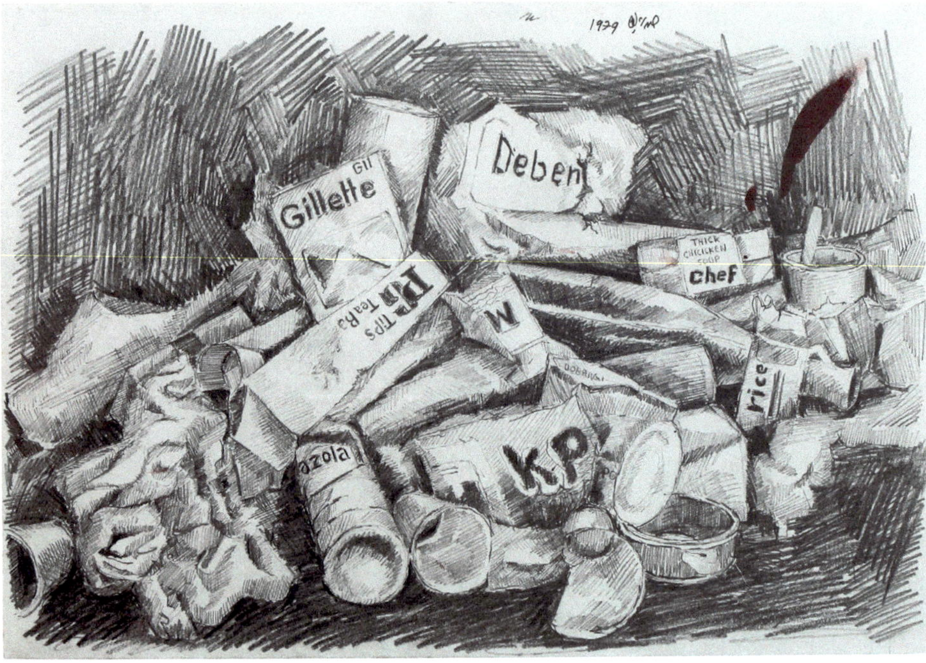

حسن شريف
HASSAN SHARIF

(b. 1951, Iran – d. 2016, United Arab Emirates)

Gillette Gill, 1979
Pencil and silk-screen ink on paper
38.8 × 51 cm
Courtesy of the estate of Hassan Sharif and Gallery Isabelle, Dubai, United Arab Emirates

(1951، إيران – 2016، الإمارات العربية المتحدة)

جيليت جيل، 1979
قلم رصاص وحبر طباعة حريرية على ورق
38.8 × 51 سم
بإذن من تركة حسن شريف وغاليري إيزابيل، دبي، الإمارات العربية المتحدة

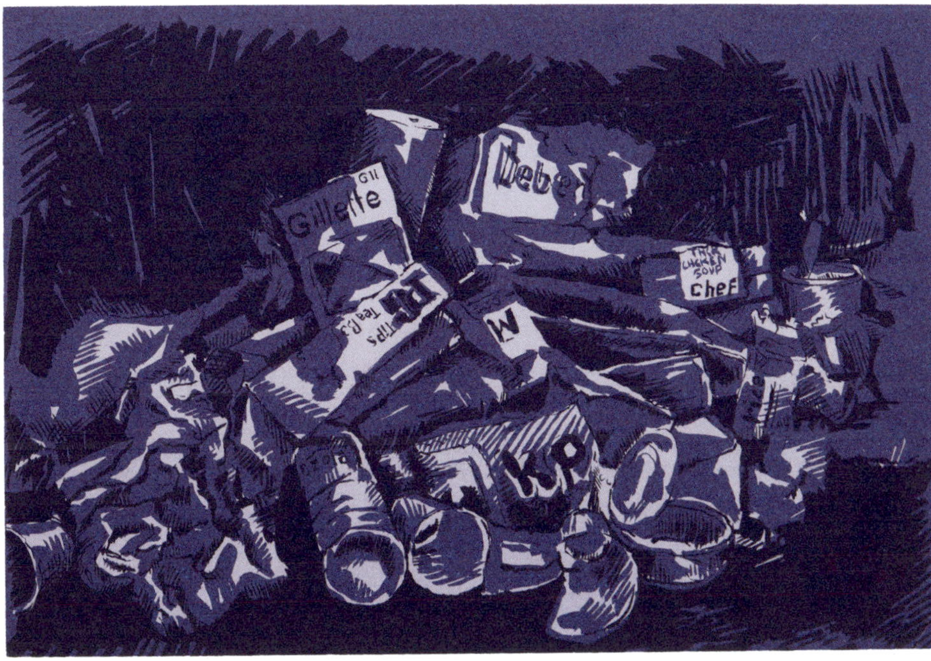

حســـن شريـــف
HASSAN SHARIF

(b. 1951, Iran – d. 2016, United Arab Emirates)

Gillette 3, 1979
Silkscreen
30.2 × 43.5 cm
Courtesy of the estate of Hassan Sharif and Gallery Isabelle, Dubai, United Arab Emirates

(1951، إيران – 2016، الإمارات العربية المتحدة)

جيليت 3، 1979
طباعة سلك سكرين
30.2 × 43.5 سم
بإذن من تركة حسن شريف وغاليري إيزابيل، دبي، الإمارات العربية المتحدة

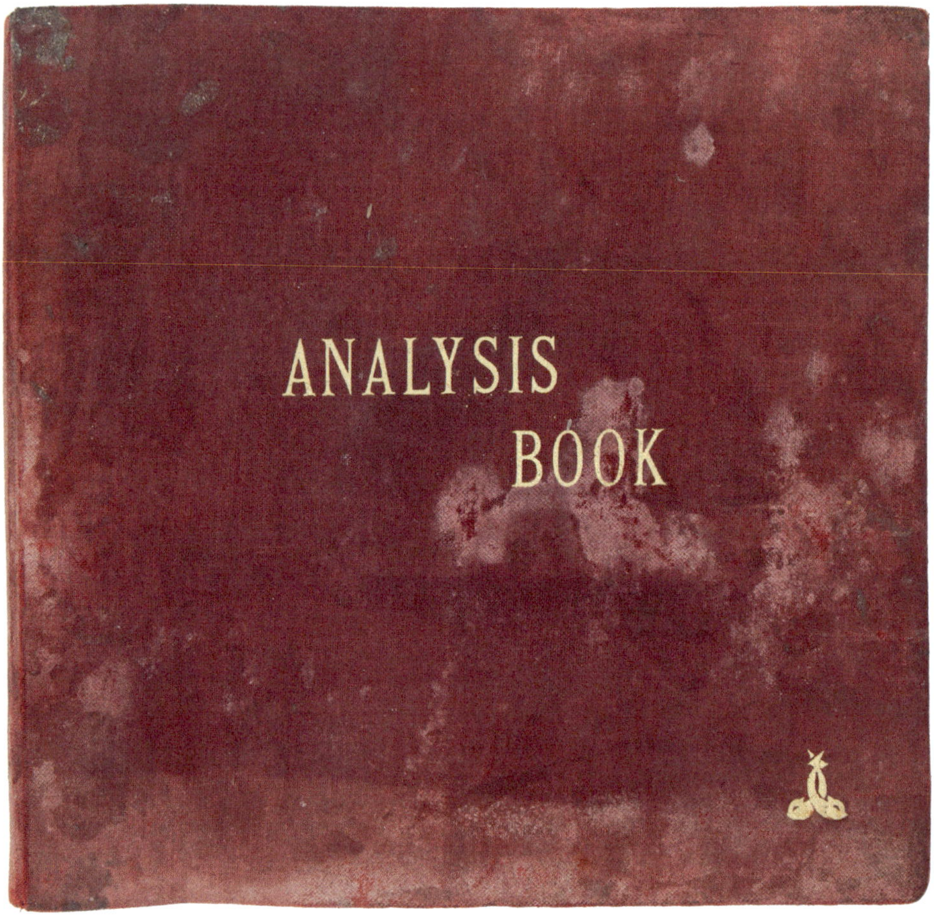

حسن شريف
HASSAN SHARIF

(b. 1951, Iran – d. 2016, United Arab Emirates)

Brown Book, 1983
Analysis book and glue
27 × 64 × 1 cm (open), 34 × 30 × 8.5 cm (closed)
Courtesy of the estate of Hassan Sharif
and Gallery Isabelle, Dubai, United Arab Emirates

(1951، إيران – 2016، الإمارات العربية المتحدة)

الكتاب البني، 1983
كتاب التحليل وغراء
27 × 64 × 1 سم (مفتوح)، 34 × 30 × 8.5 سم (مغلق)
بإذن من تركة حسن شريف وغاليري إيزابيل،
دبي، الإمارات العربية المتحدة

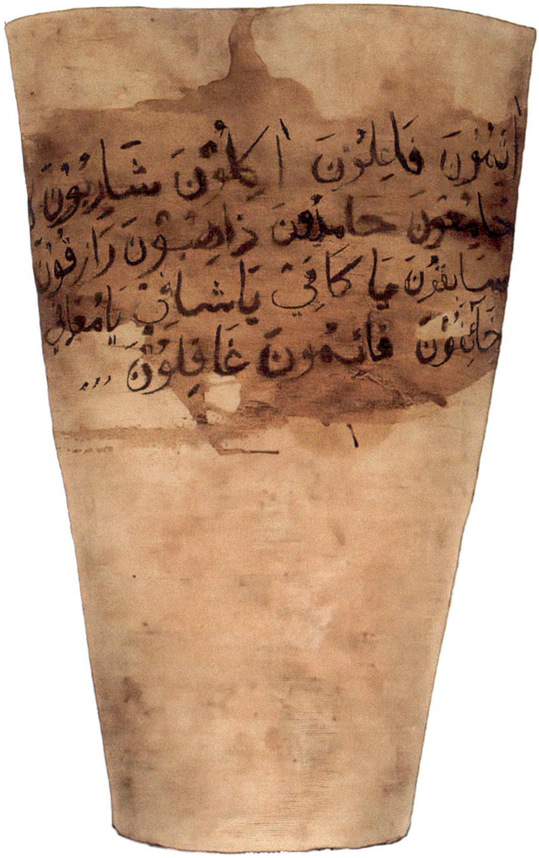

فيـــصل ســـمرة
FAISAL SAMRA

(b. 1955, Bahrain)

The Other Body No. 01, 1998
Wire mesh and mixed media
122 × 83 × 15 cm
Courtesy of Al-Mansouria Foundation,
Jeddah, Saudi Arabia

(مواليد 1955، البحرين)

مجموعة *جسد آخر رقم 01*، 1998
شبك أسلاك معدنية وسائط متعددة
15 × 83 × 122 سم
بإذن من مؤسسة المنصـورية، جدة،
المملكة العربية السعودية

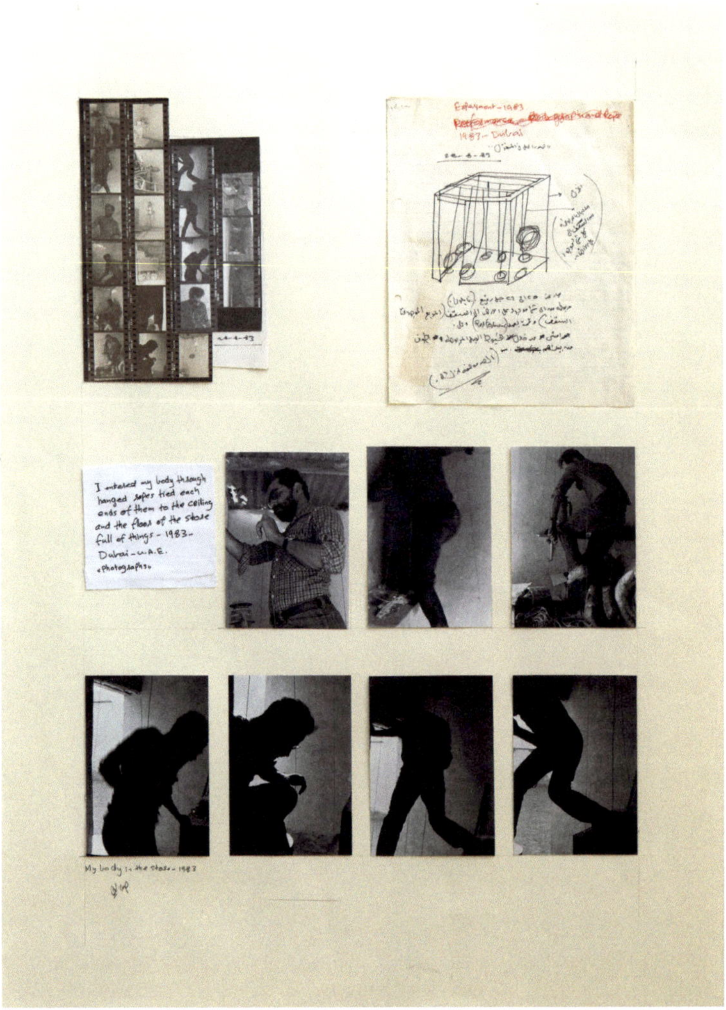

حســـن شريـــف
HASSAN SHARIF

(b. 1951, Iran – d. 2016, United Arab Emirates)

My Body in the Store, 1983
Photographs, ink and pen on paper
and pencil on mounting board
90.8 × 66.8 cm
Artist copy
Courtesy of the estate of Hassan Sharif
and Gallery Isabelle, Dubai, United Arab Emirates

(1951، إيران - 2016، الإمارات العربية المتحدة)

جسدي في المتجر، 1983
صـور فوتوغرافية، حبر وقلم على ورق، وقلم رصاص
على لوح تثبيت
90.8 × 66.8 سم
نسخة الفنان
بإذن من تركة حسن شريف وغاليري إيزابيل،
دبي، الإمارات العربية المتحدة

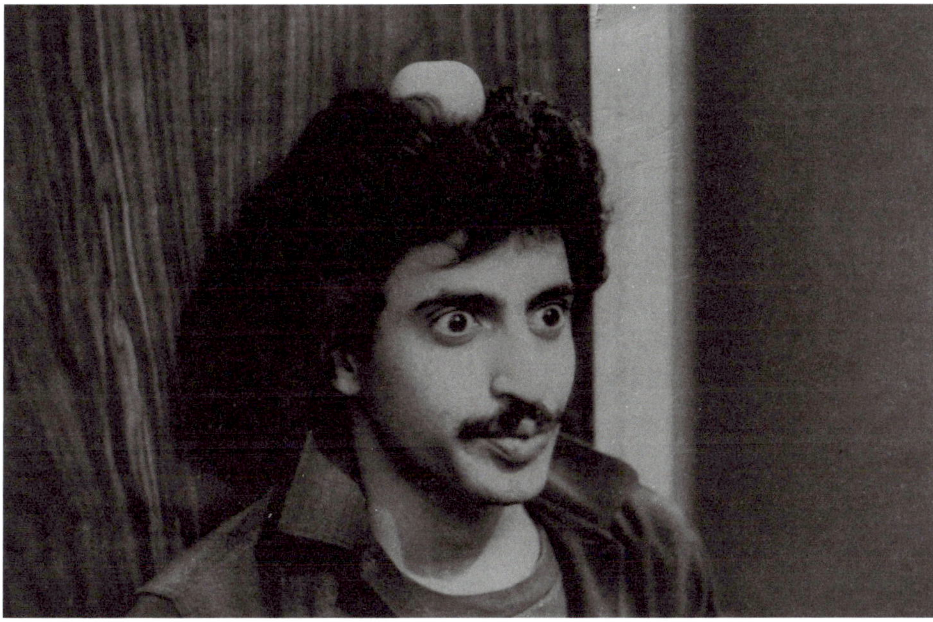

فيصل سمرة
FAISAL SAMRA

(b. 1955, Bahrain)

Performance Target, 1976
Ink, high gloss photo print, plexiglass
189 × 125 cm
Courtesy of the artist

(مواليد 1955، البحرين)

هدف، 1976
حبر، طباعة فوتوغرافية لامعة، زجاج شبكي (بلكسي غلاس)
189 × 125 سم
بإذن من الفنان

محمد كاظم

MOHAMMED KAZEM

(b. 1969, United Arab Emirates)

Scratches on Paper, 1990
Set of 18 works
44.5 × 38 cm each
Courtesy of the artist and Gallery Isabelle,
Dubai, United Arab Emirates

(مواليد 1969، الإمارات العربية المتحدة)

خدوش على ورق، 1990
مجموعة من 18 عملًا
44.5 × 38 سم لكل عمل
بإذن من الفنانة وغاليري إيزابيل، دبي،
الإمارات العربية المتحدة

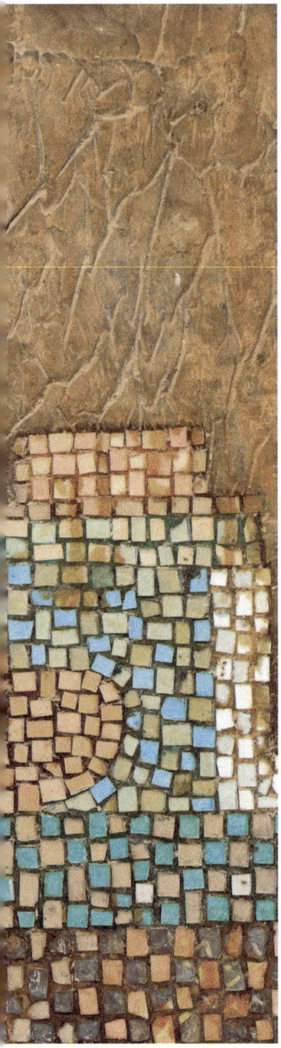

جاسم زيني
JASSIM ZAINI

(b. in 1943 – d. in 2012, Qatar)

Qatar, 1969
Mixed media on cement
93 × 63 cm
Courtesy of Abdulla bin Ali Al-Thani Collection, Doha, Qatar

(1943 - 2012، قطر)

قطر، 1969
وسائط متعددة على الإسمنت
93 × 63 سم
بإذن من مجموعة عبدالله بن علي آل ثاني، الدوحة، قطر

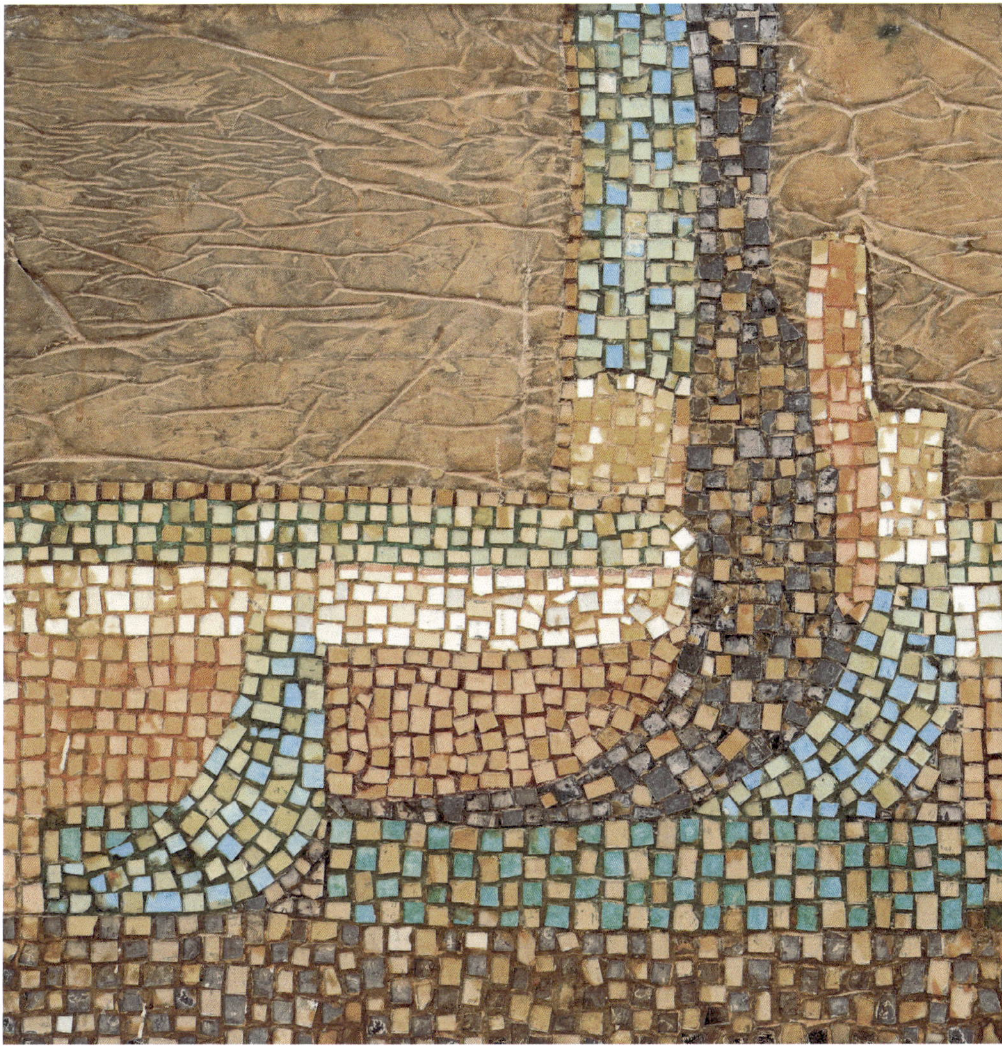

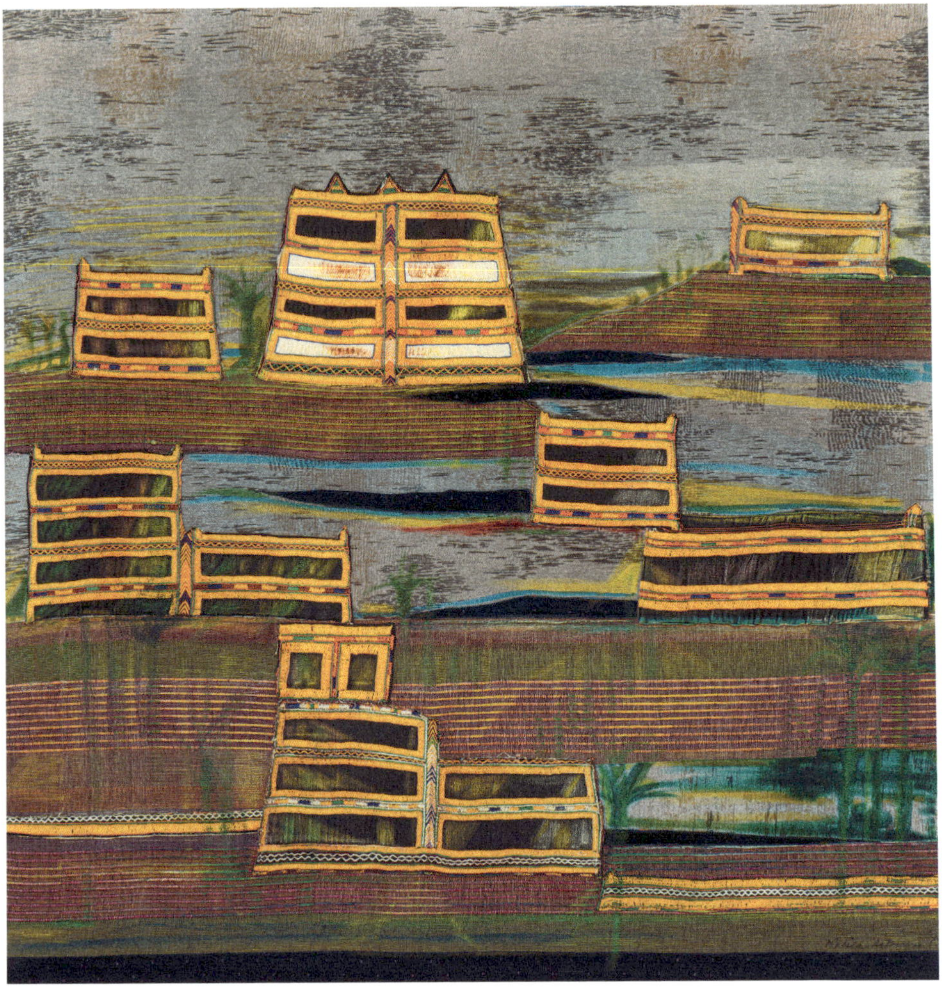

نبيلة البسام
NABILA ALBASSAM

(b. 1941, India)

(مواليد 1941، الهند)

Buildings of Abha Region 2, 1993
Mixed media on canvas
160 × 155 cm
Private collection of Khalid and Sally Alturki,
Al Khobar, Saudi Arabia

مباني منطقة أبها 2، 1993
وسائط متعددة على قماش
160 × 155 سم
مجموعة خالد وسالي التركي الخاصة،
الخبر، المملكة العربية السعودية

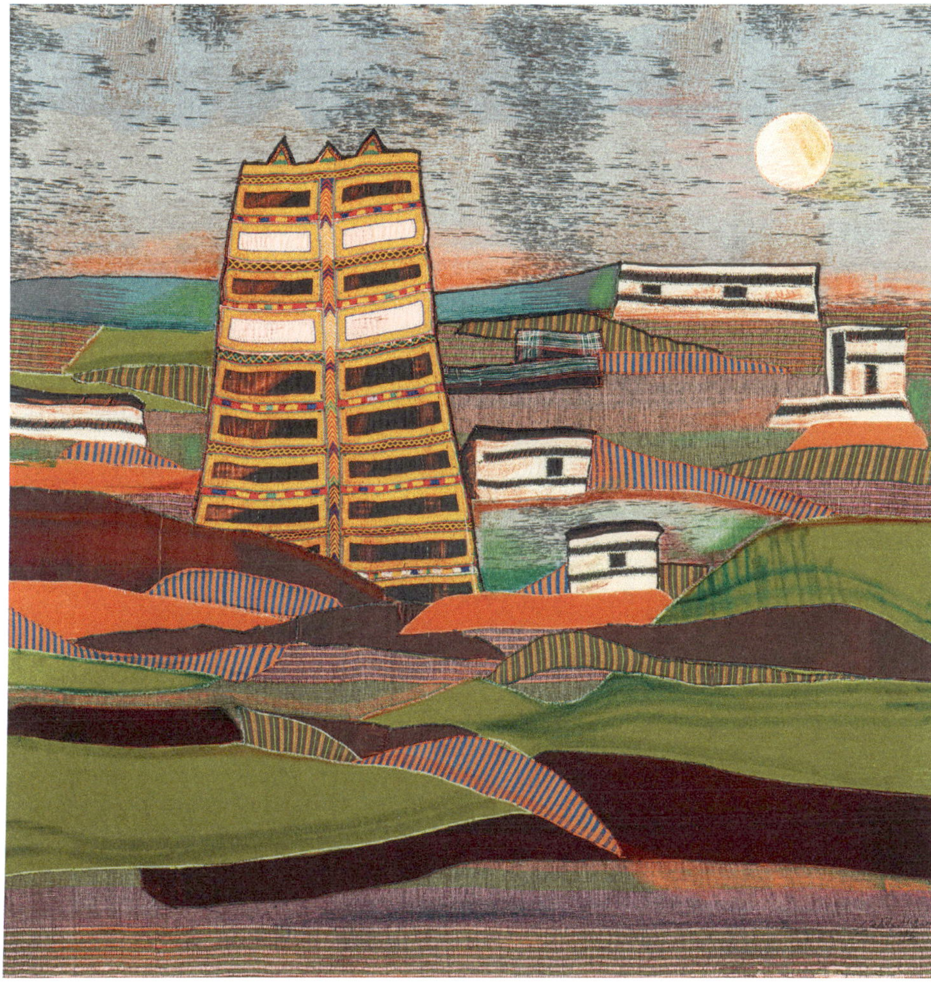

نبيلة البسام
NABILA ALBASSAM

(b. 1941, India)

Buildings of Abha Region 1, 1993
Mixed media on canvas
160 × 155 cm
Private collection of Khalid and Sally Alturki,
Al Khobar, Saudi Arabia

(مواليد 1941، الهند)

مباني منطقة أبها 1، 1993
وسائط متعددة على قماش
160 × 155 سم
مجموعة خالد وسالي التركي الخاصة،
الخبر، المملكة العربية السعودية

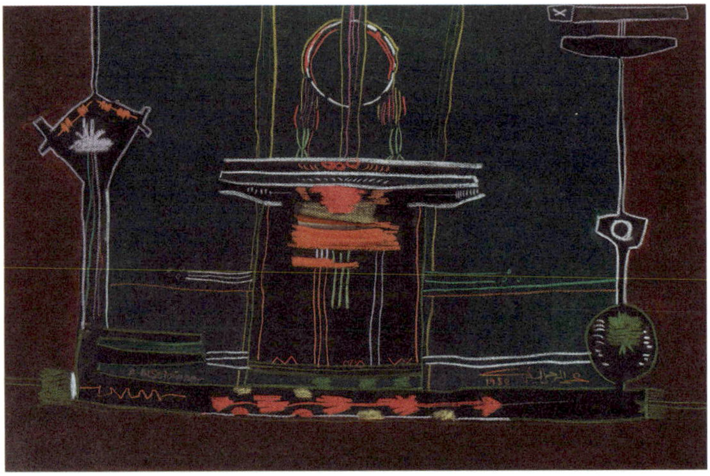

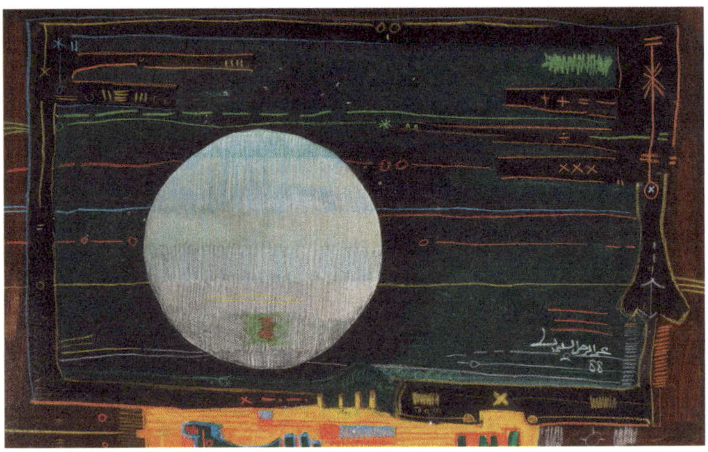

عبدالرحمن السليمان
ABDULRAHMAN ALSOLIMAN

(b. 1954, Saudi Arabia)

(مواليد 1954، المملكة العربية السعودية)

Excavations of Memory, 1988
Mixed media on paper
48.5 × 32.5 cm
Courtesy of the artist

من مجموعة *حفريات الذاكرة*، 1988
وسائط متعددة على ورق
48.5 × 32.5 سم
بإذن من الفنان

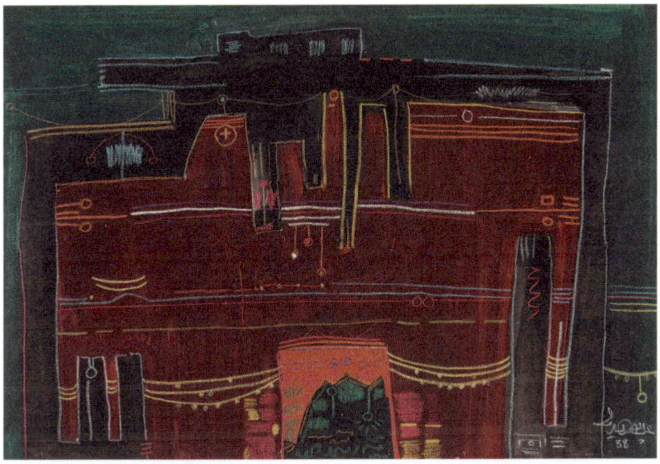

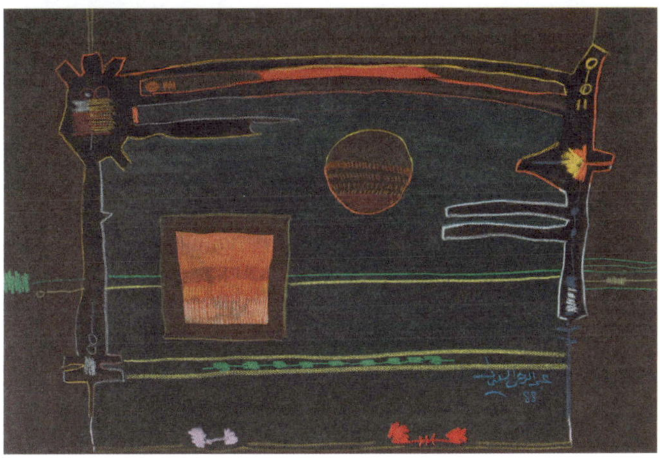

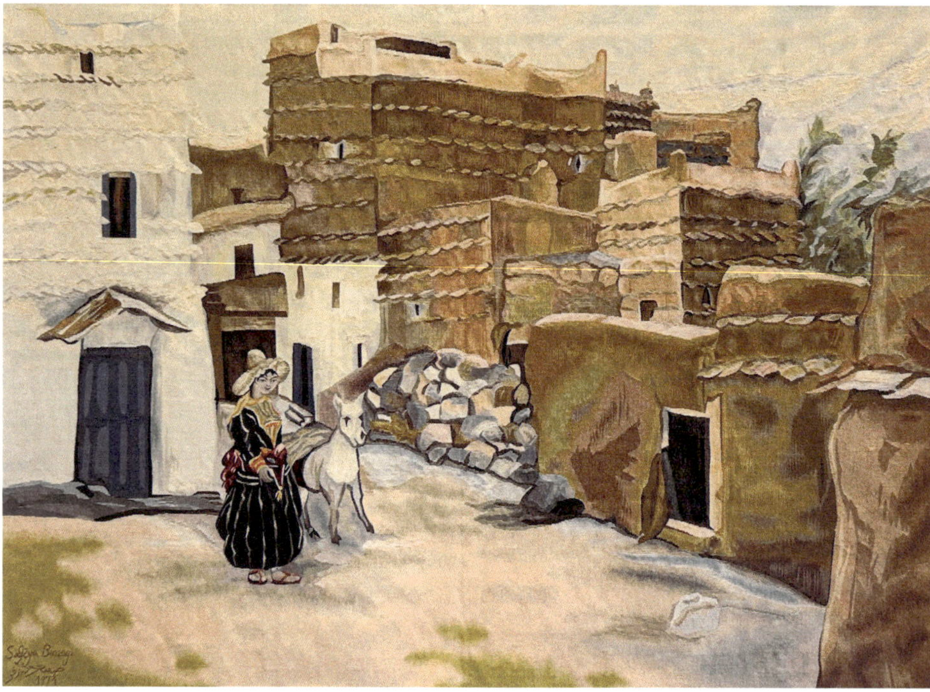

صفية بن زقر
SAFEYA BINZAGR

(b. 1940 – d. 2024, Saudi Arabia)

A Scene from Abha, 1985.
Tapestry
170 × 230 cm
Courtesy of the Barjeel Art Foundation, Sharjah, United Arab Emirates

(1940 - 2024، المملكة العربية السعودية)

مشهد من أبها، 1985
نسيج
170 × 230 سم
بإذن من مؤسسة بارجيل للفنون، الشارقة، الإمارات العربية المتحدة

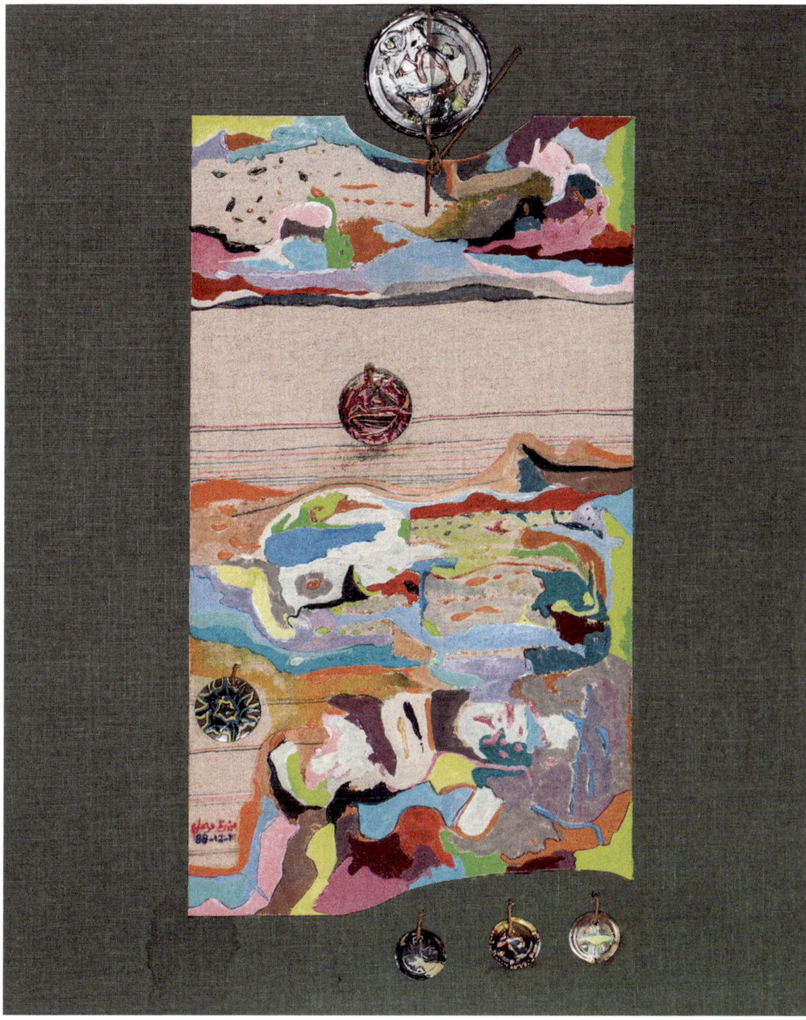

منـــيرة موصـــــــلي
MOUNIRAH MOSLY

(b. 1943 – d. 2019, Saudi Arabia)

A Circle Within Circles, 1988
Mixed media on canvas
110 × 80 cm
Jordan National Gallery of Fine Arts
permanent collection, Amman, Jordan

(1943 – 2019، المملكة العربية السعودية)

دائرة داخل دوائر، 1988
وسائط متعددة على قماش
110 × 80 سم
من المجموعة الدائمة للمتحف الوطني الأردني
للفنون الجميلة، عمّان، الأردن

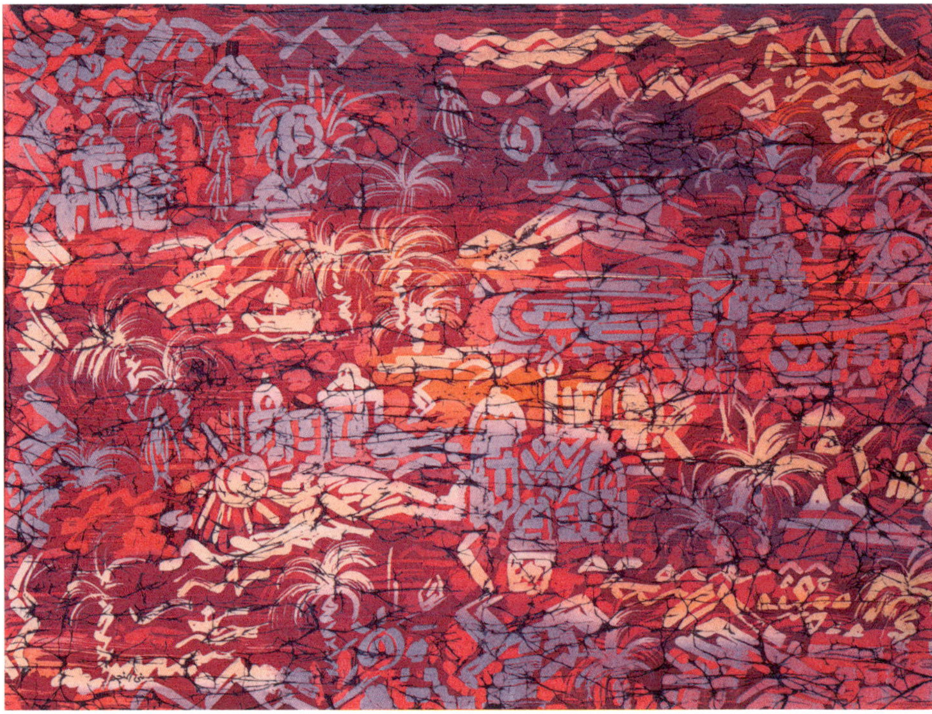

منـــى المنجـــد
MONA ALMUNAJJED

(b. 1959)

Spring in the Desert, 1986
Art batik on white silk, ponge number 9
114 × 89 cm
Courtesy of the artist

(مواليد 1959)

الربيع في الصحراء، 1986
باتيـك فني على حرير أبيض (بونجي رقم 9)
114 × 89 سم
بإذن من الفنانة

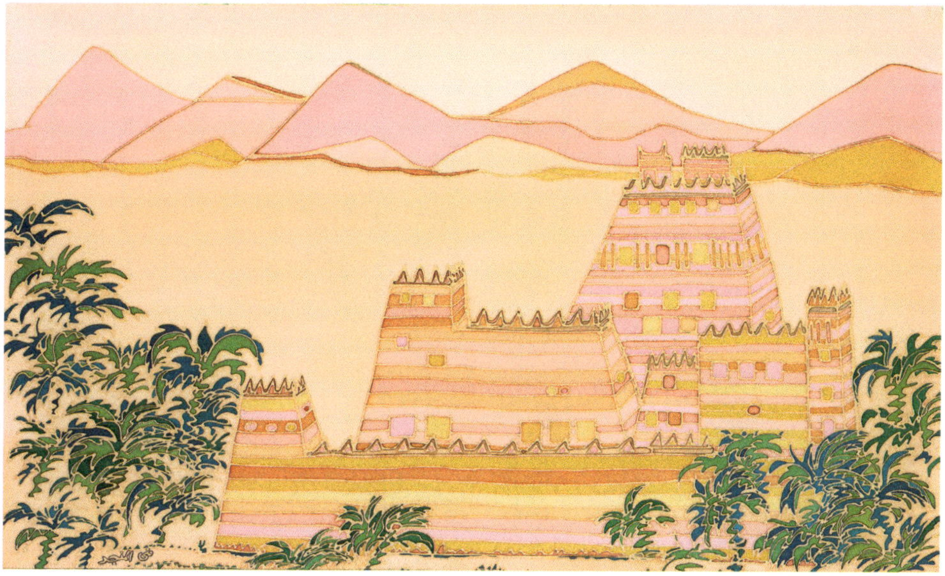

منى المنجد
MONA ALMUNAJED

(b. 1959)

Najran, 1984
Guta on white silk sponge
70 × 115 cm
Courtesy of the Barjeel Art Foundation, Sharjah, United Arab Emirates

(مواليد 1959)

نجران، 1984
غوتا على إسفنج حرير أبيض
70 × 115 سم
بإذن من مؤسسة بارجيل للفنون، الشارقة، الإمارات العربية المتحدة

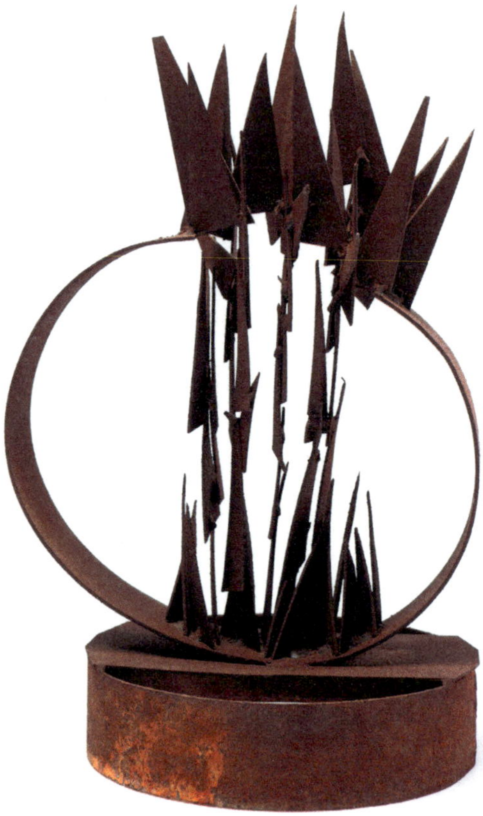

نجاة مكي
NAJAT MAKKI

(b. 1956, United Arab Emirates)

(مواليد 1956، الإمارات العربية المتحدة)

Takween, 1984
Steel
40 × 39 × 10 cm
Sharjah Art Foundation Collection, Sharjah, United Arab Emirates

تكوين، 1984
فولاذ
40 × 39 × 10 سم
مجموعة مؤسسة الشارقة للفنون، الشارقة، الإمارات العربية المتحدة

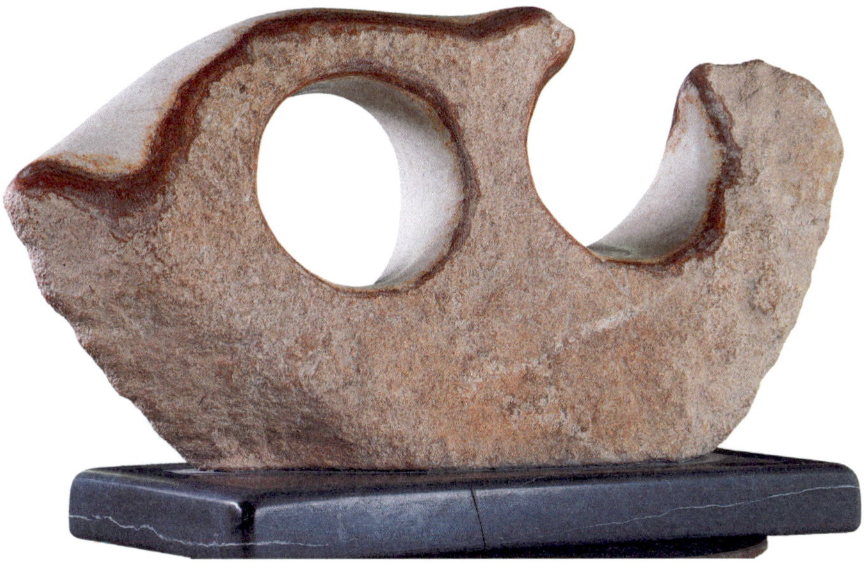

علـــي الطخيـــس
ALI ALTOKHAIS

(b. 1956, Saudi Arabia)

(مواليد 1956، المملكة العربية السعودية)

Sculptural Form, 1986
White marble coated with a clay layer
23 × 15 × 40 cm
Courtesy of the artist

تشكيل نحتي، 1986
رخام أبيض مكسو بطبقة طينية
23 × 15 × 40 سم
بإذن من الفنان

محمد يوسف

MOHAMED YOUSIF

(b. 1953, United Arab Emirates)

Abu Wajhain, 1981
Wood
173 × 37 × 25 cm
Sharjah Art Foundation Collection,
Sharjah, United Arab Emirates

(مواليد 1953، الإمارات العربية المتحدة)

أبو وجهين، 1981
خشب
173 × 37 × 25 سم
مجموعة مؤسسة الشارقة للفنون، الشارقة،
الإمارات العربية المتحدة

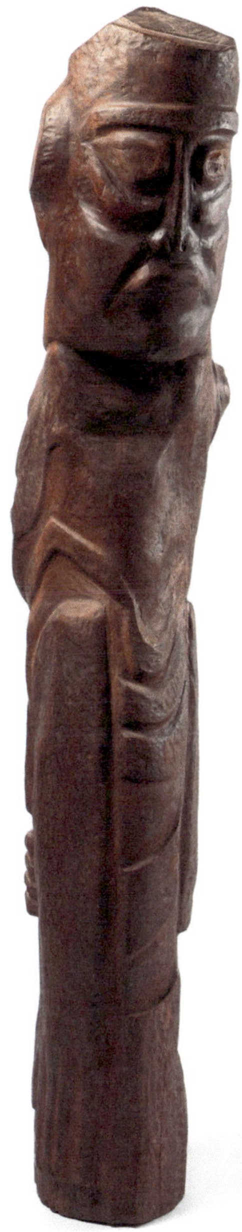

السير الذاتية للفنانين

ARTIST BIOGRAPHIES

إبراهيم إسماعيل

(مواليد 1945، مدينة الكويت، الكويت)

وُلد إبراهيم إسماعيل في مدينة الكويت وبدأ تعليمه الفني الرسمي في معهد المعلمين بالكويت، وتخرّج منه عام 1968، ثم واصل دراسته في المعهد العالي للفنون المسرحية في مدينة الكويت، الكويت. وقد ترك هذا الانخراط المبكر في مجالي التدريس والمسرح أثرًا عميقًا في تشكيل حسه البصري، ومهّد الطريق لنهجه السردي المتميّز في الرسم. تتجذّر ممارسته الفنية في تذوّقه العميق للتراث الكويتي، وتأثره بالتحوّلات الثقافية والاجتماعية التي شهدتها الكويت خلال ستينيات وسبعينيات القرن العشرين، وهي فترة اتسمت بوتيرة تحديث متسارعة وظهور حركات فنية إقليمية جديدة.

يُعرف إسماعيل باستخدامه الألوان النابضة بالحيوية والتراكيب المجزأة، وتُعتبر أعماله بمثابة شهادة حيّة على مشاهد الحياة اليومية في الكويت، يرسم من خلالها إيقاع الثقافة المحلية ونسيجها، من حيوية الأسواق التقليدية، إلى صنّاع السفن، ومزاح الباعة الجوّالين، وحماسة الصيادين، وحركات الرقصات الفلكلورية الرشيقة. يُذكّر أسلوبه المجزأ بالقصص المصوّرة والسرديات متعددة الطبقات، ما يُضفي على أعماله إحساسًا بالحركة والديناميكية، ويدعو المتلقّي إلى التفاعل مع تنوّع وجهات النظر في الحياة الحضرية والساحلية. وعلى الرغم من محورية التراث الكويتي في فنه، تناول إسماعيل في أعماله أيضًا موضوعات سياسية، مدمجًا فيها رموزًا وشعارات وطنية. ومع مرور الزمن، تطورت ممارسته لتشمل حوارات أوسع حول مفاهيم الحداثة والتحول، ضمن سياق الخطاب الفني العربي الحديث والمعاصر.

عُرضت أعماله على الصعيد المحلي في الكويت وعلى الصعيد الدولي، شارك في معارض جماعية كبرى، من أبرزها «حداثة خليجية: رواد ومجموعات فنية في شبه الجزيرة العربية» في رواق الفن بجامعة نيويورك أبوظبي، الإمارات العربية المتحدة (2022) ؛ «التبلور: التجريد في العالم العربي بين الخمسينيات والثمانينيات» في متحف ذا بلوك في إيفانستون، الولايات المتحدة الأمريكية (2022)؛ والبينالي العربي الأول ببغداد، العراق (1974). أقام العديد من المعارض الفردية، أبرزها معرضه السادس عشر عام 2011 ومعرضه السابع عشر عام 2013، اللذان أقيما في قاعة الفنون بالكويت، وضمّا أكثر من مئة عمل مستوحى من الحياة البحرية والحرف التقليدية والفولكلور الكويتي، ودخلت لوحاته ضمن مجموعات فنية، منها مؤسسة بارجيل للفنون بالشارقة، الإمارات العربية المتحدة.

إبراهيم بوقيس

(مواليد 1953، مكة المكرمة، المملكة العربية السعودية)

رسّامٌ سعودي بدأ شغفه بالفن منذ الطفولة، حيث ظهرت موهبته مبكرًا على مقاعد الدراسة، فكان ينجز رسومات توضيحية للمعلمين بتشجيع منهم. وحصل على درجة البكالوريوس في الإدارة العامة من جامعة الملك عبدالعزيز بجدة عام 1997، ورغم أنه لم يتخصص أكاديميًا في الفنون، إلا أنه واصل تنمية موهبته من خلال دورات تدريبية في الفنون التشكيلية الغرافيكية، أبرزها تلك التي التحق بها في المركز الدولي للغرافيك بجامعة سانتياغو في إسبانيا عام 1998. وتجلّى تفانيه في تطوير ذاته عبر انفتاحه على المشهد الفني العالمي، إذ زار العديد من الغاليريات والمتاحف بحثًا عن الإلهام والمعرفة الفنية. وهو من الأعضاء المؤسسين للجمعية السعودية للفنون التشكيلية في جدة.

برزت موهبته في المعارض المحلية، حيث لفت الأنظار برسمه بالقلم واستخدامه الألوان الحية. ومع تطور تجربته، انتقل من الرسومات الرمزية المكثفة إلى توثيق جوهر العمارة التقليدية والمناظر الطبيعية، مستلهمًا من تجارب فنانين بارزين مثل عبدالحليم رضوي، الذي تأثر به في استكشاف العلاقة المعقدة بين الإنسان والمكان المعماري. يتسم أسلوبه بخصوصية واضحة، إذ يغلب عليه توظيف الرموز الثقافية التقليدية والخط العربي بصيغ تجريدية، على خلفيات من الأشكال المعمارية والهندسية.

بدأ عرض أعماله عام 1978 في المعارض التي نظمتها الرئاسة العامة لرعاية الشباب، والجمعية العربية السعودية للثقافة والفنون بجدة، ووزارة

IBRAHIM ISMAIL

(b. 1945, Kuwait City, Kuwait)

Born in Kuwait City in 1945, Ibrahim Ismail began his formal artistic education at Kuwait's Teachers Institute, graduating in 1968, later pursuing studies at the Higher Institute of Theatre Arts, Kuwait City, Kuwait. This early immersion in pedagogy and theater had a profound impact on Ismail's visual sensibilities, laying the groundwork for his distinct narrative approach to painting. Deeply rooted in his appreciation of Kuwaiti heritage, Ismail's artistic development was shaped by the evolving cultural and social landscapes of Kuwait in the 1960s and 1970s, an era characterized by rapid modernization and the emergence of regional art movements.

Known for his vibrant palette and segmented compositions, Ismail's work serves as a vivid testament to the scenes of daily life in Kuwait. His works capture the rhythm and texture of Kuwaiti culture, coming alive with the energies of traditional marketplaces, the labor of shipbuilders, the banter of street vendors, the intensity of hunters, and the graceful movements of folkloric dancers. His segmented style, reminiscent of storyboards or windows into layered narratives, imbues his works with a sense of movement and dynamism, inviting viewers to engage with the multiplicity of perspectives in urban and coastal life. While Kuwaiti heritage remains at the core of his practice, Ismail has also produced works addressing political themes, incorporating national emblems and patriotic symbolism. Over the decades, his practice has evolved to encompass broader dialogues on modernity and transformation, positioning his work within the context of both historical and contemporary Arab art discourses.

Ismail has exhibited extensively in Kuwait and internationally. He has participated in major group exhibitions, notably *Khaleej Modern: Pioneers and Collectives in the Arabian Peninsula*, NYU Abu Dhabi Art Gallery, Abu Dhabi, United Arab Emirates (2022); *Taking Shape: Abstraction from the Arab World, 1950s–1980s*, The Block Museum, Evanston, United States (2022); and the First Arab Biennale, Baghdad, Iraq (1974). He has held many solo exhibitions, most notably are his sixteenth in 2011 and seventeenth in 2013 held at the Arts Gallery in Kuwait, featuring over a hundred works inspired by marine life, traditional crafts, and Kuwaiti folklore. His paintings are held in several collections, including the Barjeel Art Foundation, Sharjah, United Arab Emirates.

IBRAHIM BUGIS

(b. 1953, Makkah, Saudi Arabia)

Ibrahim Bugis is a Saudi painter who developed a passion for art from a young age. He first demonstrated his artistic talent during his school years, creating illustrations for teachers with the encouragement of both mentors. Bugis earned a bachelor's degree in public administration from King Abdulaziz University in Jeddah in 1997. Although he did not formally study art, he completed several courses in fine arts and graphic arts from the International Graphic Center at the University of Santiago, Spain, in 1998. His dedication to honing his talent led him to explore the global art scene, visiting international galleries and museums to seek inspiration and knowledge. He is a founding member of the Saudi Arabian Art Society in Jeddah, Saudi Arabia.

His talents found expression in local exhibitions, where his focus on drawing was evident through a vibrant palette of colors. Over time, he transitioned from drawings imbued with symbolism to capturing the essence of traditional architecture and visual landscapes. Bugis drew inspiration from accomplished artists like Abdulhalim Radwi, who excelled in exploring the intricate relationships between architecture and humanity. Bugis's signature style often features traditional cultural symbols and Arabic calligraphy presented in abstract forms, set against a backdrop of architectural geometric shapes.

الثقافة والإعلام. وشارك في عدة دورات من معارض الفن السعودي المعاصر ومعرض مجموعات الفنون التشكيلية بالرياض. تشمل معارضه الجماعية المحلية مسابقة مَلون السعودية الأولى والثانية بجدة (1992، 1993)؛ معرض جمعية رواد الفضاء بالرياض (1991)؛ المعرض الأول للفنون التشكيلية في قاعدة الملك عبدالعزيز الجوية بالظهران (1990)؛ المعرض الأول للفن التشكيلي الخليجي بالرياض (1988)؛ معرض «للألوان إيقاع» في بيت الفنانين بجدة (1995)؛ المعرض الأول للفن السعودي المعاصر بجدة (1988)؛ ومهرجان الجنادرية في الرياض (1984).

وعلى الصعيد الدولي، شارك في معارض الأسبوع الثقافي السعودي في الجزائر والإمارات العربية المتحدة وسلطنة عُمان وإسبانيا (1998)، والمعرض المتنقل «مختارات من الفنون التشكيلية السعودية» في الرياض والبحرين ومصر والمملكة المتحدة وتايوان وإسبانيا والنمسا (1998-2002)، ومعرض الفنون التشكيلية والتراث السعودي في جمهورية التشيك (1999)، ومعرض بنك الرياض في لندن (1984).

كُرّم بجائزة شعار كوكاكولا خلال كأس العالم لكرة القدم 2002 التي أقيمت في كوريا الجنوبية واليابان، والتي رافقت مباريات المنتخب السعودي. كما مُنح ميدالية مدينة جدة عام 1992 تقديرًا لإسهاماته الفنية. وفاز بجائزة مسابقة مَلون السعودية عامي 1983 و1981.

إبراهيم النغيثر

(مواليد 1956، الدوادمي، المملكة العربية السعودية)

رسام سعودي، حصل على دبلوم من المعهد الصحي بالرياض عام 1978. وبجانب عمله في القطاع الصحي، لعب دورًا فاعلًا في الساحة الفنية المحلية، فكان من المؤسسين لمرسم نادي الدرع في محافظة الدوادمي، وجماعة فناني الدوادمي التشكيليين، والجمعية السعودية للفنون التشكيلية في الرياض. وهو أيضًا عضو في الجمعية العربية السعودية للثقافة والفنون، وقد أسس مركزًا للعلاج بالفن في مجمّع الأمل للصحة النفسية بالرياض عام 1987.

يستوحي أعماله الفنية من محيطه الثقافي، حيث يصوّر وجوهًا بشرية مطوّلة مزينة بالحلي والأزياء التقليدية، إلى جانب الجمال والحيوانات المزخرفة بأنماط مستلهمة من المنسوجات التقليدية والسدو، مازجًا بين التصوير والرمزية البصرية المتجذرة في التراث والذاكرة، بأسلوب متفرّد يسهل تمييزه.

بدأ المشاركة رسميًا في المعارض عام 1979، من خلال أنشطة الرئاسة العامة لرعاية الشباب والجمعية العربية السعودية للثقافة والفنون بالرياض،ولاحقًا من خلال الأنشطة الفنية لوزارة الثقافة والإعلام. أقام معارض شخصية في أتيليه جدة للفنون، جدة (1997)؛ مركز الأمير فيصل بن فهد الثقافي بحديقة الفوطة، الرياض (2003)؛ القطيف، الدمام (2004)؛ المركز السعودي للفنون التشكيلية، جدة (2005)؛ قرية المفتاحة، أبها (2001)؛ غاليري تجريد للفنون، الرياض (2021)؛ وغاليري إرم آرت، الرياض (2024). ومثّل المملكة في عدة مناسبات، منها بينالي مسقط، مسقط، عُمان (1991)؛ اليوم الوطني في دولة الكويت، الكويت (1995)؛ بمناسبة يوم التحرير 25 فبراير، مدينة الكويت (1999)؛ معرض الفنانين السعوديين، تونس، تونس (2002)؛ ومختارات من الفن السعودي المعاصر الذي عُرض في الرياض، المملكة العربية السعودية؛ البحرين؛ القاهرة، مصر؛ تونس، تونس؛ فيينا، النمسا؛ إسبانيا؛ الصين؛ ولندن، المملكة المتحدة. بالإضافة إلى العديد من المعارض الجماعية المحلية، من أبرزها المعرض الجماعي الأول والثاني لفناني الدوادمي في أبها (1996)، ومعرض القمة في المركز السعودي للفنون بجدة (1997). وعلى الصعيد الدولي، شارك في المعرض السعودي للفنون التشكيلية في لندن (1993). وحصل على عدة جوائز، منها الجائزة الأولى في مجال الرسم في معرض المراسم بأبها عام 1988، والجائزة الثانية في المعرض العام الرابع عشر لجماعة الفنون التشكيلية الذي نظمته الرئاسة العامة لرعاية الشباب بالرياض عام 1995, تم تكريمه من قبل معهد مسك للفنون باعتباره من كبار رواد الفن السعودي (2019).

He began exhibiting his work in 1978, through the activities of the General Presidency of Youth Welfare, the Saudi Arabian Society for Culture and Arts in Jeddah and the Ministry of Culture and Information. He participated in several editions of The Contemporary Saudi Art Exhibitions in Riyadh, *The Formative Arts Collections Exhibition* in Riyadh. His local group exhibitions include the First and Second *Saudia Malwan Competition*, Jeddah (1992, 1993); the *Association of Space Explorers* exhibition, Riyadh (1991); The *First Fine Arts Exhibition* at King Abdulaziz Air Base, Dhahran (1990), The *First Formative Arts Periodical Exhibition for the GCC Artists*, Riyadh (1988); *Colors Have a Rhythm* exhibition at the House of Artists, Jeddah (1995); the *First Saudi Contemporary Art Exhibition*, Jeddah (1988); and the Janadriyah Festival, Riyadh (1984).

Internationally, he participated in several Saudi cultural week exhibitions that took place in Algeria, the United Arab Emirates, Oman, and Spain (1998), and the touring exhibition *Selections from Saudi Plastic Arts*, in Riyadh, Bahrain, Egypt, United Kingdom, Taiwan, Spain and Austria (1998-2002), *The Saudi Fine Art and Heritage Exhibition* in the Czech Republic (1999), *Riyadh Bank* exhibition, London (1984).

He was honored with the Coca-Cola logo award during the 2002 FIFA World Cup held in South Korea and Japan, accompanying the Saudi national team matches. In recognition of his artistic contributions, Bugis received the Jeddah City Medal in 1992. Additionally, he won an award at the Saudia Malwan Competition in 1983 and 1981.

IBRAHIM ALNUGHAYTHIR

(b. 1956, Dawadmi, Saudi Arabia)

Ibrahim AlNughaythir is a Saudi painter, born in Dawadmi in 1956. He earned a diploma from the Health Institute in Riyadh in 1978. Alongside his professional work in the health sector, he became a key figure in his local art community. He is a founding member of Al-Draa Club Studio in Dawadmi, the Dawadmi Fine Artists Group, and the Saudi Art Association in Riyadh. He is also a member of the Saudi Arabian Society for Culture and Arts and established an art therapy center at Al-Amal Complex for Mental Health in Riyadh in 1987.

AlNughaythir's work is deeply inspired by his cultural surroundings. His paintings often feature elongated human faces adorned with jewelry and traditional dress, alongside camels and animals decorated with motifs drawn from traditional textiles and Sadu weaving. These compositions blend figuration with symbolic visual language rooted in heritage and memory, developing a distinct and recognizable style.

He began officially participating in exhibitions in 1979, through the activities of the General Presidency of Youth Welfare and later the Saudi Arabian Society for Culture and Arts in Riyadh, and the art activities of the Ministry of Culture and Information. He has held solo exhibitions at Atelier Jeddah for Arts, Jeddah (1997); the Prince Faisal bin Fahd Cultural Center at Al-Fouta Garden, Riyadh (2003); Qatif, Dammam (2004); the Saudi Center for Fine Arts, Jeddah (2005); Almuftaha Village, Abha (2001); Tajreed Gallery, Riyadh (2021); and Erm Art Gallery, Riyadh (2024). He represented the Kingdom on several occasions, including the Muscat Biennale, Muscat, Oman (1991); the National Day of Kuwait, Kuwait (1995); the Liberation Day of Kuwait, Kuwait (1999); the *Saudi Artists Exhibition*, Tunis, Tunisia (2002); and *Selections of Contemporary Saudi Art* presented in Riyadh, Saudi Arabia; Bahrain; Cairo, Egypt; Tunis, Tunisia; Vienna, Austria; Spain; China; and London, United Kingdom. He participated in many local group exhibitions, including the first and second *Dawadmi Artists Group Exhibition*, in Abha, Saudi Arabia (1996), the *Alqima Exhibition* at the Saudi Art Center, Jeddah,

أحمد العدوي

(مواليد 1966، بركاء، سلطنة عُمان)

يُعد أحمد العدوي من روّاد حركة الفن في سلطنة عُمان، وقد برزت موهبته مبكرًا حين اختير، وهو لا يزال طالبًا في مدرسة فنية بصُحار، لتصميم الشعار الرسمي لمعرض وزارة التربية والتعليم. حصل على درجة البكالوريوس من جامعة السلطان قابوس عام 1990، ثم نال درجة الماجستير في إدارة الأعمال من جامعة هال في المملكة المتحدة عام 2004. وإلى جانب انشغاله بالمجال الفني، عمل مستشارًا أول في علم المياه والتخطيط البيئي لدى وزارة البلديات الإقليمية والبيئة وموارد المياه. وهو من الأعضاء المؤسسين للجمعية العُمانية للفنون التشكيلية منذ عام 1993، وعضو فاعل في مرسم الشباب منذ عام 1982، ولعب دورًا محوريًا في بلورة المشهد الفني في السلطنة على المستويين المؤسسي والشعبي.

تستمد ممارسته الفنية مقوماتها من المدارس التعبيرية وتعتمد في الآن نفسه على القواعد الأكاديمية والاستكشاف الحدسي. يستخدم في أعماله مزيجًا من الألوان المائية والأكريليك والأحبار والألوان الزيتية والباستيل والكولاج، ما يعكس حساسية تصويرية تميل إلى الشعرية، حيث تتكرّر في أعماله المناظر الطبيعية الحالمة، ومشاهد الحياة القروية، والزخارف المعمارية العُمانية. ومع مرور الوقت، اتّجهت أعماله نحو التجريد، مستكشفةً التوتّر بين الشكل والمناخ العام للعمل. وتتناول لوحاته موضوعات العاطفة والذاكرة والمكان، حيث تتجاور العلامات الإيمائية والمساحات اللونية مع لمحات ناعمة من الحياة اليومية. ورغم الطابع الرومانسي لأعماله، فإنه لا يتوانى عن الخوض في تجارب جريئة، يدمج فيها الكولاج والملامس والخامات غير المألوفة، لاستحضار تأملاته الشخصية وعناصر الهوية الجماعية، محافظًا على التوازن بين التعبير التصويري ولغة بصرية تأملية تنزع إلى الانعكاس الداخلي.

شارك في العديد من المعارض المحلية والدولية، ومثّل سلطنة عُمان في فعاليات إقليمية وعالمية بارزة، مثل بينالي القاهرة (2000، 1988)، وبينالي الشارقة (1997)، وبينالي بنغلاديش (2011). وقد شكّلت مشاركته في بينالي مسقط الأول (1988) ومهرجانات الفنون الخليجية الأولى، نقطة انطلاق نحو ترسيخ مكانته كشخصية فاعلة ومؤثرة في المشهد الفني العُماني منذ بداياته. حصل في عام 1983 على الميدالية البرونزية في مسابقة «عام الشباب» الفنية بمسقط. وفي عام 2002، كرمته جامعة الدول العربية في مهرجان رواد الفن العربي بالقاهرة. دخلت أعماله ضمن مجموعات المتحف الوطني العماني في مسقط، عُمان.

أحمد باقر

(مواليد 1946، المنامة، البحرين -
توفي عام 2008، بيروت، لبنان)

كان أحمد باقر شخصيةً محورية في مشهد الفن الحديث والتربية الفنية في البحرين. بدأ مسيرته الفنية في سن مبكرة، حيث شارك في معرض محلي وهو في الثالثة عشرة من عمره مع جماعة هواة الفن. وفي مطلع الستينيات من القرن الماضي، انخرط في الحلقة الثقافية التي نشأت حول غاليري ومتجر عبد الكريم العريض في المنامة، والذي كان آنذاك ملتقى للفنانين الشباب. في عام 1967، أسس مرسمه الخاص ومساحة عرض دائمة في سوق المنامة. واصل دراسته الفنية الرسمية في مدرسة الفنون الجميلة بباريس، حيث نال شهادتين في الرسم والتصوير عام 1972. ثم حصل على دبلوم الدراسات العليا في التربية الفنية من جامعة ويلز بالمملكة المتحدة (1977)، تلا ذلك دبلوم الدراسات المتعمقة في علم الجمال (1989) ودكتوراه في الفنون الجميلة وعلم الجمال (1992) من جامعة السوربون بفرنسا. وعند عودته إلى البحرين عام 1978، أصبح أول متخصص في وزارة التربية والتعليم يُعنى بتطوير مناهج الفنون، ثم أسس قسم الفنون التشكيلية في كلية البحرين الجامعية. وكان من الأعضاء المؤسسين لجمعية البحرين للفنون التشكيلية (1983)، كما اضطلع بدور رئيسي في إعادة تنظيم وإحياء أنشطة جمعية الفنون المعاصرة عام 1974، حيث ساهم بصفته أمينًا عامًا للجمعية في إطلاق أول معرض ربيعي للفنون التشكيلية في البحرين، على غرار معرض الفنانين المرفوضين في باريس.

تركّزت ممارساته الفنية على الرسم، الذي كان يعتبره جوهر الفنون البصرية، وقد اشتهر بمقولته

Saudi Arabia (1997). Internationally, he participated in the *Saudi Fine Art Exhibition* in London, United Kingdom (1993). AlNughaythir won several awards, including the first prize in the painting category in *Marasim Exhibition* in Abha, (1987), and the second award in the *Fourteenth General Exhibition for Formative Arts Collection* organized by the General Presidency of Youth Welfare in Riyadh, (1995). In 2019, he was honored by Misk Art Institute as a pioneer in Saudi arts.

AHMED AL ADAWI

(b. 1966, Barka, Oman)

Ahmed Al Adawi is considered one of the pioneering figures in Oman's art movement. His talent was recognized early on—while still a student attending a technical school in Sohar, he was selected to design the official logo for a Ministry of Education exhibition. Al Adawi earned his BA from Sultan Qaboos University in 1990, followed by a master's degree in business administration from the University of Hull in the United Kingdom in 2004. Alongside his artistic pursuits, he worked as a senior advisor in hydrology and environmental planning at the Ministry of Municipalities and Environment. A founding member of the Omani Society for Fine Arts (OSFA) since 1993 and an active member of the Youth Art Studio since 1982, Al Adawi has played a crucial role in shaping institutional and grassroots initiatives in the art scene in Oman.

Al Adawi's practice is rooted in expressionism, drawing on both academic discipline and intuitive exploration. His diverse body of work spans watercolor, acrylic, ink, oil, pastels, and collage, reflecting a sensibility towards lyrical figuration, often depicting poetic landscapes, village life, and Omani architectural motifs. Over time, his work evolved toward abstraction, exploring the tension between form and atmosphere. Themes of emotion, memory, and place recur across his canvases, where layered color fields and gestural marks coexist with softer impressions of daily life. Al Adawi's romanticism does not shy away from bold experimentation; he integrates collage, texture, and unconventional materials to evoke both personal introspection and collective identity. His work balances painterly expression with a reflective—almost meditative, visual language.

Throughout his career, Al Adawi has exhibited widely in both local and international platforms. He represented Oman in major regional and global events such as the Cairo Biennale (2000, 1988), the Sharjah Biennial (1997), and the Bangladesh Biennale (2011). His participation in the First Muscat Biennale (1988) and the early GCC art festivals marked him as a leading figure in the Omani arts scene from a young age.

In 1983, Al Adawi received the Bronze Medal in the Youth Year art competition Muscat, Oman, and in 2002, he was honored by the League of Arab States at the Arab Art Pioneers Festival in Cairo, Egypt. His works can be found in the collection of the National Museum of Oman, Muscat, Oman.

AHMED BAQER

(b. 1946, Manama, Bahrain – d. 2008, Beirut, Lebanon)

Ahmed Baqer was a foundational figure in Bahraini art and art education. He began his artistic journey early on, participating in a local exhibition at the age of thirteen with the Art Amateurs Group. In the early 1960s, he joined the cultural circle around Abdulkarim Al Orrayed's gallery-shop in Manama, a key gathering space for young artists. In 1966, he established his own studio and permanent exhibition space in the Manama Souq. Baqer pursued formal art training at the École des Beaux-Arts in Paris, France, graduating in 1972 with diplomas in painting and drawing. He continued his education with a postgraduate diploma in art education from the University of Wales, United Kingdom (1977), later followed by a Diplôme d'études

الشـهيرة «الفن هو الرسـم أولاً وقبل كل شيء»، وجسّدت أعمالـه هذه القناعة من خلال دراسـاته الديناميكية بالقلم الرصـاص والحبر، والتـي انصبت في بداياتها على التشـريح الإنسـاني، واستكشـاف الضـوء والظل والحركة، مـع تأكيد علـى الخطـوط التعبيريـة والتباينـات القوية. ومـع تطور تجربته، اتجه أسـلوبه نحو التجريد، جامعًا بين مرجعيته الأكاديميـة وتعلّقـه بالأشـكال البسـيطة والرمزيـة. وقـد تميّـزت أعماله أحادية اللون ببنيتها الإيقاعية وقدرتها على اسـتحضار أثـر عاطفـي عميق من خـلال تدرجـات الألوان الدقيقـة وتنـوع الخطوط.

عُرضـت أعمالـه علـى نطـاق واسـع طوال مسـيرته الفنيـة، وشـارك في معـارض جماعية محلية مـع جماعة هواة الفن، وجمعية الفنـون المعاصرة، وجمعية البحرين للفنون التشكيلية. ومن أبرز معارضه الدولية «معرض الفن العربـي الثاني»، الجزائـر، الجزائـر (1976)؛ معرض الكويت الرابـع للفنانين العـرب، مدينة الكويـت، الكويت (1985)؛ بينالي المحبة، اللاذقية، سـوريا (1997)؛ وسـبوع مجلس التعاون الخليجي الثقافي، بكين، الصين (1997). حاز على العديد مـن الجوائز، منها جائزة الدانـة الكبرى في معرض البحرين السـنوي للفنون (2006، 2003)، وجائزة الشراع الذهبـي في بينالـي الكويـت (1985)، والميداليـة الفضية مـن جمعية الفنانين الفرنسـيين (1983). ودخلت أعماله ضمـن مجموعات فنيـة عامة وخاصة، مـن أبرزها متحف البحريـن الوطني بالمنامة.

أحمد المغلوث

(مواليد 1950، المبرّز، المملكة العربية السعودية)

أحمـد المغلـوث فنـان تشـكيلي وكاتـب وروائي سـعودي بدأ مشـواره الفني منذ سـن مبكـرة، منخرطًا في دروس الفنون المدرسية وتصميم الديكور المسرحي. التحق بدايةً بالمعهـد الصحي فـي المنطقة الشـرقية، ثـم حصل على درجة البكالوريوس في التاريخ من جامعة الملك عبدالعزيز بجـدة عـام 1979. وإلـى جانب دراسـته الأكاديميـة، تابع دورات متخصصـة فـي تقنيـات الرسم، وواصـل تطويـر ممارسـته التـي تشـمل الفنـون التشـكيلية والكاريكاتير. في أواخر سـبعينيات القرن الماضي، تولّى تحرير قسـم الفنون التشـكيلية فـي صحيفـة «اليـوم» بالدمام، وكانت رسـومه الساخرة تُنشر بانتظام في الصحف السعودية والخليجية. كمـا كان لـه دور بارز فـي المجـال التعليمي، إذ قـدّم أول دورة تدريبيـة فـي فـن الكاريكاتيـر فـي جمعيـة الثقافـة والفنون بالأحسـاء. ومن أبرز منشـوراته كتاب «ابتسـامات الكاريكاتيـر» (2008) و«الأحسـاء في الماضـي» (2020) المصحوب برسـومات بالأبيض والأسـود.

ينبع أسـلوبه الفني من جـذوره المحليـة واهتمامه العميق بالموضوعات التراثية السعودية، ولا سيما تفاصيل الحيـاة الريفيـة والزراعية في مسـقط رأسـه. توثّق لوحاته تاريخ واحة الأحساء، وجبل القارة، وينابيع المياه، وشاطئ العقيـر، والألعـاب الشـعبية، إلـى جانـب الحـرف اليدوية التقليديـة. طوّر تقنية فنية متميزة تقوم على الرسـم فوق سـعف النخيل المنسـوج، واشـتهر بسلسـلة من اللوحات التـي تصوّر الـورود السـعودية والزهـور الحسـاوية، والتي أصبحت علامـة مميزة لممارسـته الفنية.

بـدأ عـرض أعمالـه الفنيـة منـذ سـنوات دراسـته، إذ شـارك في معـرض جماعـي فـي جامعة الملـك فهد للبتـرول والمعـادن عـام 1976. وبعـد ذلك، شـارك في المعـارض التـي نظمتهـا الجمعيـة السـعودية للفنـون التشـكيلية والرئاسـة العامـة لرعاية الشـباب، ومـن أبرزها الأسـبوع الثقافي السـعودي في الجزائر، الجزائر (1984)؛ معـرض الكويت السـابع للفنانين العرب (1981)؛ معرض كبـار الفنانيـن السـعوديين بالريـاض (1979)؛ معـرض الفـن السـعودي فـي السـويد (1977)؛ معـرض الكويـت الخامـس للفنانين العـرب (1976)؛ مهرجانات الجنادرية الأول والثالـث بالريـاض (1976، 1978)؛ المعـرض الأول للفنانيـن التشـكيليين فـي الأحسـاء (1976). كما شـارك في المعـرض المتنقـل «المملكـة العربية السـعودية بين الأمس واليـوم» (1985-1993). وكان قـد قدّم معرضه الفـردي الأول في الأحسـاء عـام 1982، وتبعته معارض فردية أخرى في الباحة والشـارقة عـام 1985. تم تكريمه مـن قبـل معهـد مسـك للفنـون باعتبـاره من كبـار رواد الفن السـعودي (2019) وحصل على جائزة علي وعثمان حافـظ عـام 1991. ودخلـت أعمالـه ضمـن مجموعـات فنيـة خاصـة وعامـة فـي المملكـة العربيـة السـعودية وخارجهـا، ولا سـيما متحـف يـو يـو يانـغ العالمـي فـي تايبيه، تايـوان. كما يحتفظ المتحـف البريطاني في لندن بإحـدى رسـوماته الكاريكاتورية.

approfondies in aesthetics (1989) and a PhD in fine arts and aesthetics (1992) from the Sorbonne, France. Upon returning to Bahrain in 1978, he was appointed the Ministry of Education's first specialist in art curriculum development and later founded the Fine Arts Department at University College Bahrain. He was a founding member of the Bahrain Arts Society (1983) and played a key role in reorganizing the activities of the Contemporary Arts Society in 1974. That same year, as secretary of the Contemporary Arts Society, he helped launch Bahrain's first unjuried *Spring Exhibition for the Fine Arts*, modeled after Paris's Salon des Refusés.

Baqer's practice centered on drawing, which he believed to be the foundation of all visual art. He famously maintained that "art is first and foremost drawing," and his works reflect this philosophy through dynamic studies in pencil and ink. His early works focused on anatomical studies and formal explorations of light, shadow, and movement, emphasizing expressive line and clear contrasts. Over time, his style evolved toward abstraction, combining his academic training with an interest in minimalist forms and symbolic content. His monochromatic compositions were noted for their rhythmic structures and ability to evoke deep emotional resonance through subtle variations in line and tone.

Baqer exhibited widely throughout his career, participating in local group exhibitions with the Art Amateurs Group, the Contemporary Arts Society, and the Bahrain Arts Society. His notable international group exhibitions include the *Second Arab Art Exhibition*, Algiers, Algeria (1976); the *Kuwait Exhibition for Arab Artists*, Kuwait City, Kuwait (1985) Al-Mahabba Biennale, Latakia, Syria (1997), and *GCC Cultural Week*, Beijing, China (1997). He received numerous awards, including the Al Dana Grand Prize at the Bahrain Annual Art Exhibition (2006, 2003), the Golden Sail Award at the Fourth Kuwait Arab Art exhibition (1985), the silver medal from the Société des Artistes Français (1983). His works are held in both public and private collections, including the Bahrain National Museum, Manama, Bahrain.

AHMED ALMAGHLOUTH

(b. 1950, Al Mubarraz, Saudi Arabia)

Ahmed Almaghlouth is a Saudi artist, writer, and novelist. He began drawing at a young age, participating in school art classes and stage design. He initially studied at the Institute of Health in the Eastern Province before earning a bachelor's degree in history from King Abdulaziz University in Jeddah in 1979. Alongside his academic studies, Almaghlouth pursued specialized courses in painting techniques and developed his practice that spans both fine arts and caricature. In the late 1970s, he also served as editor of the fine arts section of *Al Yaum* newspaper in Dammam, his satirical drawings were regularly published in Saudi and Gulf newspapers. Almaghlouth was also a key figure in education, leading the first caricature training course at the Society of Culture and Arts in Al Ahsa. His publications include *Smiles of Caricatures* (2008) and *Al Ahsa in the Past* (2020), the latter accompanied by his black-and-white drawings.

His artistic style is rooted in traditional Saudi themes, particularly the rural and agricultural life of his hometown. Almaghlouth's paintings reflect the history of the Al Ahsa Oasis, including Jabl Al Qarah, water springs, Al Uqair Beach, traditional games, as well as folk handicrafts. Almaglouth developed a unique technique of painting on woven palm fronds, using them as a textured canvas for his work. He gained renown for his series featuring Saudi roses and Alhasawi flowers, which became emblematic of his practice.

Almaghlouth began exhibiting during his student years with a group show at King Fahd University of Petroleum and Minerals in 1976, and later participated in exhibitions organized by the Saudi Art Society and the General Presidency of Youth Welfare. Key exhibitions include *Saudi Cultural Week*, Algiers, Algeria (1984); the

أنور سونيا

(مواليد 1948، المنامة، البحرين)

يُعد من الشخصيات الأساسية في المشهد الفني العُماني، ويُشار إليه غالبًا بوصفه الشخصية الرائدة في الرسم العُماني. وُلد في مسقط وبدأ رحلته الفنية في ستينيات القرن الماضي، في وقت كانت فيه البنية التحتية الرسمية للفنون في سلطنة عُمان لا تزال في طور التأسيس. وبفضل ارتباطه العميق بالطبيعة والتقاليد المحلية، طوّر أسلوبًا واقعيًا يتّسم بالدقّة في التفاصيل والصدى العاطفي العميق. وإلى جانب ممارسته الفنية في المرسم، كان ملتزمًا بدعم المواهب المحلية وتوجيه الفنانين الناشئين، فكان من الأعضاء المؤسسين لمرسم الشباب عام 1980، والجمعية العمانية للفنون التشكيلية عام 1993، مسهمًا بدور حاسم في بناء مجتمع فني نشط في سلطنة عُمان. كما امتدت جهوده إلى الساحة الإقليمية، حيث كان مناصرًا للتبادل الفني، ويتجلّى ذلك في عضويته في جماعة أصدقاء الفن التشكيلي الخليجي.

وتتمحور أعماله حول موضوعات التراث والحياة الروحية واليومية في عُمان. وتصوّر لوحاته مشاهد من الحياة البدوية، والمناظر الساحلية والجبلية، والحِرَف التقليدية، والزخارف ذات الطابع الروحي، وذلك من خلال منظور واقعي راقٍ يتسم بالحنين والاحترام للبيئة المحلية. وعلى مدى مسيرةٍ فنية امتدت لأكثر من ستة عقود، كرّس جهوده لتوثيق ملامح الثقافة العُمانية المادية والمعنوية، مطوّرًا أدواته وأساليبه الفنية مع الحفاظ على جوهر موضوعاته. وتُشكّل أعماله أرشيفًا بصريًا غنيًا لمجتمع يشهد تحولات متسارعة، ولا تزال لوحاته تجسّد موضوعات الانتماء والذاكرة والهوية الوطنية.

عُرضت أعماله على الصعيدين الوطني والدولي، ولا سيما في معرض «أقدار مكتوبة» في جناح سلطنة عُمان في بينالي البندقية التاسع والخمسين (2022)، ومعرض «حداثة خليجية: رواد وجماعات فنية في شبه الجزيرة العربية» في رواق الفن بجامعة نيويورك أبوظبي، الإمارات العربية المتحدة (2022). حظيت مساهماته بتقدير واسع على المستويين المحلي والإقليمي، حيث نال العديد من الأوسمة، من بينها جائزة مجلس التعاون الخليجي تقديرًا لإسهاماته في الفن في المنطقة، وجائزة جلالة السلطان المعظم في الخدمة المدنية تكريمًا لتفانيه في تطوير الفن في سلطنة عُمان. تم تكريمه من قبل معهد مسك للفنون باعتباره من كبار رواد الفن في الخليج (2019) وقد دخلت أعماله ضمن مجموعات فنية، من أبرزها المتحف الوطني العُماني والجمعية العُمانية للفنون التشكيلية بمسقط، والمتحف الوطني الأردني للفنون الجميلة بعمّان.

أيوب حسين

(مواليد 1932، الكويت - توفي عام 2022، الكويت)

كان أيوب حسين فنانًا تشكيليًا كويتيًا بارزًا، بدأ مسيرته المهنية في مجال التعليم بعد تخرجه من برنامج إعداد المعلمين في مدرسة المباركية عام 1949. وعلى مدار أربعة عقود، خدم في وزارة التربية والتعليم، متدرّجًا في مناصب متعددة من التدريس إلى الإشراف التربوي وإدارة المدارس حتى تقاعده عام 1999. بدأت مسيرته الفنية بالتوازي مع عمله التربوي في خمسينيات القرن الماضي، ليغدو أحد أوائل رواد الحركة الفنية الحديثة في الكويت. ولم يقتصر نشاطه على الفن التشكيلي، بل كان كاتبًا وباحثًا غزير الإنتاج، نشر العديد من المؤلفات حول التراث الكويتي وثقافة الطفل، شملت موضوعات الفولكلور والأمثال والألعاب الشعبية. وبدوره كعضو فاعل في لجان تحكيم المعارض الوطنية، لعب دورًا محوريًا في دعم التعليم الفني، إذ ألّف كتبًا مدرسية وساهم في تطوير المناهج الدراسية.

ركّز في ممارسته الفنية على توثيق التراث الشعبي والحياة الاجتماعية في الكويت من خلال التصوير الدقيق لمشاهد الحياة اليومية والأزياء التقليدية والطقوس المنزلية. وجمع في أسلوبه بين السرد البصري الواضح والدقة التصويرية، متناولًا موضوعات فولكلورية ورموزًا ثقافية مستمدة من تجاربه الشخصية ومعرفته العميقة بالعادات المحلية. وبذلك، أنشأ أيوب أرشيفًا بصريًا حفظ ملامح الهوية الوطنية وسط تسارع وتيرة التحديث. وتميزت أعماله أيضًا بتوجهها إلى الأطفال والبيئات التعليمية، جامعًا بين الفن التشكيلي والسرد القصصي البصري.

وشارك في المعارض التي نظمتها وزارة التربية والتعليم منذ عام 1955، وظلّ ناشطًا في الجمعية

Kuwait Exhibition for Arab Artists, Kuwait City, Kuwait (1981, 1976); *The Great Saudi Artists Exhibitions*, Riyadh, Saudi Arabia (1979), *Saudi Art Exhibition*, Sweden (1977); *Al Janadriya Festivals* I–III, Riyadh, Saudi Arabia (1976–1978); and the *First Exhibition of Fine Artists in Al Ahsa*, Al Ahsa, Saudi Arabia (1976). He participated in the traveling exhibition *Saudi Arabia Between Yesterday and Today* (1985–1992). He held his first solo exhibition in Al Ahsa in 1982, followed by solo shows in Al Bahah and Sharjah in 1985.

Almaghlouth received the Ali and Othman Hafiz Prize in 1991. In 2019, he was honored by Misk Art Institute as a pioneer in Saudi arts. His works can be found in private and public collections in Saudi Arabia and abroad, notably the World Museum of Yu-Yu Yang, Taipei, Taiwan. One of his caricatures, created for a poster, is held in the British Museum, London, United Kingdom.

ANWAR SONYA

(b. 1948, Manama, Bahrain)

Anwar Sonya is considered a foundational figure in the development of the Omani art scene. Often referred to as the leading figure of Omani painting, Sonya began his artistic journey in the 1960s, at a time when formal art infrastructure in Oman was still emerging. Deeply connected to the landscapes and traditions of his homeland, he developed a realist style marked by vivid attention to detail and emotional resonance. In addition to his studio practice, Sonya has been deeply committed to supporting the growth of local talent. As a founding member of the Youth Art Studio in 1980—a space dedicated to mentoring emerging Omani artists—and the Omani Society for Fine Arts in 1993, Sonya has played a crucial role in fostering the country's artistic community. His support has extended regionally, as he has been a long-standing advocate for artistic exchange, exemplified by his membership in the Friends of the Fine Arts group.

Sonya's artistic practice centers on themes of Omani heritage, spirituality, and daily life. His paintings frequently depict Bedouin figures, coastal and mountain landscapes, traditional crafts, and spiritual motifs, all presented through a refined realist lens. Throughout his six-decade career, Sonya has remained devoted to documenting the material and intangible culture of Oman, evolving his techniques while remaining faithful to the spirit of his subjects. His work serves as a visual archive of a rapidly transforming society and continues to resonate with themes of belonging, memory, and national identity.

Sonya has exhibited widely both nationally and internationally. Most notably, his work was included in *Destined Imaginaries*, the Oman Pavilion, 59th Venice Biennale (2022). He also participated in *Khaleej Modern: Pioneers and Collectives in the Arabian Peninsula*, NYU Abu Dhabi Art Gallery, United Arab Emirates (2022).

Sonya's contributions have been widely recognized, earning him numerous accolades, such as the Gulf Cooperation Council (GCC) award for his contributions to art in the region and His Majesty's Award in the Civic Service for his dedication to artistic development in Oman. In 2019, he was honored by Misk Art Institute as a pioneer in the arts in the region.

His paintings are held in several collections, including the National Museum of Oman, Muscat; the Oman Society for Fine Arts, Muscat; as well as the Jordan National Gallery of Fine Arts, Amman.

AYOUB HUSSEIN

(b. 1932, Kuwait – d. 2022, Kuwait)

Ayoub Hussein was born in Kuwait in 1932. A graduate of the teacher training program Mubarakiyah School in 1949, he began his professional life in education and worked for the Ministry of Education from the late 1940s until his

الكويتية للفنون التشكيلية وغيرها من المؤسسات الثقافية المحليـة. وعلـى مـر السـنين، أقـام العديد مـن المعارض الفرديـة، منهـا ثمانية موثّقـة بين عامـي 1974 و2000، أبرزها فـي جمعية المعلميـن الكويتية وصالـة الفنون في ضاحية عبدالله السـالم. نال تقديرًا واسـعًا على إسهاماته، فحاز على عدد من الأوسـمة، منها جائزة الدولة التقديرية من المجلس الوطني للثقافة والفنـون والآداب (2001). ودخلـت أعمالـه ضمـن مجموعـات المجلـس الوطنـي للثقافة والفنون والآداب بالكويت، مؤسسة بارجيل للفنون بالشـارقة، الإمارات العربيـة المتحدة.

أيوب ملنج البلوشي

(مواليد 1955، سلطنة عُمان - توفي عام 2018، سلطنة عُمان)

يُعـد أيوب البلوشـي من روّاد الفن التشـكيلي في سـلطنة عُمان،عُـرف بإسـهاماته المتميزة في مجـال النحت. درس فـي كليـة الخليـج التقنيـة بيـن عامـي 1977 و1979، ثم حصـل على درجـة البكالوريـوس فـي الهندسـة الكهربائية مـن جامعة كامبريدج فـي إنجلترا، إلى جانب شـهادة في الفـن والتصميـم من معهـد المجلس الثقافـي البريطاني. وقد ساهم احتكاكه بالمجتمعات الفنية الدولية في صقل رؤيته الإبداعية وتوسـيع آفاقـه التعبيرية، مع حفاظه في الوقت ذاتـه على ارتباطٍ وثيق بالتقاليـد الثقافية العُمانية. كان من أوائل المناصرين لتطوير البنية المؤسسـية للفنون فـي سـلطنة عُمـان، حيـث كان مـن الأعضاء المؤسسـين لمرسـم الشـباب بمسـقط عـام 1980، ثـم انضـم إلـى الجمعيـة العُمانيـة للفنون التشـكيلية عند تأسيسـها عام 1993. وبصفتـه مرشـدًا متفانيًـا ومناصـرًا ثقافيًـا، لعـب دورًا محوريًـا فـي تطويـر التعليـم الفنـي محليًا، وسـاهم في دعم منظومة الفنون الإقليمية من خلال عضويته في اللجـان التنظيمية لعدد من الملتقيـات الدولية البارزة في مجال النحت، والتي اسـتضافتها كل مـن الإمارات العربية المتحدة والبحريـن والكويت وسـلطنة عُمان.

دمج في ممارسـته النحتية بين الجماليات العُمانية التقليديـة والتعبيـر الحداثـي، مـا أسـفر عن أعمال تتسـم بالتناغـم الثقافـي والجـرأة فـي التجريـب الشـكلي. وقـد اسـتلهم مفرداتـه البصرية مـن التـراث الشـعبي والعمارة والطقوس الاجتماعية، محوّلًا هذه المرجعيات إلى أشكال تجريدية ملموسـة تحمل أبعادًا رمزية ووظيفية. ساهمت دراسـته الدوليـة وتجاربـه الغنيـة فـي التبـادل الفني - لا سـيما من خـلال عضويته في جمعيـة الصداقـة العُمانية اليابانيـة وجمعيـة ليونـاردو دافنشـي وجمعيـة النحاتين العـرب - فـي تطويـر لغـة نحتيـة فريـدة، متجـذّرة فـي الهويـة المحلية، لكنهـا منفتحة علـى التأثيـرات العالمية.

علـى مـدى مسـيرته الفنيـة، عُرضـت أعمالـه فـي جميـع أنحـاء العالـم العربـي، فضـلًا عـن بينالـي لـوزان، سويسـرا (2001)؛ وبينالـي بنغلاديـش (1999)؛ وبينالـي القاهـرة (1996)؛ والمعـرض السـابع للفـن العربـي فـي الكويت (1984، 1981). كما شـارك فـي معارض جماعية فـي طوكيو ولندن وباريـس والولايات المتحـدة الأمريكية والهند والمغرب والأردن وكوريا الجنوبية وبولندا والجزائر وهولنـدا. حـاز البلوشـي على العديـد من الأوسـمة، منها جائزة اليوبيل الفضي في عُمـان (1995)، والجائزة الأولى في بينالي لوزان، سويسـرا (2001). ودخلت أعماله ضمن المجموعات الدائمة فـي المتحف الوطني الأردني للفنون الجميلـة بعمّـان، الأردن، والجمعيـة العمانيـة للفنـون التشـكيلية بمسـقط، عُمان.

بكر شيخون

(مواليد 1946، جاوة، إندونيسيا)

رسـامٌ ونحات وفنان مفاهيمي سـعودي، قدّم مساهمات قيّمـة في تطـور المشـهد الفنـي الحديـث والمعاصر في منطقـة الخليـج. بعـد تخرجـه من معهـد التربيـة الفنية بالريـاض عـام 1968، حصـل علـى درجـة البكالوريـوس مـن أكاديميـة الفنـون الجميلـة برومـا عـام 1980. كرّس سـنوات عديـدة مـن حياتـه للتدريس، قبـل تقاعـده عام 1995 ليتفـرّغ بالكامـل لمزاولـة الفن.

اجتـازت مسـيرته الفنيـة مراحـل متمايـزة، إذ ركّـز فـي بداياتـه علـى تصوير المـرأة والخيـل، قبـل أن يتحوّل لاحقًا إلـى توظيف الخـط العربي كما يتجلى في نقوشـه الرخامية التي اسـتخدم فيهـا الحروف والزخـارف العربية. وفي ثمانينيات القرن الماضي، اتجه إلى الصور المسـطّحة المكوّنة مـن طبقات مسـتوية، مع مواصلـة تصوير المرأة كعنصـر بصري محوري. ويُعد شـيخون مـن القلائل الذين

retirement in 1990, serving in various roles including school principal and education supervisor.

His parallel career as an artist began in the 1950s, making him among the early pioneers of the modern Kuwaiti art movement. Hussein was also an active writer and researcher, publishing several books on Kuwaiti heritage and children's culture, including works on folklore, popular sayings, and traditional games. He served on juries for national exhibitions and was a key figure in promoting art education in Kuwait, authoring textbooks and contributing to curriculum development.

Hussein's work focused on documenting Kuwait's popular heritage and social life through detailed and nostalgic depictions of daily scenes, traditional dress, and domestic rituals. His style combined narrative clarity with illustrative precision, often incorporating folkloric themes and cultural symbols. Drawing from his own experiences and deep knowledge of Kuwaiti customs, Hussein's developed a visual archive that preserved elements of national identity amid rapid modernization. His paintings also engaged children and educational settings, bridging fine art and visual storytelling.

He participated in exhibitions organized by the Ministry of Education in Kuwait as early as 1955 and remained active in the Kuwait Arts Association and other local cultural institutions. Over the years, Hussein held numerous solo exhibitions, with eight documented between 1974 and 2000, primarily at the Kuwait Teachers Society and the Abdullah Al-Salem Art Hall.

His contributions earned him numerous accolades, such as the State Appreciation Award from the National Council for Culture, Arts and Letters in 2001. His works are part of the National Council for Culture, Arts and Letters, Kuwait City, Kuwait; and Barjeel Art Foundation, Sharjah, United Arab Emirates.

AYUB MOLNEG BALUCHI

(b. 1955, Oman - d. 2018, Oman)

Ayub Molneg Baluchi was a pioneering figure in the development of Omani fine arts, known particularly for his contributions to sculpture. He pursued early training at Gulf Technical College from 1977 to 1979 before earning a bachelor's degree in electrical engineering from Cambridge University in England and receiving an Art & Design Certificate from the British Council Institute. His exposure to international artistic communities shaped his creative vision while reinforcing his deep connection to Omani cultural traditions.

Baluchi was an early advocate for institutional art development, becoming a founding member of the Youth Art Studio in 1980, and later joining the Omani Society for Fine Arts in 1993. As a dedicated mentor and cultural advocate, Sonya played a major role in art education and development in Oman. He also contributed to the regional arts ecosystem by serving on the organizing committees for major international sculpture symposiums held in the United Arab Emirates, Bahrain, Kuwait, and Oman.

Baluchi's sculptural practice merged traditional Omani aesthetics with modernist expression, resulting in works that were both culturally resonant and formally experimental. Drawing inspiration from folklore, architecture, and social rituals, he transformed these references into abstracted, tactile forms. His international studies and artistic exchanges, particularly through affiliations with the Oman-Japan Friendship Society, the Leonardo da Vinci Society, and the Arab Sculptors Association, enabled Baluchi to develop a unique sculptural language grounded in heritage but also open to global influence.

Throughout his career, Baluchi exhibited extensively across the Arab world and beyond. His work was featured in the Lausanne Biennale, Switzerland (2001);

خاضوا غمار الفن التصوّري المفاهيمي مبكرًا، إذ أبدع أول أعماله المفاهيمية في ثمانينيات القرن العشرين، قبل أن يتحوّل بالكامل إلى هذا الاتجاه الفني في عام 2000.

وقد عُرضت أعماله محليًا ودوليًا؛ وشارك في العديد من المعارض الجماعية، من أبرزها مشاركاته في بينالي إيبيزا للفن المعاصر بإيبيزا، إسبانيا (1972)؛ معرض الفن المعاصر الثالث بالكويت (1983)؛ بينالي الشارقة الثالث، الإمارات العربية المتحدة (1999). كما عرض أعماله في قطر وبغداد وألمانيا والأردن وإيطاليا. وأقام أول معرض فردي له في جدة، المملكة العربية السعودية (1982)؛ تلته معارض في الشارقة، الإمارات العربية المتحدة (1989)، وجدة، المملكة العربية السعودية (1998). وبالإضافة إلى إنجازاته الفنية، ألّف شيخون كتاب «حكايات تشكيلية: فن اليوم وثقافة الغفلة - خواطر نقدية» (2007).

تم تكريمه من قبل معهد مسك للفنون باعتباره من كبار رواد الفن السعودي (2018) وحاز على العديد من الجوائز، منها جائزة المعرض الدولي الثالث للفنانين الأجانب، إيطاليا (1975)؛ وجائزة الاقتناء في بيسكارا، إيطاليا (1978)؛ وجائزة الشراع الذهبي في الكويت (1983). ويمكن رؤية الأعمال البرونزية والجدارية التي كُلّف بها في مطار الملك خالد الدولي بالرياض؛ وجامعة الملك عبد العزيز بجدة؛ ومتحف عبد الرؤوف خليل بجدة. ودخلت أعماله كذلك ضمن مجموعات خاصة وعامة، بما في ذلك مؤسسة المنصورية بجدة، المملكة العربية السعودية.

بلقيس فخرو

(مواليد 1950، المنامة، البحرين)

بلقيس فخرو فنانة بحرينية، تستكشف في أعمالها التجريدية موضوعات الذاكرة والصمت والفضاء النفسي من خلال لغة بصرية تأملية. أظهرت موهبة فنية منذ الصغر محرزةً علامات متميزة في الرسم خلال المرحلة الابتدائية. في أواخر الستينيات من القرن الماضي، انتقلت إلى بيروت لدراسة اللغة الإنجليزية لمدة عام قبل أن تلتحق بجامعة بيروت العربية لدراسة الفلسفة وعلم النفس. ثم تابعت دراستها لاحقًا في كلية لون ماونتن بجامعة سان فرانسيسكو، حيث حصلت على بكالوريوس في الفنون التشكيلية وتاريخ الفن عام 1975.

كرّست فخرو نفسها لممارستها الفنية بتشجيع من أساتذتها، وعادت إلى البحرين لتكون من أوائل الفنانات اللواتي تلقين تدريبًا أكاديميًا رسميًا في البلاد. وانخرطت بفعالية في المشهد الفني المتنامي، حيث انضمت إلى جمعية البحرين للفنون التشكيلية، وجمعية الفن المعاصر، واتحاد الفنانين العرب، وجماعة أصدقاء الفن التشكيلي الخليجي عام 1985. كما تولّت تدريس الفنون التشكيلية في جامعة البحرين، وهي عضو في المركز الدولي للفنانات.

وقد صوّرت في أعمالها المبكرة المناظر الطبيعية والهياكل المعمارية في البحرين، من مزارع وشواطئ ومنازل تقليدية، سعيًا منها إلى تشكيل سجلّ بصري لهذه العناصر الآخذة بالاضمحلال. استلهمت في البداية من رسومات المخطوطات الفارسية، ثمّ طوّرت تدريجيًا لغة مميزة قوامها الأشكال الهندسية الناعمة، والأسطح المزخرفة، والألوان الخافتة. كما استعانت باستعارات العتبات والأبواب والفراغات، مُبدعةً أعمالًا تعكس السكون الداخلي والتوتر الإيقاعي المكاني. كما استوحت من الأشكال المعمارية والنوتات الموسيقية، مستخدمةً الفراغات والفواصل كأدوات للإيحاء بالإيقاع والتأمل.

شاركت في العديد من المعارض الفنية، من أبرزها بينالي القاهرة الدولي الثامن (2001)؛ «قوى التغيير: المرأة العربية تُعيد تشكيل الواقع»، جولة في الولايات المتحدة (1994-1996)؛ معرض الأليانس فرانسيز بالمنامة (1980)؛ ومعارض جماعة أصدقاء الفن التشكيلي الخليجي في القاهرة ومدريد وبون ونيويورك. نُشرت كتاباتها في الصحف المحلية وفي كتاب «الثقافة في البحرين في ثلاثة عقود» (1993). حصلت على العديد من الأوسمة المرموقة، منها جائزة السعفة الذهبية من معرض الفنون التشكيلي الرابع لفناني دول مجلس التعاون في مدينة الكويت، الكويت (1996)، وجائزة السعفة الذهبية في معرض البحرين السنوي السابع والعشرين للفنون التشكيلية (2021)، وجائزة سعاد الصباح (2012)، وجائزة الدانة في البحرين (1999، 2002). ودخلت أعمالها ضمن مجموعات فنية منها متحف البحرين الوطني بالمنامة، البحرين؛ والمتحف

the Bangladesh Biennale (1999); the Cairo Biennale, Egypt (1996); and the *Kuwait Exhibition for Arab Artists*, Kuwait City, Kuwait (1981, 1984). He also participated in group shows in Tokyo, London, Paris, the United States, India, Morocco, Jordan, South Korea, Poland, Algeria, and the Netherlands.

Baluchi received numerous honors, including the Silver Cup, Oman (1995), First Prize at the Lausanne Biennale, Switzerland (2001). His works are held in the permanent collection of the Jordan National Gallery of Fine Arts, Amman, Jordan, and the Omani Society for Fine Arts, Muscat, Oman.

BAKR SHEIKHOUN

(b. 1946, Java, Indonesia)

Bakr Sheikhoun is a Saudi painter, sculptor, and conceptual artist who has made meaningful contributions to the development of the modern and contemporary art scene in the Gulf region. After graduating from the Institute of Art Education in Riyadh in 1968, he earned a bachelor's degree from the Academy of Fine Arts in Rome in 1980. He dedicated several years to teaching before retiring in 1995 to focus on his artistic practice full-time.

Sheikhoun's artistic journey has been marked by several distinct phases. His early works feature depictions of women and horses, which later evolved into a calligraphic style as seen in his marble reliefs, where he experimented with Arabic letters and ornamentation. In the 1980s, Sheikhoun's art transformed to feature flattened images composed of layered planes, while continuing to portray women. Sheikhoun stands out as one of the few modern artists to delve into conceptual art, creating his first conceptual painting in the 1980s and eventually shifting his entire artistic practice toward conceptualism in 2000.

Throughout his career, Sheikhoun has exhibited widely, participations include the Bienal de Ibiza de Arte Contemporáneo, Ibiza, Spain (1972); Third *Arab Art Exhibition*, Kuwait City, Kuwait (1983); and the Sharjah Biennial, Sharjah, United Arab Emirates (1999). He has also exhibited in Qatar, Baghdad, Germany, Jordan, and Italy. Sheikhoun held his first solo exhibition in Jeddah, Saudi Arabia (1982); with subsequent shows in Sharjah, United Arab Emirates (1989) and Jeddah, Saudi Arabia (1998). In addition to his artistic accomplishments, Sheikhoun authored the book *Compositional Tales: Contemporary Art and the Culture of Negligence - Critical Reflections* (2007).

The artist has been recognized with various awards, such as the Third International Exhibition for Foreign Artists, Italy (1975); Advance Acquisition Award in Pescara, Italy (1978); and the Golden Sail Prize, Kuwait (1983). In 2018, he was honored by Misk Art Institute as a pioneer in Saudi arts. Sheikhoun's commissioned bronze sculptures and murals can be seen at the King Khalid International Airport, Riyadh; King Abdulaziz University, Jeddah; and Abdulraouf Khalil Museum, Jeddah. His works are housed in both private and public collections, including the Al-Mansouria Foundation, Jeddah, Saudi Arabia.

BALQEES FAKHRO

(b. 1950, Manama, Bahrain)

Balqees Fakhro is a Bahraini painter whose abstract practice explores memory, silence, and psychological space through a contemplative visual language. She demonstrated an early aptitude for art, receiving high marks in drawing during primary school. In the late 1960s, she moved to Beirut, where she studied English for a year before enrolling at the Beirut Arab University to pursue philosophy and psychology. She later transferred to Lone Mountain College at the University of San Francisco, where she earned a BA in Fine Arts and Art History in 1975.

العربـي للفن الحديـث بالدوحة، قطـر؛ والمتحف الوطني الأردنـي للفنـون الجميلة بعمّـان، الأردن؛ ومؤسسـة كندة بالرياض، المملكة العربية السـعودية؛ وقصر حكومة ولاية هامبـورغ فـي هامبـورغ ، ألمانيا.

ثريا البقصمي

(مواليد 1951،مدينة الكويت، الكويت)

ثريـا البقصمـي فنانةٌ وكاتبـة كويتية رائدة، تُعـد من أوائل الفنانات الناشـطات في منطقة الخليج. التحقت بدراسـة الفنون الجميلـة، فبدأت مسـيرتها الأكاديمية في القاهرة، ثـم واصلتهـا فـي الاتحـاد السـوفياتي، حيث نالـت درجة الماجسـتير فـي الرسـم التوضيحـي من معهد سـوريكوف العريق في موسـكو (1974-1981). أسهمت هذه التجربة الأكاديميـة الغنية ومتعـددة الثقافات في تشـكيل رؤيتها البصريـة والفكريـة، إذ انفتحت خلالها على فلسـفات فنية متنوعـة واكتسـبت مهـارات فـي تقنيـات الطباعـة الفنية التـي أصبحت لاحقًـا من السـمات الأساسـية لممارسـتها الفنيـة المتميزة.

مـن خـلال اشـتغالها بالطباعـة والرسـم بالفرشـاة والرسـم التوضيحـي، طـوّرت ثريـا البقصمـي لغـة بصرية رمزية وتعبيريـة تتجذّر في الذاكرة الشـخصية والجماعية، وتستكشـف باسـتمرار موضوعـات الهوية والنوع والشـرط الإنسـاني، مسـتلهمةً من تجاربها الحياتية ووعيها الأدبي. شـكّلت صدمـة الغـزو العراقـي للكويـت (1990–1991) نقطـة تحـوّل فـي مسـيرتها الفنيـة، إذ عمّقـت اهتمامها بتنـاول موضوعـات الصـراع والصمـود والبقـاء الثقافـي. وبوصفهـا روائيـة وكاتبـة قصـص قصيـرة ومؤلّفـة كتـب للأطفـال، ينعكـس نتاجهـا الأدبي فـي البعـد الاجتماعي والنسوي والسياسي لأعمالها التشكيلية، التي ظلّت على مرّ العقود ملتزمة بسـرد القصص الجريئة عبر الصور متعددة القراءات والسرديات الشـعرية. نالت مجموعتها القصصية الحربية «شموع السرداب» (1993)، التي كتبتها في أعقاب الغـزو، جائـزة الدولة الكويتيـة للآداب.

بدأت عرض أعمالهـا الفنية عام 1964 بأول معرض فردي لها فـي الكويت، مفتتحةً بذلك مسـيرةً فنية حافلة تشـمل أكثر مـن سـتين معرضًا حـول العالم. شـاركت في معـارض جماعيـة كبرى مثـل «مسـرح العمليـات: حروب الخليـج 1991-2011» في متحف الفن الحديث بنيويورك (2019-2020)؛ «المـرأة والذكريـات في العالـم العربي» في دار اليونسـكو بباريـس (1993)؛ بينالي الشـارقة الثاني والرابـع (1995، 1999). ومـن معارضهـا الفرديـة البارزة «انطباعـات خالدة» في متحف الشـارقة للفنون (2017)، وهـو معـرض اسـتعادي كبيـر ضـم أكثـر مـن 300 عمل لهـا؛ ومعـرض اسـتعادي فـي المجلـس الوطنـي للثقافة والفنـون والآداب بالكويـت (1994)؛ ومعـرض فـي وزارة الثقافـة بصوفيـا، بلغاريـا (2002)؛ ومعـرض في متحف جامعة كراكـوف ببولندا (2003)؛ ومعرض في مؤسسـة كوريا بسـيول، كوريـا الجنوبية (2008).

حـازت علـى العديد من الجوائـز تقديرًا لإسـهاماتها الفنيـة والأدبيـة، مـن أبرزهـا جائـزة فرانـز كافـكا، وجائزة سـلفادور دالـي، وجائزة تريبيـا، وجائـزة مهرجـان القرين، وجائزة متحف الكويت، وجائـزة الجمعية الكويتية للفنون التشـكيلية. ودخلـت أعمالهـا ضمـن مجموعـات فنية من بينها متحف الفن الحديث بنيويـورك، الولايات المتحدة؛ والمتحـف البريطانـي بلنـدن، المملكـة المتحـدة؛ ودار اليونسكو بباريس، فرنسـا؛ والمتحف العربي للفن الحديث بالدوحـة، قطـر؛ ومؤسسـة بارجيـل للفنـون بالشـارقة، الإمارات العربية المتحـدة؛ ومتحف الفن الحديث بمدينة الكويـت، الكويت.

جعفر إصلاح

(مواليد 1946، مدينة الكويت، الكويت)

جعفـر إصلاح فنانٌ كويتـي معروف ببراعته في اسـتخدام مختلـف الوسـائط الفنيـة، بمـا فيهـا الرسـم والتصويـر والنحـت والسـجاد. حصل علـى درجـة البكالوريـوس من جامعة كاليفورنيا في عام 1970، وواصل دراسـته كطالب زائـر فـي الأكاديميـة الملكيـة الدنماركيـة للفنـون الجميلة بكوبنهاغـن عـام 1971. وتركـت أسـفاره الكثيـرة وإقاماتـه في الدنمـارك ومصر وفرنسـا والهند وإندونيسـيا وإيطاليا وتركيـا والولايـات المتحـدة الأمريكيـة أثـرًا عميقًـا فـي لغتـه البصريـة ومفاهيمـه الجماليـة. رفـض التقيّـد بأي أسـلوب أو حركة فنية واحدة، بل تبنى أسـلوبًا فنيًا سلسًـا وديناميكيًـا يشـمل مختلـف التخصصات ويعكـس التزامه بالاستكشاف المستمر.

Encouraged by her professors, Fakhro committed to her artistic practice and returned to Bahrain as one of the country's first formally trained female artists. She became an active member of Bahrain's growing art scene, joining the Bahrain Arts Society, the Contemporary Art Association, the Arab Artists Federation, and the Friends of the Fine Arts collective in 1985. Fakhro also taught fine arts at the University of Bahrain and is a member of the International Centre for Women Artists (ICWA).

Fakhro's early work depicted the landscapes and architecture of Bahrain—farms, seashores, and traditional homes—serving as a visual record of disappearing environments. Her shift toward abstraction was initially inspired by Persian manuscript painting and gradually evolved into a distinctive language of softened geometries, textured surfaces, and muted tones. She often draws on metaphors of thresholds, doorways, and voids, creating works that reflect inner stillness and rhythmic spatial tension. Drawing influence from both architectural forms and musical structures, Fakhro employs voids and intervals as devices to suggest rhythm and introspection.

Fakhro has exhibited widely, including the 8th Cairo Biennale, Cairo, Egypt (2001); *Powers of Change: Arab Women Reshaping Reality*, United States tour (1994–1996); *Alliance Française Exhibition*, Manama, Bahrain (1980); and numerous exhibitions with the Friends of the Fine Arts in cities including Cairo, Madrid, Bonn, and New York. Her writing has been published in local newspapers and in the volume *Culture in Bahrain in Three Decades* (1993). Fakhro has received numerous honors, including The Golden Palm Award from the Fourth *Fine Arts Exhibition for Artists of the GCC Countries*, Kuwait City, Kuwait (1996); the Golden Palm Award at the *27th Bahrain Annual Fine Arts Exhibition* (2021), the Soad Al Sabah Prize (2012), and the Al Dana Prize, Bahrain (1999, 2002). Her work is held in several collections, including the Bahrain National Museum, Manama, Bahrain; Mathaf: Arab Museum of Modern Art, Doha, Qatar; Jordan National Gallery of Fine Arts, Amman, Jordan; the Kinda Foundation, Riyadh, Saudi Arabia; and Hamburg State House, Hamburg, Germany.

THURAYA AL-BAQSAMI

(b. 1951, Kuwait City, Kuwait)

Thuraya Al-Baqsami is a pioneering Kuwaiti artist and writer, and one of the first active female artists in the Gulf region. Driven by her early interest in the arts, Al-Baqsami pursued her studies in fine arts, first in Cairo, Egypt, and later in the Soviet Union. She earned a master's degree in illustration at the prestigious Surikov Institute in Moscow (1974-1981), where the cross-cultural academic experience significantly shaped her visual and intellectual formation, exposing her to diverse artistic philosophies and printmaking techniques that would later become hallmarks of her practice.

Working across printmaking, painting, and illustration, Al-Baqsami's practice is rooted in an expressionist and symbolic visual language that reflects both personal and collective memory. Her work consistently explores themes of identity, gender, and the human condition, often drawing from lived experiences and literary sensibilities. The trauma of the 1990–1991 Iraqi invasion of Kuwait had a lasting impact on her artistic trajectory, deepening her engagement with themes of conflict, resilience, and cultural survival. As a published novelist, short story writer, and children's book author, Al-Baqsami's literary production enriches the social, feminist, and political dimensions of her visual work. Over the decades, her style has evolved while retaining a consistent commitment to bold storytelling through layered imagery and poetic narrative. Her collection of war stories, *Cellar Candles* (1993), written in the aftermath of the Iraqi invasion of Kuwait, was awarded the Kuwaiti State Prize for Literature.

تتّسم ممارسته الفنية بطابع ثوري وتجريبي ينبع من تجاربه الثقافية المتنوعة، ويتحدى في أعماله الحدود التقليدية، جامعًا بين التجريد والزخارف الثقافية والخامات غير النمطية. ومن خلال استكشافه للتجريد، يُبدع أعمالًا شخصية ومتجذرة في السياق الجماعي الأوسع في ذات الآن، سواءٌ عمل بالحفر أو الأكريليك أو الوسائط المختلطة؛ كما يبرع في توليف التأثيرات العالمية مع مرجعياته الكويتية، ما جعله صوتًا مميزًا في المشهد الفني العربي المعاصر.

تشمل المعارض الجماعية التي شارك بها «التبلور: التجريد في العالم العربي بين الخمسينيات والثمانينيات» في متحف ذا بلوك بإيفانستون، الولايات المتحدة (2022)؛ «الكآبة» في مؤسسة بوغوصيان ببروكسل، بلجيكا (2018)؛ «البحث عن الزمن المفقود» في قاعة بروناي بكلية الدراسات الشرقية والإفريقية في لندن (2016). وأقام العديد من المعارض الفردية التي تمثل محطات رئيسية في مسيرته الفنية المتطورة، ومنها المعارض الفردية التي أقيمت في منصة الفن المعاصر بالكويت (2012)؛ متحف محمد محمود خليل بالجيزة، مصر (2000)؛ معرض استعادي في متحف الكويت الوطني (1984)؛ سلطان غاليري بالكويت (1980)؛ غاليري هيرفي أودرمات بباريس، فرنسا (1976)؛ ومعارض مبكرة في الدار بالكويت. دخلت أعماله ضمن العديد من المجموعات الفنية المرموقة، من أبرزها مؤسسة بارجيل للفنون بالشارقة، الإمارات العربية المتحدة؛ والمتحف الوطني الأردني للفنون الجميلة، عمّان، الأردن والمجلس الوطني للثقافة والفنون والآداب، مدينة الكويت، الكويت؛ والصندوق العربي للتنمية الاقتصادية والاجتماعية، مدينة الكويت، الكويت؛ ومتحف مدينة باريس للفن الحديث، باريس، فرنسا.

جاسم بوحمد

(مواليد 1946، مدينة الكويت، الكويت)

جاسم بوحمد رسامٌ ونحّات كويتي استهل مسيرته بالعمل في وزارة الإعلام ضمن إدارة الآثار والمتاحف في الكويت، قبل أن يصبح فنانًا متفرغًا في المرسم الحر عام 1977 ويشغل منصب أمينه العام في عام 1982.

كان عضوًا في الجمعية الكويتية للفنون التشكيلية بين عامي 1968 و1972، وشارك بانتظام في معارضها داخل الكويت وخارجها. وفي عام 1972، سافر إلى فرنسا ليلتحق بالمدرسة الوطنية العليا للفنون الجميلة في باريس، حيث تخرّج عام 1976. وأتاحت له هذه الخلفية الأكاديمية الصارمة أن يرسّخ مهاراته في التقنيات الكلاسيكية، التي طورها لاحقًا للتعبير عن موضوعات أكثر رمزية وابتكارًا.

طوّر أسلوبًا فنيًا انطلاقًا من اهتمامه بالواقعية الجديدة، وهي حركة فنية تعرّف عليها خلال دراسته الأكاديمية في باريس، ثم تعمّق فيها عند عودته إلى الكويت. ورغم أن أعماله الأولى اتّسمت بتركيبات رمزية ومتخيَّلة، فقد اتجه تدريجيًا نحو المشاهد المستلهمة من الحياة اليومية والتقاليد المحلية. وتأثّر أيضًا بفلسفة «الدائرية» التي ابتكرها الفنان الكويتي خليفة قطّان، والتي تسعى إلى المزج بين التعبير الفني والبحث الاجتماعي والفلسفي. ومن خلال استخدامه للبخاخ، طوّر لغة بصرية شاعرية تمزج بين الواقعية، والتأمل الذاتي، والإحساس العميق بالهوية الوطنية.

شارك في العديد من المعارض في القاهرة (1984، 1986)، ومدريد وبرشلونة (1982)، وفرانكفورت (1981)، وأنحاء الخليج، بما في ذلك معارض جماعة أصدقاء الفن التشكيلي الخليجي في أبوظبي وعجمان والدوحة والرياض وجدة والبحرين والكويت. أثناء وجوده في باريس، عرض أعماله في معرض الخريف تحت شعار «تكريمًا لمايكل أنجلو» في القصر الكبير (1976)؛ ومعرض الفنانين الفرنسيين تحت شعار «الحرية» في القصر الكبير (1976)، ومعرض الفنانين الأجانب في مطار أورلي الجنوبي (1975)، ومعرض الطلاب العرب في المركز الثقافي العراقي (1975). كما مثّل الكويت في الوفود الثقافية الرسمية إلى العراق (1979)، وفرنسا (1973)، واليمن (1971)، ولبنان (1970)، والبحرين (1969). وأقام معرضًا فرديًا في مركز الشرق الأوسط الثقافي في باريس (1975). وحاز على الجائزة الثالثة في مسابقة نصب الصفاة التذكاري عام 1985. دخلت أعماله ضمن مجموعات المجلس الوطني للثقافة والفنون والآداب بالكويت؛ والمتحف الوطني الأردني للفنون الجميلة في عمّان.

Al-Baqsami began exhibiting in 1964 with her first solo show in Kuwait, marking the start of a prolific career that now includes over sixty exhibitions worldwide. She has participated in major group exhibitions such as *Theater of Operations: The Gulf Wars 1991–2011*, MoMA PS1, New York, United States (2019–2020); *Women and Memories in the Arab World*, UNESCO, Paris, France (1993); and the Second and Fourth Sharjah Biennials (1995, 1999). Her notable solo exhibitions include *Lasting Impressions*, Sharjah Art Museum, Sharjah, United Arab Emirates (2017), a major retrospective featuring over 300 works; *Retrospective Exhibition*, National Council for Culture, Arts, and Letters, Kuwait, Kuwait City, Kuwait (1994); at the Ministry of Culture, Sofia, Bulgaria (2002); at Krakow University Museum, Poland (2003); and at The Korea Foundation, Seoul, South Korea (2008). Al-Baqsami has received numerous awards for her artistic and literary contributions, including the Franz Kafka Award, Salvador Dalí Award, Tribia Award, Qurain Festival Award, the Kuwait Museum Award, and the Kuwaiti Society for Fine Arts Award. Her works are held in several collections such as The Museum of Modern Art (MoMA), New York, United States; The British Museum, London, United Kingdom; UNESCO, Paris, France; Mathaf: Arab Museum of Modern Art, Doha, Qatar; Barjeel Art Foundation, Sharjah, United Arab Emirates; and the Museum of Modern Art in Kuwait City, Kuwait.

JAFAR ISLAH

(b. 1946, Kuwait City, Kuwait)

Jafar Islah is a Kuwaiti artist recognized for his versatility across multiple media, including drawing, painting, sculpture, and tapestry. In 1970, he earned a Bachelor of Arts from the University of California and continued his training as a visiting student at the Royal Danish Academy of Fine Arts in Copenhagen in 1971. His extensive travels and time spent living in Denmark, Egypt, France, India, Indonesia, Italy, Turkey, and the United States deeply influenced his visual language and artistic philosophy. These global experiences informed his approach, contributing to his refusal to conform to any single style or movement. Instead, Islah embraced a fluid, dynamic practice that spans disciplines and reflects a commitment to continuous exploration.

Islah's practice is characterized by a revolutionary and experimental approach that draws from his diverse cultural encounters. His works often challenge traditional boundaries, combining abstraction with cultural motifs and unconventional materials. Through this exploration of abstraction, Islah creates works that are at once personal and rooted in broader collective histories. Whether working in etching, acrylic, or mixed media, his ability to synthesize global influences while remaining anchored in his Kuwaiti heritage has positioned him as a pioneering voice in the Arab art world.

Notable group shows include *Taking Shape: Abstraction from the Arab World, 1950s–1980s*, The Block Museum, Evanston, United States (2022); *Melancholia*, Foundation Boghossian, Brussels, Belgium (2018); and *In Search of Lost Time*, The Brunei Gallery, SOAS, London, United Kingdom (2016). Over the years, Islah has held several solo exhibitions that mark key stages in his evolving career. These include solo exhibitions held at the Contemporary Art Platform, Kuwait City, Kuwait (2012); Mohamed Mahmoud Khalil Museum, Giza, Egypt (2000); a retrospective at the Kuwait National Museum, Kuwait City, Kuwait (1984); Sultan Gallery, Kuwait City, Kuwait (1980); Gallery Hervé Odermatt in Paris, France (1976); and early exhibitions at Al-Dar, Kuwait.

His work is held in numerous collections, including Barjeel Art Foundation, Sharjah, United Arab Emirates, the Jordan National Gallery of Fine Arts, Amman, Jordan, the National Council for Culture, Arts and Letters, Kuwait City, Kuwait, the Arab Fund for Economic and Social Development, Kuwait City, Kuwait, and Musée d'art moderne de Paris, Paris, France.

جاسم زيني

(مواليد 1943، قطر - توفي عام 2012، قطر)

يُعد جاسم زيني من الشخصيات المؤسسة لحركة الفن الحديث في قطر، وعُرف بقدرته على توثيق التحولات الاجتماعية والاقتصادية التي شهدتها بلاده من خلال أعماله الفنية. كان أول قطري يحصل على درجة البكالوريوس في الفنون التشكيلية من كلية الفنون الجميلة في بغداد عام 1968، حيث تتلمذ على يد مجموعة من أبرز الفنانين العراقيين، مثل فائق حسن وحافظ الدروبي وإسماعيل الشيخلي وعطا صبري. وإلى جانب ممارسته الفنية، أدّى زيني دورًا محوريًا في تشكيل المشهد الثقافي في قطر، إذ كان أول رئيس منتخب للجمعية القطرية للفنون التشكيلية، وأسهم من خلال هذا الدور في دعم الفن المحلي وتعزيزه.

نشأ في كنف والده الذي كان يعمل في الحِرف التقليدية، ما ترك أثرًا عميقًا في تشكيل وعيه الفني وتطوره الإبداعي منذ سن مبكرة. وقد تناول في أعماله التحولات السريعة التي شهدها المجتمع القطري خلال خمسينيات وستينيات القرن الماضي، لا سيما مع بزوغ عصر النفط. تطوّر أسلوبه الفني مع مرور الوقت من الواقعية إلى التجريدية، مع حفاظه على التزام دائم بمعالجة موضوعات التراث والحداثة والهوية. وتُعد أعماله اليوم سجلًا بصريًا للتراث الثقافي القطري، وتشكّل في الوقت نفسه استكشافًا بصريًا متعمقًا لمسألة الهوية القطرية المتغيرة، من خلال رؤيته الفنية الفريدة.

شارك في العديد من المعارض المحلية والبيناليات الإقليمية، ومن أبرزها بينالي أنقرة الدولي، تركيا (1988، 1986)؛ وبينالي بنغلاديش (1986)؛ وبينالي القاهرة، مصر (1986 و1984)؛ والبينالي العربي الثاني بالرباط، المغرب (1976). وكانت أعماله محورًا لمعارض استعادية كبرى، منها معرض «جاسم زيني: تصوير وتجريد» في المتحف العربي للفن الحديث بالدوحة، قطر (2018). تقديرًا لمسيرته الفنية المؤثرة، كرّمت وزارة الثقافة والفنون والتراث في قطر إرث جاسم زيني بافتتاح «قاعة جاسم بن محمد زيني» عام 2012. وفي عام 2019، واحتفاءً بإسهاماته في تشكيل الثقافة البصرية في البلاد، كلفت قرية كتارا الثقافية فنانًا برسم جدارية مستوحاة من لوحته التي أنجزها عام 1972 "ملامح قطرية". دخلت أعماله ضمن مجموعات فنية مرموقة، من أبرزها المتحف العربي للفن الحديث بالدوحة، قطر؛ ومؤسسة بارجيل للفنون بالشارقة، الإمارات العربية المتحدة.

حسن الملا

(مواليد 1951، الدوحة، قطر)

فنانٌ قطري رائد، عُرف بتأثّره الواضح بالحركة السريالية، حيث تتداخل في أعماله الصور الحُلُمية والرمزية مع تراكيب حيوية تُثير مشاعر الحنين وتستحضر الذاكرة الثقافية الجماعية. حصل على درجة البكالوريوس في الفنون التشكيلية من كلية الفنون الجميلة بجامعة بغداد عام 1975، وهي تجربة أكاديمية أثّرت بعمق في رؤيته الفنية، ومكّنته من الموازنة بين العناصر التصويرية والتجريدية في أعماله. يتميّز بقدرته على التنقّل بسلاسة بين المشاهد المألوفة والتراكيب الغامضة، ما أضفى على أعماله دلالات متعددة.

شارك في عام 1980 في تأسيس الجمعية القطرية للفنون التشكيلية، ثم تولّى رئاستها لاحقًا بصفته ثاني رئيس لها. كما شغل مناصب قيادية في عدد من المؤسسات الثقافية، من بينها منصب مدير إدارة الثقافة والفنون، ونائب رئيس الجمعية القطرية لتأهيل ذوي الاحتياجات الخاصة عام 2011. وبصفته معلّمًا فنيًا متفانيًا، قام بتدريس الرسم في جامعة قطر، مُرشدًا جيلًا جديدًا من الفنانين القطريين. كما ساهم في إثراء البحث العلمي المتخصص في تاريخ الفن في قطر، من خلال مشاركته في تأليف كتاب «الفنون التشكيلية في دولة قطر: ستون عامًا من الإبداع» بالتعاون مع المؤسسة العامة للحي الثقافي (كتارا).

يستكشف الملا في أعماله موضوعات الطفولة والحياة القطرية التقليدية والبيئة الطبيعية، مصوّرًا شخصيات متحركة، ومناظر صحراوية، وعناصر من التراث الشعبي، بلمسة صوفية وتأملية. وتتميّز لوحاته بضربات الفرشاة الناعمة والممزوجة، وألوانها الهادئة والمعبّرة، وأجوائها الأثيرية، ما يخلق شعورًا بالتأمل والعمق الوجداني، وإحساسًا بالشوق، كما لو أنها تلتقط ذكريات عابرة أو سرابًا من الماضي. وينصبّ اهتمام الملا على

JASSEM BU HAMAD

(b. 1946, Kuwait City, Kuwait)

Kuwaiti artist Jassem Bu Hamad began his artistic journey working at the Ministry of Information, Department of Antiquities and Museums in Kuwait. In 1977, he became a full-time artist at the Free Art Atelier, later served as its general secretary in 1982. He was a member of the Kuwaiti Society for Formative Arts from 1968 to 1972, participating regularly in its exhibitions both locally and abroad. In 1972, Bu Hamad relocated to study in France at the École Nationale Supérieure des Beaux-Arts in Paris, graduating in 1976. This rigorous academic training provided him with a strong foundation in classical techniques, which he later adapted to explore more imaginative and symbolic themes.

Both a painter and sculptor, Jassem Bu Hamad developed a style shaped by his interest in neo-realism, a movement he encountered during his academic training in Paris and later explored more fully upon his return to Kuwait. While his early work featured symbolic and imaginative compositions, he gradually shifted to scenes drawn from daily life and local traditions. He was also influenced by circlism, a philosophy developed by fellow Kuwaiti artist Khalifa Qattan that sought to merge artistic expression with social and philosophical inquiry. Employing techniques such as airbrush, Bu Hamad cultivated a poetic visual language that fused realism with introspection and a strong sense of national identity.

Bu Hamad has participated in numerous exhibitions throughout his career, including exhibitions in Cairo , Egypt (1984, 1986), Madrid and Barcelona, Spain (1982), Frankfurt, Germany (1981), and throughout the Gulf, including the Friends of the Fine Arts group series in Abu Dhabi and Ajman, United Arab Emirates, Doha, Qatar, Riyadh and Jeddah, Saudi Arabia as well as Bahrain, and Kuwait. While in Paris, he exhibited in the *Salon d'Automne - Homage to Michelangelo*, Grand Palais (1976); *Le Salon des Artistes Français - La Liberté,* Grand Palais (1976), the Foreign Artists Exhibition, Orly-Sud Airport (1975), and the *Arab Students Exhibition*, Iraqi Cultural Center (1975). He represented Kuwait in official cultural delegations to Iraq (1979), France (1973), Yemen (1971), Lebanon (1970), and Bahrain (1969). He also held a solo show at the Middle East Cultural Center in Paris, France (1975). He was awarded third prize in the Safat Monument competition in 1985. Bu Hamad's works are held in the collections of the National Council for Culture, Arts and Letters, Kuwait City, Kuwait; and the Jordan National Gallery of Fine Arts, Amman, Jordan.

JASSIM ZAINI

(b. 1943, Doha, Qatar - d. 2012, Doha, Qatar)

Jassim Zaini is widely recognized as a founding figure of Qatar's modern art movement, celebrated for his ability to document the country's social and economic transformations through his artworks. He was the first Qatari to earn a bachelor's degree in fine arts from the University of Fine Arts in Baghdad (1968), where he was mentored by renowned Iraqi artists, including Faik Hassan, Hafidh Aldroubi, Ismail Alshaikhly, and Atta Sabri. Beyond his artistic practice, Zaini played a significant role in shaping Qatar's cultural landscape. He was the first elected president of the Qatari Fine Arts Society, making considerable contributions to the promotion of Qatari art.

Zaini's early exposure to craftsmanship, nurtured by observing his father—a traditional artisan—influenced his creative development from a young age. His paintings often depict the rapid shifts in Qatari society during the 1950s and 1960s, particularly following the advent of the petroleum era. Over the years, his practice evolved shifting between realism and abstraction, reflecting his deep engagement with themes of tradition, modernity, and identity. Now, Zaini's work serves as a visual record of

الأبعاد النفسية والعاطفية للذاكرة، لا سيما في ما يتعلق بتحول قطر من مجتمع صحراوي إلى دولة حديثة.

شارك في العديد من المعارض الجماعية، من أبرزها «التجريد: تحليل الواقع» في مطافئ بالدوحة، قطر (2022)؛ «التجربة إلى الأمام: الفن والثقافة في الدوحة من 1960 إلى 2020» في المتحف العربي للفن الحديث بالدوحة، قطر (2020)؛ بينالي الشارقة، الإمارات العربية المتحدة (1992)؛ بينالي القاهرة (1988، 1986، 1984). وأقيم معرضه الفردي الأول في الدوحة عام 1988، ودخلت أعماله ضمن مجموعات المتحف العربي للفن الحديث بالدوحة، قطر؛ والمتحف الوطني الأردني للفنون الجميلة بعمّان، الأردن؛ ومتحف الشارقة، الإمارات العربية المتحدة؛ ومجموعة الشيخ فيصل بن راشد آل ثاني بالدوحة، قطر؛ والعديد من الوزارات والسفارات القطرية.

حسن شريف

(مواليد 1951، بندر لنجة، إيران –
توفي عام 2016، دبي، الإمارات العربية المتحدة)

كان حسن شريف فنانًا إماراتيًا مفاهيميًا، تنوّعت ممارسته بين فن الأداء والتركيب والرسم والتجميع. يُعد من روّاد الفن المعاصر والمفاهيمي في الإمارات العربية المتحدة، وقد عُرف بتحدّيه للمعايير الفنية التقليدية من خلال استخدامه للمواد اليومية كما يتجلّى في سلسلته الشهيرة «أشياء». تخرّج عام 1984 من مدرسة بيام شو للفنون (التي أصبحت لاحقًا جزءًا من سنترال سانت مارتينز)، ثم عاد إلى الإمارات حيث لعب دورًا محوريًا في نشوء وتطوّر المشهد الفني المحلي. كان من الأعضاء المؤسسين لجمعية الإمارات للفنون التشكيلية (1980)، ومرسم الفنون في مسرح الشباب والفنون بدبي، كما شارك لاحقًا في تأسيس «البيت الطائر» عام 2007، وهي منصة مخصصة لدعم الفنانين الإماراتيين.

استكشف في فنه موضوعات التكرار، وجوهر المادة، والنقد الاجتماعي، مسجّلًا التحولات المتسارعة التي شهدتها الإمارات. ابتعد عن تجريد الخط العربي، مفضّلًا نهجًا معاصرًا صرفًا، تأثّر فيه بفلسفة فلوكسوس المناهضة للنخبوية، وبالوسائط المتعددة، والبنائية البريطانية. تميّزت أعماله التجريبية بجمع وتجميع قطع مصنّعة ومنتجة بكميات كبيرة ضمن تركيبات مجسّمة، بهدف التشكيك في مفاهيم الاستهلاك والقيمة.

عُرضت أعماله في أكثر من مائة معرض داخل الإمارات العربية المتحدة وعلى الصعيد الدولي. من أبرزها، «المادة من خلال المادة» في بلد الفن بجدة، المملكة العربية السعودية (2024)؛ «ما بعد الغيث» في بينالي الدرعية للفن المعاصر، المملكة العربية السعودية (2024)؛ «بين النظر والرؤية» في وكالة جي بي، باريس، فرنسا (2023)؛ «حداثة خليجية: رواد ومجموعات فنية في شبه الجزيرة العربية» في رواق الفن بجامعة نيويورك أبوظبي، الإمارات العربية المتحدة (2022)؛» التبلور: التجريد في العالم العربي بين الخمسينيات والثمانينيات» في متحف جونسون، إيثاكا، نيويورك، الولايات المتحدة (2022)؛ «حلم المتحف»، مجموعة م+ في متحف الثقافة البصرية بهونغ كونغ، الصين (2021)؛ «الفن والمدينة» في منارة السعديات بأبوظبي، الإمارات العربية المتحدة (2019)؛ المعرض السنوي الرابع والثلاثون لجمعية الإمارات للفنون التشكيلية بالشارقة، الإمارات العربية المتحدة (2016)؛ «ليس أنت، بل أنا» في الجناح الوطني لدولة الإمارات العربية المتحدة، بينالي البندقية الثالث والخمسون، إيطاليا (2009)؛ بينالي هافانا السابع، كوبا (2000)؛ بينالي الشارقة الرابع، الإمارات العربية المتحدة (1999)؛ بينالي القاهرة الدولي السابع، مصر (1998).

أقام أكثر من ثلاثين معرضًا فرديًا، من بينها «معرض حسن شريف» في غاليريا فرانكو نويرو بتورينو، إيطاليا (2024)؛ «مكتبة الفن: منسوج» في معهد مسك للفنون بالرياض، المملكة العربية السعودية (2023)؛ «184 مسمارًا» في غاليري إيزابيل فان دن إيندي بدبي، الإمارات العربية المتحدة (2022)؛ «حسن شريف: البيت الطائر، 2008-2012» في وكالة جي بي بباريس، فرنسا (2021)؛ «حسن شريف: أشباه الأنظمة» لدى ألكسندر جراي أسوشيتس بنيويورك، الولايات المتحدة (2018)؛ «الاقتراب من الإنتروبيا» في غاليري إيزابيل فان دن إيندي بدبي، الإمارات العربية المتحدة (2013)؛ «حسن شريف» في متحف الشارقة للفنون، الإمارات العربية المتحدة (2007).

Qatar's cultural heritage, offering a profound exploration of the nation's evolving identity through his distinctive artistic lens.

Throughout his career, Zaini participated in various local exhibitions and regional biennales, including the Ankara International Biennale, Turkey (1988 and 1986); the Bangladesh Biennale (1986); the Cairo Biennale, Egypt (1986 and 1984); and the Second Arab Biennale, Rabat, Morocco (1976). His work has been the focus of major retrospectives, including *Jassim Zaini: Representation and Abstraction*, Mathaf: Arab Museum of Modern Art, Doha, Qatar (2018).

In recognition of his impact, the Ministry of Culture, Arts, and Heritage of Qatar posthumously honored his legacy by inaugurating the Jassim bin Mohammed Zaini Hall in 2012. Further cementing his influence on the country's visual culture, Katara Cultural Village commissioned a mural of his 1972 painting *Qatari Features* in 2019. Zaini's works are housed in several collections, including Mathaf: Arab Museum of Modern Art, Doha, Qatar; and Barjeel Art Foundation, Sharjah, United Arab Emirates.

HASSAN ALMULLA

(b. 1951, Doha, Qatar)

Hassan Almulla is a pioneering Qatari artist known for his surrealistic influences in his paintings. In his works, dreamlike imagery, symbolism, and vibrant compositions merge to evoke nostalgia and cultural memory. Almulla studied at the University of Baghdad's College of Fine Arts, earning his BA in Fine Arts in 1975. This period influenced his ability to balance figurative and abstract elements, allowing his work to shift between recognizable imagery and more ambiguous, layered compositions.

In 1980, Almulla co-founded the Qatari Fine Arts Society and later served as its second president. He held leadership positions in cultural institutions, including serving as director of the Department of Culture and Arts and vice-president of the Qatar Society for Rehabilitation of People with Special Needs in 2011. As a dedicated art educator, Almulla taught painting at Qatar University, mentoring a new generation of Qatari artists. He has also contributed to scholarship on Qatari art, co-authoring *Fine Art in the State of Qatar... Sixty Years of Creativity* in collaboration with the Cultural District Foundation (Katara).

Almulla's work frequently explores themes of childhood, traditional Qatari life, and the natural environment, often portraying figures in motion, desert landscapes, and elements of folklore with a mystical, introspective quality. Distinguished by his soft, blended brushwork, muted yet expressive color palettes, and ethereal atmospheres, Almulla's paintings create a sense of reflection and emotional depth. They often convey a sense of longing, as if capturing fleeting memories or mirages of the past. The artist's interest lies in the psychological and emotional dimensions of memory, particularly in relation to Qatar's transformation from a desert society to a modern nation.

Almulla has participated in many group exhibitions, including *Abstraction: Subverting Reality*, the Fire Station, Doha, Qatar (2022); *Lived Forward: Art and Culture in Doha From 1960–2020*, Mathaf: Arab Museum of Modern Art, Doha, Qatar (2020); the Sharjah Biennial, United Arab Emirates (1992); and the Cairo Biennale (1988, 1986, 1984). His first solo exhibition was held in Doha in 1988. Almulla's works are part of the collection of Mathaf: Arab Museum of Modern Art, Doha, Qatar; the Jordan National Gallery of Fine Arts, Amman, Jordan; Sharjah Art Museum, Sharjah, United Arab Emirates; the Sheikh Faisal bin Rashed Al Thani Collection, Doha, Qatar; and various Qatari ministries and embassies.

دخلت أعماله ضمن العديد من المجموعات الفنية حول العالم، من أبرزها مركز بومبيدو بباريس، فرنسا؛ وتيت مودرن بلندن، المملكة المتحدة؛ ومتحف سولومون غوغنهايم بنيويورك، الولايات المتحدة؛ ومتحف م+ بهونغ كونغ، الصين؛ والمتحف العربي للفن الحديث بالدوحة، قطر؛ ومؤسسة الشارقة للفنون بالشارقة، الإمارات العربية المتحدة؛ ومؤسسة بارجيل للفنون بالشارقة، الإمارات العربية المتحدة.

حسن مير

(مواليد 1972، مسقط، سلطنة عُمان)

فنانٌ عماني مؤثر، رسّخ مكانته في طليعة الفن المعاصر في منطقة الخليج بفضل ممارسته متعددة التخصصات. يحمل شهادة البكالوريوس في الفنون الجميلة تخصص فنون الإعلام، والماجستير في الفنون، وكلاهما من كلية سافانا للفنون والتصميم في جورجيا بالولايات المتحدة الأمريكية. خلال دراسته، بدأ بتوظيف الفيديو والأعمال التركيبية كأدوات تعبيرية لاستكشاف مواضيع الهوية والذاكرة والروحانيات، متأثرًا بتجاربه الشخصية، وذكريات طفولته المتجذرة في التقاليد العمانية، والطقوس والرمزيات التي عاشها في صغره. وإلى جانب ممارسته الفنية، اضطلع مير بدور أساسي في تعليم الفنون من خلال مناصبه التدريسية في جامعة السلطان قابوس والجمعية العُمانية للفنون التشكيلية. أطلق في عام 2000 «معرض جماعة الدائرة»، وهي مبادرة ساهمت في تطوير ممارسات الفن التجريبي في عُمان والمنطقة. وبصفته المدير الفني لغاليري ومرسم ستال، أسس برامج إرشادية مثل «دائرة التجارب الفنية» و«جائزة ستال للفنون الشبابية الناشئة»، للمساعدة في رعاية جيل جديد من الفنانين العُمانيين وتعزيز الحوار حول الفن المعاصر في منطقة الخليج. وتمتد ممارساته الفنية لتشمل الرسم والتصوير الفوتوغرافي والفيديو والأعمال التركيبية، وتتميز باستكشافه التأملي للروحانيات والأساطير والذاكرة الجماعية. وغالبًا ما تتخلل أعماله التجريدية زخارف رمزية متكررة مرسومة بألوان الأزرق والأصفر، التي يربطها بالطاقة الروحية ومشاعر الطفولة. ويستلهم مير من الطقوس القديمة والممارسات الصوفية والتقاليد الشفوية العربية لطرح التساؤلات حول الهوية في عصر العولمة. وبينما تتسم أعماله بطابع روحاني عميق، فهي تطرح أيضًا تأملًا نقديًا في التوتر بين التقاليد والحداثة في الحياة العُمانية المعاصرة.

عُرضت أعماله في عُمان وخارجها. ومن أبرز المعارض الدولية التي شارك فيها بينالي البندقية التاسع والخمسون (2022)؛ بينالي كوريتيبا الرابع عشر بالبرازيل (2019)؛ بينالي فوتوفيست بهيوستن، الولايات المتحدة الأمريكية (2014)؛ «كل الصمت» في الكلية الملكية للفنون بلندن (2014)؛ بينالي الشارقة الثامن (2013)؛ «انعكاسات» في ستال غاليري بمسقط (2013)؛ «عرب إكسبريس» في متحف موري للفنون بطوكيو (2012)؛ و«العمل، الزواج، التذكر» في غاليري إيه بي بزيورخ، سويسرا (2012). في عام 2012، مكّنته إقامته في مؤسسة دلفينا بلندن من توسيع آفاق التبادل والتجريب الثقافي.

حسين السنّي

(مواليد 1939، البحرين -
توفي عام 2001، البحرين)

كان حسين السني أحد أعمدة الفن الحديث في البحرين، ومن أوائل الفنانين البحرينيين الذين تعمّقوا في الأسلوب التجريدي. وُلد في المنامة عام 1939، وبدأ الرسم منذ الطفولة بتشجيع من شقيقه الأكبر الفنان ومعلم الفنون أحمد قاسم السني، الذي لعب دورًا محوريًا في صقل موهبته المبكرة. انضم إلى جماعة هواة الفن في خمسينيات القرن الماضي، وشارك في معارضها الأولى التي أُقيمت في نادي العروبة والمجلس الثقافي البريطاني. في عام 1957، توجه إلى بغداد للدراسة في معهد الفنون الجميلة، حيث تتلمذ على يد نخبة من الفنانين العراقيين، مثل فائق حسن وحافظ الدروبي وإسماعيل الشيخلي. وبعد عودته إلى البحرين في مطلع الستينيات، عمل في مجال التعليم، ودرّس الفن في المدارس الثانوية، وأسهم في تكوين أجيال من الفنانين، من بينهم أحمد المنصوري وأحمد غلوم وعبدالرحيم الشريف. واصل نشاطه في المشهد الفني من خلال جمعية الفنون المعاصرة منذ بداية السبعينيات، وكان من الأعضاء المؤسسين لجمعية البحرين للفنون التشكيلية عام 1983.

HASSAN SHARIF

(b. 1951, Bandar-e Lengeh, Iran – d. 2016, Dubai, United Arab Emirates)

Hassan Sharif was a pioneering conceptual Emirati artist whose practice encompasses performance, installation, drawing, painting, and assemblage. Widely regarded as the father of contemporary and conceptual art in the United Arab Emirates, he challenges traditional norms by incorporating everyday materials into his *Objects* series. Sharif graduated from The Byam Shaw School of Art in London (now part of Central Saint Martins) in 1984 and returned to the Emirates. He played a crucial role in fostering the country's art scene as a founding member of the Emirates Fine Arts Society (1980) and the Art Atelier in the Youth Theater and Arts in Dubai. Later, he co-established The Flying House (2007), a platform supporting Emirati artists.

Sharif's practice explored themes of repetition, materiality, and social critique, often reflecting the rapid transformations occurring in the Emirates. He rejected calligraphic abstraction in favor of a distinctly contemporary approach, influenced by Fluxus's anti-elitist, intermedia ethos, and British Constructionism. His experimental approach often involved collecting and assembling mass-produced objects into sculptural installations, questioning notions of consumption and value.

Sharif has exhibited in over a hundred exhibitions within the United Arab Emirates and internationally. Selected exhibitions include *Matters Through Matter*, Al-Balad, Jeddah, Saudi Arabia (2024); *After Rain*, Diriyah Contemporary Art Biennale, Diriyah, Saudi Arabia (2024); *Between Looking and Seeing*, gb agency, Paris, France (2023); *Khaleej Modern: Pioneers and Collectives in the Arabian Peninsula*, NYU Abu Dhabi Art Gallery, United Arab Emirates (2022), *Taking Shape: Abstraction from the Arab World, 1950s-1980s*, Johnson Museum, Ithaca, New York, United States (2022); *The Dream of the Museum*, M+ collection, Museum for Visual Culture, Hong Kong, China (2021); *Popular Culture & The City*, Manarat Al Saadiyat, Abu Dhabi, United Arab Emirates (2019); *34th Annual Exhibition*, Emirates Fine Arts Society, Sharjah, United Arab Emirates (2016); *It's Not You, It's Me*, UAE National Pavilion, 53rd Venice Biennale, Italy (2009); the Seventh Havana Biennale, Havana, Cuba (2000); the Sharjah Biennial, Sharjah, United Arab Emirates (1999); and the Seventh Cairo Biennale, Cairo, Egypt (1998); among others.

He had over thirty solo exhibitions including, *Hassan Sharif: Solo Show*, Galleria Franco Noero, Turin, Italy (2024); *The Art Library: Hassan Sharif, Woven*, Misk Art Institute, Riyadh, Saudi Arabia (2023); *184 Nails*, Gallery Isabelle van den Eynde, Dubai, United Arab Emirates (2022); *Hassan Sharif. The Flying House*, 2008 - 2012, gb agency, Paris, France (2021); *Hassan Sharif: Semi-Systems*, Alexander Gray Associates, New York, United States (2018); *Approaching Entropy*, Gallery Isabelle van den Eynde, Dubai, United Arab Emirates (2013); and *Hassan Sharif*, Sharjah Art Museum, Sharjah, United Arab Emirates (2007); among others. Sharif's works are can be found in in many collections around the world, including the Centre Pompidou, Paris, France; Tate Modern, London, United Kingdom; Solomon R. Guggenheim Museum New York, United States; M+ Museum, Hong Kong, China; Mathaf: Arab Museum of Modern Art, Doha, Qatar; Sharjah Art Foundation, Sharjah, United Arab Emirates; and Barjeel Art Foundation, Sharjah, United Arab Emirates.

HASSAN MEER

(b. 1972, Muscat, Oman)

Hassan Meer is an influential Omani artist whose multidisciplinary practice has positioned him at the forefront of contemporary art in the Gulf. He holds a bachelor's

تطورت ممارسته الفنية من الواقعية الرصدية إلى التجريدية التعبيرية، مستندةً إلى خلفيته الأكاديمية وتفاعله المستمر مع الحياة الثقافية في البحرين. وقد جسّدت لوحاته الأولى مشاهد من الحرف التقليدية والبيئة المحلية، مثل صانعي السفن والصيادين وحياة الأحياء والقرى، مستخدمًا ضربات فرشاة حرة وتراكيب إيقاعية. وبحلول سبعينيات وثمانينيات القرن الماضي، اتّجهت أعماله نحو التجريد، حيث مزج بين عناصر من الخط العربي والمساحات اللونية المسطحة والأشكال الرمزية. تأثرت تجربته بالانطباعية الأوروبية وما بعد التكعيبية والتجريد الانفعالي، وركّز على موضوعات مثل الذاكرة، والروحانية، والتعبير العاطفي، موظفًا اللون والضوء والعلامات الديناميكية كوسائط للتعبير. أما في مراحله المتأخرة، فابتعد كليًا عن التمثيل التصويري، ساعيًا إلى تجسيد الجوهر الحسي للتجربة الفنية من خلال الشكل الخالص الذي يلامس البُعد غير الملموس.

شارك السني في العديد من المعارض الجماعية المحلية، من بينها معارض جماعة هواة الفن، وجمعية الفنون المعاصرة، وجمعية البحرين للفنون التشكيلية. حاز على الجائزة الثانية في أول معرض للفنون التشكيلية برعاية الدولة في البحرين، والذي أقيم في فندق الخليج بالمنامة (1972)؛ والجائزة الأولى في معرض «قافلة الكرايراس» المتنقل، الذي جال بين مدن عربية وأوروبية عام 1967. وقد دخلت أعماله ضمن مجموعات متحف البحرين الوطني بالمنامة، البحرين.

حسين شريف

(مواليد 1961، دبي، الإمارات العربية المتحدة)

فنانٌ إماراتي رائد متعدد التخصصات، يُعرف بنهجه التجريبي والمبتكر في الرسم والكولاج والنحت والتركيب الفني. يستكشف في أعماله موضوعات الهوية الإماراتية، والتحوّلات الاجتماعية والسياسية، والواقع الاقتصادي في الإمارات العربية المتحدة منذ منتصف سبعينيات القرن العشرين.

تميّز باستخدامه خامات مستخرجة من الطبيعة، كما عُرفت أعماله التركيبية بقدرتها على تحدي المعايير الفنية التقليدية، ودفع حدود الفن المعاصر في المنطقة إلى آفاق جديدة. حصل على شهادة في التصميم المسرحي من المعهد العالي للفنون المسرحية في الكويت عام 1986. وبصفته أحد مؤسسي جمعية الإمارات للفنون التشكيلية عام 1980، إلى جانب شقيقه حسن شريف وعدد من الفنانين الإماراتيين البارزين، لعب حسين دورًا محوريًا في تشكيل المشهد الفني الإماراتي الحديث.

وتتجذّر ممارسته الفنية في الاستكشاف المفاهيمي والتجريب المادي. وتتّسم أعماله بتجاور الأشياء والأشكال المتشظية والمَلامس متعددة الطبقات، وبتناولها قضايا التحولات العمرانية، والعولمة، والذاكرة الشخصية.

عُرضت أعماله في معارض جماعية إقليمية ودولية، من أبرزها «الأمل في عصر الديستوبيا» في مؤسسة دلول للفنون ببيروت، لبنان (2024)؛ «آرت ميكس» في غاليري سلوى زيدان بأبوظبي، الإمارات العربية المتحدة (2022)؛ «غير محدود» في غاليري سلوى زيدان بأبوظبي، الإمارات العربية المتحدة (2022)؛ «حداثة خليجية: رواد ومجموعات فنية في شبه الجزيرة العربية» في رواق الفن بجامعة نيويورك أبوظبي، الإمارات العربية المتحدة (2022)؛«العالم العربي يلتقي زيورخ» في غاليري أ-ب بسويسرا (2010)؛ بينالي داكا، بنغلاديش (2002)؛ بينالي الشارقة الدولي للفنون، الإمارات العربية المتحدة (2001)؛ بينالي القاهرة الدولي السابع، مصر (1998)؛ معرض الإمارات للفن المعاصر، معهد العالم العربي بباريس، فرنسا (1998)؛ معرض جمعية الإمارات للفنون التشكيلية، موسكو، الاتحاد السوفييتي (1990)؛ «الأسود والأبيض» في النادي الأهلي بدبي، الإمارات العربية المتحدة (1983).

ومن أبرز معارضه الفردية، «حسين شريف: إعادة صياغة الواقع» في المجمّع الثقافي بأبوظبي، الإمارات العربية المتحدة (2024)؛ «قَصّ وربط» في غاليري سلوى زيدان بأبوظبي، الإمارات العربية المتحدة (2017)؛ «لوحات زيتية وكولاج» في المركز الثقافي بالشارقة، الإمارات العربية المتحدة (1992)؛ «كاريكاتير» في النادي الثقافي العربي بالشارقة، الإمارات العربية المتحدة (1981). ودخلت أعماله ضمن مجموعات فنية عديدة، منها متحف الشارقة للفنون، الإمارات العربية المتحدة، ومركز سيتارد للفنون في هولندا.

degree in fine arts with a specialization in Media Arts and a master's degree in art, both from the Savannah College of Art and Design in Georgia, United States. During his studies, he began working with video and installation as expressive tools to explore themes of identity, memory, and spirituality. Deeply shaped by personal experience and childhood memories rooted in Omani traditions, Meer's early exposure to rituals and symbolism continues to inform his work. In addition to his artistic practice, he has contributed to arts education through teaching positions at Sultan Qaboos University and the Omani Society for Fine Arts. In 2000, he launched the Circle Show, a pivotal initiative that advanced experimental art practices in Oman and the wider region. As an Artistic Director of Stal Gallery & Studio, Meer established mentorship programs such as the Circle of Experimenting Art and the Stal Young Emerging Art Prize, nurturing a new generation of Omani artists and creating sustained dialogue around contemporary artistic production in the Gulf.

Meer's practice spans painting, photography, video, and installation, and is characterized by a meditative exploration of spirituality, mythology, and collective memory. His abstract compositions often feature recurring symbolic motifs rendered in blue and yellow colors, which he associates with spiritual energy and childhood emotion, respectively. He draws on ancient rituals, spiritual practices, and Arab oral traditions to examine identity in an era of globalization. While spiritual in tone, his work also offers a critical reflection on the tension between tradition and modernity in contemporary Omani life.

Meer has exhibited extensively in Oman and abroad. Major international shows include the 59th Venice Biennale, Venice, Italy (2022); the 14th Curitiba Biennale, Brazil (2019); Fotofest Biennale, Houston, United States (2014); *All Silent*, Royal College of Art, London, United Kingdom (2014); the Sharjah Biennial, Sharjah, United Arab Emirates (2013); *Reflections* at Stal Gallery, Muscat, Oman (2013); *Arab Express*, Mori Art Museum, Tokyo, Japan (2012); and *Work Marry Remember*, A.B. Gallery, Zurich, Switzerland (2012). In 2012, his residency at the Delfina Foundation in London enabled further cross-cultural exchange and experimentation.

HUSSAIN ALSUNNI

(b. 1939, Bahrain – d. 2001, Bahrain)

Hussain Alsunni was a pioneering figure in Bahrain's modern art movement and among the first Bahraini artists to deeply explore abstraction. Born in Manama in 1939, he began drawing at the age of six, encouraged by his older brother, the artist and art educator Ahmed Qassim Alsunni, who helped nurture his early talent. In the 1950s, he joined the Art Amateurs Group, exhibiting in its early shows at Al-Uruba Club and the British Council. In 1957, Alsunni traveled to Baghdad, Iraq, to study at the Institute of Fine Arts, where he trained under leading Iraqi modernists such as Fa'cq Hassan, Hafeth Alduroubi, and Ismail Alsheikhly. Returning to Bahrain in the early 1960s, he taught art at secondary schools and mentored a generation of younger artists, including Ahmed Almansoori, Ahmed Ghuloom, and Abdulrahim Alsharif. He was later active in the Contemporary Arts Society (from 1970) and became a founding member of the Bahrain Arts Society in 1983.

Alsunni's artistic practice evolved from observational realism to expressive abstraction, deeply rooted in his academic training and a lifelong engagement with Bahraini cultural life. His early paintings portrayed shipbuilders, fishermen, village life, and urban neighborhoods through expressive brushwork and rhythmic compositions. By the 1970s and 1980s, his work had transitioned toward abstraction, incorporating Arabic calligraphy, flattened spatial structures, and symbolic forms. Influenced by European impressionism, post-cubism, and gestural abstraction, he explored themes of memory, spirituality, and emotional expression through color, light, and dynamic mark-making. His later works moved

حسين عبيد

(مواليد 1968، مسقط، سلطنة عُمان)

يُعد حسين عبيد من الشخصيات البارزة في المشهد الفني العُماني. بدأ مسيرته الفنية عام 1983 في مرسم الشباب، ثم التحق بعد ذلك بفترة وجيزة بالجمعية العُمانية للفنون التشكيلية والنادي الثقافي، عقب تأسيسهما في عام 1993. وعلى مدار العقود، عمّق انخراطه في الساحة الفنية من خلال عضويته في عدد من المؤسسات الفنية الوطنية والدولية، من أبرزها الجمعية الدولية للفنون التابعة لليونسكو (باريس)، والمنظمة الدولية لفناني القرن الحادي والعشرين في كوريا الجنوبية. تتجاوز مساهماته حدود الممارسة الفنية إلى مجالات النقد الفني، والبحث، والعمل الإعلامي؛ فقد عمل منتجًا رئيسيًا للبرنامج الثقافي «آفاق ثقافية» عام 2006، وأصدر في عام 2024 كتابًا من مجلدين بعنوان «المنجز التشكيلي العُماني المعاصر»، يُعد من أبرز المراجع التي وثّقت تطور الحركة التشكيلية في السلطنة.

تتناول لوحاته متعددة الوسائط موضوعات الذاكرة والعمارة والتجريد، حيث تنبثق من سرديات شخصية وجماعية متجذّرة في المشهد العمراني والمنزلي لمسقط، وتتخلّلها خطوط رمزية، وهياكل شبكية، ومساحات متحوّلة تُثير الشعور بالحركة الزمانية والمكانية. انطلق في بداياته من الجدران كعتبات مجازية تفصل بين الداخل والخارج، وبين الذات والآخر؛ ثم تطوّرت رؤيته لتأخذ طابعًا تأمليًا حالمًا في مفاهيم الزمن، والتراث، والذاكرة المكانية. يعتمد في تجربته على الملمس وتدرجات الألوان للإشارة إلى التآكل والفقدان، معبّرًا عن مواضيع الهشاشة والتحوّل. وفي أعماله الأحدث، تكشف الحقول اللونية الدقيقة والرموز الخفية عن حساسية مفاهيمية تتسم بالبساطة والتكثيف. كما يُعرف بشغفه بالحروف العربية، التي يوظّفها في أعماله باعتبارها عناصر جمالية ودلالية، يدمجها بسلاسة داخل فضاءاته البصرية المعقّدة.

عُرضت أعماله في محافل دولية متنوعة في بلجيكا وألمانيا وكوريا الجنوبية والصين وفرنسا والولايات المتحدة، إلى جانب مشاركاته في البيناليات والمهرجانات الفنية في الإمارات العربية المتحدة وبنغلاديش ومصر.

أقام بين عامي 1991 و2014 عشرة معارض فردية، وشارك في العديد من المعارض الجماعية في العالم العربي وأوروبا وآسيا وأمريكا الشمالية.

شارك في عدد من لجان التحكيم الفنية الكبرى، من أبرزها لجنة جائزة السلطان قابوس للثقافة والفنون والآداب في دورتها الأولى عام 2012. دخلت أعماله ضمن مجموعات فنية عامة وخاصة مرموقة، من بينها المتحف الوطني العماني ومتحف بيت الزبير ومتحف عُمان عبر الزمان بمسقط؛ المتحف العربي للفن الحديث بالدوحة؛ المتحف الوطني الأردني للفنون الجميلة بعمّان؛ دار اليونسكو بباريس؛ ومتحف الفن المعاصر في تايلاند.

خالد العبدان

(مواليد 1951، الرياض، المملكة العربية السعودية – توفي عام 2004، المملكة العربية السعودية)

أبدى الفنان السعودي خالد العبدان شغفًا بالفن منذ صغره، حيث كان يقضي معظم وقت فراغه في الرسم. درس العمارة في أكاديمية الفنون الجميلة بروما، وتخرج عام 1975 بتخصص في السينوغرافيا المسرحية الحديثة. عمل بعد تخرجه في مجال التعليم، ثم كمصمم ديكور في تلفزيون الرياض، قبل انضمامه إلى الحرس الوطني، حيث شغل منصب مساعد مدير المعسكرات الفنية الخاصة، ثم سكرتيرًا في ديوان الحرس الوطني.

أثّر شغفه بالمناظر الطبيعية الصحراوية والثقافة البدوية في أسلوبه الفني الواقعي الجديد، حيث انصبّ اهتمامه على تصوير المشاهد الطبيعية والتراث الثقافي للمملكة العربية السعودية. وتجلّى ذلك في أعماله التي تناول فيها الخيول والبيوت الطينية والواحات وغيرها من مظاهر الحياة الصحراوية التقليدية. وسعى من خلال فنه إلى توثيق الذاكرة البدوية والحفاظ على ملامح الثقافة والتاريخ المحلي. وأمضى وقتًا طويلًا في السفر إلى المناطق النائية داخل البلاد، متعمّقًا في البيئات المحلية ليستلهم منها، ما أضفى على أعماله قدرًا كبيرًا من الأصالة والارتباط الوثيق بالمجتمع المحلي.

أثناء فترة دراسته في إيطاليا، عرض العبدان أعماله في عدد من المعارض داخل المملكة. كما شارك في

away from representation entirely, seeking to capture atmosphere and the intangible qualities of experience through pure form.

Alsunni exhibited in local group exhibitions throughout his career, including exhibitions with the Art Amateurs Group, the Contemporary Arts Society, and the Bahrain Arts Society. He received second prize at Bahrain's first state-sponsored fine arts exhibition at the Gulf Hotel, Manama, Bahrain (1972); and first prize at the *Karayras Caravan Exhibition* (1967), a traveling exhibition that toured Arab and European cities. His work is held in the collection of the Bahrain National Museum, Manama, Bahrain.

HUSSAIN SHARIF

(b. 1961, Dubai, United Arab Emirates)

Hussain Sharif is a pioneering Emirati multidisciplinary artist, recognized for his innovative and experimental approach across painting, drawing, collage, sculpture, and installation. His work often interrogates themes of Emirati identity, sociopolitical shifts, and economic transformations in the United Arab Emirates since the mid-1970s. Known for his use of found materials, Sharif creates assemblages that challenge traditional artistic norms and push the boundaries of contemporary art in the region. He earned his degree in theater design from the High Institute of Kuwait in 1986. As a co-founder of the Emirates Fine Arts Society in 1980—alongside his brother Hassan Sharif and other leading Emirati artists—Hussain Sharif played a crucial role in shaping the art movement in the Emirates.

Sharif's practice is deeply rooted in conceptual exploration and material experimentation. His works often features the juxtaposition of objects, fragmented forms, and layered textures, reflecting on urbanization, globalization, and personal memory.

Sharif has exhibited in both regional and international group exhibitions, including *Hope in an Age of Dystopia*, Dalloul Art Foundation, Beirut, Lebanon (2024); *Art Mix*, Salwa Zeidan Gallery, Abu Dhabi, United Arab Emirates (2022); *Unlimited*, Salwa Zeidan Gallery, Abu Dhabi, United Arab Emirates (2022); *Khaleej Modern: Pioneers and Collectives in the Arabian Peninsula*, NYU Abu Dhabi Art Gallery, United Arab Emirates (2022), *Arab World Meets Zurich*, AB Gallery, Switzerland (2010); the Dhaka Biennale, Bangladesh (2002); Sharjah Biennial, United Arab Emirates (2001); the 7th Cairo Biennale, Egypt (1998); *UAE Contemporary Art Exhibition*, Institut du monde arabe, Paris, France (1998); *Exhibition of the Emirates Fine Arts Society*, Moscow, USSR (1990); and *Black and White*, Alahli Club, Dubai, United Arab Emirates (1983).

Selected solo exhibitions include *Hussain Sharif: Re-framing Reality*, Cultural Foundation, Abu Dhabi, United Arab Emirates (2024); *Cut & Tie*, Salwa Zeidan Gallery, Abu Dhabi, United Arab Emirates (2017); *Paintings, Oil and Collage*, Sharjah Cultural Center, Sharjah, United Arab Emirates (1992); and *Caricature*, Arabic Cultural Club, Sharjah, United Arab Emirates (1981). Sharif's work is part of many collections, including the Sharjah Art Museum, Sharjah, United Arab Emirates, and the Sittard Art Center, Sittard, the Netherlands.

HUSSAIN OBAID

(b. 1968, Muscat, Oman)

Hussain Obaid emerged as a foundational figure in Omani art. He began his training in 1983 at the Youth Art Studio and later became a member of the Omani Society for Fine Arts and the Cultural Club, shortly after its founding in 1993. Over the years, he deepened his engagement through national art organizations and international affiliations, including the International Association of Art (UNESCO, Paris) and the International Organization of Artists of the 21st Century in South Korea. Obaid's contributions extend beyond art criticism, research, and media. He served as lead producer of the cultural program *Afaq Thaqafiyah*

معارض محلية ودولية، ومن أبرزها مشاركته في المعرض الجماعي الافتتاحي لفناني المملكة في الرياض عام 1978. وامتدت مشاركته لتشمل معارض جماعية نظمتها جهات مثل الرئاسة العامة لرعاية الشباب وجمعية الثقافة والفنون. أما على الصعيد الدولي، فقد عُرضت أعماله في الأسبوع الثقافي السعودي بالرباط، المغرب (1984)؛ والأسبوع الثقافي السعودي بالجزائر (1984)؛ والمعرض الكويتي السادس للفنانين العرب بالكويت (1978)؛ إضافة إلى معرض «بين الأمس واليوم» المتنقل بين برلين، ألمانيا 1985)، ولندن، المملكة المتحدة (1986)، وباريس، فرنسا (1986)، والقاهرة، مصر (1987). تم تكريمه من قبل معهد مسك للفنون باعتباره من كبار رواد الفن السعودي (2018).

يمكن رؤية لوحاته في عدد من المؤسسات بالرياض، منها مطار الملك خالد الدولي، والحرس الوطني، وجمعية الثقافة والفنون، والرئاسة العامة لرعاية الشباب. وقد نالت لوحاته التي تصور المشاهد الصحراوية تقديرًا واسعًا، ومن أبرزها مشاركته في المعرض السادس للفنانين التشكيليين العرب بالكويت عام 1997.

خالد الصوينع

(مواليد 1969 – توفي عام 2021، القصيم، المملكة العربية السعودية)

كان خالد الصوينع فنانًا تشكيليًا تنوعت ممارساته بين الواقعية والسريالية وفن الخط العربي. برزت موهبته الفنية في سن مبكرة، وصقلها عبر سنوات من العمل والمثابرة. ومع تطور مسيرته الفنية، أصبح من الأعضاء المؤسسين للجمعية السعودية للفنون التشكيلية وبيت التشكيليين في الدوادمي، ولعب دورًا فاعلًا في إثراء وتنمية المشهد الفني المحلي.

تنقّل في ممارساته بين اتجاهات فنية متعددة، بدءًا من الواقعية والانطباعية، مرورًا بالسريالية، وصولًا إلى استكشافاته التجريدية لفن الخط. في أعماله المبكرة، صوّر مشاهد من مدينته وعمارتها بألوان زاهية ونابضة، معبّرًا عن شعورٍ بالألفة والتفاؤل. أما في تجربته السريالية، فابتكر لغة بصرية فريدة نسجت عوالم خيالية وشخصيات رمزية تنطوي على معانٍ متعددة القراءات.

شارك في العديد من المعارض المحلية والدولية، من أبرزها المعرض الثاني للفنون البصرية لفناني مدينة عنيزة (2000)؛ المعرض الجماعي السعودي للفنون البصرية في ذكرى التأسيس، الرياض(2000)؛ المعرض الدوري الخامس للفنون البصرية والخط العربي لفناني دول مجلس التعاون الخليجي في الدوحة (1999)؛ المعرض الفني السعودي في جمهورية التشيك وجمهورية سلوفاكيا (1997)؛ معرض مركز الملك سلمان الاجتماعي في الرياض (1996)؛ الراشد مول في الخُبر (1995)؛ والمعرض الفني الأول لفناني عنيزة في عنيزة وأبها (1994). كما أقام العديد من المعارض الفردية خلال مسيرته، كان آخرها معرض «انعكاسات الوجود» في الفن النقي بالرياض (2024).

خليفة القطان

(مواليد 1934، الكويت – توفي عام 2003، الكويت)

كان خليفة القطان رسّامًا كويتيًا رائدًا، بدأ مسيرته المهنية مبكرًا، إذ تولّى التدريس في مدرسة النجاح وهو بالكاد في سن الخامسة عشرة، في مؤشر على التزامه المبكر بالتعليم والحياة الثقافية. وفي عام 1953، كان أول فنان كويتي يُقيم معرضًا فرديًا لأعماله، ما مهّد الطريق لحصوله على منحة للدراسة في المملكة المتحدة، حيث تخصّص في هندسة الأعمال الخشبية بكلية ليستر للفنون والتكنولوجيا، وتخرّج منها بمرتبة الشرف عام 1958. وبعد عودته إلى الكويت، التحق بوزارة الأشغال العامة، ثم انتقل إلى التدريس في جامعة الشويخ.

كان من أوائل من كتبوا عن الفنون الجميلة في الصحافة المحلية، حيث أسهم بمقالات رائدة ساهمت في بلورة الخطاب العام حول الفن المعاصر في الكويت. وإلى جانب حضوره الإبداعي، اضطلع بدور محوري في تأسيس البنية التحتية الثقافية في البلاد؛ فقد أسّس الجمعية الكويتية للفنون التشكيلية عام 1968 وكان أول من ترأسها، كما ساهم في إطلاق بينالي الكويت، وكان من المؤسسين البارزين للمجلس الوطني للثقافة والفنون والآداب، ودافع باستمرار عن أهمية دعم الجمهور للفنون، ولعب دورًا أساسيًا في رسم ملامح حركة الفن

(2006) and is the author of a two-volume reference book on contemporary Omani art titled *The Contemporary Omani Fine Arts Achievement*, published in 2024.

Obaid's practice blends memory, architecture, and abstraction through mixed media painting. Rooted in personal and collective narratives, his compositions reference the urban and domestic landscape of Muscat, layered with symbolic calligraphy, grid structures, and shifting spatial planes. Initially focused on walls as metaphorical thresholds, dividing interior and exterior, self and other, his work evolved into atmospheric, almost dreamlike meditations on time, heritage, and spatial memory. Obaid often employs texture and tone to suggest erosion, ruins, or loss, articulating themes of fragility and transformation. In later works, delicate color fields and veiled symbols reveal an increasingly minimalist and conceptual sensibility. He is particularly noted for his sensitivity to the Arabic letter as both form and cultural signifier, integrating it fluidly into complex, painterly environments.

Obaid's work has been exhibited internationally in venues across Belgium, Germany, South Korea, China, France, and the United States, as well as in biennales and festivals including the United Arab Emirates, Bangladesh, and Egypt. Between 1991 and 2014, he held ten solo exhibitions and has participated in numerous group exhibitions across the Arab world, Europe, Asia, and North America.

He has served on several major art juries, including the first edition of the Sultan Qaboos Award for Culture, Arts and Literature in 2012. His work is held in public and private collections, including the National Museum of Oman, Muscat, Oman; Bait Al Zubair Museum, Muscat, Oman; Oman Across Ages Museum, Muscat, Oman; Mathaf: Arab Museum of Modern Art, Doha, Qatar; Jordan National Gallery of Fine Arts, Amman, Jordan; UNESCO in Paris, France; and the Museum of Contemporary Art in Bangkok, Thailand.

KHALID ALABDAN

(b. 1951, Riyadh, Saudi Arabia –
d. 2004, Saudi Arabia)

Khalid Alabdan, a Saudi artist, showed a keen interest in art from a young age and spent much of his free time painting and drawing. He studied architecture at the Academy of Fine Arts in Rome, graduating in 1975 with a specialization in modern theatrical scenography. After his graduation, Alabdan worked in education and as an interior designer for Riyadh TV before joining the National Guard, where he served as assistant director of technical special camps and then as a secretary in the Office of the National Guard.

Alabdan's fascination with desert landscapes and Bedouin culture shaped his distinctive neo-realist painting style. Deeply passionate about depicting natural scenes from Saudi Arabia's landscapes and cultural heritage, the artist often featured horses, mud houses, oases, and other aspects of traditional desert life. Through his art, he sought to preserve memories of old Bedouin culture and history. Alabdan spent significant time traveling across the country's remote regions to immerse himself in local environments and draw inspiration from what he encountered, giving his paintings heightened authenticity and a strong connection to Saudi society.

During his studies in Italy, Alabdan showcased his work in several exhibitions within the country. He also actively participated in local and international exhibitions, notably joining the inaugural group exhibition of the *Kingdom's Artists* in Riyadh in 1978. His involvement extended to group exhibitions organized by entities such as the General Presidency of Youth Welfare and the Culture and Arts Association. On the international stage, Alabdan exhibited in the *Saudi Cultural Week*, Rabat, Morocco (1984); the *Saudi Cultural Week*, Algiers, Algeria (1984); *the Sixth Kuwait Arab Artists Exhibition*, Kuwait City, Kuwait (1978); *Saudi Arabia Between Yesterday and*

الحديـث في الكويت والخليج. وفي أوائل السـتينيات، بلور فلسـفةً بصريـة خاصة أطلـق عليها اسـم «الدائرية»، وهي مقاربـة ظل يستكشـفها طوال مسـيرته، تعكس انشـغاله بالروحانيات والعلم والماورائيات. تناولت ممارسـته الفنية قضايا اجتماعية وثقافية وفلسفية، مؤمنًا بدور الفن كأداة للحـوار والتغيير. ومع تطـور تجربته، اتسـعت موضوعاته لتشمل الحداثة والتقاليد والوجود الإنساني. وكان القطان فنانًـا متأمّـلاً، انطلقـت ممارسـته مـن بحث ذاتـي عميق ونقد ثقافي مسـتمر.

عُرضت أعماله محليًا فـي الكويت ودوليًا في إيطاليا وألمانيـا والصيـن والبحريـن وقطـر. وكان أول فنـان عربي تدعـوه وزارة الثقافـة الصينيـة لإقامـة معرض فـردي في بكيـن. دخلت أعماله ضمـن مجموعـات المجلس الوطني للثقافـة والفنـون والآداب فـي الكويت، ومؤسسـة بارجيل للفنون بالشـارقة، ومعهـد العالم العربـي بباريس.

خليل حسن خليل

(مواليد 1958، جازان، المملكة العربية السعودية)

فنـانٌ سـعودي أظهـر موهبـة فنية منـذ الصغـر وحظي بتشجيع معلميه في مدرسة الملك سعود الابتدائية ومن معلمـه السـوداني محمد بـدر الدين حسـن فـي المرحلة المتوسـطة، والذي حثّه على الرسم من وحي خياله لا من خـلال الرصد. وكان لدعـم والده بالغُ الأثر في مسـيرته، إذ أقـام أول معـرض له في فنـاء منـزل العائلة بعـد إتمامه المرحلـة المتوسـطة. تخـرّج مـن معهـد التربيـة الفنيـة بالريـاض عام 1976، وحصل لاحقًا علـى دبلوم في التربية الفنية من الكلية المتوسـطة للمعلميـن بالمدينة المنورة.

تتسم ممارسـته الفنية بتحوّلات أسـلوبية متدرجة؛ إذ بـدأ مسـيرته بالواقعيـة، ثـم انجـذب إلـى الانطباعية، قبـل أن يمـرّ بتجربـة موجـزة مـع التجريـد الهندسـي متأثـرًا بأعمال بييـت موندريـان. ومع تطـور رؤيته، اتجه إلـى معالجـة موضوعـات مسـتوحاة مـن التـراث العربي والبيئـة المحلية، وصولًا إلى أسـلوبه المتفرّد الذي سـمّاه «الحُلْميـة» - وهـو مقاربـة سـريالية للواقعيـة تقوم على تركيبـات بصرية غيـر تقليدية تمزج بيـن العناصر المألوفة والمشـاهد الحالمة.

تسـتحضر لوحاتـه مشـاعر الحيـرة والقلـق بسـبب اسـتخدامه الألـوان الداكنـة والصـور المقلقـة، مستكشـفًا مواضيـع التوتر والتحوّل حيث تتماهى الأجسـاد البشـرية مـع أشـياء أخـرى أو تـذوب فيهـا. وتتجـذر أعمالـه فـي المـوروث الثقافي المحلي، مسـتلهمةً بيئته وتراثه العربي، بينما تسبر أغوار الخيال الإنساني وتلامس قضايا اجتماعية وسياسية، عبر صور رمزية مركّبة، ينسجها بأساليب تتأرجح بين الواقعيـة التصويرية والتكوينـات التجريدية؛ فضلًا عن العناصـر المتكـررة مثـل البحـر والأيـدي والبرتقـال، والتي تحمـل دلالات غامضـة قابلة لتأويـلات متعددة.

شـارك في العديد من المعـارض الجماعية الدولية، مـن أبرزهـا معـرض الجائـزة الدوليـة الثامنة عشـرة للفن المعاصـر فـي متحـف موناكـو الوطني فـي مونتـي كارلو (1984)؛ ومعرض الكويت للفنانين العرب (1981، 1983)؛ ومعرض الفن السـعودي المعاصر بعمّان، الأردن (1982)؛ ومعرض الفن السـعودي المعاصر في بون، ألمانيا (1981) والمعـرض الدولـي للطاقة بنيويـورك، الولايـات المتحدة (1981). فـي عـام 2025، أقـام خليـل معرضًـا فرديًـا بعنـوان «قـد سـمعنا مـا قلت فـي الأحـلام» فـي معهد مسـك للفنـون بالرياض. كمـا قد أقـام معرضًـا فرديًا عام 1988 فـي الجمعية العربية السـعودية للثقافـة والفنون في أبها. وفـي عام 1986، أقام أول معـرض فردي له في نادي جـازان الأدبي، مصحوبًا بدراسـة عـن أعماله بعنوان «أحلامي». جاء هذا المعرض بعد قرابة عقد من تأسيسـه مرسـمه الخـاص فـي جـازان عـام 1977. تـم تكريمـه من قبـل معهد مسـك للفنـون باعتبـاره مـن كبـار رواد الفن السـعودي (2018) ومن بين الجوائـز العديدة التي نالها جائزة السـعفة الذهبيـة (1989)، وجائزة الشـراع الذهبي (1981)، وجوائـز أولى متعددة من الرئاسـة العامة لرعاية الشـباب في ثمانينيات القـرن الماضي.

خزعل القفّاص

(مواليد 1944، الكويت - توفي عام 2024، الكويت)

نحّـاتٌ كويتـي بـارز، شـكّلت إقامتـه الفنيـة المتفرغـة في مرسـم الفـن الحـر عـام 1963 نقطـة انطـلاق لارتباطـه العميـق بالنحت. تابع دراسـته فـي كلية الفنـون الجميلة بالقاهرة بين عامي 1966 و1970، ثـم انتقل إلى الولايات

Today traveling exhibition in Berlin, Germany (1985), London, UK (1986), Paris, France (1986), and Cairo, Egypt (1987). His iconic desert scenes earned him notable recognition including at the Sixth Arab Fine Artists Exhibition in Kuwait (1997). In 2018, he was honored by Misk Art Institute as a pioneer in Saudi arts.

Alabdan's paintings are held by several entities in Riyadh, including King Khalid International Airport, the National Guard, the Culture and Arts Society, and the General Presidency of Youth Welfare, Riyadh.

KHALED ALSOWIANEA

(b. 1969, Unaizah, Saudi Arabia – d. 2021, Qassim, Saudi Arabia)

Khaled Alsowianea was a Saudi visual artist whose multifaceted practice spanned realism, surrealism, and Arabic calligraphy. He demonstrated artistic talent from an early age, which he honed over the years. As his career developed, Alsowianea became a founding member of both the Saudi Society for Fine Arts and the Dawadmi Artists House, playing an important role in shaping the art landscape in the region.

Alsowianea's work evolved across stylistic movements, beginning with realism and impressionism before turning toward surrealism and abstract explorations of calligraphic form. His early paintings depicted the landscapes and architecture of his hometown in bright, expressive tones, conveying a sense of emotional intimacy and optimism. In his surrealist work, Alsowianea developed a distinctive visual language that wove together imaginary realms, symbolic figures, and layered meanings.

Alsowianea participated in numerous exhibitions both locally and internationally. Selected group exhibitions include *Second Visual Arts Exhibition for Artists of the City of Unaizah*, Unaizah, Saudi Arabia (2000); *Saudi Group Visual Arts Exhibition on the Anniversary of the Founding*, Riyadh, Saudi Arabia (2000); *Fifth Periodic Exhibition of Visual Arts and Arabic Calligraphy for GCC Artists*, Doha, Qatar (1999); *The Saudi Art Exhibition*, Czech Republic and Slovak Republic (1997); *King Salman Social Center Exhibition*, Riyadh, Saudi Arabia (1996); Al Rashid Mall, Al Khobar, Saudi Arabia (1995); and *First Art Exhibition for Unaizah Artists*, Unaizah and Abha, Saudi Arabia (1994). Alsowianea also held several solo exhibitions during his lifetime, his most recent is *Reflections of Existence*, L'Art Pur, Riyadh, Saudi Arabia (2024).

KHALIFA QATTAN

(b. 1934, Kuwait City, Kuwait – d. 2003, Kuwait City, Kuwait)

Khalifa Qattan was born in Kuwait in 1934. At fifteen, he began teaching at Najah School, an early indication of his commitment to education and cultural life. In 1953, he became the first Kuwaiti artist to hold a solo exhibition and soon after received a scholarship to study in the United Kingdom. He completed a degree in woodwork engineering at the Leicester College of Art and Technology, graduating with honors in 1958. Upon returning to Kuwait, he worked at the Ministry of Public Works and later taught at Shuwaikh University.

Qattan was among the first to write about fine arts in the local press, contributing early articles that helped shape public discourse around contemporary art in Kuwait. He played a foundational role in the development of Kuwait's cultural infrastructure, establishing the Kuwait Arts Association in 1968, and served as its first president. He also contributed to the formation of the Kuwaiti Biennale and the National Council for Culture, Arts and Letters, where he championed public support for the arts.

Qattan played a key role in shaping the modern art movement in Kuwait and the Gulf. In the early 1960s, he developed a distinctive visual philosophy that he termed "circulism," a concept he had been exploring since that

المتحدة حيث نال درجة البكالوريوس في الفنون الجميلة من معهد سان فرانسيسكو للفنون عام 1977. وفي عام 1981، تخصّص في تقنيات صب البرونز في معهد جونسون أتيليه للتقنيات النحتية في نيوجيرسي. وأثّرت هذه التجارب الدولية في ممارسته، فطوّرت مهاراته التقنية وعمّقت فهمه للخامات، خاصةً البرونز.

يشتهر بدقته التقنية في النحت وبراعته في المواءمة بين الأشكال التقليدية والتجريب المعاصر. وتتميّز أعماله باستلهامها من تاريخ المنطقة وهويتها الثقافية، مع انفتاح على الابتكار الشكلي والتقنيات الحرفية. استكشف بعمق إمكانات الكتلة والحجم والحركة، متناولًا الشكل البشري والتجريدي بالحساسية نفسها. وتشهد منحوتاته على مسار تطوّر فن النحت الحديث في الكويت ومنطقة الخليج.

حاز على العديد من الجوائز، من أبرزها جائزة الشراع الذهبي في المعرض الخامس للفنانين العرب عام 1977، والجائزة الأولى في معرض جمعية الكويت للفنون الجميلة عام 1974. ونال لاحقًا جائزة الدولة التقديرية من المجلس الوطني للثقافة والفنون والآداب في الكويت تقديرًا لإسهاماته الفنية. ودخلت أعماله ضمن مجموعات المجلس الوطني للثقافة والفنون والآداب بالكويت؛ ومؤسسة بارجيل للفنون بالشارقة؛ والمتحف الوطني الأردني للفنون الجميلة بعمّان.

راشد آل خليفة

(مواليد 1952، المنامة، البحرين)

فنانٌ بحريني رائد، تمتد مسيرته الفنية لأكثر من خمسة عقود، وتشمل الرسم والتصوير والنحت والأعمال التركيبية التجريبية. بدأ برسم الجداريات في منزل طفولته بالرفاع، حيث تلقّى تشجيعًا من أسرته ومعلميه، ما أفضى إلى إقامة أول معرض فردي له في فندق دلمون عام 1970. سافر في عام 1972 إلى المملكة المتحدة للدراسة في كلية هاستينغز للفنون والتكنولوجيا في ساسكس. ولم تقتصر مساهماته على الإنتاج الفني، بل شملت أيضًا تطوير المشهد الثقافي البحريني. ففي عام 1983، شارك في تأسيس جمعية البحرين للفنون التشكيلية، وكان أول رئيس لها. وفي عام 2021، عُيّن رئيسًا للمجلس الوطني للفنون في البحرين. وفي عام 2020، أسس مؤسسة راشد آل خليفة للفنون، وهي منظمة غير ربحية تحتضن مجموعته الفنية الخاصة، وتُعنى برعاية ودعم الفنانين.

تبلورت ممارسته الفنية عبر مراحل متعاقبة، بدأت بالتصوير الواقعي والانطباعي للمناظر الطبيعية في البحرين من صحارى وبحار ومواقع تاريخية، قبل أن يتجه في ثمانينيات القرن الماضي نحو التجريد الهندسي مع تركيز خاص على الضوء واللون. وفي أواخر الثمانينيات وأوائل التسعينيات، بدأ يمزج بين العناصر التصويرية ومفردات المشهد الطبيعي، ممهّدًا لتحول تدريجي إلى التجريد. ومنذ أواخر التسعينيات، أصبح القماش المحدب عنصرًا أساسيًا في أعماله، ما أتاح له تجريب ديناميكية الألوان والسطوح والضوء. ومع مطلع الألفية، اتجه إلى البساطة الشكلية واستلهم العمارة، مستخدمًا خامات مثل اللّك والألمنيوم والكروم لاستكشاف تنقل الظلال وتحوّلات الضوء.

ومن أبرز المعارض الجماعية التي شارك فيها «البساطة الدائرية» في المتحف الصغير بمدينة فايسنشتات الألمانية (2024)؛ «هالة الظل: ظل معرّق، ضوء ملوّن» في غاليري ساتشي بلندن، المملكة المتحدة (2018)؛ «المحدب: منظور جديد»، متحف البحرين الوطني، المنامة، البحرين (2010). كما عرض أعماله في منظمة شومان للفنون، عمّان، الأردن (1997)، وغاليريات دي كالييت وإل كاتو كاييل بميلانو، إيطاليا (1996)، ومعهد الشرق الأوسط بواشنطن العاصمة، الولايات المتحدة (1982). كما عُرضت أعماله في فعاليات كبرى مثل بينالي البندقية السابع والخمسين، البندقية، إيطاليا (2017)؛ الوفد العربي في بينالي تريو في ريو دي جانيرو، البرازيل (2015)؛ بينالي البندقية السادس والخمسين، البندقية، إيطاليا (2015)؛ بينالي الكويت، ومدينة الكويت، الكويت (1983).

وشارك الخليفة في العديد من المعارض الفنية في البحرين وعلى الصعيد الدولي، حيث أقام أكثر من عشرين معرضًا فرديًا، علمًا بأن أول معرض فردي له أقيم في فندق دلمون بالبحرين عام 1970. وفي عام 2020، أصدر كتابًا مخصصًا لفنه تحت عنوان «راشد آل خليفة: الدائرة الكاملة»، موثقًا مسيرته الفنية وإسهاماته في الفن المعاصر. تم تكريمه من قبل معهد مسك

time, which reflected his interest in spirituality, science, and metaphysics. His artistic practice consistently addressed social, cultural, and philosophical questions, and he was committed to using art as a vehicle for dialogue and transformation. Qattan's work evolved over time, engaging with themes of modernity, tradition, and the human condition. He was a deeply reflective artist whose practice remained grounded in both personal inquiry and broader cultural critique.

Throughout his career, Qattan exhibited widely in Kuwait and internationally, including in Italy, Germany, China, Bahrain, and Qatar. He was the first artist from the Arab world invited by China's Ministry of Culture for a solo exhibition in Beijing. His works are part of the National Council for Culture, Arts and Letters, Kuwait City, Kuwait; Barjeel Art Foundation, Sharjah, United Arab Emirates; and Institut du monde arabe, Paris, France.

KHALEEL HASSAN KHALEEL

(b. 1958, Jizan, Saudi Arabia)

Khaleel Hassan Khaleel is a Saudi painter born in Jizan. He demonstrated an early talent for art, first nurtured at King Saud Elementary School and later encouraged by his Sudanese middle school teacher, Mohammad Badr Aldin Hassan, who urged him to draw from imagination rather than observation. His father's support was also crucial—Khaleel held his first exhibition in his parents' courtyard after completing middle school. He graduated from the Institute of Art Education in Riyadh in 1976 and later earned a diploma in art education from the Intermediate College for Teachers in Madinah.

Khaleel's practice is marked by a continual evolution in both style and technique. Initially committed to realism, he later embraced impressionism and briefly explored geometric abstraction, drawing inspiration from the work of Piet Mondrian. Over time, his practice expanded to include themes rooted in Arab heritage and the natural environment, ultimately culminating in a surrealistic approach to realism, which he refers to as "dreamism." This unique style is characterized by unconventional compositions that blend tangible elements with dreamlike scenarios.

His paintings often evoke a sense of unease through dark tones and unsettling imagery, exploring themes of tension and transformation, in which human forms merge with or dissolve into other objects. Deeply rooted in his region's cultural traditions and inspired by his surroundings and Arab heritage, Khaleel's work explores the human imagination while addressing sociopolitical issues. He deftly renders symbolic depictions through inventive compositions and varying levels of graphic realism. In his practice, recurring motifs—such as the sea, hands, and oranges—carry layered and ambiguous connotations.

He participated in several international group exhibitions, including the eighteenth *International Prize for Contemporary Art* exhibition, the National Museum of Monaco, Monte Carlo, Monaco (1984); *The Kuwait Exhibition for Arab Artists*, Kuwait City, Kuwait (1984, 1983); *The Contemporary Saudi Art Exhibition*, Amman, Jordan (1982); *The Contemporary Saudi Art Exhibition*, Bonn, Germany (1981); the *International Exhibition for Energy*, New York, United States (1981).

In 2025, Khaleel held a solo exhibition titled *The Whisper of Dreams* at Misk Art Institute in Riyadh, Saudi Arabia. He presented another solo show in 1988 at the Saudi Arabian Society for Culture and Arts in Abha, Saudi Arabia. In 1986, he held his first solo exhibition at the Jizan Literary Club in Jizan, Saudi Arabia, which was accompanied by a monograph on his work titled *My Dreams*; this exhibition came nearly a decade after he established his own studio in Jizan in 1977. Among his many awards are the Golden Palm Award (1989), the Golden Sail Award (1981), and multiple first prizes

للفنون باعتباره من كبار رواد الفن في الخليج (2019) ودخلت أعماله ضمن مجموعات فنية بارزة، منها متحف البحرين الوطني، ومجموعة جمال فخرو في البحرين، مجموعة فيكتوريا هريستوف في نيويورك، الولايات المتحدة، ومتحف زوراب تسيريتيلي للفن الحديث في تبليسي، جورجيا.

راشد العريفي

(مواليد 1941، المنامة، البحرين – توفي عام 2017، المحرّق، البحرين)

كان راشد العريفي فنانًا بحرينيًا رائدًا، ساهم انخراطُه العميق والمستمر في التراث المحلي في بلورة لغة بصرية متجذّرة في رموز حضارة دلمون القديمة. أدّى دورًا فاعلًا في المشهد الفني الناشئ، حيث انضم إلى أسرة هواة الفن، وشارك في تأسيس جمعية الفن المعاصر عام 1970. وفي سبعينيات القرن الماضي، برز كأحد أبرز المدافعين عن التراث، وعُيّن مستشارًا للتراث في وزارة الإعلام البحرينية. وفي عام 1995، افتتح متحف راشد العريفي في المحرّق للحفاظ على إرثه الفني والتأكيد على قيمته الثقافية. كما ساهم في تأسيس قسم الفنون الشعبية في متحف البحرين الوطني، ونشر العديد من الكتب والمقالات حول التراث، بما في ذلك «سلسلة التراث البحريني» (1979)، «العمارة البحرينية» (1989)، «أشياء تراثية» (1989)، «مدرسة دلمون الفنية» (2009)، «الأختام الدلمونية القديمة» (2011)، و«الزي البحريني» (2013).

وُلد لعائلة من التجّار، ولفتته منذ صغره الأنماط الزخرفية للأزياء والعمارة البحرينية التقليدية. عُرف بتأسيسه «المدرسة الدلمونية»، التي تهدف إلى تقصّي الثقافة البصرية لماضي البحرين في أبعاده الشكلية والرمزية والأسطورية. وقد ازداد شغفه بالتراث بعد زيارته قلعة البحرين عام 1959، حيث اكتشف أختامًا وقطعًا أثرية من حضارة دلمون. وبدأ، بصفته فنانًا عصاميًا، بدمج هذه الرموز في أعماله، مطوّرًا في البداية أسلوبًا واقعيًا يوثّق مشاهد الحياة اليومية والمناظر الطبيعية والتراث الشعبي. وتحوّل لاحقًا إلى التعبير من خلال التجريد الخطي والتكوين الرمزي المستوحى من أختام دلمون، فمزج في لوحاته بين الأشكال والنقوش والأساطير على أسطح غنية بالطبقات. وعلى مدى أكثر من خمسة عقود، تنوّعت وسائطه بين الرسم بالقلم والفرشاة والطباعة والنحت، لكنه ظل وفيًا لارتباطه العميق بالذاكرة الثقافية البحرينية.

شارك في العديد من المعارض الجماعية في البحرين وخارجها، من أبرزها بينالي الشارقة (1993)؛ معرض الفن التشكيلي الخليجي بالرياض (1983)؛ بينالي القاهرة (1993)؛ بينالي العرب بالرباط، المغرب (1978)؛ معرض الكويت للفنانين العرب (1976). كما شارك في المعارض التي نظمتها جمعية البحرين للفنون في مختلف مدن الخليج. والجدير بالذكر أنه شارك في المعرض المتنقل «فن من العالم الإسلامي» الذي جال عبر عواصم أوروبية مختلفة خلال الثمانينيات، بما في ذلك باريس ولندن ومدريد، وكان أول فنان بحريني يشارك في معرض مسابقة الأمير تشارلز في مونتي كارلو عام 1985. وتشمل معارضه الفردية «المدرسة الدلمونية» في المجمّع الثقافي بأبوظبي (1986)؛ «روح دلمون» في مقر الأمم المتحدة بنيويورك (1985)؛ و«حضارة دلمون» في متحف البحرين الوطني بالمنامة, البحرين(1983).

حصل على العديد من الجوائز في البحرين، من أبرزها وسام الشيخ عيسى (2007)، وميدالية دلمون من وزارة الإعلام (1995)، وجائزة الاستحقاق الوطني للتميز الثقافي (1999)، وجائزة الدولة التقديرية والتشجيعية من رئيس وزراء البحرين الشيخ خليفة بن سلمان آل خليفة (1989). ودخلت أعماله ضمن العديد من المجموعات العامة والخاصة المرموقة، من بينها متحف البحرين الوطني بالمنامة، البحرين؛ والمتحف العربي للفن الحديث بالدوحة، قطر؛ ومتحف الفن الآسيوي في برلين بألمانيا؛ والمتحف الوطني الهندي؛ والمجموعة الدائمة لليونسكو في باريس. كان عضوًا في جمعية البحرين للفنون التشكيلية، واتحاد الفنانين العرب، وعضوًا مؤسسًا لمجموعة أصدقاء الفن التشكيلي الخليجي.

رابحة محمود

(مواليد 1949، العراق)

تُعد رابحة محمود من الشخصيات الرائدة في الفن العُماني، وقد أسهمت بدور محوري في تشكيل الثقافة

from the General Presidency for Youth Welfare in the 1980s. In 2018, he was honored by Misk Art Institute as a pioneer in Saudi arts.

KHAZAAL AL-QAFFAS

(b. 1944, Kuwait - d. 2024, Kuwait)

Khazaal Al-Qaffas was born in Kuwait in 1944. In 1963, he was awarded a full-time artist residency at the Free Art Atelier, marking the beginning of a lifelong commitment to sculpture. He pursued formal art education at the College of Fine Arts in Cairo, where he studied sculpture from 1966 to 1970. Continuing his education in the United States, he earned a Bachelor of Fine Arts from the San Francisco Art Institute in 1977. In 1981, he further specialized in bronze casting techniques at the Johnson Atelier Technical Institute of Sculpture in New Jersey. This international training shaped Al-Qaffas's deep technical knowledge and refined his mastery of materials, particularly in bronze.

Al-Qaffas is known for his rigorous sculptural practice and his ability to merge traditional and contemporary forms. His work often reflects themes rooted in regional history and identity, while demonstrating a sustained commitment to formal experimentation and craftsmanship. Deeply engaged with the language of volume, mass, and movement, his sculptures explore the human figure and abstract form with equal sensitivity. His practice stands as a testament to the evolution of modern sculpture in Kuwait and the broader Gulf region.

He has received numerous awards throughout his career. In 1977, he was awarded the Golden Sail at the *Kuwait Exhibition for Arab Artists*, Kuwait City, Kuwait, and in 1974, he won first prize at the *Kuwait Society of Fine Arts Exhibition*. His contributions to the art field were later recognized with the State Appreciation Award from the National Council for Culture, Arts and Letters in Kuwait.

His works are part of the National Council for Culture, Arts and Letters, Kuwait City, Kuwait; Barjeel Art Foundation, Sharjah, United Arab Emirates; and the Jordan National Gallery of Fine Arts, Amman, Jordan.

RASHID AL KHALIFA

(b. 1952, Manama, Bahrain)

Rashid Al Khalifa is a pioneering Bahraini artist whose career spans more than five decades, encompassing painting, sculpture, and experimental installation. He painted murals in his childhood home in Riffa and was encouraged by his family and teachers, leading to his first solo exhibition at the Dilmun Hotel in 1970. In 1972, he traveled to the United Kingdom to study at Hastings College of Arts and Technology in Sussex, United Kingdom. Al Khalifa's contributions to Bahrain's cultural landscape extend beyond his artistic practice. In 1983, he co-founded the Bahrain Arts Society, serving as its first president, and in 2021, he was appointed chairman of Bahrain's National Council for Arts. In 2020, he established the RAK Art Foundation, a non-profit organization that houses his private art collection and is dedicated to empowering artists.

Al Khalifa's artistic practice evolved through distinct phases, beginning with realist and impressionist landscapes of Bahrain's deserts, seas, and historical sites. By the 1980s, his work incorporated geometric abstraction, with a growing focus on color and light. In the late 1980s and early 1990s, he merged figurative and landscape elements, gradually moving toward abstraction. His innovative use of the convex canvas, developed in the late 1990s, became a signature feature of his work, allowing for dynamic explorations of color, light, and surface. From the early 2000s onward, his practice embraced minimalism and architectural forms, using materials, such as lacquer paint, aluminum, and chrome to explore the interplay of light and shadow.

البصرية المعاصرة في السلطنة. درست التاريخ في معهد البحوث والدراسات العربية بالقاهرة، وتخرجت عام 1980 حاصلةً على بكالوريوس في الفنون. وعلى الرغم من تخصّصها الأكاديمي في العلوم الإنسانية، فقد نشأ شغفها بالفن وتطوّر من خلال مشاركاتها النشطة في مؤسسات فنية محلية، من أبرزها مرسم الشباب منذ عام 1980، والجمعية العُمانية للفنون التشكيلية، والنادي الثقافي. وامتدت مسيرتها الفنية إلى منصات إقليمية ودولية، في مرحلة اتسمت بالحراك الثقافي والتبادل الفني المكثف داخل منطقة الخليج.

استخدمت الألوان الزيتية والأكريليك لتطوير لغة بصرية تمزج بين التعبيرية الواقعية والتجريدية. في بداياتها، ركّزت أعمالها التصويرية على الحياة العُمانية التقليدية، مع إيلاء اهتمام خاص لأدوار المرأة والتراث المحلي. ومع تطوّر تجربتها، اتجهت لاستكشاف موضوعات الذاكرة والعاطفة والانتماء للجماعة، معبّرة عنها بضربات فرشاة جريئة وحقول لونية إيقاعية. وكثيرًا ما دمجت في لوحاتها الزخارف الشعبية والصور الظلية والإشارات الرمزية، معتبرةً اللوحة بمثابة أرشيف للفضاء الاجتماعي. رفضت الرومانسية الزخرفية، مفضّلةً التعبير الإيمائي المشحون بالعاطفة. وتمتاز أعمالها بطبقاتها الحدسية، وجمعها بين الأشكال التجريدية والآثار التشخيصية لتجسّد موضوعات الاستمرارية، والهوية، والذاكرة الجمعية. وعلى مر السنين، صاغت أسلوبًا شخصيًا متفرّدًا، يتّسم بالعفوية، والخشونة اللونية، والإحساس العميق بالتجذّر الثقافي.

عُرضت أعمالها على نطاق واسع منذ أوائل الثمانينيات، حيث مثّلت سلطنة عُمان في فعاليات فنية كبرى، من بينها بينالي آسيا السابع في بنغلاديش (1997)؛ وبينالي الشارقة (1993، 1994)؛ وبينالي القاهرة (1984). وشمل حضورها الدولي معارض في فرنسا وألمانيا والولايات المتحدة الأمريكية والمكسيك والهند والمملكة المتحدة. وبصفتها واحدة من الفنانات العمانيات القلائل الناشطات في الثمانينيات، رسّخت مكانتها في المشهد الفني المحلي من خلال معارض فردية أقامتها في النادي الثقافي بمسقط عامي 1986 و1988.

حظيت بالعديد من التكريمات، من أبرزها تكريمها كفنانة رائدة خلال مهرجان مسقط عام 2016، ونيلها جائزة تقديرية من بينالي الشارقة عام 1997. دخلت أعمالها ضمن مجموعات فنية مرموقة، من بينها وزارة التراث والثقافة، ومتحف بيت الزبير في مسقط، والمتحف العربي للفن الحديث بالدوحة، والمتحف الوطني الأردني للفنون الجميلة بعمّان.

رشيد عبدالرحمن

(مواليد 1965، مسقط، سلطنة عُمان)

يُعد رشيد عبدالرحمن من الروّاد البارزين في حركة الفن العُماني. وهو عضو ناشط في عدد من المؤسسات الثقافية المرموقة، من بينها مرسم الشباب، والجمعية العمانية للفنون التشكيلية، والنادي الثقافي، والرابطة الدولية للفنون التابعة لليونسكو. شكّل انخراطه المبكر في مرسم الشباب عام 1985 محطةً مفصلية وضعته ضمن نخبة من الفنانين العُمانيين الشباب الذين سعوا إلى ابتكار لغة بصرية معاصرة تعبّر عن هوية السلطنة. وقد تطوّرت ممارسته الفنية في تفاعل حيوي مع الحركات الإقليمية والدولية، جامعةً بين السرديات المحلية وروح التجريب.

تتراوح ممارسته الفنية بين التجريد التعبيري والتصوير الرمزي، حيث يستكشف من خلالها البنى النفسية والاجتماعية للهوية، محوّلًا التساؤلات الميتافيزيقية إلى أشكال إيمائية جريئة. وبفضل حساسيته العالية تجاه اللون والخامة، يُنشئ فضاءات بصرية معقدة تتأرجح بين الإحساس بالاحتواء والانفصال. وعلى امتداد مسيرته، تطوّر نهجه من التراكيب التمثيلية نحو أساليب أكثر تجريبية، تركّز على الرمزية المفتوحة، والتفكيك الهندسي، والمعالجات المعمارية المتخيَّلة. وغالبًا ما تعكس لوحاته موضوعات التحوّل والذاكرة والحدود الفاصلة بين الذات والجماعة، من خلال تكرار رموز مشفَّرة وظلال بشرية تُحرّض المتلقي على التنقّل بين الواقعية والتجريد، وبين البُعد السردي والتجسيد الشكلي.

شارك في العديد من المعارض الوطنية، من بينها المعارض الكبرى التي نظّمتها الجمعية العُمانية للفنون التشكيلية بين عامي 1993 و2005، بالإضافة إلى المعرض الفني السنوي الأول في النادي الثقافي عام 1998. كما عُرضت أعماله في عدد من المحافل الدولية في كوريا الجنوبية وإيران وهولندا وفرنسا والكويت

Al Khalifa has exhibited extensively in Bahrain and internationally, notable solo exhibitions include *Circular Simplicity*, Das Kleine Museum, Weissenstadt, Germany (2024); *First Light*, Heydar Aliyev Center, Baku, Azerbaijan (2023); *Penumbra: Textured Shadow, Coloured Light*, Saatchi Gallery, London, United Kingdom (2018); and *Convex: A New Perspective*, Bahrain National Museum, Manama, Bahrain (2010). He also exhibited with the Shuman Arts Organization, Amman, Jordan (1997); De Caliet Gallery, Milan, Italy (1996); El Kato Kayyel Gallery, Milan, Italy (1996); and the Middle East Institute, Washington, D.C., United States (1982). His work has also been featured in major events such as the 56th and 57th Venice Biennales, Venice, Italy (2015, 2017); the Arab Delegation at the TRIO Biennale, Rio de Janciro, Brazil (2015); the Kuwait Biennale, Kuwait City, Kuwait (1983).

Al Khalifa held over twenty solo exhibitions, with his first solo show taking place at the Dilmun Hotel in Manama, Bahrain, in 1970. In 2019, he was honored by Misk Art Institute as a pioneer in the arts in the region. In 2020, his monograph *Rashid Al Khalifa: Full Circle*, was published, documenting his career and contributions to contemporary art. His works are held in several collections, including the Bahrain National Museum, Manama, Bahrain; the Jamal Fakhro Collection, Bahrain; the Victoria Hristoff Collection, New York, United States; the Zurab Tsereteli Museum of Modern Art, Tbilisi, Georgia, the Heydar Aliyev Center, Baku, Azerbaijan.

RASHID AL ORAIFI

(b. 1941, Manama, Bahrain –
d. 2017, Muharraq, Bahrain)

Rashid Al Oraifi was a pioneering Bahraini artist whose lifelong engagement with local heritage shaped a visual language rooted in the iconography of the ancient Dilmun civilization. He played a formative role in the emerging art scene, participating in the Family of Art Amateurs and co-founded the Contemporary Art Association in 1970. In the 1970s, he became a prominent advocate for cultural preservation and served as a heritage advisor at Bahrain's Ministry of Information. In 1995, he opened the Rashid Al Oraifi Museum in Muharraq to preserve and showcase his legacy. He was also instrumental in establishing the Bahrain National Museum's folk art section and published several essays and books on heritage, including *Bahrain Heritage Series* (1979), *Architecture of Bahrain* (1989), *Heritage Items* (1989), *The Dilmun School of Art* (2009), *The Old Dilmunic Seals* (2011), and *Bahraini Costume* (2013).

Born into a merchant family, Al Oraifi was drawn from an early age to the ornamental patterns of traditional Bahraini garments and architecture. He is best known for founding what he termed the "Dilmun School of Art," a long-standing visual investigation into the formal, symbolic, and mythological ancient past of Bahrain. His fascination with heritage intensified after a formative visit to Qal'at Al-Bahrain in 1959, where he encountered ancient seals and artifacts from the Dilmun era. A self-taught artist, Al Oraifi began incorporating these motifs into his drawings and initially developed a realist style that reflected scenes of daily life, landscapes, and folklore. Inspired by the linear abstraction and symbolic composition of Dilmun seals, his paintings synthesized figures, inscriptions, and mythical references in thickly layered surfaces. Over five decades, Al Oraifi's style evolved across media—drawing, painting, printmaking, and sculpture—yet consistently remained grounded in the cultural memory of Bahrain.

Al Oraifi participated in numerous group exhibitions both in Bahrain and internationally, including the Sharjah Biennial, Sharjah, United Arab Emirates (1993); *GCC Artists Exhibition*, Riyadh, Saudi Arabia (1983); the Cairo Biennale, Egypt (1993); the Arab Biennale, Rabat, Morocco (1978); and the *Kuwait Exhibition of Arab Artists*, Kuwait

والإمارات العربية المتحدة. نال خلال مسيرته عدّة جوائز مرموقة، منها الجائزة الكبرى في المعرض الفني السنوي العاشر (2002)، والجائزة الذهبية في دورته الحادية عشرة (2004)، إلى جانب جائزة السلطان قابوس للثقافة والفنون والآداب عام 2012 عن لوحته «الأرزاق».

سامي محمد

(مواليد 1943، مدينة الكويت، الكويت)

نحاتٌ كويتي بارز يُعد من أهم رموز فن النحت في العالم العربي، عُرف بأعماله البرونزية المفعمة بالعاطفة. تلقّى تعليمه في كلية الفنون الجميلة بالقاهرة (1966-1970)، ونهل من تقاليد النحت الكلاسيكي وتياراته المعاصرة، ثم صقل مهاراته التقنية في معهد جونسون أتيلييه للتقنيات النحتية في نيوجيرسي بالولايات المتحدة الأمريكية (1973-1975)، وتدرب بشكل مكثف على صب البرونز وإنتاج المنحوتات الضخمة. كان من الأعضاء المؤسسين للجمعية الكويتية للفنون التشكيلية عام 1967، وعضوًا مبكرًا في مرسم الفن الحر (1960)، وهما مؤسستان محوريتان أسهمتا في رسم ملامح الفن الكويتي الحديث وتوفير بنية حاضنة للمواهب المحلية.

تتّسم ممارسته الفنية بعمق إنساني والتزام متواصل يطرح موضوعات الحرية والقمع والمعاناة البشرية. ففي أعماله البرونزية، يدمج بين التجريد الحداثي والواقعية التصويرية، مستعرضًا آثار الصدمات التاريخية والظلم الاجتماعي. وتجسّد منحوتاته شخصيات مشوهة أو مقيدة أو غارقة في الحزن، وتنبض بسرديات الحرب والنزوح والمقاومة. وتحمل هذه الأعمال طاقة عاطفية كثيفة تعكس العنف السياسي والأزمات الإنسانية، مستمدةً من الأحداث التي شهدها العالم العربي والسياقات الأوسع.

برز كأحد الأصوات الريادية في فن النحت العربي الحديث بفضل دقته التقنية، وعمق رؤيته الفلسفية، وارتباطه العميق بالهمّ الإنساني، ولم تقتصر إسهاماته على فضاءات المعارض، بل امتدت إلى الفن العام، إذ كُلّف عام 1971 بإنجاز تمثال للشيخ عبدالله السالم الصباح، الشخصية المحورية في مسيرة الكويت الحديثة.

عُرضت أعماله في الكويت والمنطقة والعالم، وبرز اسمه على الساحة الدولية وشارك في الدورة الخامسة والخمسين لبينالي البندقية عام 2013، مسجلاً أول حضور للكويت في هذا الحدث العريق. وقد مثّل بلاده أيضًا في بينالي الشارقة عام 1993، وشارك في فعالية «تحدي البرونز» بالقاهرة عام 1984، حيث أظهر براعته في العمل بهذه الخامة. وفي عام 2016، خصصت له منصة الفن المعاصر في الكويت معرضًا استعادياً شاملاً احتفى بمسيرته التي امتدت لأكثر من خمسين عامًا. ودشّن مشواره الفردي بمعرض أقيم في مرسم الفن الحر عام 1981.

تم تكريمه من قبل معهد مسك للفنون باعتباره من كبار رواد الفن في الخليج (2019) و حاز على العديد من الجوائز، منها الجائزة الأولى في معرض الكويت العام (1988)، والجائزة الأولى في بينالي دول مجلس التعاون الخليجي للفنون (1986، 1988)، وبينالي القاهرة الأول للفنون (1984). دخلت أعماله ضمن مجموعات فنية مثل مؤسسة بارجيل للفنون بالشارقة، الإمارات العربية المتحدة، ومتحف الكويت الوطني، بمدينة الكويت، الكويت؛ والمتحف الوطني الأردني للفنون الجميلة بعمّان، الأردن.

سامية أحمد السيد عمر عاصم

(مواليد 1947، مدينة الكويت، الكويت)

فنانةٌ كويتية رائدة تمتد مسيرتها الفنية لأكثر من خمسة عقود. درست في أكاديمية سان فرناندو الملكية للفنون الجميلة في مدريد، وتخرجت منها عام 1971، قبل أن تثري مسيرتها التعليمية بدبلوم في الخط العربي (1986، الكويت)، وآخر في الديكور والتصميم الداخلي من مدارس المراسلة الدولية في بنسلفانيا (1986). بدأت حياتها المهنية كمعلمة فنون، وقضت أربعة عشر عامًا في التدريس، ثم تولت إدارة قسم الفنون في مدرسة الأحمدي حتى عام 1991، وهو العام الذي شكّل منعطفًا مهمًا في مسيرتها، إذ خصصت بعدها وقتها بالكامل لممارستها الفنية وتوجيه الجيل الجديد من الفنانين. أدارت ورش عمل في معهد الفنون الجميلة

City, Kuwait, (1976). He often participated in exhibitions organized by the Bahrain Arts Society across various Gulf cities. Notably, he took part in the traveling exhibition *Art from the Islamic World*, which toured through various European capitals during the 1980s, including Paris, London, and Madrid. He was the first Bahraini artist to participate in the Prince Charles Contest exhibition, Monte Carlo in 1985. His solo exhibitions include *The Dilmun School*, the Cultural Foundation, Abu Dhabi, United Arab Emirates (1986); *The Dilmun Spirit*, the United Nations Headquarters, New York, United States (1985); and *Dilmun Civilization*, the Bahrain National Museum, Manama, Bahrain (1983).

He received several awards in Bahrain including the Sheikh Isa Medal (2007), the Dilmun Medal from the Ministry of Information (1995), the National Merit Award for Cultural Excellence (1999), and the state Merit incentive award by the prime minister of Bahrain Shaikh Khalifa Bin Salman Alkhalifa (1989). His work is held in numerous public and private collections, including the Bahrain National Museum, Manama, Bahrain, Mathaf: Arab Museum of Modern Art, Doha, Qatar; the Museum of Asian Art, Berlin, Germany, and UNESCO's permanent collection in Paris. He was a member of the Bahrain Arts Society, the Arab Artists Federation, and a founding member of the Friends of the Fine Arts group.

RABHA MAHMOUD

(b. 1949, Iraq)

A pioneering figure in Omani art, Rabha Mahmoud played a foundational role in shaping the country's contemporary visual culture. She studied history at the Institute of Arab Research and Studies in Cairo, Egypt, graduating in 1980 with a bachelor's degree in arts. Although her formal training was in humanities, her artistic formation developed through active engagement in local art institutions such as the Youth Art Studio since 1980, the Omani Society for Fine Arts, and the Cultural Club. Her career bridged both regional and international platforms, during a formative period of cultural exchange across the Gulf.

Working on oil and acrylic painting, Mahmoud developed a visual language situated between expressive realism and abstraction. Her early figurative works focused on traditional Omani life, with particular focus on women's roles and heritage. In her later canvases, she turned to explore memory, emotion, and collectivity, articulated through bold strokes and rhythmic color fields. Mahmoud's approach often weaves folk motifs, silhouettes, and symbolic references, treating the canvas as an archive of social space. She resisted ornamental romanticism, instead pursuing a gestural, emotionally charged visual form of expression. Her paintings are noted for their intuitive layering, combining abstract shapes with anthropomorphic traces to express themes of continuity, identity, and collective memory. Over time, she cultivated a distinctly personal style—marked by spontaneity, textured color, and a deep sense of cultural rootedness.

Mahmoud exhibited extensively from the early 1980s onward, representing Oman in key events such as the 7th Asian Biennale, Bangladesh (1997); the Sharjah Biennial, Sharjah, United Arab Emirates (1993, 1994); and the Cairo Biennale, Cairo, Egypt (1984). Her international presence included exhibitions in France, Germany, the United States, Mexico, India, and the United Kingdom. As one of the few women artists active in the 1980s, Mahmoud established herself through solo exhibitions in 1986 and 1988 at the Cultural Club, Muscat, Oman.

Mahmoud received multiple honors, including being recognized as a pioneering female artist in the Muscat Festival, Muscat, Oman (2016); and an Appreciation Award from the Sharjah Biennial, Sharjah, United Arab Emirates (1997). Her work is held in collections such as the Ministry of Heritage and Culture and Bait Al Zubair Museum in Muscat, Oman, Mathaf: Arab Museum of

والجمعية الكويتية للفنون التشكيلية، وكانت من بين أعضائها المؤسسين. كما واصلت انخراطها الفاعل في المشهد الفني والمجتمعي من خلال جماعة أصدقاء الفن التشكيلي الخليجي والجمعية الثقافية الاجتماعية النسائية. كتبت العديد من المقالات الفنية لمجلة «الكويت» و«دانة». كما نظّمت دورات وورش عمل فنية، من بينها دورة للفنون الجميلة في جامعة الكويت (1997)، ودرّست سنة واحدة في الكلية الأساسية للتربية الفنية، وأدارت ورشة عمل في بيت لوذان في السالمية، الكويت. كما شاركت في لجان تحكيم للعديد من الفعاليات الفنية، من ضمنها الدورة الخامسة لمهرجان عمان السنوي للتصوير الضوئي والفنون، مسقط، سلطنة عمان (1998).

تركّز في ممارستها الفنية على استخدام الباستيل والألوان الزيتية، مستكشفةً موضوعات الحياة البحرية، والتراث الكويتي، والحنين الثقافي. وبحكم إقامتها في الخارج لفترات طويلة، كثيرًا ما تتسم أعمالها بشحنة وجدانية عميقة تنبض بالاشتياق والحنين إلى الوطن. ويعكس تكرارها للزخارف انخراطًا تأمليًا في الذاكرة والمكان. ويتميز أسلوبها الواقعي بالتفاصيل الدقيقة والألوان الآسرة، التي تعيد من خلالها تجسيد مشاهد الحياة اليومية الكويتية بعمق عاطفي واضح. كما تتناول أعمالها قضايا البيئة، وأدوار المرأة، والتقاليد، ما جعلها صوتًا فنيًا فاعلًا في توثيق التحولات الثقافية في الكويت.

شاركت في العديد من المعارض الجماعية، من أبرزها معرض البحرين للفن المعاصر، المنامة، البحرين (2000)؛ بينالي الشارقة (1999)؛ معرض الفنانات العربيات في الشارقة ،الإمارات العربية المتحدة (1995)؛ معرض جمعية المرأة في الصين (1995). وبين عامي 1988 و2023، أقامت العديد من المعارض الفردية في الكويت وكندا وروسيا ومصر. وكانت قد أقامت معرضها الفردي الأول في مرسم الفن الحر في مدينة الكويت، الكويت (1988) ما فتح أمامها أبواب المشهد الفني في الكويت. أقامت معرضها الفردي الأول في مرسم الفن الحر، مدينة الكويت (1988)، ما شكّل محطة مهمة في انطلاقتها الفنية. وتلت ذلك معارض فردية في عدة مواقع داخل الكويت، منها مركز عبد الله السالم الثقافي (1996)، وجمعية الفنون التشكيلية (1998)، وصالة بوشهري (2000)، ودار الفنون في منطقة شرق (2005)، ومتحف الفن الحديث في شرق (2011)، ومعرض السيد (2023). وحازت أعمالها على العديد من الجوائز، ومن بينها جائزة اليوبيل الفضي لجماعة أصدقاء الفن التشكيلي الخليجي (1995)، وجائزة معرض البيئة للفنون التشكيلية (1990)، وشهادة تقدير من معرض البيئة الكويتية القديمة (1978). دخلت لوحاتها ضمن مجموعات متحف الكويت الوطني، ومتحف الفن الحديث التابع للمجلس الوطني للثقافة والفنون والآداب في مدينة الكويت.

سعود القحطاني

(مواليد 1951، أبها، المملكة العربية السعودية)

سعود القحطاني فنانٌ سعودي نشأ في بيئة فنية أسهمت في تعميق وعيه بنظرية الألوان وأدوات التعبير الفني منذ وقت مبكر. تابع دراسته النظامية في معهد التربية الفنية بالرياض، حيث تخرّج عام 1975، ثم عمل مدرّسًا للفن قبل أن يكرّس نفسه بالكامل للممارسة الفنية. وفي عام 1977، أسّس أحد أوائل مراسم الفنانين المستقلين في المملكة، موفّرًا بذلك فضاءً إبداعيًا مهمًا للفنانين الشباب.

يُعد من الروّاد في مجال فن الجداريات في السعودية، وتمتد ممارسته متعددة الأوجه لتشمل الرسم، والنحت، والتصميم المعماري. تتسم أعماله بدمج لافت بين العناصر التجريدية والمناظر الطبيعية، مستلهمًا من الخط العربي، والطبيعة، والشكل التجريبي. وتتميّز فرشاته، المتأثرة بأسلوب محمد السليم، باستكشاف الأفق المكاني والطبقات الرمزية، مع إدماج الحروف العربية في تركيبات شكلية خشنة. وعلى مدى العقود، انتقل بين الانطباعية والسريالية والتجريد الرمزي، محافظًا على التزامه الدائم بالتجريب وإعادة تفسير المفاهيم الفنية. وتشمل أعماله النحتية والمعمارية عددًا من المشاريع العامة في أبها، وخميس مشيط، والحرجة؛ أبرزها جسر مطار أبها والمنشآت الرئيسية في مطار الملك فهد الدولي بالدمام، ووزارة الداخلية بالرياض. وتعود مساهماته في فن الجداريات إلى عام 1976، ما يجعله من أوائل الفنانين في المملكة الذين سعوا إلى دمج الفن في الفضاءات الحضرية والبنى التحتية العمرانية.

Modern Art, Doha, Qatar, and Jordan National Gallery of Fine Arts, Amman, Jordan.

RASHEED ABDULRAHMAN

(b. 1965, Muscat, Oman)

Rasheed Abdulrahman is a pioneering figure in Omani art. He has been an active member of several key cultural institutions, including the Youth Art Studio, the Omani Society for Fine Arts, the Cultural Club, and the International Association of Art affiliated with UNESCO. His early involvement with the Youth Art Studio in 1985 placed him among a dynamic cohort of young Omani artists working to shape a contemporary visual language for the Sultanate. His practice developed in close dialogue with regional and international art movements, blending local narratives with formal experimentation.

Abdulrahman's practice spans expressive abstraction and symbolic figuration, often oscillating between the two. His work interrogates the psychological and social structures of identity, translating metaphysical inquiries into bold, gestural forms. With a sensitivity to color and material, he constructs complex visual fields that evoke both containment and rupture. Over the decades, his approach has evolved from representational compositions into more experimental modes, emphasizing layered symbolism, geometric fragmentation, and imagined architectural spaces. His paintings frequently reflect transformation, memory, and the liminal boundaries between the self and the collective. The recurring presence of coded objects and human silhouettes invites viewers to navigate a space between realism and abstraction, narrative and form.

Throughout his career, Abdulrahman has participated in numerous national exhibitions, including every major show organized by the Omani Society for Fine Arts from 1993 to 2005 and the first Annual Art Exhibition at the Cultural Club in 1998. He has exhibited internationally in South Korea, Iran, the Netherlands, France, Kuwait, and the UAE. Among his accolades, he received the Gold Award in the Eleventh Edition (2004), the Grand Prize at the Tenth Annual Art Exhibition (2002), and the Sultan Qaboos Award for Culture, Arts, and Literature in 2012 for his painting Al-Arzaq.

SAMI MOHAMMED

(b. 1943, Kuwait City, Kuwait)

Born in 1943, Kuwaiti artist Sami Mohammed is one of the most celebrated sculptors in the Arab world, renowned for his emotionally charged bronze works. He studied sculpture at the College of Fine Arts in Cairo, Egypt (1966- 1970), where he was introduced to both classical and modern sculptural techniques. In 1973, he further developed his skills at the Johnson Atelier Technical Institute of Sculpture in Princeton, New Jersey, United States (1973-1975), where he trained extensively in bronze casting and large-scale sculptural production. Mohammed was a founding member of the Kuwait Society for Formative Arts in 1967 and an early member of the Free Art Atelier (1960), two pivotal institutions that laid the groundwork for Kuwait's art scene.

Mohammed's artistic practice is defined by its engagement with themes of freedom, oppression, and human suffering. Working primarily in bronze, his sculptures combine modernist abstraction with figurative realism to confront historical trauma and contemporary social injustice. His contorted, imprisoned, or grieving figures evoke narratives of war, displacement, and resilience. His works convey the emotional weight of political violence and humanitarian crises, drawing from events in the Arab world and beyond. Mohammed's technical precision, philosophical depth, and humanistic focus have positioned him as a major voice in modern Arab

شـارك في العديد من المعـارض الوطنية والدولية، من أبرزها المعرض السعودي المعاصر، ومجموعة الفنون التشـكيلية، والمعـارض الثقافيـة السـعودية فـي الهنـد وعُمـان والبحرين والكويت ومصر وسـوريا. كما شـارك في فعاليات دولية مثل معرض إكسـبو 86 في فانكوفر بكندا (1986)، ومعـرض الطاقـة فـي نيويـورك (1981). أقـام أول معـرض فردي لـه في أبها عـام 1974، تلتـه معارض فرديـة وجماعية في أبها والرياض وخميس مشـيط خلال السبعينيات ومطلع الثمانينيات من القرن الماضي. تعاون مـع فنانيـن بارزيـن مثـل عبـد الحليـم رضـوي، وعبد الله الشـالتي، ومفرح عسيري.

فـي عـام 2023، أقيم لـه معرض فردي اسـتعادي تحـت عنـوان «طلـق» فـي صالـة آرت فيجـن بالريـاض. ودخلـت أعمالـه ضمـن مجموعـات فنيـة سـعودية، من أبرزهـا الديوان الملكـي، ومجلس الـوزراء، ووزارة الداخلية. و تـم تكريمه مـن قبل معهد مسـك للفنـون باعتباره من كبـار رواد الفن السـعودي (2019).

سيف العامري

(مواليد 1965، السيب، سلطنة عُمان)

سـيف العامري شخصيةٌ رائدة في مجال الطباعة والفنون الغرافيكية في سـلطنة عُمان. أظهر شـغفًا مبكرًا بالرسـم تغـذّى بفضـل انخراطـه النشـط فـي الأوسـاط الفنيـة المحليـة. تلقّـى تدريبًا في مجال المسـح التقنـي، ثم بنى مسـيرة احترافيـة فـي التصميـم الغرافيكـي، عمـل خلالها فـي القطاعيـن الحكومـي والإعلامـي العُماني منـذ أوائل الثمانينيـات. وبصفتـه عضـوًا فاعـلًا في مرسـم الشـباب، والجمعيـة العُمانيـة للفنون التشـكيلية، والنـادي الثقافي، تطـوّرت مسـيرته الفنيـة بالتـوازي مـع نشـوء مؤسسـات الفـن المعاصـر فـي السـلطنة. كمـا شـارك في عـدد من ورش العمـل المحليـة التي أشـرف عليها فنانـون عالميون من النمسـا وألمانيا والسـودان وتونس، ما أسـهم في إثراء ممارسـته الفنيـة متعـددة التخصصات.

يُعـد مـن الفنانيـن العمانييـن القلائـل مـن أبنـاء جيلـه الذيـن تخصّصـوا فـي فـن الطباعـة التقليديـة، مـع تركيـز خـاص علـى تقنيـات الحفـر البـارز والنقـش على الخشـب. تميـزت أعمالـه المبكـرة بتركيبـات صارخة بالأبيـض والأسـود، قبـل أن تتطـوّر تدريجيًـا نحـو صور أكثر ثراءً لونيًا وحسـيًا ويسـتلهم لغته البصرية من التراث العربي والإسـلامي والعُماني، وتتناول موضوعاته النزوح، والحنين، والنضـال الجماعي. يُولي العامـري أهمية بالغة لجـودة الطباعة اليدوية، مبرزًا من خلالها الملمس، ونقاء الخـط، ومقاومـة الخامـة. وتتأرجـح تعبيراتـه البصريـة بيـن الإيقاع والسـكون، وغالبًا مـا تتضمن رمـوزًا تجريدية وزخـارف فولكلوريـة. وعلـى امتـداد مسـيرته، تعامل مع فـن الطباعـة لا بوصفه مجـرد تقنية، بل كحامـل لذاكرة ثقافية، ووسـيلة للتفاعـل العاطفي. وتشـهد أعماله على اندمـاج فني دقيق بين تقاليد الطباعة وحسـه التصويري المتجذر في السـياق المحلي، والمنفتح في الوقت نفسـه علـى روح التجريب.

منذ عـام 1987، شـارك فـي العديد مـن المعارض الفرديـة والجماعيـة، إلـى جانـب حضـوره المتواصـل في المعـارض الوطنيـة مثـل المهرجـان السـنوي للفنـون التشـكيلية، والمعـارض الدوليـة كـبينالي القاهـرة وبينالي الشـارقة، ومعـارض أُقيمـت فـي الصيـن وفرنسـا وألمانيا وبلجيـكا وإيـران وتونـس والمكسـيك. مثّل سـلطنة عُمان في عدد مـن الوفود الثقافية الرسـمية، مـن بينها منتدى دول مجلـس التعاون الخليجي للفنـون البصرية. نال عدة جوائـز مرموقة في مجالـي الفنون الغرافيكيـة والتصميم، من أبرزها الجائزة الأولى في مسـابقة شعار اليوم الوطني الأربعين لسـلطنة عُمان عـام 2010، إلى جانـب تقديرات مـن وزارة الثقافـة والجمعيـة العُمانية للفنون التشـكيلية. دخلت أعمالـه ضمن مجموعات فنية بارزة في السـلطنة، مثـل المتحف الوطني العُماني وبيت الزبير ووزارة الثقافة، فضلًا عـن مجموعات خاصة في أنحاء متفرقة من الخليج وأوروبـا والصين وشـمال إفريقيا.

صفية بن زقر

(مواليد 1940، جدة، المملكة العربية السعودية - توفيت عام 2024، جدة، المملكة العربية السعودية)

نشأت صفية بن زقر في كنف العادات والتقاليد الحجازية، وتركـت سـنوات طفولتهـا الأولى أثـرًا عميقًا فـي ارتباطها بالتـراث السـعودي. أولـت عائلتهـا اهتمامًا مبكـرًا بميولها الفنيـة، فسـجّلوها فـي دروس فنيـة خاصة أثنـاء إقامتها

sculpture. His contributions also extend to public art, including a 1971 commission to create a statue of Sheikh Abdullah Al-Salem Al-Sabah, an emblematic figure in Kuwaiti history.

Throughout his career, Mohammed has exhibited widely on local, regional, and international platforms. In 2013, he participated in the 55th Venice Biennale, Venice, Italy, marking Kuwait's debut at the event and solidifying his international standing. He also represented Kuwait at the Sharjah Biennial, Sharjah, United Arab Emirates (1993) and participated in *The Challenge of Bronze*, Cairo, Egypt (1984), which highlighted his expertise in bronze. In 2016, the Contemporary Art Platform in Kuwait held a major retrospective of his work, spanning more than five decades. His first solo exhibition took place at the Free Art Atelier in Kuwait (1981).

His career has been recognized through numerous awards, including first prize at the Kuwait General Exhibition (1988) and the First Cairo Art Biennale (1984). In 2019, he was honored by Misk Art Institute as a pioneer in the arts in the region. His work is held in several collections including Barjeel Art Foundation, Sharjah, United Arab Emirates, Kuwait National Museum, Kuwait City, Kuwait, and the Jordan National Gallery of Fine Arts, Amman, Jordan.

SAMIAH AHMAD AL-SAYID OMAR ASEM

(b. 1947, Kuwait City, Kuwait)

Born in 1947, Samiah Ahmad Al-Sayid Omar Asem is a pioneering Kuwaiti artist whose career spans over five decades. She studied at the San Fernando Fine Art Royal Academy in Madrid, Spain, and graduated in 1971. Her education was further enriched by diplomas in Arabic calligraphy (1986, Kuwait), and diplomas in Interior Decoration and Design from the International Correspondence Schools in Pennsylvania (1986). Asem began her career as an art educator, spending fourteen years teaching before being appointed Director of the Art Department at Al Ahmadi School in Kuwait until 1991. That year marked a turning point in her career, as she began to dedicate herself fully to her studio practice and to mentoring the next generation of artists. She led workshops at the Fine Art Institute and the Kuwait Society of Formative Arts, where she is a founding member. She has remained actively engaged in artistic and civic organizations, including the Friends of the Fine Arts and the Women's Cultural and Social Society. She wrote numerous art-related articles for *Kuwait* and *Danah* magazines. In addition, she conducted workshops and courses, including a Fine Arts course at Kuwait University in 1997. She also taught for one year at the Primary College for Formative Arts and led a workshop at Bait Lothan in Salmiya, Kuwait. She served as a juror for multiple art events, including the Fifth Omani Annual Festival for Light Photography and Art held in Muscat in 1998.

Asem's practice focuses primarily on pastel and oil paintings that explore themes of maritime life, Kuwaiti heritage, and cultural nostalgia. Having lived abroad for extended periods, her work often conveys a deep sense of longing for her homeland. Recurring motifs reflect a meditative engagement with memory and place. Her realist style is characterized by meticulous detail and atmospheric color, allowing her to recreate scenes from Kuwaiti daily life with emotional depth. Asem is also known for integrating reflections on environment, women's roles, and tradition into her work, positioning her as a vital voice in documenting Kuwait's cultural transformations.

Asem has participated in many group exhibitions including the *Bahrain Contemporary Art Exhibition*, Bahrain (2000); the Sharjah Biennial, Sharjah, United Arab Emirates (1999); the *Arab Women Artists Exhibition*, United Arab Emirates (1995); and *Women's*

في القاهرة خلال الطفولة. تابعت تعليمها الفني الرسمي في مدرسة سانت مارتنز للفنون (التي تُعرف اليوم باسم سنترال سانت مارتينز) في لندن، وتخرّجت منها عام 1965. عند عودتها إلى المملكة العربية السعودية، عاصرت التحولات الاجتماعية المتسارعة، لا سيما على مستوى الملبس والعادات اليومية، مع بروز مظاهر التحديث على حساب أساليب الحياة التقليدية. غذّت هذه التغيرات التزامها بتوثيق وحفظ شعائر وتقاليد وفولكلور مجتمعها من خلال الرسم والحفر. في عام 2000، أسّست «دارة صفية بن زقر» في جدة، وهي عبارة عن مركز ثقافي مخصص لأعمالها الفنية ومجموعاتها التراثية. كما ألّفت كتابين: «رحلة عقود ثلاثة مع التراث السعودي» (2000)، و«المملكة العربية السعودية: نظرة فنانة إلى الماضي» (1979).

تتضمن أعمالها لمحاتٍ عن المساحات المنزلية الخاصة وطقوسها، لتشكّل بذلك سجلًا بصريًا ثمينًا للتراث الثقافي، محفوظًا للأجيال القادمة. وكانت بن زقر تكرّس شهورًا للبحث وجمع المواد التاريخية، موثّقةً بدقة العناصر الاجتماعية والثقافية والمعمارية للحياة الحجازية، ما أضفى على نتاجها طابعًا موسوعيًا. نَظّمت أعمالها في سلاسل مُتنوّعة، تناولت فيها موضوعات الزواج والزيّ التقليدي والعمارة التاريخية والدين ويوميات الحياة وحياة البادية والأمومة والأنشطة اليومية والأسواق والحرف والمهن والأزياء.

في عام 1968، كانت بن زقر من أوائل الفنانات اللواتي عرضن أعمالهن علنًا في المملكة العربية السعودية، حيث شاركت في معرض مشترك أقيم في مدرسة دار التربية الحديثة. وعلى مر السنين، عرضت أعمالها في العديد من المعارض المحلية والدولية، بما في ذلك معرض «الماضي كمُقدّمة»، المملكة العربية السعودية (2014)؛ ومعرض اليوم الوطني للمملكة، بدعم من مؤسسة المنصورية، فرنسا (2005)؛ ومعرض الفنانات السعوديات، المملكة العربية السعودية (1983)؛ والمعرض المتنقل «المملكة العربية السعودية بين الأمس واليوم» (1985). أقامت معارض فردية في عدد من الدول الأوروبية، من بينها غاليري «فيو شين» في سويسرا، وغاليري دروانت في فرنسا، وغاليري وودستوك في المملكة المتحدة.

وقد حصلت بن زقر على العديد من الأوسمة والتكريمات، من أبرزها وسام الملك عبدالعزيز الذي منحها إياه خادم الحرمين الشريفين الملك سلمان بن عبد العزيز آل سعود عام 2017، تم تكريمها من قبل معهد مسك للفنون باعتباره من كبار رواد الفن السعودي في عام 2018 وشهادات تقدير من الرئاسة العامة لرعاية الشباب، وبرنامج الأمم المتحدة للبيئة، تقديرًا لمساهماتها في التراث الوطني. واقتُنيت أعمالها من قبل مؤسسات مرموقة، من بينها المتحف البريطاني بلندن، المملكة المتحدة؛ ومؤسسة المنصورية بجدة، المملكة العربية السعودية؛ والمتحف الوطني الأردني للفنون الجميلة بعمّان، الأردن ومؤسسة بارجيل للفنون بالشارقة، الإمارات العربية المتحدة.

صالح خطاب

(مواليد 1956، المدينة المنورة، المملكة العربية السعودية)

صالح محمد خطاب رسامٌ ونحّات سعودي، أظهر كفاءةً فنية منذ طفولته، لاقت دعمًا متواصلًا من معلميه خلال سنواته الدراسية. برزت موهبته في المرحلة الابتدائية، حيث كان يزيّن جدران المدرسة برسوماته، ويحلل موضوعات الطبيعة الصامتة بحماسة لافتة. بعد الثانوية، حصل على درجة البكالوريوس في الفنون الجميلة من جامعة حلوان بالقاهرة (1979)، حيث صقل مهاراته في مجالات متنوعة كالرسم بالقلم والتصوير الفوتوغرافي والرسم بالفرشاة والنقش. واصل دراسته لاحقًا في الولايات المتحدة، ونال درجة الماجستير في التصميم الداخلي عام 1987، ثم عاد إلى جامعة حلوان ليكمل الدكتوراه في فلسفة الفنون التشكيلية عام 1997.

إلى جانب ممارسته الفنية، عمل مصممًا داخليًا ومدرّسًا للفنون، وشغل منصب أستاذ متعاون في جامعة الملك سعود، كما عمل في قسم الفنون التشكيلية بالرئاسة العامة لرعاية الشباب في الرياض. وهو من الأعضاء المؤسسين لجماعة فناني المدينة المنورة، وعضو نشط في الجمعية العربية السعودية للثقافة والفنون.

بدأ مسيرته الفنية مع الموضوعات المعمارية، مستلهمًا منها امتدادًا طبيعيًا لدراسته الأكاديمية في التصميم الداخلي، فأبدع في تصوير الضوء والملمس

Association Exhibition, China (1995). Between 1988 and 2023, she has held numerous solo exhibitions in Kuwait, as well as in Canada, Russia, and Egypt. Her early solo exhibition at the Free Art Atelier, Kuwait City, Kuwait (1988) marked a significant entry into Kuwait's art scene. She held solo exhibitions at several venues in Kuwait, including the Abdullah Al-Salem Cultural Centre in 1996, the Kuwait Fine Arts Association in 1998, Bushihri Gallery, Kuwait, in 2000, Dar Al-Fonoon in Sharq, Kuwait, in 2005, and the Modern Art Museum in Sharq, Kuwait, in 2011 and recently in Alsayed Gallery, Kuwait, in 2023. Asem's work has received several awards, including the Silver Jubilee of the Friends of the Fine Arts (1995), the *Fine Arts Environment Exhibition* (1990), and recognition from the *Ancient Kuwaiti Environment Exhibition* (1978). Her paintings are held in the collections of the National Museum of Kuwait, Museum of Modern Art and the National Council for Culture, Arts, and Letters, in Kuwait City, Kuwait.

SAUD ALQAHTANI

(b. 1951, Abha, Saudi Arabia)

Saud Alqahtani is a Saudi artist whose early exposure to art came through his mother, an artist who introduced him to color theory and artistic expression. Nurtured in this environment, he pursued formal studies at the Institute of Art Education in Riyadh, graduating in 1975. After completing his education, Alqahtani worked as an art teacher before dedicating himself fully to his artistic practice. In 1977, he established one of the earliest independent artist studios in Saudi Arabia, providing a vital platform for emerging artists in the region.

A pioneering figure in Saudi mural art, Alqahtani's multifaceted practice spans painting, sculpture, and architectural design. His paintings blend elements of abstraction and landscape, drawing inspiration from Arabic calligraphy, nature, and experimental form. His brushwork, influenced by Mohammed Alsaleem, explores spatial horizontality and symbolic layering, often integrating Arabic letters into textured compositions. Over the decades, he has worked in impressionism, surrealism, and symbolic abstraction, guided by a commitment to constant innovation and conceptual reinvention. His sculptural and architectural works include public works in Abha, Khamis Mushait, and Al-Harjah, most notably, the Abha Airport Bridge and major installations at King Fahd Airport in Dammam and the Ministry of Interior in Riyadh. His contributions to muralism date back to 1976, marking him as one of the earliest artists in Saudi Arabia to integrate art into urban infrastructure.

Alqahtani's participation in national and international exhibitions, include *The Saudi Contemporary Exhibition*, *The Formative Art Collection*, and Saudi cultural exhibitions in India, Oman, Bahrain, Kuwait, Egypt, and Syria. He also took part in international events such as Expo 86 in Vancouver, Canada (1986) and *The Energy Exhibition*, New York, the United States (1981). He held his first solo exhibition in Abha in 1974, followed by solo and joint exhibitions across Abha, Riyadh, and Khamis Mushait throughout the 1970s and early 1980s. He collaborated with key artists such as Abdulhalim Radwi, Abdullah Alshalti, and Mufreh Asiri. In 2023, he was the subject of a retrospective solo exhibition titled *Talg* at Art Vision Gallery in Riyadh. In 2019, he was honored by Misk Art Institute as a pioneer in Saudi arts. His works are held in several Saudi collections including the Royal Court, the Council of Ministers, and the Ministry of Interior Affairs.

SAIF AL AMRI

(b. 1965, Seeb, Oman)

Saif Al Amri is a pioneering figure in Omani printmaking and graphic arts. He showed an early passion for drawing, nurtured through active participation in local art spaces. Trained in technical surveying he went on to build a

والتفاصيل الدقيقة، مع إيلاء اهتمام خاص لتفاعل الضوء مع الأسطح والعناصر المعمارية. وقد أثّرت نشأته في المدينة المنورة على رؤيته الفنية، فوثّق في أعماله مشاهد من الحياة اليومية في أحيائها وأزقتها ومبانيها.

تطوّر أسلوبه مع الزمن متجاوزًا التمثيل المعماري الصرف، حيث انعكست خلفيته الأكاديمية المعمارية في بنيته التشكيلية، لكنه اتجه لاحقًا نحو رموز ودلالات استلهمها من السرياليين مثل هنري مور ورينيه ماغريت، فبرزت في أعماله عناصر متكررة تنطوي على إيحاءات غامضة، كالعيون والنوافذ المغلقة. كما تأثر بأساتذة اللون في المشهد المصري، وعلى وجه الخصوص الرسامين السرياليين عبد الهادي الجزار (1925–1966) وصبري منصور (مواليد 1943). ومن حيث المضمون، تُجسّد أعماله انشغاله بالإنسان والمجتمع والتاريخ.

بدأ عرض أعماله الفنية عام 1980، وشارك في معرض الفن السعودي المعاصر في الرياض؛ ومعرض كبار الفنانين السعوديين في الرياض، المملكة العربية السعودية (1980)؛ ومعرض مجموعة الفنون التشكيلية في الرياض، المملكة العربية السعودية (1981). ومن أبرز معارضه المعرض المتنقل «مختارات من الفنون التشكيلية السعودية» في مدريد والقاهرة ولندن (2000 - 1998)، ومعرض الفن السعودي في القاهرة، مصر (1989)؛ ومعرض كبار الفنانين السعوديين في الرياض، المملكة العربية السعودية (1979).

شارك في عدد من الفعاليات الثقافية البارزة، منها الأسبوع الثقافي الخليجي في باريس ومهرجان الشباب العربي في دمشق. وكان من أبرز إنجازاته تأسيس أول معرض متنقل لجماعة فناني المدينة المنورة عام 1980، والذي شكل انطلاقةً لسلسلة من الجولات الفنية الناجحة داخل المملكة وخارجها، شملت قاعة إبداع في المدينة المنورة، وروشان غاليري في جدة، ومقر جمعية البحرين للفنون التشكيلية. ودخلت أعماله ضمن المجموعات الفنية لمؤسسات سعودية عامة وخاصة مرموقة، من بينها الرئاسة العامة لرعاية الشباب بالرياض، ومطارات الملك عبدالعزيز في جدة، والملك خالد في الرياض، والملك فهد في الظهران، إضافة إلى متحف عبد الرؤوف خليل بجدة. و تم تكريمه من قبل معهد مسك للفنون باعتباره من كبار رواد الفن السعودي (2019)

صالح النقيدان

(مواليد 1954، القصيم، المملكة العربية السعودية)

صالح النقيدان رسامٌ سعودي عُرف بارتباطه الوثيق بالتراث الثقافي والمعماري لمنطقة القصيم. نشأ في كنف عائلة فنية، وكان لوالده النجّار أثرٌ بالغ في تشكيل رؤيته، إذ يُعد أول معلّميه. حصل على دبلوم في علوم الحاسوب من جمهورية أيرلندا عام 1980-1981 م.

يُعدّ النقيدان باحثًا وكاتبًا غزير الإنتاج إلى جانب ممارسته الفنية. ألّف العديد من الكتب، منها «عنيزة بعيون فنان» (2014)، و«القصيم. التراث العمراني بعيون فنان» (2015)، و«الكويت في عيون سعودي» (2019). كما كرّس وقتًا كبيرًا لتدريس الفن ودعم الفنانين الشباب في المنطقة. يشغل حاليًا منصب رئيس مجلس إدارة «مجموعة فناني عنيزة»، وهو عضو مجلس إدارة مؤسس للجمعية السعودية للفنون التشكيلية، التي تأسست عام 2007.

بدأ مسيرته الفنية في مطلع سبعينيات القرن الماضي، حيث عمل مساعدًا لمصمم الديكور في الأكاديمية العسكرية تحت إشراف الفنان مصطفى النشة. انطلقت أعماله الأولى من بيئة مدينته، فصوّر مناظرها الطبيعية، وأحيائها، وتقاليدها المحلية. ومع تطوّر ممارسته، راح يستكشف أساليب فنية متنوّعة، من الانطباعية والسريالية إلى التصوير الواقعي والتجريد.

عُرضت أعماله في العديد من المعارض الإقليمية والدولية، من أبرزها المعارض التي نظمتها الرئاسة العامة لرعاية الشباب في الثمانينات؛ «حكاية مكان» في معهد مسك للفنون بالرياض (2019)؛ مهرجان الجنادرية للتراث والثقافة بالرياض (1985)؛ المعرض المتنقل «السعودية بين الأمس واليوم» الذي جال الولايات المتحدة الأمريكية وإيطاليا والمملكة المتحدة وفرنسا (1984-1986). أقام عشرة معارض فردية في المملكة العربية السعودية، في عنيزة (1999 و1987)، والرياض (2023، 2022، 2018، 2009، 2005، 1994)، وبريدة (1996)، وجدة (2011)؛ ومعرضًا في الكويت (2016). تم تكريمه من قبل معهد مسك للفنون باعتباره من كبار رواد الفن السعودي (2018).

professional career in graphic design, working within Oman's governmental and media sectors from the early 1980s onward. A longstanding member of the Youth Art Studio, the Omani Society for Fine Arts, and the Cultural Club, his artistic career developed alongside the formation of Oman's contemporary art institutions. He also took part in local workshops, including those led by international artists from Austria, Germany, Sudan, and Tunisia, which helped shape his interdisciplinary practice.

Al Amri is among the few Omani artists of his generation to specialize in traditional printmaking, with particular focus on relief and woodcut techniques. His early works employed stark black-and-white compositions, which evolved over time into richly textured, color-infused imagery. His visual language draws deeply from Arab, Islamic, and Omani heritage, often depicting themes of displacement, nostalgia, and collective struggle. Al Amri's practice emphasizes the handmade quality of the print, valuing texture, line, and material resistance. His expressive forms navigate the tension between rhythm and stillness, often incorporating abstracted symbols, figures, and folkloric motifs. Over the decades, Al Amri has distinguished himself by treating printmaking not only as a technical process, but as a vessel for cultural memory and emotional resonance. His works bear witness to the fusion of printmaking with a painterly sensibility, deeply rooted in local context yet open to experimentation.

Since 1987, Al Amri has participated in numerous solo and group exhibitions including national showcases like the Annual Festival of Fine Arts and international events such as the Cairo Biennale, Sharjah Biennial, and exhibitions in China, France, Germany, Belgium, Iran, Tunisia, and Mexico. His work has represented Oman in several official cultural delegations, including the GCC Visual Arts Forum. He received multiple awards for graphic art and design, including first prize in Oman's 40th National Day Emblem Competition (2010), and recognitions from the Ministry of Culture and the Omani Society for Fine Arts. His work is housed in several collections in Oman, such as the National Museum of Oman, Bait Al Zubair, the Ministry of Culture, and in private collections across the Gulf, Europe, China, and North Africa.

SAFEYA BINZAGR

(b. 1940 - d. 2024, Jeddah, Saudi Arabia)

Immersed in the traditions and customs of her Hejazi community, Safeya Binzagr's early life experiences shaped her deep connection to her Saudi heritage. Her family nurtured her artistic interests, enrolling her in private art lessons when they relocated to Cairo during her childhood. Later, she pursued formal art education at Saint Martin's School of Art (now Central Saint Martins) in London, graduating in 1965. Upon returning to Saudi Arabia, Binzagr witnessed rapid societal changes, particularly in clothing, customs, and daily habits, as modernization began to replace traditional ways of life. These shifts fueled her dedication to documenting and preserving the rituals, traditions, and folklore of her people through painting, drawing, and etching. In 2000, Binzagr founded the "Darat Safeya Binzagr" in Jeddah, a cultural center dedicated to her artwork and cultural collections. She also authored two books: *A Three-Decade Journey with Saudi Heritage* (2000) and *Saudi Arabia: An Artist's View of the Past* (1979).

Binzagr's work often offers intimate glimpses into private domestic spaces and rituals, creating a valuable record of cultural heritage for future generations. She dedicated months to researching and gathering historical materials, carefully documenting the social, cultural, and architectural elements of Hejazi life, ultimately presenting her work as encyclopedic. Each painting could take several months to complete. She organized her body of work into various series, covering themes such as marriage, traditional dress, historic architecture, religion, daily life, desert life, motherhood, daily activities, markets, trades and occupations, and costumes.

صبيحة بشارة

(مواليد 1949، مدينة الكويت، الكويت)

تُعد صبيحة بشارة من أوليات الكويتيات اللواتي تلقّين تعليمًا أكاديميًا في مجال الفنون. تخصّصت في النحت بكلية الفنون الجميلة في القاهرة، حيث تخرجت عام 1973 بمشروع تناول موضوعات فلسفية ومفاهيم الاغتراب. ثم واصلت دراستها الفنية في فرنسا، لتحصل عام 1974 على شهادة في النحت.

تتميّز ممارستها الفنية بحساسية شاعرية واهتمام عميق بالقضايا الأنثوية، التي تتناولها بلغة بصرية رقيقة مشحونة بالرمزية. تركز أعمالها على النحت والرسم، مع تكرار زخارف الزهور وتجليات الأنوثة، من خلال تفاعل مدروس بين اللون والشكل والنبرة العاطفية. تتسم لوحاتها بألوان شفافة ودرجات ناعمة تستحضر الرقة واللين. ومن خلال التوليف بين الرمزية والتجريد، تطرح بشارة تأملات حميمة حول الهشاشة، والتحوّل، والعوالم الداخلية للمرأة.

شاركت في العديد من المعارض الجماعية في الخارج، بما في ذلك معرض آرت بازل في بازل، سويسرا في عام 1975، والمعرض الجماعي أتيليه 17 في الولايات المتحدة عام 1966. كما أقامت معرضين فرديين في السلطان غاليري بالكويت (1977، 1974).

ضياء عزيز ضياء

(مواليد 1947)

رسامٌ ونحات سعودي. وُلد في القاهرة ونشأ متنقلًا بين مصر والهند والولايات المتحدة ومدن سعودية مختلفة. شجعه والده، المفكر الشهير، على الانخراط في عالم الفن، لا سيما من خلال الموسيقى. في عام 1967، التحق بأكاديمية الفنون الجميلة في روما، وتخرج عام 1971. وعاد إلى المملكة حيث درّس الفن لفترة قصيرة في مدرسة الثغر. من عام 1974 إلى عام 1976، أدار شركته الخاصة المتخصصة في التصميم والتصنيع لأعمال الديكورية، قبل أن يتولى منصب المدير الإداري لتصميم المكاتب في الخطوط الجوية السعودية عام 1980، وهو المنصب الذي شغله حتى تقاعده في أوائل عام 2004. كما تولّى رئاسة المركز السعودي للفنون التشكيلية من عام (1987-1988) وكان من الأعضاء المؤسسين لدار الفنون السعودية والجمعية السعودية للفنون والثقافة.

يمزج في أسلوبه بين التصوير والتجريد، مُبدعًا لغة بصرية فريدة تعكس حيوية الحياة الثقافية السعودية. ويتناول في أعماله موضوعات متنوعة، مثل البورتريهات، ومواضيع من الحياة الحجازية، مثل الحرف التقليدية، وألعاب الأطفال، والمواضيع الانسانية العاطفية، وذلك في لوحات تتميز بالألوان الزاهية والإضاءة الدرامية. وإلى جانب الرسم، كان ضياء نحاتًا أيضًا، وقام بتصميم بوابة مكة المكرمة الواقعة على طريق جدة مكة السريع (طريق الأمير محمد بن سلمان)، ومجسمات فنية بارزة أخرى، مثل «حلم الإنسان» (1993) المصنوع من أجزاء طائرات للخطوط الجوية السعودية، ومجسم المملكة الذي أهدته الحكومة السعودية إلى بلدية مكسيكو سيتي عام 2006.

أقام ضياء معرضه الفردي الأول عام 1969 في فندق قصر جدة، عرض فيه ثلاثين عملًا فنيًا استوحاها من المجتمع العربي والحياة المعاصرة. تلاه معرض فردي آخر في المركز الثقافي الأمريكي بجدة عام 1972، ثم معرض استعادي برعاية مؤسسة المنصورية في فندق هيلتون جدة عام 2004.

وشارك في العديد من المعارض الجماعية، من أبرزها «ستة فنانين سعوديين اكتسبوا مهاراتهم في إيطاليا» بجدة، المملكة العربية السعودية (2006)؛ «الفن للجميع» في مؤسسة المنصورية بجدة، المملكة العربية السعودية (2000)؛ «فن معاصر من العالم الإسلامي» في لندن، المملكة المتحدة (1989)؛ بينالي القاهرة الدولي، مصر (1988)؛ «فن معاصر من العالم الإسلامي» في عمان، الأردن (1988)؛ المعرض الجماعي الأول للفنانين السعوديين في بالرياض، المملكة العربية السعودية (1978)؛ المعرض الفني الإيطالي، بجدة، المملكة العربية السعودية (1972)؛ ومعرض في قصر المعارض بروما، إيطاليا (1968).

تم تكريمه من قبل معهد مسك للفنون باعتباره من كبار رواد الفن السعودي (2018) و حاز على

In 1968, Binzagr became one of the first women to exhibit publicly in Saudi Arabia, participating in a joint exhibition at Dar Al-Tarbia Al-Hadetha School. Over the years, she showcased her work in numerous exhibitions both locally and internationally, including *Past is Prologue*, Saudi Arabia (2014); *The Kingdom's National Day Exhibition*, supported by Al-Mansouria Foundation, France (2005); *The Saudi Women Artists Exhibition*, Saudi Arabia (1983); and *Saudi Arabia Between Yesterday and Today*, traveling exhibition (1985). She held solo exhibitions across Europe, including Galerie d'Art du Vieux Chene in Switzerland; Galerie Drouant in France; and Woodstock Gallery in the United Kingdom. Throughout her career, Binzagr received numerous accolades, including the King Abdulaziz Medal from the Custodian of the Two Holy Mosques King Salman bin Abdulaziz Al Saud (2017) and recognition from the General Presidency of Youth Welfare and the United Nations Environment Program for her contributions to national heritage. In 2018, she was honored by Misk Art Institute as a pioneer in Saudi arts.

Her works have been acquired by notable institutions such as the British Museum, London, United Kingdom; the Al-Mansouria Foundation, Jeddah, Saudi Arabia; and the Jordan National Gallery of Fine Arts, Amman, Jordan, and the Barjeel Art Foundation, Sharjah, United Arab Emirates.

SALEH KHATTAB

(b. 1956, Madinah, Saudi Arabia)

Saleh Khattab is a Saudi artist whose early aptitude for art was recognized and nurtured by his teachers during his formative years. His talent became particularly notable in elementary school, where he adorned the walls of the school with drawings and analyzed still-life subjects with great enthusiasm. Following high school, Khattab pursued a bachelor's degree in fine arts at Helwan University, Cairo (1979), where he honed his skills in various disciplines including drawing, photography, painting, and engraving. He later obtained a master's degree in interior design in the United States (1987), followed by a doctorate in fine arts from Helwan University (1997). In parallel with his practice, Khattab worked as an interior designer and art educator. He has served as a cooperating professor at King Saud University and in the Fine Arts Department at the General Presidency of Youth Welfare in Riyadh. He is a founding member of the Madinah Artists Group and is an active member of the Saudi Arabian Society for Culture and Arts.

Both a sculptor and a painter, Khattab's artistic journey began with architectural themes, an extension of his academic training in interior design. His works showcase mastery in depicting light, texture, and detail, paying careful attention to the way light fell on surfaces and the intricate details within his compositions. Fascinated by his native Madinah, the artist captured daily scenes of life in its neighborhood, alleys, and architecture. Khattab's artistic style was also influenced by his academic background in architecture and over time, he moved away from purely architectural themes, incorporating symbols and ideas influenced by the surrealist's work of Henry Moore and René Magritte, introducing recurring motifs such as eyes and closed windows, infused with meaning. He was also influenced by Egyptian masters of color, particularly the surrealist painters Abdul Hadi El Gazzar, (1925-1966) and Sabry Mansour (b. 1943). Conceptually, Khattab's practice reflects his concerns for humanity, society, and history.

Khattab began exhibiting in 1980, participating in the *Saudi Contemporary Art Exhibition*, Riyadh, Saudi Arabia; *the Great Saudian Artists Exhibition*, Riyadh, Saudi Arabia (1980); *The Exhibition for Formative Arts Collection*, Riyadh, Saudi Arabia (1981). He organized and participated in exhibitions of the Madinah Artists Group, founding the group's first traveling exhibition in 1980. This initiative led to a series of successful local and international tours, with venues ranging from the Ibdaa

العديد من الجوائز، من بينها كأس أفضل فنان أجنبي في مهرجان أوديريزي دا غوبيو بروما (1971)، والجائزة الأولى لتصميمه ميدالية ذهبية بمناسبة الذكرى الخمسين للجنة تمويل الأعمال العامة بروما (1970). دخلت أعماله ضمن مجموعات فنية، مثل مؤسسة المنصورية بجدة، المملكة العربية السعودية؛ والمتحف الوطني الأردني للفنون الجميلة بعمّان، الأردن.

عبدالجبار اليحيا

(مواليد 1931، الزبير، العراق – توفي عام 2014، الرياض، المملكة العربية السعودية)

فنانٌ سعودي، وُلد ونشأ في الزبير بالعراق قبل أن يسافر إلى أتلانتا، جورجيا في الولايات المتحدة عام 1951 لدراسة الهندسة. وعند وصوله إلى جدة عام 1952، انطلق في مسيرة فنية غنية متعددة الجوانب شملت تصميم شعارات للقوات الجوية، وتحرير زاوية مخصصة للفنون التشكيلية في صحيفة «المدينة»، والمساهمة في مجلة «المنارة» الفنية. التحق عام 1976 بكلية لندن للطباعة، حيث طوّر مهاراته التقنية والفنية، وكان من الأعضاء المؤسسين لمنصة ألوان الرياض وعضوًا نشطًا في جماعة أصدقاء الفن التشكيلي الخليجي.

تتمحور أعماله حول موضوعات إنسانية وفكرية مثل الترابط والانتماء والتناغم بين الإنسان والطبيعة، مجسّدةً توجهًا حداثيًا في الرسم السعودي يهدف إلى التعبير عن جوهر الهوية الوطنية. وتُعد قدرته على التوفيق بين التأثيرات المحلية والغربية نموذجًا مؤثرًا لجيل من الفنانين السعوديين الذين تلقوا تعليمهم في الخارج، ثم عادوا إلى المملكة ليسهموا في تعليم وتشكيل الأجيال التالية.

بلغ اليحيا سن الرشد الفني في ستينيات القرن الماضي، متأثرًا بزخم المشهد الفني السعودي الناشئ حينها. وفي عام 1974، أصبح أول فنان يُنظَّم له معرض فردي في الجمعية العربية السعودية للثقافة والفنون. وشارك في أكثر من خمسين معرضًا محليًا وعالميًا، ويعد أول فنان سعودي يعرض أعماله دوليًا في متحف فورست بارك في سانت لويس بولاية ميسوري بالولايات المتحدة (1951). وفي الآونة الأخيرة، شاركت أعماله في عدد من المعارض، من أبرزها «عقود» في مونو غاليري بالرياض، المملكة العربية السعودية (2018)؛ «الطليعة» في حافظ غاليري، جدة، المملكة العربية السعودية (2014)؛ «الماضي كمقدمة» في المجلس الفني السعودي، جدة، المملكة العربية السعودية (2014). كما أقيمت له معارض فردية في عدة مواقع بالرياض، من بينها غاليري حوار (2009)، والسفارة الفرنسية (1998)، وفندق اليمامة (1973)، ولوكهيد مارتن (1972)، والطريق الشمالي (1972)، وشركة الواكد (1971).

ألّف كتاب «خمسون عامًا من الرسم» (1999)، وترجم إلى العربية كتاب «اللون للفنان» لهانز شوارتز (1968) في عام 2003. تم تكريمه من قبل معهد مسك للفنون باعتباره من كبار رواد الفن السعودي (2018) ودخلت أعماله ضمن العديد من المجموعات الخاصة المحلية والدولية، من أبرزها المتحف العربي للفن الحديث بالدوحة، قطر.

عبدالحليم رضوي

(مواليد 1939، مكة المكرمة، المملكة العربية السعودية – توفي عام 2006، جدة، المملكة العربية السعودية)

وُلد عبدالحليم رضوي في مكة المكرمة، وبرز شغفه بالفن منذ وقت مبكر، ما شكّل نقطة تحوّل في مساره المهني. وعلى الرغم من تطلّعه في بداياته إلى دراسة الطب، فإن ميوله الفنية ومواهبه الفطرية قادته إلى اختيار الفن طريقًا له. وفي عام 1958، أحرز المركز الأول في مسابقة فنية جماعية لطلبة المرحلة الثانوية في الرياض، معلنًا بذلك انطلاقة مسيرته الفنية.

سافر عام 1961 إلى إيطاليا لدراسة الفنون التشكيلية في أكاديمية الفنون الجميلة بروما، حيث أكمل دراسته عام 1964، ثم واصل دراسته العليا في إسبانيا، حيث نال درجة الأستاذية من المدرسة العليا للفنون الجميلة في سان فرناندو بمدريد عام 1979. في عام 1967، طلبت منه وزارة الإعلام السعودية إنشاء أول مركز فني في جدة، هو مركز الفنون التشكيلية، الذي أداره ودرّس فيه بين عامي 1968 و1974. أُغلق المركز عام 1975 إثر مغادرة

Hall in Madinah, Roshan Gallery in Jeddah, to the Bahraini Society of Fine Arts in Bahrain. Other notable international participations include the traveling exhibition *Selections from Saudi Plastic Arts*, Madrid, Cairo, and London (2000 - 1998) and *the Saudi Art Exhibition*, Cairo, Egypt (1989). Khattab also contributed to prominent cultural events, including the *Gulf Cultural Week* in Paris, France and the *Arab Youth Festival* in Damascus, Syria. In 2019, he was honored by Misk Art Institute as a pioneer in Saudi arts. His works have been acquired by Saudi public and private organizations including the General Presidency of Youth Welfare, Riyadh; King Abdulaziz Airport, Jeddah; King Khalid International Airport, Riyadh; King Fahd Airport, Dhahran; and Abdul Raouf Khalil Museum, Jeddah.

SALEH ALNEGEDAN

(b. 1954, Qassim, Saudi Arabia)

Saleh Alnegedan is a Saudi painter known for his deep engagement with the cultural and architectural heritage of the Qassim region. Raised in a family of artists, he cites his father, a carpenter, as his earliest artistic influence and first teacher. He received a computer diploma from the Republic of Southern Ireland in 1980-1981. In addition to his artistic practice, Alnegedan is an active writer and researcher. He has authored several books including *Unaizah in the Eyes of an Artist* (2014), *Al Qassim's Architectural Heritage* (2015), and *Kuwait in the Eyes of a Saudi Arabian* (2019). He has also dedicated significant time to teaching art classes and workshops to support emerging artists in the region. Alnegedan currently serves as chairman of the Artists of Unaizah Group and is a founding board member of the Saudi Arts Association, established in 2007.

Alnegedan began his artistic journey in the early 1970s, working as an assistant set and decor designer at the Military Academy under the mentorship of artist Mustafa Alnashtah. His early work focused on the environment of his hometown, capturing its natural landscape, neighborhoods, and local traditions. Over time, Alnegedan's style evolved as he explored a range of styles, including impressionism, surrealism, figurative painting, and abstraction.

Alnegedan has exhibited widely regionally and internationally, his work has been featured in exhibitions organized by the General Presidency of Youth Welfare in the 1980s; *Space a Tale,* Misk Art Institute, Riyadh, Saudi Arabia (2019); *Janadriyah Heritage Festival,* Riyadh, Saudi Arabia (1985); and *Saudi Arabia Between Yesterday and Today* traveling exhibition that took place in France, the United Kingdom, Egypt, and the United States (1986-1992). He has held ten solo exhibitions in Saudi Arabia: Unaizah (1999 and 1987); Riyadh (1994, 2005, 2009, 2018, 2022, 2023); Buraidah (1996); Jeddah (2011); and one in Kuwait (2016). In 2019, Alnegedan was honored by Misk Art Institute as a pioneer in Saudi arts.

SABIHA BISHARA

(b. 1949, Kuwait City, Kuwait)

Sabiha Bishara was among the first generation of Kuwaiti women to pursue formal art education. She studied sculpture at the College of Fine Arts in Cairo, Egypt, graduating in 1973 with her final project that explored philosophical themes and the concept of alienation. Following her studies in Cairo, she continued her artistic training in France, where she obtained a degree in sculpture in 1974.

Bishara's practice is marked by a poetic sensibility and a focus on feminine themes, expressed through softness and symbolic depth. Working primarily in sculpture and painting, she often returns to motifs such as the flower and womanhood, exploring their interplay through color, form, and emotional tone. Her palette leans toward soft, translucent tones that evoke delicacy and vulnerability. Through symbolism and abstraction, Bishara offers intimate reflections on fragility, transformation, and the inner world of women.

رضوي إلى مدريد لمتابعة دراسته، وهناك تولى منصب مدير جمعية الفنانين العرب، قبل أن يعود لاحقًا إلى جدة ليرأس الجمعية السعودية للفنون التشكيلية من عام 1980 إلى عام 1992.

عند عودته إلى المملكة العربية السعودية عام 1964، واجه شكوكًا بسبب ابتعاده عن المعايير الفنية المعتادة. فقد مثّل أسلوبه، الذي مزج بين المعالجات العاطفية والهندسة التعبيرية، انحرافًا ملحوظًا عن التصوّر السائد للفن بوصفه محض تمثيل. استلهم أعماله من الحياة الصحراوية والفولكلور والعمارة التقليدية في المملكة، وابتداءً من عام 1987، أصبحت الأشكال الدائرية سمة مهيمنة في أعماله، في إطار سعيه لاستكشاف العلاقة الديناميكية بين المشاعر والفكر. وقد تناول هذه الرؤية في كتابه «الحياة بين الفكر والخيال» (1981)، حيث عبّر عن تصوره للحياة كحلقة مستمرة بين الحلم والواقع. جرب في مسيرته الفنية خامات مثل الرمل والمعجون، وأدخل الحروف العربية في أعماله التي تناولت موضوعات الوعي والهوية والرقص والحركة. وكان أيضًا نحاتًا أنجز خمس عشرة منحوتة خارجية ضخمة تزين مدينة جدة على ساحل البحر الأحمر.

أقام على مدى مسيرته الفنية أكثر من ثمانين معرضًا فرديًا في دول عربية وأوروبية، وشارك في العديد من المعارض الجماعية، أبرزها «حداثة خليجية: رواد ومجموعات فنية في شبه الجزيرة العربية» في رواق الفن بجامعة نيويورك أبوظبي، الإمارات العربية المتحدة (2022) ؛ «تلك الوثبة المحمومة إلى شراسة الحياة»، رواق الفن في جامعة أبوظبي، أبو ظبي، الإمارات العربية المتحدة (2018)؛ «ركّز: أعمال من مجموعة متحف» في المتحف العربي للفن الحديث بالدوحة، قطر (2016)؛ «البحر المعلّق» في متحف طهران للفن المعاصر، إيران (2016)؛ «ردّ الشرق: نظرة معمقة على الحداثة في العالم العربي منذ عام 1950 وحتى عام 1970» في مؤسسة بارجيل للفنون بالشارقة، الإمارات العربية المتحدة (2013).

حاز رضوي على العديد من الجوائز، منها جائزة أكاديمية بونتزن الدولية في نابولي، إيطاليا (1996)؛ ووسام القائد، البرازيل (1984)؛ والجائزة الثالثة في بينالي إيبيزا الأول، اسبانيا (1964). كما اختاره المركز الدولي للسير الذاتية في كامبريدج، إنجلترا، شخصية العام الدولية لعامي 1998/1997. تم تكريمه من قبل معهد مسك للفنون باعتباره من كبار رواد الفن السعودي (2018) و دخلت أعماله ضمن مجموعات متحف الفن الحديث بالبرازيل؛ ومتحف محمد السادس للفن الحديث والمعاصر، الرباط بالمغرب؛ ومتحف الفن الحديث بتونس، تونس ؛ والمتحف العربي للفن الحديث الدوحة، قطر.

عبدالرحمن السليمان

(مواليد 1954، المملكة العربية السعودية)

فنانٌ وكاتب وناقد فني، تخرّج من قسم التربية الفنية بكلية المعلمين بالدمام عام 1991. بدأ مسيرته في الإعلام بتحرير زاوية الفنون التشكيلية في صحيفة «اليوم» عام 1983، ثم تولّى رئاسة قسم الفنون التشكيلية في جمعية الثقافة والفنون بالدمام بين عامي 1987 و2000، قبل أن يُنتخب رئيسًا للجمعية العربية السعودية للثقافة والفنون من عام 2007 إلى 2012. ساهم في تأسيس جماعة أصدقاء الفن التشكيلي الخليجي عام 1985، وكان من الأعضاء النشطين في دار الفنون السعودية – أول مساحة فنية مستقلة في المملكة، والتي أسسها محمد السليم عام 1979.

بدأ مسيرته الفنية في سن مبكرة، متأثرًا بخبرة والده في الخط العربي وطفولته في حي الكوت الريفي بمدينة الهفوف بمحافظة الأحساء، حيث شكّلت المنازل الطينية وينابيع الماء والأراضي الزراعية خلفية بصرية طبعت أعماله بطابع خاص. في أوائل الثمانينيات، بدأ بتجريب الأسلوب التكعيبي لتصوير تراثه وحياته اليومية، إلا أن تنقلاته المتكررة بين الأحساء والدمام عمّقت إدراكه للفروقات بين الحداثة الصناعية والبيئة التقليدية، ما دفعه إلى تطوير أسلوب تجريدي شخصي جمع بين الأنماط المعمارية والهندسة الإقليمية والزخارف التقليدية، مبتعدًا بذلك عن التكعيبية نحو لغة تشكيلية تعبّر عن التحولات التي كانت تمر بها بلاده.

شارك في أكثر من سبعين معرضًا جماعيًا في العراق وسوريا ولبنان وتونس والجزائر والمغرب وإسبانيا وفرنسا وألمانيا وجمهورية الدومينيكان

Throughout her career, Bishara exhibited in several group exhibitions abroad, including the Art Basel Fair in 1975, Basel, Switzerland and the Atelier 17 group show in the United States in 1966. She also held two solo exhibitions at Sultan Gallery, Kuwait City, Kuwait (1977, 1974).

DIA AZIZ DIA

(b. 1947)

Dia Aziz Dia, born in 1947 in Cairo, is a Saudi painter and sculptor. His upbringing was marked by frequent relocations across Egypt, India, the United States, and various Saudi cities. Dia's father, a renowned progressive intellectual, encouraged his early engagement with the arts, particularly through music. In 1967, Dia enrolled at the Academy of Fine Arts in Rome, graduating in 1971. Upon returning to Saudi Arabia, he briefly taught art at Al-Thaghr School. From 1974 to 1976, he operated his own private design and fabrication company specializing in decorative works before joining Saudi Arabian Airlines (Saudia) as an administrative director of office design in 1980, a post he held until retiring early in 2004. Dia also served as head of the Saudi Center for Fine Arts, Jeddah from 1987 to 1988, and was a founding member of the Saudi House of Artists and the Saudi Arts and Culture Society.

Dia's style blends figuration and abstraction, creating a unique visual language reflecting the cultural vibrancy of Saudi life. His diverse subjects include portraits, scenes from Hejazi life such as traditional crafts and children's games, as well as emotional and humanistic themes, all characterized by vibrant colors and dramatic lighting. Beyond painting, Dia is also a sculptor, responsible for major works including the design of the Makkah Gate on the Jeddah-Makkah Highway (Prince Mohammed bin Salman Road), as well as significant commissions like *A Man's Dream* (1993) created from airplane parts for Saudia, and the Kingdom's statue gifted to Mexico in 2006.

Dia held his inaugural solo exhibition in 1969 at the Jeddah Palace Hotel, presenting thirty works inspired by Arab society and contemporary life. He held a second solo exhibition at the American Cultural Center in Jeddah in 1972, and a retrospective at the Jeddah Hilton hosted by Al-Mansouria Foundation in 2004. He took part in many group exhibitions, including *Six Saudi Artists Who Have Acquired Their Skills in Italy*, Jeddah, Saudi Arabia (2006); *Art for All*, Al-Mansouria Foundation, Jeddah, Saudi Arabia (2000); *The Contemporary Islamic Artists*, London, United Kingdom (1989); the Cairo Biennale, Cairo, Egypt (1988); *The Contemporary Islamic Artists*, Amman, Jordan (1988); the *First Collective Exhibition of Saudi Artists*, Riyadh, Saudi Arabia (1978); the *Italian Art Exhibition*, Jeddah, Saudi Arabia (1972); and an exhibition at Palazzo delle Esposizioni, Rome, Italy (1968).

Dia received several awards, including the Best Foreign Artist Cup at Oderisi da Gubbio, Rome (1971) and first prize for designing a golden medal marking the fiftieth anniversary of Rome's General Works Financing Committee (1970). In 2018, he was honored by Misk Art Institute as a pioneer in Saudi arts. His works are part of several collections including the Al-Mansouria Foundation, Jeddah, Saudi Arabia; and the Jordan National Gallery of Fine Arts, Amman, Jordan.

ABDULJABBAR ALYAHYA

(b. 1931, Al-Zubair, Iraq – d. 2014, Riyadh, Saudi Arabia)

Abduljabbar Alyahya, a self-taught Saudi painter, grew up in Al-Zubair, Iraq, before pursuing engineering studies in Atlanta, Georgia, United States, in 1951. Upon his return to Jeddah in 1952, Alyahya embarked on a multifaceted career, spanning multiple creative disciplines, including designing Air Force logos, editing the "Plastic Arts" section in *Al Madina* newspaper, and contributing to the

والولايات المتحدة والهند وبنغلاديش وإندونيسيا وتركيا وروسيا. كما شارك في المعرض المتنقل «المملكة العربية السعودية بين الأمس واليوم» الذي أقيم في الولايات المتحدة وفرنسا والمملكة المتحدة ومصر (1986-1992)؛ وبينالي الشارقة الثالث، الإمارات العربية المتحدة (1997). وأقيم أول معرض فردي له في نادي الاتفاق بالدمام (1971). وعُرضت أعماله في معرض «ما بعد الغيث»، بينالي الدرعية للفن المعاصر، المملكة العربية السعودية (2024)؛ «حداثة خليجية: رواد ومجموعات فنية في شبه الجزيرة العربية» في رواق الفن بجامعة نيويورك أبوظبي، الإمارات العربية المتحدة (2022) ؛ «تلك الوثبة المحمومة إلى شراسة الحياة»، دبي، الإمارات العربية المتحدة (2018)؛ «عقود» في مونو غاليري بالرياض، المملكة العربية السعودية (2018)؛ «بدايات: المنطقة الشرقية» في حافظ غاليري، جدة، المملكة العربية السعودية (2017)؛ و«الماضي كمقدمة» في المجلس الفني السعودي، جدة، المملكة العربية السعودية (2014).

حاز السليمان على العديد من الجوائز، منها الجوائز الأولى في معارض الفن السعودي المعاصر في أعوام 1997، 1989، 1988، 1985. كما حاز على جائزة الرسم في بينالي الشارقة (1997). وله العديد من الكتب، منها «تحولات الفن التشكيلي السعودي» (2021)؛ «عبدالرحمن السليمان: لون المكان، عطر الذاكرة» (2018)؛ «الفن التشكيلي السعودي في المنطقة الشرقية» (2018)؛ «عين على الفن في السعودية والعالم العربي» (2018)؛ «مسيرة الفن التشكيلي السعودي» (2000). وفي عام 2021، أصدر معهد مسك للفنون كتاب «عبد الرحمن السليمان: إشارات ورموز» ضمن سلسلة «مكتبة الفن».

تم تكريمه من قبل معهد مسك للفنون باعتباره من كبار رواد الفن السعودي (2018) و دخلت أعماله ضمن العديد من المجموعات الفنية البارزة، من بينها المتحف الوطني للثقافات في المكسيك، والمتحف الوطني الأردني للفنون الجميلة في الأردن، ومكتبة الملك فهد الوطنية في المملكة العربية السعودية، ومؤسسة بارجيل للفنون في الإمارات العربية المتحدة.

عبدالرسول سلمان

(مواليد 1946، مدينة الكويت، الكويت)

وُلد عبدالرسول سلمان في مدينة الكويت، ويُعدّ من الشخصيات الرائدة في الفن الكويتي، وقد عُرف بإبداعاته في مجال لوحات الخط العربي. بدأت مسيرته الفنية في معهد المعلمين بالكويت، حيث تخرّج عام 1973، ثم واصل دراسته في الخارج، فنال درجة البكالوريوس من فلوريدا عام 1998، ودرجة الماجستير من جامعة سنترال فلوريدا عام 2001. أسهم انغماسه في الجماليات العربية التقليدية، إلى جانب تلقّيه تعليمًا فنيًا معاصرًا في الولايات المتحدة، في تشكيل مفرداته البصرية الفريدة. ويُجسّد هذا التوليف بين المرجعيات الثقافية المختلفة تعبيره الإبداعي، ويعكس التزامه بالحفاظ على التراث الثقافي من خلال الأشكال البصرية.

كان سلمان أحد الركائز الأساسية في تشكيل المشهد الفني التشكيلي في الكويت. فمنذ عام 2004، تولّى منصب مدير الجمعية الكويتية للفنون التشكيلية، وفي عام 2014، انتُخب رئيسًا لاتحاد الفنانين التشكيليين العرب. ومن خلال هذه المناصب القيادية، لعب دورًا فاعلًا في دعم التنمية الفنية وتعزيز التعاون الإقليمي.

تتجذّر ممارسته الفنية في فن الخط العربي، حيث يحوّله إلى تراكيب بصرية معبّرة، غالبًا ما تتّسم بالحجم الكبير. ويمزج بين الأشكال الخطية الحرة، والخطوط الداكنة الجريئة، والطبقات المزخرفة، ليُبدع إيقاعًا بصريًا يستحضر الحركة والتأمل الروحي. ومن خلال دمجه الرموز الإسلامية التقليدية بالتقنيات التجريدية الحديثة، أسهم في تطوير لغة بصرية جديدة، وبناء جسر بين التراث والابتكار. وتُعالج أعماله موضوعات كالهوية والذاكرة الثقافية والروحية، متجلّيةً في تفانيه بتطوير الخط العربي وتسخيره كوسيط جمالي وثقافي.

عُرضت أعماله منذ عام 1975، في الكويت وعلى الصعيد الدولي. وضم معرضه الفردي «إيقاعات» في غاليري تلال بالكويت (2012) أكثر من عشرين عملاً تمحورت حول التراث والتعبير الخطي. وفي عام 2014، شارك في معرض جماعي في غاليري أورينت في عمّان، الأردن. وتمتد مساهماته أيضاً إلى برامج الإرشاد والتحكيم

arts publication *Al Mounara*. In 1976, Alyahya attended the London College of Printing further developing his skills. He was a founding member of the Colors of Riyadh Group and a member of the Friends of the Fine Arts group.

Alyahya's practice revolves around the profound theme of humanity, togetherness, belonging, and the harmonious unity between man and nature. His works demonstrate the modernist urge in Saudi painting to capture the true essence of national identity. Alyahya's ability to interweave influences from both his own local culture and that of the West was likely shaped by the generation of artists who had studied abroad and returned to Saudi to teach the next generation of artists.

Coming of age in the 1960s, Alyahya was swept up by the budding energy and excitement in the Saudi arts scene, which was growing rapidly. In 1974, he became the first artist to have a solo show organized by the Saudi Arabian Society for Culture and Arts. Alyahya participated in over fifty local and global exhibitions and is considered the first Saudi artist to exhibit internationally at the Forest Park Museum in St Louis, Missouri, United States (1951). More recently, his works have been exhibited in *Decades*, Mono Gallery, Riyadh, Saudi Arabia (2018); *Al Taliaa*, Hafez Gallery, Jeddah, Saudi Arabia (2014); and *Past is Prologue*, Saudi Art Council, Jeddah, Saudi Arabia (2014). His Saudi solo exhibitions were held at several Saudi institutions like Hewar Art Gallery, Riyadh (2009); the French Embassy, Riyadh (1998); Al Yamamah Hotel, Riyadh (1973); Lockheed Martin, Riyadh (1972); North Road, Riyadh (1972); and Al-Wakeed Company, Riyadh (1971).

In 2018, he was honored by Misk Art Institute as a pioneer in Saudi arts. Alyahya also published *Fifty Years of Painting* (1999) and translated *Color for the Artist* by Hans Shwarz (1968) into Arabic in 2003. His work is part of multiple private local and international collections, such as Mathaf: Arab Museum of Modern Art in Doha, Qatar.

ABDULHALIM RADWI

(b. 1939, Makkah, Saudi Arabia – d. 2006, Jeddah, Saudi Arabia)

Born in Makkah, Abdulhalim Radwi showed an early passion for art that would shape the course of his career. Despite initially aspiring to study medicine, Radwi's artistic talents and inclinations led him to pursue a career in the arts. In 1958, he won first place in a group competition among secondary school students in Riyadh, marking the start of his artistic journey.

Radwi traveled to Italy in 1961 to study fine arts at the Academy of Fine Arts in Rome, where he completed his studies in 1964. In the late 1970s, Radwi continued his studies in Spain, obtaining a professorship degree from Escuela Superior de Bellas Artes de San Fernando, Madrid, in 1979. In 1967, the Saudi Ministry of Information asked Radwi to establish the first art center in Jeddah, named the Fine Art Center. Radwi both directed and taught alongside other artists at the center at between 1968 and 1974, but it closed in 1975 upon Radwi's departure to Madrid to pursue his advanced studies. During his time in Madrid, he served as director of the city's Arab Artists Association, and after his return, Radwi took up the mantle of director of the Saudi Fine Art Society in Jeddah from 1980 to 1992.

Upon returning to Saudi Arabia in 1964, Radwi faced skepticism due to his departure from conventional artistic norms. His style, which employed emotional treatments and expressive geometry, was a significant departure from the prevalent expectations of art as mere representation. References to Saudi Arabia's desert life, folklore, and traditional architecture characterize his work. Starting from 1987, Radwi's works prominently featured circular forms, exploring the dynamic interplay between emotional and intellectual elements. His book,

الفني، حيث أدى دورًا نشطًا في دعم تطور الاتجاهات السريالية والتجريبية في الفن الخليجي. وتم تكريمه من قبل معهد مسك للفنون باعتباره من كبار رواد الفن في الخليج (2019) ودخلت لوحاته ضمن العديد من المجموعات الفنية، من بينها المتحف الوطني الأردني للفنون الجميلة بعمّان.

عبدالرحيم سالم

(مواليد 1955، الإمارات العربية المتحدة)

عبد الرحيم سالم فنانٌ إماراتي رائد، يعمل في مجالي الرسم والنحت. حصل على بكالوريوس في النحت من كلية الفنون الجميلة بجامعة القاهرة عام 1981. وبصفته عضوًا مؤسسًا ورئيسًا سابقًا لجمعية الإمارات للفنون التشكيلية في الشارقة، أسهم إسهامًا محوريًا في تأسيس وتطوير المشهد الفني المحلي. وقد اتسع تأثيره من خلال مشاركته الفاعلة في المبادرات التعليمية وبرامج الفن العام، كما ساهم في تعزيز الثقافة والذائقة الفنية لدى الأجيال الناشئة عبر تأليفه كتبًا فنية للأطفال لصالح وزارة التربية والتعليم في دولة الإمارات.

يستكشف في أعماله الأشكال التشخيصية والتجريدية، متوغّلًا في موضوعات حول الثقافة الإماراتية وتاريخ الخليج. ويتميّز بأسلوب نابض بالحيوية، حيث تُعرف لوحاته وأعماله باستخدامه الديناميكي للألوان ودمجه المتقن بين العناصر التقليدية والمعاصرة. يوظّف المواد المختلطة لنسج مراجع رمزية وتاريخية، تُفضي إلى سرديات بصرية آسرة. وتركّز منحوتاته ولوحاته على قضايا الهوية والتراث والتحوّل، مستلهمةً من البيئة الطبيعية للخليج، ومن حكاياته الشعبية، وتجاربه الإنسانية المتراكمة.

عُرضت أعماله على الصعيدين الدولي والإقليمي. وتشمل مشاركاته جناح الإمارات العربية المتحدة في بينالي البندقية السادس والخمسين في البندقية بإيطاليا (2015)؛ بينالي الشارقة الخامس في الشارقة، الإمارات العربية المتحدة (2001)؛ معرض الإمارات في هانوفر، ألمانيا (2000)؛ «الإمارات في عيون فنانيها» في المجمع الثقافي بأبوظبي (1998)؛ «ألوان عربية» في متحف الشارقة للفنون (1996)؛ بينالي الفن الآسيوي في داكا، بنغلاديش (1995)؛ بينالي القاهرة، بالقاهرة، مصر (1995، 1992، 1988)؛ «سلبي-إيجابي» في النادي الأهلي بدبي، الإمارات العربية المتحدة (1983)؛ والمعرضين الفنيين الأول والثاني لدول مجلس التعاون الخليجي بالدوحة، قطر (1984 و1983)؛ إلى جانب المعارض السنوية لجمعية الإمارات للفنون التشكيلية (1981-2001). أقام أكثر من عشرة معارض فردية في الإمارات العربية المتحدة والبحرين والكويت ومصر.

حاز على العديد من الجوائز والتقديرات، منها جائزة السعفة الذهبية لفناني دول مجلس التعاون الخليجي (1996)؛ وجائزة سلطان بن علي العويس الثقافية (1995)؛ والجائزة الفضية لبنغلاديش (1994)؛ والجائزة الأولى في بينالي الشارقة (1993)؛ وجائزة لجنة التحكيم في بينالي القاهرة (1993).

دخلت أعماله ضمن العديد من المجموعات الفنية من أبرزها متحف الشارقة للفنون في الشارقة، الإمارات العربية المتحدة، ومؤسسة أبوظبي للثقافة والفنون في أبوظبي، الإمارات العربية المتحدة ، وشركة أبوظبي الوطنية للبترول (أدنوك) في أبوظبي، الإمارات العربية المتحدة؛ والمتحف الوطني الأردني للفنون الجميلة بعمّان، الأردن .

عبدالقادر الريس

(مواليد 1951، الإمارات العربية المتحدة)

فنانٌ إماراتي، عُرف بأعماله التجريدية الزيتية التي تمزج بين الأشكال الهندسية والخط العربي والمناظر الطبيعية المستوحاة من التراث والتاريخ والطبيعة الإماراتية. حصل على درجة البكالوريوس في الشريعة الإسلامية من جامعة الإمارات العربية المتحدة في العين عام 1982، غير أن شغفه بالفن قاده ليصبح أحد أبرز الوجوه في المشهد الفني الإماراتي. كان من الأعضاء المؤسسين لجمعية الإمارات للفنون التشكيلية، ولعب دورًا محوريًا في تشكيل حركة الفنون التشكيلية في الإمارات، ملهمًا أجيالًا من الفنانين الصاعدين.

تتميّز أعماله باستخدامه الراقي للألوان والأشكال والحركة، ما يمنحها توازنًا بصريًا بين الماضي والحاضر.

Life between Thought and Imagination (1981), delves into these themes, expressing his view of life as a continuous cycle of dreams and reality. Radwi experimented with materials like sand and paste, incorporated Arabic letters into his pieces, and addressed themes such as conscience, identity, dance, and movement. He was also a sculptor, creating fifteen monumental outdoor sculptures adorning the Red Sea port city of Jeddah.

Throughout his career, Radwi held over eighty solo exhibitions across Arab and European countries and participated in numerous group exhibitions, including *Khaleej Modern: Pioneers and Collectives in the Arabian Peninsula*, NYU Abu Dhabi Art Gallery, Abu Dhabi, United Arab Emirates (2022); and *That Feverish Leap into the Fierceness of Life*, Art Dubai Modern, Dubai, United Arab Emirates (2018), *Focus: Works from the Mathaf Collection*, Mathaf: Arab Museum of Modern Art, Doha, Qatar (2016); *The Sea Suspended*, Tehran Museum of Contemporary Art, Tehran, Iran (2016); and *Re:ORIENT: Investigating Modernism in the Arab World 1950s–70s*, the Barjeel Art Foundation, Sharjah, United Arab Emirates (2013).

Radwi received numerous awards such as the prize from the Accademia Internazionale di Pontzen in Naples, Italy (1996); the Leader's Medal, Brazil (1984); and the third prize at the First Ibiza Biennale, Ibiza, Spain (1964). He was named the 1997/1998 International Man of the Year by the International Biographical Centre of Cambridge, England. In 2018, he was honored by Misk Art Institute as a pioneer in Saudi arts. His artworks are held at the Museum of Modern Art, Brazil; Mohamed VI Museum of Modern and Contemporary Art (MMVI), Rabat, Morocco; Museum of Modern Art, Tunis, Tunisia; and Mathaf: Arab Museum of Modern Art, Doha, Qatar.

ABDULRAHMAN ALSOLIMAN

(b. 1954, Al Ahsa, Saudi Arabia)

Abdulrahman Alsoliman is a self-taught artist, writer, and art critic. Alsoliman graduated with a specialization in arts education from the Teacher's College, Dammam, Saudi Arabia (1991). He worked as an editor of the fine arts section of *Al Yaum* newspaper (1983), headed the Fine Arts Department at the Society for Culture and Arts, Dammam (1987–2000), and served as chairman of the Saudi Arabian Society for Culture and Arts (2007–2012). The artist cofounded the Friends of the Fine Arts collective (1985) and was an active member of the Saudi Arts House, the first independent art space in the country, founded in 1979 by Mohammed Alsaleem.

Alsoliman's artistic journey began in his youth, shaped by his father's expertise in Arabic calligraphy and his upbringing in Al-Kut, a rural neighborhood in Al Hofuf, Al Ahsa. Surrounded by traditional mud homes, springs, and farmland, these early landscapes left a lasting impression on his work. In the late 1970s, Alsoliman began experimenting with cubist principles, creating works that drew on his heritage and everyday life. Frequent travel between Al Ahsa and Dammam exposed him to the contrast between the industrializing Gulf and the nostalgia of his past. This tension inspired a shift in his style: abstract compositions emerged, incorporating architectural patterns, regional geometry, and historical motifs—marking a departure from cubism and a move toward a personal visual language reflecting the transformation of his homeland.

Alsoliman participated in over seventy group exhibitions held in Iraq, Syria, Lebanon, Tunisia, Algeria, Morocco, Spain, France, Germany, the Dominican Republic, the United States, India, Bangladesh, Indonesia, Turkey, and Russia. He participated in the

ويتميّز أسلوبه الفني الفريد بمربّعات عائمة على سطح اللوحة، في لغة بصرية مبتكرة تمزج بين التجريد والتراث الثقافي.

شارك في العديد من المعارض الفنية على المستويين الإقليمي والدولي، ومن أبرزها «على هذه الأرض» في مؤسسة بارجيل للفنون بدبي، الإمارات العربية المتحدة (2023)؛ «حداثة خليجية: رواد ومجموعات فنية في شبه الجزيرة العربية" في رواق الفن في جامعة نيويورك أبوظبي، الإمارات العربية المتحدة (2022)؛ «مسيرة قرن» في متحف الشارقة للفنون، الإمارات العربية المتحدة (2019)؛ «القرن القصير» في متحف الشارقة للفنون، الإمارات العربية المتحدة (2016)؛ وبينالي البندقية السادس والخمسون، جناح الإمارات العربية المتحدة، البندقية، إيطاليا (2015). أما معارضه الفردية، فتشمل: «عبدالقادر الريس: 50 عامًا من الفن» في منارة السعديات بأبوظبي، الإمارات العربية المتحدة (2018)؛ «انطباعات دائمة: عبد القادر الريس» في متحف الشارقة للفنون، الإمارات العربية المتحدة (2018)، وأقيم أول معرض فردي له في مكتبة دبي العامة، الإمارات العربية المتحدة (1974). كما أقيمت معارض استعادية لأعماله الفنية في متحف الشارقة للفنون ومعهد العالم العربي بباريس.

حصل الريّس على مدى مسيرته، على العديد من الجوائز، من أبرزها جائزة الشيخ خليفة التقديرية في مجال الفنون والآداب، أبوظبي، الإمارات العربية المتحدة (2006)؛ وجائزة السعفة الذهبية في معرض مجلس التعاون الخليجي الفني، الدوحة، قطر (1999)؛ والجائزة الأولى في معرض «الإمارات في عيون فنانيها» في مؤسسة أبوظبي الثقافية، أبوظبي، الإمارات العربية المتحدة (1999)؛ وجائزة سلطان بن علي العويس للدراسات العلمية والإبداع، دبي، الإمارات العربية المتحدة (1996، 1994، 1992)؛ والجائزة الأولى في معرض الإمارات العربية المتحدة في الصين (1991) و تم تكريمه من قبل معهد مسك للفنون باعتباره من كبار رواد الفن في الخليج (2019) دخلت أعماله ضمن المجموعات الفنية لمؤسسات دولية مرموقة، من أبرزها المتحف البريطاني، المملكة المتحدة؛ اللوفر أبوظبي، أبوظبي، الإمارات العربية المتحدة؛ متحف الفن المعاصر شنغهاي، الصين؛ المتحف الوطني الأردني للفنون الجميلة، الأردن؛ متحف الفن الحديث في نيودلهي، الهند؛ مؤسسة بارجيل للفنون، الإمارات العربية المتحدة؛ ومؤسسة الشارقة للفنون، الإمارات العربية المتحدة.

عبدالكريم البوسطة

(مواليد 1942، المنامة، البحرين –
توفي عام 2011، عراد، البحرين)

كان عبدالكريم البوسطة فنانًا ومربّيًا بحرينيًا بارزًا، امتدت مسيرته لأكثر من ستة عقود، تنقّل خلالها بين الرسم والخزف والنحت والطباعة. تفتّحت موهبته منذ الطفولة، حين كان يرسم بالفحم مباشرةً على جدران الحي. وقد تركت تجاربه المبكرة مع غواصي اللؤلؤ وبحّارة رأس الرمان أثرًا عميقًا في مخيّلته الفنية. التحق بمدرسة المنامة الثانوية للمعلمين عام 1956، وبدأ منذ 1962 تدريس الفنون في مدارس البحرين حتى تقاعده في 1998. وفي منتصف خمسينيات القرن الماضي، بدأ يمارس الرسم إلى جانب شقيقه عبد المنعم البوسطة ضمن مجموعة رأس الرمان الفنية في النادي الأهلي. وانضم إلى جماعة هواة الفن عام 1962، ثم إلى جمعية البحرين للفن المعاصر عام 1971، وكان من بين مؤسسي جمعية خزافيّ البحرين عام 1993.

امتدّت ممارسته الفنية لتشمل الرسم والخزف والفنون الطباعية، في توازن دقيق بين الوفاء للتراث والانفتاح على التجريب الشكلي. وتناولت لوحاته حياة القرية البحرينية، موثّقةً تراثها بأشكال منمقة وألوان نابضة. ومع مرور الزمن، تطوّر أسلوبه نحو التجريد والتكوينات الهندسية، فدمج بين الزخارف المحلية والخط العربي في لغة بصرية معاصرة. وفي ثمانينيات وتسعينيات القرن الماضي، أصبح الخزف محورًا أساسيًا في أعماله. يُعد من أوائل من مارسوا الفن الطباعي في البحرين. وبعد مشاركته في مهرجان أصيلة بالمغرب، ساهم في تنظيم أول معرض للفنون الغرافيكية في البلاد، حيث قدّم تقنيات جديدة وأغنى المشهد الفني المحلي. وفي الخزف، دمج بين الأشكال التقليدية والملامس التجريبية، مستلهمًا الزخارف التراثية البحرينية كالقِباب والأقواس والأبواب وأختام دلمون. وبهذا، كان

Saudi Arabia Between Yesterday and Today traveling exhibition that took place in France, the United Kingdom, Egypt and the United States (1986-1992); and the Sharjah Biennial, Sharjah, the United Arab Emirates (1997). Alsoliman's first solo exhibition took place at Al-Ettifaq Club in Dammam (1971). His works have been exhibited in *After Rain*, Diriyah Contemporary Art Biennale, Diriyah, Saudi Arabia (2024); *Khaleej Modern: Pioneers and Collectives in the Arabian Peninsula*, NYU Abu Dhabi Art Gallery, Abu Dhabi, United Arab Emirates (2022); *That Feverish Leap into the Fierceness of Life*, Art Dubai Modern, Dubai, United Arab Emirates (2018); *Decades*, Mono Gallery, Saudi Arabia (2018); *Beginnings: The Eastern Province*, Hafez Gallery, Jeddah, Saudi Arabia (017); and *Past is Prologue*, Saudi Art Council, Jeddah, Saudi Arabia (2014).

Alsoliman won many awards, including first prizes in exhibitions of contemporary Saudi art in 1997, 1989, 1988, and 1985. He was a prize-winner for painting at the Sharjah Biennial (1997). In 2018, he was honored by Misk Art Institute as a pioneer in Saudi arts. He published books including *Transformations in Saudi Fine Arts* (2021), *Abdulrahman Alsoliman: The Color of Space and the Scent of Memory* (2018), *Saudi Fine Art in the Eastern Region* (2018), *An Eye on Art in Saudi Arabia and the Arab World* (2018), and *The Journey of the Saudi Fine Arts Movement* (2000). In 2021, Misk Art Institute published *Abdulrahman Alsoliman: Signs and Symbols* as part of *The Art Library* series.

Alsoliman's works are part of several collections including the Museo Nacional de las Culturas, Mexico City, Mexico; the Jordan National Gallery of Fine Arts, Amman, Jordan; and the King Fahd National Library, Riyadh, Saudi Arabia, Barjeel Art Foundation, Sharjah, United Arab Emirates.

ABDULRASOUL SALMAN

(b. 1946, Kuwait City, Kuwait)

Born in Kuwait City in 1946, Abdulrasoul Salman emerged as a pioneering figure in Kuwaiti art, known for his innovations in calligraphic painting. His artistic journey began at the Teachers Training Institute in Kuwait, where he graduated in 1973. Seeking to further his studies, he studied abroad and earned a Bachelor of Arts in Florida in 1998 and subsequently attained a master's degree from the University of Central Florida in 2001. Salman's immersion in both traditional Arabic aesthetics and contemporary art education in the United States played a significant role in the development of his unique artistic vocabulary. This synthesis of influences shaped his creative expression and reinforced his commitment to cultural preservation through visual form.

Salman has been a driving force in shaping Kuwait's visual arts scene. Since 2004, he has served as director of the Kuwait Arts Association, and in 2014, he was elected chairman of the Union of Arab Plastic Artists. Through these roles, Salman advocated for regional artistic development and collaboration.

Salman's practice is deeply rooted in Arabic calligraphy, which he transforms into expressive and often monumental visual compositions. His work blends freehand calligraphic forms with bold dark cores and textured layering, creating a rhythm that evokes both movement and spiritual reflection. By merging traditional Islamic symbolism with modern abstract techniques, Salman has played an important role in the development of a new visual language, bridging heritage and innovation. Themes of identity, cultural memory, and spirituality resonate throughout his oeuvre, underscored by his dedication to the continued evolution of Arabic script as both an aesthetic and cultural medium.

من أوائل من سعوا إلى تحويل الفخار من حرفة نفعية إلى وسيط نحتي وفكري.

شارك في العديد من المعارض الجماعية، من أبرزها بينالي طهران للفن الإسلامي، إيران (2000-2006)؛ بينالي الشارقة، الإمارات العربية المتحدة (1997، 1995)؛ مهرجان أصيلة، المغرب (1984)، ترينالي القاهرة للخزف، مصر (التسعينيات). كما شارك في النسخ الأولى وحتى السادسة من بينالي القاهرة، مصر (1984-1996)، ومؤتمر الاتحاد العام للفنانين العرب في الرباط، المغرب (1979). وأقام أول معرض فردي له عام 1971 في نادي الشروق في المنامة، تلاه معارض فردية في فندق الخليج وفندق دلمون. حصل على جائزة تقديرية من متحف البحرين الوطني (1996) وحصل عمله على الجائزة الثانية في معرض دلمون بالبحرين عام 1972. دخلت أعماله ضمن مجموعات فنية، منها متحف البحرين الوطني، والمتحف العربي للفن الحديث بالدوحة

عبدالكريم العُرَيّض

(مواليد 1934، المنامة، البحرين - توفي عام 2025 ،المنامة، البحرين)

كان عبدالكريم العريّض من روّاد الفن في البحرين، ومن أبرز المناصرين للحفاظ على التراث الثقافي البحريني. أكمل تعليمه الابتدائي في المدرسة الغربية بالمنامة، ونما لديه شغفٌ مبكر بالفن من خلال تأمّله للعمارة التقليدية والمناظر الطبيعية المحيطة. كان فنانًا عصاميًا بدأ الرسم في خمسينيات القرن الماضي، مستلهمًا أعماله من المشاهد المحلية والتفاصيل اليومية للحياة البحرينية.

في عام 1960، افتتح أول غاليري ومرسم خاص في البحرين، والذي سرعان ما أصبح ملتقى للفنانين ونواة للحركة الفنية الحديثة في البلاد. كان من الأعضاء المؤسسين لأسرة هواة الفن، وشخصية رئيسية في جمعية البحرين للفن المعاصر وجمعية البحرين للفنون التشكيلية، حيث ساهم في تأطير المشهد الفني الناشئ وتوجيه أجيال من الفنانين الشباب. وامتد التزامه بالحفاظ على الثقافة إلى ما هو أبعد من الفنون البصرية، ليشمل عددًا من الكتب المرجعية التي ألفها عن تاريخ البحرين وفنونها، منها «بالحبر الصيني» (2022)، و«أيام الفن والأدب» (2012)، و«المنامة الإنسان والتراث» (2009)، و«المنامة خلال خمسة قرون» (2006)، و«حصاد الفن» (2002)، و«نافذة على التاريخ» (1999)، و«أضواء على الحركة التشكيلية في البحرين» (1984)، و«من تراث البحرين الشعبي» (1994/1972).

تناول أعماله في موضوعات تقليدية بحرينية، كالأسواق والحياة البحرية والحرف اليدوية ومشاهد القرى، بأسلوبين، واقعي وتجريدي. وتطورت لغته البصرية من الواقعية إلى التكعيبية، ثم إلى السرديات الشخصية، عاكسةً تحولات مشهد البحرين وهويته المتغيرة. وبهذا تُعدّ لوحاته سجلاً بصريًا غنيًا للثقافة البحرينية، في حين أسهمت كتبه في توثيق تاريخ الفن المحلي ونقله إلى أفق أوسع.

شارك العريّض في العديد من المعارض الإقليمية والدولية، من أبرزها بينالي القاهرة، مصر (1984)؛ والبينالي العربي الرابع، الأردن (1983)؛ ومعرض البحرين للفنون التشكيلية، سنغافورة (1981)؛ والمعرض العربي الثاني، الجزائر (1975)؛ ومعرض الاتحاد العربي للفنون التشكيلية بالرباط، المغرب (1976). وأقيمت له معارض فردية في البحرين في عامي 2002 و2007. وحظيت أعماله الفنية بإشادة واسعة في المعارض الوطنية التي نظمتها وزارة الإعلام ومعارض الربيع الفنية لجمعية البحرين للفن المعاصر.

حصل على وسام الملك حمد للكفاءة من الدرجة الأولى (2007)، وجائزة الدانة الذهبية (الكويت، 2000)، وجائزة الدولة التشجيعية للفنون (1989)؛ كما كرّمه صالون غازي للثقافة العربية، مصر، 2008؛ وتم تكريمه من قبل معهد مسك للفنون باعتباره من كبار رواد الفن في الخليج (2019)، المملكة العربية السعودية، 2019. وفي عام 2021، احتفلت جمعية البحرين للفن المعاصر بالذكرى الخمسين لتأسيسها بإزاحة الستار عن منحوتة تكرّمه. ودخلت أعماله ضمن العديد من المجموعات الفنية ، من بينها متحف البحرين الوطني بالمنامة، البحرين؛ ومتاحف قطر، الدوحة، قطر؛ ومتحف مويسجارد في بيدير، الدنمارك.

Salman's work has been widely exhibited since 1975, both in Kuwait and internationally. His solo exhibition *Rhythms*, Gallery Tilal, Kuwait City, Kuwait (2012) presented over twenty works focused on heritage and calligraphic expression. In 2014, he participated in a group exhibition at Orient Gallery in Amman, Jordan. His contributions also extend into mentorship and juried arts programs, where he has supported the development of surrealism and experimentalism in Gulf art. In 2019, he was honored by Misk Art Institute as a pioneer in the arts in the region.

His paintings are held in several collections, including the Jordan National Gallery of Fine Arts, Amman, Jordan.

ABDULRAHEEM SALIM

(b. 1955, United Arab Emirates)

Abdulraheem Salim is a pioneering Emirati artist who works in both painting and sculpture. He earned a bachelor's degree in sculpture from the College of Fine Arts, Cairo University, Egypt, in 1981. As a founding member and former chairman of the Emirates Fine Arts Society in Sharjah, Salim played a crucial role in fostering the development of the local art scene. His involvement in educational initiatives and public art programs has further cemented his impact in the arts. By authoring children's art books for the Ministry of Education in the United Arab Emirates, the artist contributed to the advancement of art literacy and cultural awareness.

Salim's practice explores figurative and abstract forms, often delving into themes rooted in Emirati culture, folklore, and Gulf history. Known for vibrant colors and dynamic compositions that merge traditional and contemporary elements, his work weaves symbolic and historical references through mixed materials to craft striking visual narratives. His sculptures and paintings center on identity, heritage, and transformation, inspired by Gulf landscapes, stories, and people.

Salim has exhibited extensively internationally and throughout the region. His exhibitions include the UAE Pavilion at the 56th Venice Biennale, Venice, Italy (2015); the Sharjah Biennial, United Arab Emirates (2001); the UAE Expo, Hanover, Germany (2000); *The UAE in the Eyes of its Artists*, Cultural Foundation, Abu Dhabi, United Arab Emirates (1998); *Arabian Colors*, Sharjah Art Museum, Sharjah, United Arab Emirates (1996); Asian Art Biennale, Dhaka, Bangladesh (1995); the Cairo Biennale, Egypt (1995, 1992, 1988); *Negative-Positive*, Al Ahli Club, Dubai, United Arab Emirates (1983); the *First and Second Gulf Cooperation Council Art Exhibitions*, Doha, Qatar (1984 and 1983); and the Annual Exhibitions of the Emirates Fine Arts Society, United Arab Emirates (1981-2001). He has held over ten solo exhibitions across the United Arab Emirates, Bahrain, Kuwait, and Egypt.

Throughout his career, Salim has received several awards and recognitions, including the Palme d'Or Award for GCC artists (1996); the Sultan Bin Ali Al Owais Cultural Award (1995); the Bangladesh Silver Award (1994); First Prize at the Sharjah Biennial (1993); and the Jury Prize of the Cairo Biennale (1993).

Salim's work is held in several collections including the Sharjah Art Museum, Sharjah, United Arab Emirates, Abu Dhabi Music & Arts Foundation (ADMAF), Abu Dhabi, United Arab Emirates and the Abu Dhabi National Oil Company (ADNOC), Abu Dhabi, United Arab Emirates; and Jordan National Gallery of Fine Arts, Amman, Jordan.

ABDULQADER ALRAIS

(b. 1951, Dubai, United Arab Emirates)

Abdulqader Alrais is a self-taught Emirati artist known for his abstract oil paintings that incorporate geometric

عبدالله السعدي

(مواليد 1967، خورفكان، الإمارات العربية المتحدة)

فنانٌ إماراتي بارز في مجال الفن المفاهيمي، تتّسم ممارسته الفنية بتعدّد التخصصات، إذ تشمل الرسم والتصوير والنحت والأداء، إلى جانب شغفه بجمع وتصنيف الأشياء المستعملة بطريقة منهجية. وُلد في الإمارات العربية المتحدة عام 1967، ونشأ وسط المناظر الطبيعية الجبلية القريبة من الحدود العُمانية، وهي بيئة شكّلت جوهر رؤيته الفنية وأثّرت بعمق في ممارسته.

حصل على شهادة في الأدب الإنجليزي من جامعة الإمارات العربية المتحدة في العين عام 1989، فتركت هذه الخلفية الأدبية أثرًا واضحًا في البنية السردية والحسّ الشعري لأعماله الفنية. كما تابع دراسته في جامعة كيوتو سيكا في اليابان بين عامي 1994 و1996، حيث تخصص في الرسم الياباني، كما شارك في ورش عمل بكلية الفنون في إدنبرة بإسكتلندا (1998) وبمشروع «وادي» في آيندهوفن بهولندا (2002). وتتلمذ على يد الفنان حسن شريف، وعرض أعماله إلى جانبه، مسهمًا بدور محوري في تشكيل ملامح الحركة الفنية المعاصرة في الإمارات.

تتجذّر ممارسته الفنية في المناظر الطبيعية المحيطة به، والتقاليد والثقافة المادية المرتبطة بها. وانخرط في أعماله المبكرة خلال ثمانينيات وتسعينيات القرن الماضي، في استكشاف الفن المفاهيمي عبر التكرار والمعالجة واستخدام المواد الطبيعية كعظام الحيوانات والأشياء التي يعثر عليها في الجبال المجاورة. ومع مرور الوقت، طوّر نهجًا فنيًا متفرّدًا ينبع من موقع «المراقب المتجوّل»، حيث يقوم برحلات طويلة سيرًا على الأقدام أو باستخدام وسائل النقل، موثقًا تجربته من خلال اليوميات والرسومات والأشياء. وتأتي أعماله في منطقة متداخلة بين الفن والأرشفة، محتفظةً بمشاهداته المعاشة بلمسة تأملية وشاعرية عميقة.

عُرضت أعماله إقليميًا ودوليًا، ومن أبرز مشاركاته «أماكن للذاكرة. أماكن للنسيان» في جناح دولة الإمارات العربية المتحدة في بينالي البندقية الستين (2024)؛ وبينالي البندقية السابع والخمسين (2017)؛ إلى جانب معرض «ترحال» في إكسبو 2020 دبي (2021)؛ «هنا وفي مكان آخر» في المتحف الجديد بنيويورك (2014)، وبينالي ساو باولو السادس والعشرين، بالبرازيل (2004)؛ وبينالي الشارقة (2003، 2011، 2015، 2017). ودخلت أعماله ضمن مجموعات فنية مرموقة، من أبرزها مؤسسة الشارقة للفنون؛ مؤسسة بارجيل للفنون بالشارقة؛ متحف اللوفر أبوظبي؛ جوجنهايم أبوظبي؛ المتحف العربي للفن الحديث بالدوحة؛ والمتحف البريطاني بلندن.

عبدالله الشيخ

(مواليد 1936، العراق - توفي عام 2019، المملكة العربية السعودية)

وُلد الفنان السعودي عبدالله الشيخ في مدينة الزبير بالعراق، حيث نشأ وأكمل تعليمه الابتدائي والإعدادي. بدأت علاقته بالفن، ممارسًا الرسم بالقلم الرصاص والألوان المائية. وعند بلوغه التاسعة عشرة من عمره، إلتحق بمعهد الفنون الجميلة في بغداد، حيث تتلمذ على يد اثنين من أبرز رموز الفن العراقي، جواد سليم وفائق حسن، وتخرج في عام 1959.

بعد تخرّجه، عمل مدرسًا لمادة التربية الفنية في البصرة لمدة ثلاث سنوات، قبل أن يحصل على منحة دراسية من الحكومة العراقية لدراسة الطباعة والتصميم في المملكة المتحدة عام 1965. التحق بكلية جنوب شرق إسيكس التقنية، ثم أكمل تدريبه في مجال الطباعة والتصميم في مدينة مانشستر عام 1967. وعند وصوله إلى المملكة العربية السعودية في عام 1980، تولّى رئاسة قسم التصميم في الهيئة الملكية للجبيل وينبع، وبقي في هذا المنصب حتى تقاعده عام 1999، حيث تفرغ بعدها بالكامل لممارسة الفن.

استلهم أعماله الأولى من الفولكلور والتراث العربي وذكريات الطفولة، فجاءت مناظره الصحراوية مشبعة بالألوان الجريئة والخطوط المجردة التي تمزج بين الواقعية والتجريد، وتعكس حنينه للزبير والبصرة وبغداد. كما استعار في لوحاته عناصر من العمارة الإسلامية والخط العربي. لكن مع غزو العراق الكويت في أوائل التسعينيات من القرن العشرين، وهو حدث ترك أثرًا

forms, Arabic script, and landscapes inspired by Emirati tradition, history and nature. Alrais earned a bachelor's degree in Sharia Law from the United Arab Emirates University in Alain in 1982. While formally educated in law, his dedication to the fine arts has established him as a prominent figure in the Emirati art scene. A founding member of the Emirates Fine Arts Society, Alrais has played a pivotal role in shaping the United Arab Emirates's fine arts movement, inspiring and influencing generations of emerging artists.

Alrais's work is recognized for its refined use of color, form, and movement, embodying a balance between the past and present. His signature style often features floating squares across the canvas, creating a distinct visual language that bridges abstraction and cultural heritage.

Alrais has exhibited extensively, both regionally and internationally. Notable exhibitions include *On This Land*, Barjeel Art Foundation, Dubai, United Arab Emirates (2023); *Khaleej Modern: Pioneers and Collectives in the Arabian Peninsula*, NYU Abu Dhabi Art Gallery, United Arab Emirates (2022); *A Century in Flux*, Sharjah Art Museum, Sharjah, United Arab Emirates (2019); *The Short Century*, Sharjah Art Museum, Sharjah, United Arab Emirates (2016); and the 56th Venice Biennale, UAE Pavilion, Venice, Italy (2015). His solo exhibitions include *Abdul Qader Al Rais: 50 Years of Art*, Manarat Al Saadiyat, Abu Dhabi, United Arab Emirates (2018); *Lasting Impressions: Abdulqader Al Rais*, Sharjah Art Museum, Sharjah, United Arab Emirates (2018), and his first solo exhibition was held at the Dubai Public Library, Dubai, United Arab Emirates (1974). Retrospectives of Alrais' career have been held at the Sharjah Art Museum, Sharjah, United Arab Emirates and the Institut du monde arabe, Paris, France.

Over the years, Alrais has received numerous awards including the Sheikh Khalifa Prize for Art and Literature, Abu Dhabi, United Arab Emirates (2006); Golden Palm Award, Gulf Cooperation Council Art Exhibition, Doha, Qatar (1999); first prize at *The UAE in the Eyes of Its Artists*, Abu Dhabi Cultural Foundation, Abu Dhabi, United Arab Emirates (1999); the Sultan Al Owais Award for Scientific Studies and Creativity, Dubai, United Arab Emirates (1996, 1994, 1992); and the first prize at the *UAE Exhibition in China* (1991). In 2019, he was honored by Misk Art Institute as a pioneer in the arts in the region.

His work has been collected by international institutions, including The British Museum, London, United Kingdom; the Louvre Abu Dhabi, Abu Dhabi, United Arab Emirates; the Museum of Contemporary Art Shanghai, Shanghai, China; Jordan National Gallery of Fine Arts, Amman, Jordan; the Museum of Modern Art in New Delhi, India; Barjeel Art Foundation, Sharjah, United Arab Emirates; and Sharjah Art Foundation, Sharjah, United Arab Emirates.

ABDULKARIM ALBOSTA

(b. 1944, Manama, Bahrain – 2001, Arad, Bahrain)

Abdulkarim Albosta was a pioneering Bahraini artist and educator whose six-decade career spanned painting, ceramics, sculpture, and printmaking. He developed a passion for drawing from an early age, often sketching with charcoal directly onto the neighborhood's walls. His early experiences among the pearl divers and sailors of Ras Rumman deeply shaped his artistic imagination. In 1956, he enrolled at the Manama Secondary School for Teachers and began teaching art in Bahraini schools by 1962, a role he continued until his retirement in 1998. In the mid-1950s, he practiced drawing with his brother Abdulmunim Albosta as part of the Ras Rumman art group at the Al-Ahli Club. He later joined the Art Amateurs Group in 1962 and the Bahrain Contemporary Art Association in 1971, and later in 1993 he co-founded the Bahrain Pottery Society.

عميقًا في نفسه، شهدت ممارسته الفنية تحوّلًا واضحًا نحو مواضيع الحرب والدمار والتأمل الوجودي؛ واتجه أسلوبه تدريجيًا إلى التجريد عند مطلع القرن الحادي والعشرين.

شارك في العديد من المعارض المحلية والدولية، من أبرزها الفعاليات التي نظمتها الرئاسة العامة لرعاية الشباب والجمعية السعودية للفنون والثقافة، ومعرض مشترك مع محمد ماهر الدين وثلاثة طلاب من معهد البصرة للفنون عام 1975، وكذلك «حداثة خليجية: رواد وجماعات فنية في شبه الجزيرة العربية» بأبوظبي، الإمارات العربية المتحدة (2022)؛ «بدايات: المنطقة الشرقية» في حافظ غاليري بجدة، المملكة العربية السعودية (2017)؛ معرض أرامكو للفنون التشكيلية، الظهران ، المملكة العربية السعودية (2011)؛ معهد العالم العربي بباريس، فرنسا (2002)؛ بينالي الشارقة الثالث، الإمارات العربية المتحدة (1997)؛ معرض الفنانين العرب في بكين، الصين (1996)؛ بينالي اللاذقية الأول، سوريا (1995). وأقام أول معرض فردي له في المملكة العربية السعودية عام 1964 في فندق لو ميريديان بمدينة الخبر.

تم تكريمه من قبل معهد مسك للفنون باعتباره من كبار رواد الفن السعودي (2018) ونال خلال مسيرته عددًا من الجوائز التقديرية، من أبرزها السعفة الفضية في الكويت (2003)، والسعفة الذهبية في مسقط (2001)، وجائزة المهرجان الوطني للتراث والثقافة في السعودية (1999)، وجائزة لجنة التحكيم في بينالي المحبة بسوريا (1995). واقتنت أعماله مؤسسات بارزة مثل مطار الملك خالد الدولي بالرياض، ومطار الملك فهد بالدمام، ومتحف الشارقة للفنون، ومؤسسة المنصورية بجدة.

عبدالله المحرّقي

(مواليد 1939، المنامة، البحرين)

عبدالله المحرقي من أبرز الفنانين البحرينيين وقد تميز بمسيرة غنية جمعت بين الفن التشكيلي، والكاريكاتير السياسي، والتصميم البصري. أبدى موهبة مبكرة حين فاز بأول مسابقة فنية له في سن الثانية عشرة بدعم من معلميه. والتحق بكلية الفنون الجميلة بالقاهرة عام 1958، ثم واصل دراسته في جامعة دمشق وتخرج منها بامتياز عام 1967. وفي عام 1970، حصل على منحة دراسية من المجلس الثقافي البريطاني لحضور دورة في الفن الطباعي في كلية لندن للطباعة. وإلى جانب أعماله التشكيلية، كان رسامًا بارزًا للكاريكاتير السياسي، حيث ساهم في صحيفة أخبار الخليج منذ عام 1976، وصمم طوابع بريدية لمملكة البحرين بين عامي 1970 و1979. كما كان من بين مؤسسي جمعية البحرين للفنون التشكيلية عام 1983.

تنوعت ممارساته الفنية بين الرسم والكاريكاتير والتصميم، حيث دمج بين التأثيرات السريالية والتكعيبية والزخارف المستوحاة من التراث الشعبي الخليجي والتقاليد البحرية والحياة اليومية في البحرين، وصوّر في لوحاته التعبيرية غوّاصي اللؤلؤ والاحتفالات التقليدية والشخصيات الأسطورية، باستخدام الألوان الجريئة والتكوينات الرمزية. عُرف أيضًا بإنتاجه الغزير في الكاريكاتير، حيث جمع في رسومه الساخرة بين النقد الاجتماعي الحاد واللمسة الجمالية، مؤديًا دورًا مزدوجًا كفنان وناقد عام. ومع الوقت، تطور أسلوبه ليعكس وعيًا سرديًا متعدد القراءات، يجسد التحولات الحديثة والروح التراثية في المجتمع الخليجي.

عُرضت أعماله في جميع أنحاء العالم العربي ودوليًا من السبعينيات وحتى التسعينيات. وأقام معارض فردية في لندن، المملكة المتحدة (1970)؛ والمنامة، البحرين (1975، 1977)؛ وبغداد، العراق (1977)؛ ومدينة الكويت، الكويت (1982، 1983). وشارك في معارض جماعية بارزة، من بينها بينالي الكويت (1983)؛ ومعرض الكاريكاتير بالقاهرة، مصر (1981)؛ ومعرض الفن العربي بالجزائر (1976)؛ ومعرض «ثلاثة فنانين» بالمنامة، البحرين (1976)؛ ومؤتمر الفنانين العرب في دمشق، سوريا (1975). كما أقام معارض فردية في الكويت والعراق والبحرين والمملكة المتحدة.

حاز على وسام الكفاءة من الدرجة الأولى من الملك حمد بن عيسى آل خليفة (2007)، وجائزة الدانة (2005)، والميدالية الذهبية من معرض الفنانين الفرنسيين (1983)، وجائزة غرولا دورو (1980)، ومعرض البحرين الوطني للفنون (1973). ودخلت أعماله ضمن

Albosta's artistic practice spanned drawing, painting, ceramics, and graphic arts, with a deep engagement in both tradition and formal experimentation. His painting often explored Bahraini village life and heritage using stylized forms and expressive color. Over time, his style evolved to embrace abstraction and geometry, often incorporating local decorative elements and calligraphy. In the 1980s and 1990s, ceramics became a central medium in his practice. Albosta was also one of the first artists to work on printmaking in Bahrain. After participating in the Asilah Festival in Morocco he helped organize Bahrain's first exhibition dedicated to graphic arts, introducing new techniques and expanding the country's artistic vocabulary. In ceramics, his works blended traditional forms with innovative surface textures, drawing inspiration from Bahraini heritage motifs such as domes, arches, doors, and Dilmun seals. Albosta was among the first Bahraini artists to experiment with modern ceramic techniques, shifting pottery from a utilitarian craft to a conceptual and sculptural form.

Albosta participated in numerous group exhibitions, including the Tehran Biennale for Islamic Art, Tehran, Iran (2000–2006); Sharjah Biennial, Sharjah, United Arab Emirates (1997, 1995); the *Asilah Festival*, Asilah, Morocco (1984), Cairo Triennale for Ceramics, Cairo, Egypt (1990s). He also took part in the first sixth editions of the Cairo Biennale, Egypt, (1984-1996), and the General Union of Arab Artists Conference in Rabat, Morocco (1979). He held his first solo exhibition in 1971 at the Shurooq Club in Manama, Bahrain followed by solo shows at the Gulf Hotel and Delmon Hotel. He received a recognition award from the Bahrain National Museum, Bahrain (1996) and the Delmon Award, Bahrain (1972). His work is held in the collection of the Bahrain National Museum, Manama, Bahrain, and Mathaf: Arab Museum of Modern Art, Doha, Qatar.

ABDULKARIM AL ORRAYED

(b. 1934, Manama, Bahrain – 2025, Manama, Bahrain)

Abdulkarim Al Orrayed was one of the foundational figures of the art scene in Bahrain and a central advocate for the country's cultural heritage. He completed his early education at Western School in Manama and developed a passion for art through exposure to traditional Bahraini architecture and the surrounding landscape. A self-taught artist, Al Orrayed began painting in the 1950s, drawing inspiration from local scenes and daily life.

In 1960, he opened Bahrain's first private gallery and studio space, which quickly became a gathering place for artists and a nucleus for the early art movement. Al Orrayed was a founding member of the Family of Art Amateurs and later became a key figure in the Contemporary Arts Society and the Bahrain Arts Society. He mentored several younger artists and played a formative role in structuring the country's artistic institutions. Al Orrayed's dedication to cultural preservation extends beyond the visual arts into authored books on Bahrain's art and history, include *By Chinese Ink* (2022), *Days of Art & Literature* (2012), *Manama People & Heritage* (2009), *Manama Through Five Centuries* (2006), *Art Harvest* (2002), *Window on History* (1999), *Spot Light on the Plastic Movement in Bahrain* (1984), and *From Popular Heritage of Bahrain* (1972/1994).

Al Orrayed's work is rooted in traditional Bahraini themes—souqs, maritime life, crafts, and village scenes—rendered through both realist and abstract styles. His evolving visual language encompassed realism, cubism, and personal narrative, reflecting Bahrain's changing landscape and identity. Al Orrayed's paintings serve as visual records of Bahraini culture, while his publications contribute to the broader preservation of Bahrain's art history.

مجموعـات متحـف البحريـن الوطني و المتحـف العربي للفـن الحديث بالدوحـة، قطر.

عبدالله حمّاس

(مواليد 1952، أبها، المملكة العربية السعودية)

عبـدالله حمّـاس رسـامٌ سـعودي يقيـم ويعمل بيـن أبها وتبـوك والرياض وجـدة. تخرّج مـن معهد التربيـة الفنية بالريـاض عام 1973، وكـرّس واحدًا وثلاثيـن عامًا لتدريس الفـن لمرحلـة مـا قبـل المدرسـة. يُعـدّ مـن الشـخصيات المحوريـة في المشـهد الفني السـعودي، وقد شـارك في تأسـيس بيـت الفنانيـن التشـكيليين، وتولّى رئاسـة لجنته. وإلـى جانـب ممارسـته الفنية، أنجـز عددًا مـن الجداريات العامـة التـي أسـهمت فـي إثـراء الثقافـة البصريـة فـي المدن السعودية.

يُعتبر من أوائل الرسـامين الخليجيين الذين تجاوزوا حـدود الرسـم التقليـدي والزخرفـي وغامـروا فـي ميـدان التجريـد. أتاحت له دراسـته الفنية في أبهـا فرصة التعرّف على الطبيعـة الخلابة والألـوان الزاهية والفنون الشـعبية التقليدية في جنوب المملكة العربية السـعودية، في تباين صارخ مـع طبيعة تبوك القاحلة. وتتميز أعماله بالأشـكال الهندسية والارتباط الهادف بالمكان. ومع الوقت، تطورت تجاربـه التجريدية المبكرة إلى لغة بصرية هندسـية فريدة تتميـز بخطوطها الحـادة وتراكيبها الجريئة.

عُرضت أعماله فـي العديد من المعـارض الجماعية والفرديـة في أنحـاء المملكة. ومنذ عام 1971، شـارك في المعـارض التـي نظمتهـا الرئاسـة العامـة لرعاية الشـباب والجمعيـة السـعودية للثقافـة والفنـون؛ إلـى جانـب معـرض «من حولهم» في معهد مسـك للفنـون بالرياض (2023)؛ وبينالي الشـارقة الثاني (1995)؛ ومعرضين في بنـك الريـاض بلنـدن (1994، 1985)؛ و«المملكـة العربية السـعودية بين الأمس واليوم» في باريس (1978) ولندن (1986) والقاهـرة (1985)؛ ومعـرض مؤسسـة العالـم الثالـث بلنـدن (1981). أما معرضه الفـردي الدولي الأول، فقد نظمته ورعته مؤسسـة المنصوريـة بباريس (1999).

تـم تكريمه مـن قبل معهد مسـك للفنـون باعتباره مـن كبار رواد الفـن السـعودي (2018) حاز علـى العديد من الجوائز المرموقة، من أبرزها المركز الأول في مسـابقة الخطـوط الجوية السـعودية (1992) والمركـز الثاني في معرض الفن السعودي المعاصر (1989). ودخلت أعماله ضمـن مجموعات فنية عامة وخاصة فـي المملكة العربية السـعودية، منها مركز الملـك عبدالعزيـز التاريخي، ووزارة الداخلية السـعودية، وقصر اليمامة، ومجموعة روشـان.

عبدالله القصار

(مواليد 1941، مدينة الكويت، الكويت - توفي عام 2003 ، مدينة الكويت، الكويت)

برز عبـدالله القصار كشـخصية محورية فـي بدايات تطور الفـن فـي الكويـت. فـي عـام 1962، حصـل علـى منحـة دراسـية حكوميـة للدراسـة فـي كلية الفنـون الجميلـة بالقاهـرة، حيث صقل ممارسـته الفنية في سـياق إقليمي أوسع. وأتاحت له إقامته في القاهرة الاطلاع على التيارات الحداثيـة التـي أثّرت بشـكل واضح في منهجـه الفريد في تصوير الحياة الكويتية. وكان أيضًا من الأعضاء المؤسسـين للجمعية الكويتية للفنون التشـكيلية، وهي مؤسسـة رائدة يُنسـب إليهـا الفضـل في إرسـاء هويـة فنيـة جماعية في الكويت في زمن اتّسم بالتوسع الثقافي والتحديث السريع.

تتمحـور أعمالـه حـول موضوعـات التـراث والهوية والحيـاة اليومية في الخليج، مع تركيـز خاص على الثقافة البحرية الكويتية. وكثيرًا ما تُصوّر لوحاته مشاهد الصيادين والأسـواق والتجمعـات المجتمعيـة، مشـبعةً بإحسـاس بالحركـة والإيقـاع يتجلّى في الخطـوط المتشـابكة. ومن خـلال مزجـه بيـن التراكيـب الجريئـة والتجريـد التعبيري، يقـدّم القصـار رؤيـة أسـلوبية ودافئـة للتقاليـد الكويتيـة، مُجسّـدًا إيمـاءات وطقـوس العمـل اليومي بعيـن رمزية وحسّـية في آنٍ واحد. وقد وضعه التزامه بتصوير النسـيج الثقافـي المحلـي فـي طليعـة جيـلٍ مـن الفنانيـن الذين استكشـفوا الحداثـة مـن خلال عدسـة تصويريـة متجذّرة في الذاكـرة البصرية الشـعبية.

بـدأ القصـار عـرض أعمالـه فـي أواخـر خمسـينيات القرن الماضي، وشـارك فـي أكثر من خمسـين معرضًا في جميـع أنحـاء العالم العربـي وأوروبـا. عُرضـت أعماله في العديـد من المعـارض الإقليمية، مثل بينالـي الفن العربي ببغـداد طـوال سـتينيات وسـبعينيات القـرن العشـرين،

He participated in numerous regional and international exhibitions, including the Cairo Biennale, Egypt (1984); the *Bahrain Art Exhibition*, Singapore (1981); the *Second Arab Art Exhibition,* Algiers, Algeria (1975); and *Arab Union for Plastic Arts Exhibition*, Rabat, Morocco (1976). His solo exhibitions were held in Bahrain in 2002 and 2007. His contributions were consistently recognized in national exhibitions organized by the Ministry of Information and the Spring Art Exhibitions of the Contemporary Arts Association.

Al Orrayed received the King Hamad First Class Medal of Efficiency (2007), Al Dana Golden Award (Kuwait, 2000), and the State Art Encouragement Award (1989); he was honored by the Gazi Arab Culture Salon, Egypt, 2008; in 2019, he was honored by Misk Art Institute as a pioneer in the arts in the region. In 2021, the Bahrain Contemporary Art Association celebrated its fiftieth anniversary by unveiling a sculpture in his honor. Al Orrayed's work is part of numerous collections including the Bahrain National Museum, Manama, Bahrain; Qatar Museums, Doha, Qatar; and the Moesgaard Museum, Beder, Denmark.

ABDULLAH ALSHAIKH

(b. 1936, Al-Zubair, Iraq – d. 2019, Dharan, Saudi Arabia)

Born in Al-Zubair, Iraq, in 1936, Saudi artist Abdullah Alshaikh grew up and completed his primary and intermediate education there. His artistic journey began by observing and imitating the work of his brother, the artist Abduljabbar Alyahya, and a relative, Ali Alkharji, practicing pencils and watercolors. At the age of nineteen, while his brother returned from Iraq to Saudi Arabia, Alshaikh remained and enrolled at Baghdad's Institute of Fine Arts, where he studied under renowned Iraqi artists Jewad Selim and Faiq Hassan, graduating in 1959.

After earning his diploma, Alshaikh taught art education in Basra for three years before being awarded a scholarship by the Iraqi government to study printmaking and design in the United Kingdom in 1965. He attended South-East Essex Technical College and completed training in printing and design in Manchester in 1967. In 1980, Alshaikh returned to Saudi Arabia, where he became head of the design department at the Royal Commission for Jubail and Yanbu, retiring in 1999 to focus on his art career.

His early works are inspired by Arab folklore and heritage, depicting desert landscapes from memories of his homeland. These works feature bold, block color and abstracted forms, while still incorporating elements of reality, reflecting nostalgic connections to Al-Zubair, Basra, and Baghdad. With a vibrant palette, he often included calligraphy and elements from Islamic architecture. After Iraq's invasion of Kuwait in the 1990s, which deeply affected him, his style shifted significantly. His works from this period are marked by themes of war, destruction, and existential contemplation, and became increasingly abstract in the early 2000s.

Alshaikh participated in numerous exhibitions locally and internationally, including events organized by the General Presidency of Youth Welfare and the Saudi Society for Art and Culture. Among his notable group exhibitions was a 1975 joint exhibition with Mohammed Maher Aldin and three students from the Basra Institute of Arts. Other exhibitions include *Khaleej Modern: Pioneers and Collectives in the Arabian Peninsula*, NYU Abu Dhabi Art Gallery, Abu Dhabi, United Arab Emirates (2022); *Beginnings: The Eastern Province*, Hafez Gallery, Jeddah, Saudi Arabia (2017); *Aramco Exhibition of Fine Art*, Dhahran, Saudi Arabia (2011); Institut du monde arabe, Paris, France (2002); the Sharjah Biennial, United Arab Emirates (1997); *Arab Artists Exhibition*, Beijing, China (1996); and the First Latakia Biennale, Syria (1995). Alshaikh held his first solo exhibition in Saudi Arabia in 1982 at Le Meridien Hotel, in Al Khobar.

بالإضافة إلى معارض نظمتها الجمعية الكويتية للفنون التشكيلية. ومن بين المعارض البارزة التي أقيمت بعد وفاته: «حداثة خليجية: رواد ومجموعات فنية في شبه الجزيرة العربية» في رواق الفن بجامعة نيويورك أبوظبي، الإمارات العربية المتحدة (2022). وفي عام 2018، بيعت لوحته «تنظيف الحنطة» (1968) في مزاد علني في دار كريستيز بلندن، مسجلةً بذلك أول ظهور لعمل له في مزاد فني دولي. ودخلت لوحاته ضمن مجموعات عامة ، من بينها مجموعة مؤسسة بارجيل للفنون بالشارقة، الإمارات العربية المتحدة.

عباس المحروس

(مواليد 1943، المنامة، البحرين -
توفي عام 2006، المنامة، البحرين)

كان عباس المحروس من الشخصيات الرائدة في مشهد الفن الحديث في البحرين، وشارك في تأسيس جمعية البحرين للفنون التشكيلية عام 1983. بعد تخرجه من المدرسة الثانوية عام 1963، بدأ مسيرته المهنية مدرسًا للفنون في عدد من المدارس البحرينية، مثل السلمانية والرفاع الغربي. وفي عام 1966، انتقل إلى بغداد للدراسة في أكاديمية الفنون الجميلة، حيث نال دبلومًا عاليًا في الفنون التشكيلية عام 1969. وبعد عودته إلى البحرين، واصل التدريس، ثم عاد مجددًا إلى بغداد عام 1987 لاستكمال دراسته، وحصل على درجة البكالوريوس في الفنون التشكيلية عام 1990. وتولى بعد ذلك منصب أخصائي مناهج التربية الفنية في وزارة التربية والتعليم البحرينية، وترأس قسم المناهج حتى تقاعده عام 2000. كما عمل محاضرًا في جامعة البحرين بين عامي 2000 و2001. تناول في أعماله موضوعات التراث الثقافي والحياة الاجتماعية والدور الرمزي للمرأة البحرينية. وتطور أسلوبه بتأثير من الحركات الحداثية العراقية. ومن أبرز إسهاماته العامة جداريته الشهيرة في قلعة البحرين (2005)، التي نفّذها احتفاءً بالذكرى الخمسين لاكتشاف حضارة دلمون. وإلى جانب ممارسته الفنية، انخرط في المبادرات التعليمية من خلال إدارة ورش عمل فنية ونشر مقالات متخصصة حول الفن والتعليم.

وقد شارك خلال مسيرته في العديد من المعارض الهامة، من أبرزها بينالي القاهرة (1983)؛ والأسبوع الثقافي لدول مجلس التعاون الخليجي بباريس (1981)؛ ومعرض مشترك مع أحمد باقر وعبدالله المحرقي في المنامة (1980)؛ المعرض الثامن للفنانين التشكيليين العرب، الجزائر (1975)؛ والمعرض المتنقل «قافلة كارايراس» للفنون العربية (1967). كما شارك في معارض جمعية البحرين للفنون التشكيلية في لندن وباريس.

نال خلال مسيرته الفنية عددًا من الجوائز الرفيعة، من بينها جائزة الدانة في معرض الفنون التشكيلية الخليجية بالكويت (1993)، والجائزة الأولى في المعرض العام للفنون التشكيلية (1972)، وميدالية من بينالي القاهرة (1985)، والشارة الذهبية من الاتحاد العربي العام للفنون التشكيلية، سوريا (1981)، وجائزة دلمون الأولى (1976). وكرّمته جمعية البحرين للفنون التشكيلية عام 2004 لإسهاماته الفنية القيّمة طوال مسيرته. ودخلت أعماله ضمن مجموعات مؤسسة بارجيل للفنون بالشارقة، إلى جانب مجموعات فنية عامة وخاصة بارزة في مختلف أنحاء المنطقة.

عبيد سرور

(مواليد 1955، رأس الخيمة،
الإمارات العربية المتحدة)

عبيد سرور فنانٌ إماراتي معروف بابتكاره في توظيف الأقمشة الإماراتية التقليدية والأشياء المعثور عليها ضمن أعماله الفنية. حصل على بكالوريوس في الفنون التشكيلية من جامعة القاهرة عام 1979، حيث طوّر مهاراته الأساسية وصقل تقنياته التجريبية. وهو من الأعضاء المؤسسين لجمعية الإمارات للفنون التشكيلية، ويشغل حاليًا منصب رئيس مرسم المجمّع في رأس الخيمة، حيث يعمل على رعاية الفنانين الشباب وتعميق ارتباطهم بالتقاليد المحلية.

تتجذّر أعماله في البيئة الطبيعية والتراث الثقافي الإماراتي، حيث يمزج بين الماضي والحاضر ضمن لغة بصرية متفرّدة. وتعكس لوحاته ارتباطًا عميقًا بالمناظر الطبيعية والتاريخ والثقافة المادية، وتضمّ غالبًا منسوجات ومواد عضوية يستخدمها لاستحضار الإحساس بالمكان والهوية.

Alshaikh received several awards throughout his career, including the Silver Palme d'Or Award, Kuwait (2003); the Golden Palme d'Or Award, Muscat (2001); the National Festival Heritage and Culture Award, Saudi Arabia (1999); and the Jury Biennale Award of AlMahaba, Syria (1995). In 2018, he was honored by Misk Art Institute as a pioneer in Saudi arts. His works have been acquired by the King Khalid International Airport, Riyadh, Saudi Arabia; King Fahd Airport, Dammam, Saudi Arabia; the Sharjah Art Museum, Sharjah, United Arab Emirates; and the Al-Mansouria Foundation, Jeddah, Saudi Arabia.

ABDULLAH AL-MUHARRAQI

(b. 1939, Manama, Bahrain)

Abdullah Al-Muharraqi is a pioneering Bahraini artist whose career bridged fine art, political caricature, and visual design. Al-Muharraqi showed early artistic promise, winning his first art competition at the age of twelve under the mentorship of supportive teachers. He began his formal studies at the Faculty of Fine Arts in Cairo in 1958, later transferring to the University of Damascus, where he graduated with distinction in 1967. In 1970, he received a British Council scholarship to attend a printmaking course at the London College of Printing. In addition to his visual art, he was also an influential political cartoonist, contributing to *Akhbar AlKhaleej* newspaper from 1976 onward and designing Bahraini postage stamps between 1970 and 1979. In 1983, he became a founding member of the Bahrain Arts Society.

Al-Muharraqi's practice spanned painting, caricature, and design, often blending surrealist and cubist influences with motifs drawn from Gulf folklore, maritime traditions, and everyday Bahraini life. His expressive paintings depicted pearl divers, traditional ceremonies, and mythic figures, rendered in bold colors and symbolic forms. A prolific cartoonist, his satirical works combined sharp social and political commentary with aesthetic resonance through his dual role as a fine artist and public commentator. Over time, his style evolved to reflect a layered narrative consciousness, capturing both the modern transformation and traditional spirit of Gulf society.

Al-Muharraqi exhibited extensively across the Arab world and internationally from the 1970s through the 1990s. He held solo exhibitions in London, United Kingdom (1970); Manama, Bahrain (1975, 1977); Baghdad, Iraq (1977); and Kuwait City, Kuwait (1982, 1983). He participated in significant group exhibitions including the Kuwait Biennale, Kuwait City, Kuwait (1983); the *Caricature Exhibition*, Cairo, Egypt (1981); the second *Arab Art Exhibition*, Algiers, Algeria (1976); *Three Artists* Exhibition, Manama, Bahrain (1976); and the *Arab Artists Conference* in Damascus, Syria (1975). He also held solo exhibitions in Kuwait, Iraq, Bahrain, and the United Kingdom.

His achievements were recognized with the first prize at the Order of Competence, First Class, from King Hamad bin Isa Al Khalifa (2007), the Dana Award (2005), Gold Medal from the Salon des Artistes Français (1983); Grolla d'Oro Award (1980), and the Bahrain National Art Exhibition (1973). His works are held in the collection of the Bahrain National Museum, Manama, Bahrain and Mathaf: Arab Museum of Modern Art, Doha, Qatar.

ABDULLAH HAMMAS

(b. 1952, Abha, Saudi Arabia)

Abdullah Hammas is a Saudi painter who lives and works in Abha, Tabuk, Riyadh, and Jeddah, Saudi Arabia. He graduated from the Institute of Art Education in Riyadh in 1973 and began his artistic career shortly thereafter, while also dedicating thirty-one years to teaching art to

عُرضت أعماله في العديد من المعارض الدولية، من أبرزها الجناح الوطني لدولة الإمارات العربية المتحدة في بينالي البندقية السادس والخمسين في البندقية، إيطاليا (2015)؛ مركز رأس الخيمة للمعارض (2003، 2002)؛ بينالي الشارقة، الشارقة، الإمارات العربية المتحدة (2001، 1999، 1997، 1995)؛ «الإمارات في عيون فنانيها» في مؤسسة أبوظبي الثقافية بأبوظبي، الإمارات العربية المتحدة (1998)؛ بينالي القاهرة في القاهرة، مصر (1998، 1992)؛ مهرجان جرش للثقافة والفنون، الأردن (1996)؛ بينالي الفن الآسيوي في داكا، بنغلاديش (1995)؛ بازار الفنون التشكيلية في مركز اكسبو الشارقة، الإمارات العربية المتحدة (1984). ودخلت أعماله ضمن مجموعات مؤسسة أبوظبي للموسيقى والفنون (أدماف) والعديد من المجموعات الفنية الخاصة.

عدنان الأحمد

(مواليد 1960، المحرّق، البحرين)

رسامٌ بحريني تمتد مسيرته الفنية لأكثر من أربعة عقود، وتتّسم بمزيج من الذاكرة الشخصية والرمزية العاطفية والتجريب التشكيلي. بعد إتمامه دراسته الثانوية في البحرين عام 1979، نال منحة حكومية لدراسة الفنون التشكيلية في فرنسا حيث حصل على الدبلوم الوطني العالي في الفنون التشكيلية والتطبيقية من مدرسة الفنون الجميلة في بيزانسون عام 1987.

شارك خلال دراسته في معارض جماعية عديدة في أنحاء فرنسا، في تولوز ومونتبيليار ومولهاوس، وقام بزيارات دراسية مكثفة إلى متاحف باريسية كبرى مثل متحف اللوفر ومركز بومبيدو. عاد إلى البحرين بين عامي 1988 و1989، وبدأ مسيرته المهنية مدرسًا للفن ومطوّرًا للمناهج، وأصبح عضوًا فاعلًا في جمعية البحرين للفنون التشكيلية، حيث شغل لاحقًا منصب أمين السر خلال الفصلين الدراسيين 1996-1998 و2000-2002. كما ألّف كتابات فنية، ووضع منهجًا لتعليم التلوين والرسم لصالح وزارة التربية والتعليم في البحرين.

يجمع في أعماله بين البنية التحليلية والتعبير العاطفي، مستندًا إلى مفردات بصرية ترتكز على الذاكرة والشعر والتجريد. يستلهم لوحاته من ذكريات الطفولة والأحلام والأدب والموسيقى الكلاسيكية، لبناء سرديات تتأرجح بين التصويرية والرمزية الخيالية. ورغم اعتماده على الأشكال الهندسية، فإن أعماله تنطوي على إيماءات حدسية وأساطير شخصية كامنة. يرى أحمد في اللوحة فضاءً ميتافيزيقيًا لتصفية الذكريات، المؤلمة منها والمبهجة، عبر فعل إعادة الابتكار. ويصف في بيانه الفني عملية الرسم كطقس غامر ومساحة للتأمل الفلسفي والارتقاء الذاتي.

عُرضت أعماله في أنحاء الخليج وأوروبا وآسيا. ومن أبرز مشاركاته بينالي بكين الدولي للفنون، الصين (2019، 2022)؛ وبينالي القاهرة الدولي (2001)؛ وبينالي الشارقة (1993، 1999، 2001). أما معارضه الفردية، فتشمل معرضه الفردي الأول في جمعية البحرين للفنون التشكيلية (2002)، تلاه العديد من المعارض المحلية والدولية.

من أبرز أوسمته، وسام الكفاءة البحريني من الدرجة الأولى، الذي منحه إياه الملك حمد بن عيسى آل خليفة (2014)، وجوائز تميّز متعددة (2014)، وجائزة الشراع الذهبي في بينالي الكويت الدولي الثاني عشر (1996). دخلت أعماله ضمن مجموعات فنية منها متحف البحرين الوطني بالمنامة، البحرين ، والمتحف العربي للفن الحديث بالدوحة، وغاليري ألكسندر ليدوز بباريس، فرنسا.

علي حسن

(مواليد 1956، الدوحة، قطر)

فنانٌ قطري رائد، يُعرف بنهجه المبتكر في الخط العربي وتركيبات الوسائط المتعددة. يستكشف في أعماله التداخل بين التجريد والفن المفاهيمي وفن الخط التقليدي، مبتكرًا لغة بصرية فريدة تتميز بألوان جريئة وأشكال ديناميكية وضربات فرشاة معبّرة. ويُعدّ شغفه بحرف النون العربي من العناصر الجوهرية في ممارسته، إذ خصّه باستكشاف مستمر لأكثر من عقدين بتقنيات متنوعة، شملت الوسائط المتعددة والألوان المائية وقلم الرصاص والباستيل والخزف.

preschoolers. A central figure in the Saudi art scene, Hammas co-founded the House of Artists and served as president of its committee. In addition to his practice, he has created a number of public murals that contribute to the visual culture of cities throughout Saudi Arabia.

Hammas is regarded as one of the first painters in the Gulf region to push beyond the boundaries of traditional and decorative painting, venturing into abstraction. His formative years in Abha exposed him to the lush nature, vibrant colors, and traditional folk art of southern Saudi Arabia—contrasting sharply with the arid landscape of Tabuk. His work is characterized by geometric shapes and reflects a meaningful engagement with place. Over time, Hammas's early abstractions evolved into a distinct geometric visual language, marked by sharp lines and bold compositions.

Hammas has held numerous group and solo exhibitions throughout Saudi Arabia. Since 1971, he has participated in exhibitions organized by the General Presidency of Youth Welfare and the Saudi Society for Culture and Arts. Selected exhibitions include *Echoing the Land*, Misk Art Institute, Riyadh, Saudi Arabia (2023); Sharjah Biennial, Sharjah, United Arab Emirates (1995); *Riyadh Bank*, London, United Kingdom (1985, 1994); *Saudi Arabia Between Yesterday and Today*, Paris, France (1986), London, United Kingdom (1986), Cairo, Egypt (1987); and *Third World Foundation Exhibition*, London, United Kingdom (1981). His first international solo exhibition was organized and sponsored by the Al-Mansouria Foundation, Paris, France (1999).

Hammas has received several prestigious awards, including first place in the Saudi Airlines Contest (1992) and second place in the *Contemporary Saudi Art Exhibition* (1989). In 2018, he was honored by Misk Art Institute as a pioneer in Saudi arts. His work is held in several public and private collections within Saudi Arabia, including the King Abdulaziz Historical Center, the Saudi Ministry of Interior, Al-Yamamah Palace, and the Rochan Collection.

ABDULLAH AL QASSAR

(b. 1941, Kuwait City, Kuwait – d. 2003, Kuwait City, Kuwait)

Abdullah Al Qassar emerged as a central figure in the early development of the art scene in Kuwait. In 1962, he received a government-sponsored scholarship to study at the School of Fine Arts in Cairo, Egypt, where he refined his artistic practice within a broader regional context. His time in Cairo exposed him to modernist ideas that would inform his unique approach to depicting Kuwaiti life. Al Qassar was also a founding member of the Kuwait Art Association, a key institution credited with establishing a collective artistic identity in Kuwait during a period of cultural expansion and modernization.

Al Qassar's practice centered on themes of heritage, identity, and daily life in the Gulf, with a particular focus on Kuwait's maritime culture. His paintings frequently depict fishermen, market scenes, and community gatherings, all infused with a sense of movement and rhythm through swirling, interconnected linework. By blending bold compositions with expressive abstraction, Al Qassar's work offers a stylized yet intimate view of Kuwaiti tradition, capturing the gestures and rituals of daily labor with an eye for both the symbolic and the sensory. His commitment to portraying the cultural fabric of Kuwait placed him at the forefront of a generation of artists who explored modernism through the lens of local iconography.

Al Qassar began exhibiting in the late 1950s and went on to participate in over fifty exhibitions across the Arab world and Europe. His work was regularly featured in regional shows such as the Baghdad Arab Art Biennale throughout the 1960s and 1970s, as well as in exhibitions organized by the Kuwait Art Association. Some notable posthumous exhibitions include *Khaleej Modern: Pioneers and Collectives in the Arabian Peninsula*, NYU Abu Dhabi

حصل على درجة البكالوريوس في التاريخ من جامعة قطر (1982)، ثم تابع دراسته في مجال الترميم بجامعة لوفين في بلجيكا (1984)، والفنون الغرافيكية في القاهرة (1986). بدأت مسيرته الإبداعية في عام 1972 كخطاط في الصحف المحلية، وهي تجربة أثّرت بعمق في ممارسته الفنية لاحقًا، ورسّخت أسلوبه الفريد الذي يدمج بين الفن التقليدي والفن الحديث. وإلى جانب إنتاجه الفني، اضطلع حسن بدور محوري في المشهد الثقافي القطري، حيث تولّى رئاسة المركز الشبابي للإبداع الفني، ومركز إبداع الفتاة في الدوحة.

يدمج في أعماله التجريدية بين عناصر الخط العربي والصورة، مستحضرًا مواضيع التراث الثقافي ضمن مقاربات جمالية معاصرة. ويوازن في ممارسته بين الانضباط البنيوي لأشكال الحروف والانسيابية التجريدية العفوية. وعلى مر السنين، وسّع نطاق ممارسته ليشمل التركيبات والفن المفاهيمي، متجاوزًا حدود النظرة السائدة للخط العربي في عالم الفن.

منذ معرضه الفردي الافتتاحي في الدوحة عام 1986، عرض أعماله على منصات إقليمية ودولية، من أبرزها مهرجان الفن الإسلامي بالشارقة، الإمارات العربية المتحدة (2012)؛ وبينالي الشارقة للخط، الإمارات العربية المتحدة (2010، 2004)؛ ومعهد العالم العربي بباريس، فرنسا (2007)؛ ومهرجان البندقية للفنون، إيطاليا (2003)؛ وترينالي الهند بنيودلهي، الهند (2001). كما عُرضت أعماله في معارض فنية دولية، من بينها آرت دبي، الإمارات العربية المتحدة (2015)، ومعرض لوس أنجلوس للفنون، الولايات المتحدة (2009)، وآرت ميامي بفلوريدا، الولايات المتحدة (2009). وفي عام 2009، كرّمته جامعة فرجينيا كومنولث في قطر بمعرض استعادي تقديرًا لمساهماته في المشهد الفني القطري. وتعكس معارض حسن الأخيرة انتشاره العالمي، بما في ذلك «الإبداع الفني من أجل الغد» بالدوحة، قطر (2017)؛ ومعرض ستارت للفنون بلندن، المملكة المتحدة (2016)؛ ومعرض إسطنبول المعاصر، تركيا (2016).

دخلت أعماله ضمن العديد من المجموعات الفنية العامة حول العالم، من أبرزها المتحف البريطاني بالمملكة المتحدة؛ ومتحف مقاطعة لوس أنجلوس للفنون بالولايات المتحدة الأمريكية؛ ومؤسسة بارجيل بالإمارات العربية المتحدة؛ والمتحف العربي للفن الحديث بقطر؛ والمتحف الوطني الأردني للفنون الجميلة بالأردن؛ والمتحف الوطني الصيني للفنون بالصين؛ إلى جانب متحف الشارقة للفنون، ومتحف سنغافورة للفنون، ومتحف قطر الوطني، والجمعية القطرية للفنون التشكيلية. وقد حاز على جوائز من المهرجانات الدولية، واليونيسف، واليونسكو، تقديرًا لإبداعه الفني وتفانيه في خدمة التراث الثقافي.

علي الطخيس

(مواليد 1956، الدوادمي ، المملكة العربية السعودية)

نحاتٌ بارز من الدوادمي، وهي مدينة عريقة في فن النحت. بعد حصوله على دبلوم من معهد التربية الفنية عام 1979، عمل مدرّسًا للفنون في مدرسة مسعدة الابتدائية، ولعب دورًا محوريًا في المشهد الفني السعودي كعضوٍ مؤسّس في استوديو نادي الدرع بالدوادمي عام 1995، وجماعة الدوادمي التشكيلية، وكعضو في بيت الفنانين التشكيليين بجدة.

بدأت مسيرته الفنية في المدرسة الابتدائية، حين شجّعه أحد معلّميه على الرسم ونسخ صور المجلات للمشاركة في المعارض المدرسية. ومع تطور ممارسته، تبنّى خامات متنوعة واستخدم تقنيات مبتكرة، ما رسّخ مكانته كنحات متميّز. تُجسّد أعماله روح منطقته وتعكس هويته من خلال الأشكال الانسيابية والعضوية والتجريدية؛ إذ يتجنّب التمثيل المباشر ويركّز بدلًا من ذلك على الشكل والهيئة والملمس، مستجيبًا لخصائص الخامة. ومن خلال هذه الأشكال المتدفقة، يستحضر العلاقة الوثيقة بين الإنسان والأرض والطبيعة والتراث. وتجسّد منحوتاته مفاهيم التواصل والأخوّة والتعاون، وأحيانًا تجريدات من الأحرف العربية. تخصّص في العمل على الصخور والرخام، وكان يتعامل مع خامة واحدة في كل عمل، سعيًا لفهم الفروق الدقيقة لكل خامة واستجاباتها في عملية نحت الشكل من الحجر.

عُرضت أعماله في العديد من المعارض المحلية والدولية التي نظّمتها الرئاسة العامة لرعاية الشباب، من أبرزها أسبوع الخليج الثقافي، اليابان (1986)؛ «المملكة

Art Gallery, Abu Dhabi, United Arab Emirates (2022). In 2018, his painting *Tandeef Al Hint* (1968) was auctioned at Christie's London, marking the first time his work appeared in an international art sale. His paintings are held in several collections, including the Barjeel Art Foundation, Sharjah, United Arab Emirates.

ABBAS AL MAHROOS

(b. 1943, Manama, Bahrain – d. 2006, Manama, Bahrain)

Abbas Al Mahroos was a pioneering figure in Bahraini art and a founding member of the Bahrain Fine Arts Society, established in 1983. Graduating from secondary school in 1963, he initially worked as an art teacher at various Bahraini schools, including the Salmaniya and Al-Riffa Al-Gharbi. In 1966, he traveled to Baghdad to study at the Academy of Fine Arts, earning a higher diploma in fine arts in 1969. He returned to Bahrain and continued teaching, before resuming his studies in Baghdad in 1987, earning his bachelor's degree in fine arts in 1990. Al Mahroos later became a specialist in art education curricula at Bahrain's Ministry of Education and served as head of the Curriculum Department until his retirement in 2000. He was also a lecturer at the University of Bahrain from 2000 to 2001.

Al Mahroos's work often explores themes of cultural heritage, social life, and the symbolic role of Bahraini women. His style evolved under the influence of Iraqi modernist movements. His public contributions include the celebrated mural at Bahrain Fort (2005), created to commemorate the 50th anniversary of the discovery of the Dilmun civilization. He was also actively involved in educational initiatives, leading art workshops and publishing articles on art and education.

Throughout his career, Al Mahroos participated in significant exhibitions, including the Cairo Biennale, Cairo, Egypt (1983); the *GCC Cultural Week*, Paris, France (1981); a joint exhibition with Ahmed Baqer and Abdullah Al-Muharraqi, Manama, Bahrain (1980); the *8th Arab Fine Artists Exhibition*, Algeria (1975); and the traveling exhibition *Karayras Arab Art Caravan Exhibition* (1967). He also participated in the Bahrain Fine Arts Society exhibitions in London and Paris.

His accolades include the Dana Award at the *GCC Fine Art Exhibition* in Kuwait (1993), First Prize at the *General Fine Arts Exhibition* (1972), a medal at the Cairo Biennale (1985), the Golden Badge from the Arab General Union of Fine Arts, Syria (1981), and the Delmon First Prize (1976). He was honored by the Bahrain Fine Arts Society in 2004 for his lifelong contributions to the arts. His works can be found in several collections, including the Barjeel Art Foundation, Sharjah, United Arab Emirates.

OBAID SUROOR

(b. 1955, Ras Alkhaimah, United Arab Emirates)

Obaid Suroor is an Emirati artist known for his innovative incorporation of traditional Emirati fabrics and found objects into his paintings. Suroor received his BA in fine arts from Cairo University, Egypt (1979), where he developed his foundational skills and refined his experimental techniques. A founding member of the Emirates Fine Arts society, Suroor currently serves as head of the Society's atelier in Ras Alkhaimah, where he mentors emerging artists and fosters engagement with local traditions.

Suroor's practice engages with the natural environment and cultural heritage of the Emirates, bridging past and present through a distinct visual language. His paintings reflect a strong connection to the landscape, history, and material culture. He often incorporates woven textiles and organic textures, evoking a sense of place and identity.

العربية السعودية بين الأمس واليوم»، لندن، المملكة المتحدة (1986)؛ بينالي الشارقة الأول والثاني والثالث والرابع، الإمارات العربية المتحدة (1993، 1995، 1997، 1999)؛ بينالي الفنون الآسيوية السادس والثامن بداكا، بنغلاديش (1994، 1998)؛ بينالي القاهرة الدولي الخامس، مصر (1995). وتشمل معارضه الفردية معارض بالرياض (1987) وجدة (1989)، المملكة العربية السعودية؛ فضلاً عن المعرض المشترك الأول مع إبراهيم النغيثر في السفارة الفرنسية بالرياض، المملكة العربية السعودية (1997)؛ والمعرض المشترك الثاني مع إبراهيم النغيثر في الجمعية العربية السعودية للثقافة والفنون بالدمام، المملكة العربية السعودية (1998)؛ والمعرض المشترك الثالث مع إبراهيم النغيثر في الجمعية العربية السعودية للثقافة والفنون بجدة، المملكة العربية السعودية (1999). شارك في العديد من المسابقات وفاز بعدد من الجوائز، منها الجائزة الأولى في النحت في معارض المقتنيات التاسع والعاشر والثاني عشر (1986، 1988، 1990)، والمعرضين الثامن والتاسع للفن السعودي المعاصر (1988، 1989).

تم تكريمه من قبل معهد مسك للفنون باعتباره من كبار رواد الفن السعودي (2019) وتشمل إنجازاته حصوله على جائزة تقديرية في بينالي تركيا الأول عام 1986، وعلى ميدالية ذهبية وجائزة المركز الثالث في بينالي مسقط في سلطنة عُمان عام 1981، وجائزة شرفية من بينالي الشارقة الأول عام 1993. اقتنى متحف عبد الرؤوف في جدة أعماله، وله منحوتات فنية عامة في عمّان (الأردن)، ومعهد رصانة (لبنان)، إضافة إلى أعمال في الرياض وجدة والدمام (المملكة العربية السعودية).

عرب جاوا

(مواليد 1947، الهفوف، المملكة العربية السعودية)

وُلد عرب جاوا في مدينة الهفوف، وانتقل إلى الدمام مع عائلته في سن الحادية عشرة. نما لديه شغف مبكر بالكتابة والرسم خلال سنوات دراسته، وبدأ مسيرته المهنية في سن العشرين بتدريس الفنون في مدرسة حكومية لمدة عامين، إلى جانب عمله كخطاط في أوقات فراغه.

في صيف عام 1968، سافر إلى لندن لدراسة الرسم والتصوير في مدرسة بيام شو بمنطقة كنسينغتون، حيث أظهر تفانيًا ملحوظًا وموهبة فنية أهّلته لنيل شهادة لندن في الفن والتصميم بامتياز عام 1971، تلاها دبلوم في الفنون الجميلة من بيام شو عام 1972. وعند عودته إلى المملكة العربية السعودية، التحق بشركة أرامكو حيث عمل في مجال التصميم الغرافيكي.

انتقل في مسيرته الفنية من رسم المناظر الطبيعية والطبيعة الصامتة إلى التجريد، ثم إلى فن البصريات (الأوب آرت)، حيث تأثر بجمالياته وانشغل باستكشاف العلاقة بين الشكل والضوء والإبصار. وتتّسم أعماله باستخدام الخداع البصري والتجريد الهندسي والتراكيب الديناميكية، مما يعكس دقة تقنية وخيالًا تعبيريًا خصبًا. وقد رسّخ تركيزه على المؤثرات البصرية مكانته كشخصية تجريبية في الفن السعودي الحديث، من خلال دمجه بين التقنيات التقليدية والتيارات المعاصرة.

عرض أعماله في لندن وشارك في المعرض الفني السنوي الثامن عشر في الظهران. ودخلت أعماله ضمن مجموعات فنية، من بينها المتحف الوطني الأردني للفنون الجميلة بعمّان، الأردن.

عثمان الخزيم

(مواليد 1955، الخرج، المملكة العربية السعودية)

عثمان الخزيم رسّامٌ سعودي، عُرف بإسهاماته المتميزة في تطوير الفنون البصرية داخل المملكة. تلقّى تعليمه في معهد التربية الفنية بالرياض، ثم واصل دراسته في الخارج، حيث نال دبلومًا من أكاديمية الفنون الجميلة في فلورنسا بإيطاليا عام 1980. وفي عام 1985، تولّى رئاسة لجنة الفنون التشكيلية في الجمعية العربية السعودية للثقافة والفنون بالرياض، كما عمل مصمّمًا للديكور في التلفزيون السعودي، مسخّرًا خبراته البصرية في خدمة وسائل الإعلام. وهو أيضًا عضو في نقابة الفنانين الجزائريين.

يتنوّع أسلوبه الفني بين الرسم بالفرشاة والباستيل الزيتي، رغم أن بداياته كانت مع الألوان المائية والأحبار التي استكشفها خلال مشاركاته الأولى في المعارض المحلية. نشأ اهتمامه بالخط العربي منذ الصغر، مدفوعًا بتشجيع والده، ما انعكس على اختياره للرسم على الورق

Suroor's works have been exhibited internationally, selected exhibitions, which include the UAE National Pavilion, 56th Venice Biennale, Venice, Italy (2015); Ras Alkhaimah Exhibition Center, United Arab Emirates (2003, 2002); the Second, Third, Fourth, Fifth Sharjah Biennial, Sharjah, United Arab Emirates (1995, 1997, 1999, 2001); *The UAE in the Eyes of Its Artists*, the Cultural Foundation, Abu Dhabi, United Arab Emirates (1998); the Cairo Biennale, Egypt (1998, 1992); the *Jerash Festival for Culture and the Arts*, Jerash, Jordan (1996); the Asian Art Biennale, Dhaka, Bangladesh (1995); and Fine Arts Bazaar, Sharjah Expo, United Arab Emirates (1984); amongst others. His work is part of the Abu Dhabi Music & Arts Foundation (ADMAF) collection and several other private collections.

ADNAN AL AHMED

(b. 1960, Muharraq, Bahrain)

Adnan Al Ahmed is a Bahraini painter whose career spans more than four decades, distinguished by a synthesis of personal memory, emotional symbolism, and formal experimentation. After completing secondary school in Bahrain in 1979, he received a government scholarship to study fine arts in France. He earned his national higher diploma in plastic and applied Arts from the École des Beaux-Arts in Besançon in 1987.

During his studies, he exhibited in multiple group shows across France, including Toulouse, Montbéliard, and Moulhouse, and undertook intensive study visits to major Parisian museums such as the Louvre and the Centre Pompidou. Returning to Bahrain in 1988–89, he began working as an art teacher and curriculum developer and became an active member of the Bahrain Arts Society, where he later served as secretary during the 1996–1998 and 2000–2002 terms. Al Ahmed has also authored art writings and developed a coloring and drawing curriculum for Bahrain's Ministry of Education.

Al Ahmed's practice combines analytical structure with emotive expression, employing a visual vocabulary grounded in memory, poetry, and abstraction. He frequently draws on childhood recollections, dreams, literature, and classical music to construct visual narratives that hover between figuration and imaginative symbolism. His compositions are often shaped by geometric form but carry an undercurrent of intuitive gesture and personal mythology. He sees his canvas as a metaphysical space—a site where painful and joyful memories alike are filtered through a process of reinvention. In his artistic statement, Al Ahmed describes the act of painting as a deeply immersive ritual: a means of philosophical inquiry and personal elevation.

He has exhibited extensively across the Gulf, Europe, and Asia. Key participations include the Beijing International Art Biennale, Beijing, China (2019, 2022); Cairo Biennale, Cairo, Egypt (2001); and the Sharjah Biennial, Sharjah, United Arab Emirates (1993, 1999, 2001). His solo exhibitions include his debut solo show at the Bahrain Arts Society (2002), followed by numerous local and international presentations.

Among his many honors are Bahrain's Medal of Competence, First Class, awarded by King Hamad bin Isa Al Khalifa (2014), multiple Excellence Prizes (2014), and the Golden Sail Award at the 12th Kuwait International Biennale (1996). His work is held in several collections, including the Bahrain National Museum, Manama, Bahrain, Mathaf: Arab Museum of Modern Art, Doha, Qatar; Galerie Alexandre Leadouze, Paris, France.

ALI HASSAN

(b. 1956, Doha, Qatar)

Ali Hassan is a leading Qatari artist known for his innovative approach to Arabic calligraphy and mixed media compositions. His work explores the intersection of abstraction, conceptual art, and traditional calligraphy,

لتصوير ملامح الوجوه والزخارف والعناصر المعمارية. وبفعل شغفه بالشعر التقليدي، راح يُضمّن مقتطفات شعرية في لوحاته.

ساهم في تنظيم معرض «المملكة العربية السعودية بين الأمس واليوم» المتجول في بون، باريس، لندن(1985-1986). وتشمل مشاركاته الدولية الأسبوع الثقافي السعودي في بكين (2010)؛ «مختارات من الفنون التشكيلية السعودية» في لندن (2000) ومدريد (1999)؛ «المملكة العربية السعودية بين الأمس واليوم» في باريس، فرنسا (1986)؛ معرض الكويت الثامن للفنون العربية في الكويت (1983)؛ المعرض العام الأول للفنون التشكيلية في القاعة الدولية في دار الفنون السعودية بالرياض (1981)؛ معرض الفنون الخليجية ببغداد (1981)؛ ومهرجان الشباب العربي الخامس بدمشق (1981).

أقام العديد من المعارض الجماعية، أحدها مع عبدالله إدريس وعبد العظيم الضامن في القطيف (1995). وشارك في معرض «الأربعة» الجماعي مع سعيد العبيد وناصر موسى وفهد ربيق في الرياض (1982). كما شارك في معارض الرئاسة العامة لرعاية الشباب والجمعية السعودية للفنون التشكيلية في الرياض (1989). وأقام أول معارضه الفردية في جمعية النهضة وفندق انتركونتيننتال بالرياض (1989). وأقام معارض فردية أخرى محليًا ودوليًا، بما في ذلك المعرض المتجول «حروف بدون كلمات» الذي تنقّل بين دار اليونسكو وجامعة الفاتيكان وجينيف وباريس (2019).

دخلت أعماله ضمن عدد من المجموعات الفنية المؤسسية، من أبرزها القصر الملكي البريطاني، ومعهد الإدارة العامة، ومطار الملك خالد الدولي بالرياض.

عيسى صقر

(مواليد 1940، مدينة الكويت، الكويت – توفي عام 2000، مدينة الكويت، الكويت)

كان عيسى صقر نحاتًا ورسامًا بارزًا، شكّلت أعماله إحدى الركائز الأساسية في تطور الفن الحديث في الكويت. تلقّى تعليمه الأكاديمي في كلية الفنون الجميلة بالقاهرة (1962-1966)، حيث تتلمذ على يد النحات المصري الشهير جمال السجيني. ثم واصل تدريبه المهني في صب البرونز في معهد جونسون أتيلييه للتقنيات النحتية في نيوجيرسي بالولايات المتحدة الأمريكية في عام 1981. كان من أوائل الأعضاء في مرسم الفن الحر (1960)، وهي مؤسسة ساهمت في رعاية المواهب الفنية المحلية؛ كما كان من المؤسسين النشطين للجمعية الكويتية للفنون التشكيلية، مساهمًا بشكل كبير في المشهد الثقافي المتنامي في بلاده.

تميّزت ممارسته الفنية بانغماسها العميق في الأسئلة الفلسفية واستلهام الذاكرة الثقافية. اشتغل على خامات البرونز والطين والخشب، وصوّر شخصيات بشرية محوّرة، غالبًا من النساء، جعل منها رموزًا للتحمّل والأمومة والتقاليد. دمج في لغته الفنية التجريد الحداثي مع السرديات الثقافية الراسخة، مستلهمًا من التراث الكويتي لاستكشاف موضوعات أوسع نطاقًا مرتبطة بالهوية والتحولات الاجتماعية. اتسمت منحوتاته بأسطحها الحسّية، وأحجامها الضخمة، وهدوئها المشحون بالعاطفة. وفيما وراء المرسم، كان الخلف من الشخصيات المؤثرة في دعم الفنون، حيث لعب دورًا محوريًا في الارتقاء بفن النحت في المنطقة، وتوجيه الفنانين الشباب في المشهد الثقافي الكويتي المتطور.

بدأ مسيرته الفنية بمعرض فردي عام 1967، عرض فيه أعمالًا حملت تساؤلات وجودية وتأملات فلسفية، وسّع نطاقها في معرضه الثاني عام 1976، حيث تناول الشخصيات البشرية بوصفها تجسيدًا لتراثه الكويتي. شارك في معارض جماعية نظّمتها الجمعية الكويتية للفنون التشكيلية في الأعوام 1972 و1974 و1975، ونال خلالها عدة ميداليات ذهبية. وتوّج في عام 1975 بجائزة الشراع الذهبي في معرض الكويت للفنانين العرب، مما رسّخ مكانته في المشهد الفني الإقليمي. وعلى الصعيد الدولي، مثّل الكويت في مناسبات ثقافية عدة، من بينها مؤتمرات للنحاتين في كندا وإسبانيا، وأسبوع مجلس التعاون الخليجي الثقافي في اليابان. وتحتفظ بمجموعاته مؤسسات مرموقة مثل مؤسسة بارجيل للفنون بالشارقة، الإمارات العربية المتحدة والمتحف الوطني الأردني للفنون الجميلة بعمّان.

resulting in a distinctive visual language characterized by bold colors, dynamic forms, and expressive brushwork. A key element in his practice is his fascination with the Arabic letter "nūn," which, for over two decades, he has explored across various mediums, including mixed media, watercolor, pencil, pastel, and ceramics.

Hassan holds a bachelor's degree in history from Qatar University (1982), and later studied restoration at the University of Leuven, Belgium (1984), and graphic arts in Cairo, Egypt (1986). His creative journey began in 1972 as a calligrapher for local newspapers, a foundation that would later inform his unique blend of traditional and modern art. Beyond his practice, Hassan has played a major role in Qatar's cultural development, serving as chairman of the Youth Creative Art Center and the Girl's Creativity Art Center in Doha, Qatar.

His abstract compositions seamlessly integrate calligraphic and figural elements, evoking themes of cultural heritage while embracing a modern aesthetic. His work often balances precision with expressive spontaneity, creating a dialogue between controlled letterforms and free-flowing abstraction. Over the years, he has expanded his practice to include installations and conceptual art, pushing the boundaries of how Arabic script is perceived in the art world.

Since his inaugural solo exhibition in Doha in 1986, Hassan has exhibited extensively on regional and international platforms. Notable solo and group exhibitions where held at the Islamic Art Festival, Sharjah, United Arab Emirates (2012); the Sharjah Calligraphy Biennale, Sharjah , United Arab Emirates (2010, 2004); the Institut du monde arabe, Paris, France (2007); the Venice Art Festival, Venice, Italy (2003); and the Triennale-India, New Delhi, India (2001). His work has also been featured in international art fairs, including Art Dubai, Dubai, United Arab Emirates (2015), the LA Art Show, Los Angeles, United States (2009), and Art Miami, Florida, United States (2009). In 2009, Virginia Commonwealth University (VCU) in Qatar honored him with a retrospective, recognizing his contributions to the Qatari art scene. Hassan's recent exhibitions reflect his global reach, including *Art for Tomorrow*, Doha, Qatar (2017); *START Art Fair*, London, United Kingdom (2016); and *Contemporary Istanbul*, Turkey (2016).

Hassan's works are held in many public collections worldwide, including The British Museum, London, United Kingdom; Los Angeles County Museum of Art (LACMA), Los Angeles, United States; Barjeel Art Foundation, Sharjah, United Arab Emirates; Mathaf: Arab Museum of Modern Art, Doha, Qatar; Jordan National Gallery of Fine Arts, Amman, Jordan; and the National Art Museum of China, Beijing, China. His art is also part of collections at Sharjah Art Museum, Sharjah, United Arab Emirates, the Singapore Art Museum, Singapore, and Qatar's National Museum and Fine Arts Society, Doha, Qatar. He received awards from international festivals, UNICEF, and UNESCO, in recognition of his artistic innovation and dedication to cultural heritage.

ALI ALTOKHAIS

(b. 1956, Dawadmi, Saudi Arabia)

Ali Altokhais is a renowned sculptor from Dawadmi, a town with a rich sculptural tradition. After earning a diploma from the Institute of Art Education in 1979, he became an art teacher at Masdah Elementary School. Altokhais played a pivotal role in the Saudi Arabian art scene as a founding member of the Al-Draa club studio in Dawadmi in 1995 and Dawadmi Fine Artists Group, and as a member of the House of Artists in Jeddah.

Altokhais's artistic journey began in primary school, where a teacher encouraged him to engage in drawing and replicating images from magazines, which were showcased in school exhibitions. As his practice evolved, he embraced diverse materials and employed innovative techniques, establishing himself as a distinguished

فيصل سمره

(مواليد 1955، المنامة، البحرين)

فنانٌ سعودي متعدد الوسائط يسخّر في أعماله التصوير الرقمي والرسم والنحت والفيديو والأداء، مستكشفًا مختلف الموضوعات الوجودية. حصل على درجة البكالوريوس من المدرسة الوطنية العليا للفنون الجميلة في باريس، فرنسا عام 1980. وفي العام نفسه، أصبح مصممًا للديكور في التلفزيون السعودي، وسرعان ما شغل منصب كبير المصممين الغرافيكيين في شركة بكتل العربية في مدينة الجبيل الصناعية في المملكة العربية السعودية. ثم عمل بدوام جزئي لدى الرئاسة العامة لرعاية الشباب كمشرف عام على قسم الفنون التشكيلية في المنطقة الشرقية في المملكة العربية السعودية حتى عام 1983. وأسس بعد ذلك شركة للتصميم الداخلي في الدمام، ولكنه انتقل بعد فترة وجيزة إلى فرنسا حيث عمل كمستشار في قسم الفنون التشكيلية والرسم في معهد العالم العربي في باريس. ثم أسس شركة للتصاميم الإسلامية والحرفية عملت في كل من المغرب والمملكة العربية السعودية، وفي عام 1995، أسس غاليري «فيجن» في المنامة بالبحرين لتكون منبرًا للفنانين الصاعدين في المنطقة.

وبهذا ومنذ منتصف الثمانينيات من القرن العشرين دفع سمره حدود الوسائط الفنية، وزاول الفن من منظار التجريب والبحث، وتعمّق على مر السنين في مفاهيم العفوية والديناميكية والسّرية.

وقد عُرضت أعماله محليًا ودوليًا؛ وشارك في العديد من المعارض الجماعية، من أبرزها «عصر الأثر الخافت» في معهد مسك للفنون بالرياض، المملكة العربية السعودية (2024)؛ بينالي الدرعية، المملكة العربية السعودية (2021)؛ «وسم» في معهد مسك للفنون بالرياض، المملكة العربية السعودية (2020)؛ بينالي الجنوب في بوينس آيرس، الأرجنتين (2019)؛ فن جدة 21,39 في المجلس الفني السعودي، المملكة العربية السعودية (2019)؛ بينالي القاهرة بمصر (2018) «التخوم» (بوردرلاند) في غاليري لو في سان دييغو، الولايات المتحدة الأمريكية (2016)؛ النسخة الأولى لمبادرة «حافة الجزيرة العربية» بلندن، المملكة المتحدة (2013)؛ «تعالوا معًا»، حافة الجزيرة العربية، في غاليري أولد ترومان بلندن، المملكة المتحدة (2012)؛ بينالي برلين السادس، ألمانيا (2010)؛ معرض «كلمة في الفن: فنانو الشرق الأوسط الحديث» في المتحف البريطاني بلندن، المملكة المتحدة (2006). وعلى مدى مسيرته الفنية، أقام فيصل سمره أكثر من أربعين معرضًا فرديًا، من بينها مشاركته في بينالي الإسكندرية، مصر (2019)؛ «الاحتباس الحراري» في عمارة بن مطر بالمحرّق، البحرين (2015)؛ «مدن الصفيح» في غاليري إيتش دي بالدار البيضاء، المغرب (2012)؛ «واقع مشوّه 3» في غاليري ناتالي أوباديا بباريس، فرنسا (2009)؛ «جسد آخر 2» في غاليري غرين آرت بدبي، الإمارات العربية المتحدة (2005)؛ «أيقونة» في غاليري مسافة، الكويت (1998)؛ «آكت نوماد» في غاليري إتيان دينيه بباريس، فرنسا (1989).

تم تكريمه من قبل معهد مسك للفنون باعتباره من كبار رواد الفن السعودي في عام 2019 ودخلت أعماله إلى العديد من المجموعات الفنية الخاصة والعامة، من أبرزها المتحف البريطاني بلندن، المملكة المتحدة؛ ومعهد العالم العربي بباريس، فرنسا؛ ومؤسسة جميل للفنون بدبي، الإمارات العربية المتحدة؛ ومؤسسة المنصورية بجدة، المملكة العربية السعودية؛ ومؤسسة خالد شومان، بعمّان، الأردن؛ والمتحف العربي للفن الحديث بالدوحة، قطر؛ ومركز الملك عبدالعزيز الثقافي العالمي - إثراء بالظهران، المملكة العربية السعودية؛ ووزارة الثقافة السعودية بالرياض، المملكة العربية السعودية

فؤاد مغربل

(مواليد 1951، المدينة المنورة، المملكة العربية السعودية)

فنان سعودي بارز يحتفي في أعماله بالتراث الثقافي والفلكلوري. وُلد في المدينة المنورة، وبدأ مسيرته بالحصول على دبلوم من معهد التربية الفنية بالرياض عام 1969، ثم نال منحة لمتابعة دراسته في التربية الفنية بجامعة حلوان في مصر عام 1978. حصل لاحقًا على درجة الماجستير في التربية الفنية من جامعة نيو مكسيكو عام 1984، والدكتوراه من جامعة هال في

sculptor. His works distinctly capture the essence of his region and reflect his identity through fluid, organic, abstract shapes; he eschews direct representation and instead focuses on shape, form, and texture, responding to the material's characteristics. Through these flowing shapes, Altokhais evokes kinship between man, land, nature, and heritage. His sculptures embody concepts such as connection, brotherhood, and cooperation, and at times, abstractions of the Arabic alphabet. With a specialty in rock and marble, Altokhais works with one medium at a time to fully understand all the nuances of each material characteristic and its response to creating the form out of stone.

Altokhais has participated in many of the General Presidency of Youth Welfare local and international exhibitions. He was part of *Gulf Cultural Week*, Japan (1986); the First, Second, Third, and Fourth Sharjah Biennial, United Arab Emirates (1993, 1995, 1997, 1999); the Sixth and Eighth Asian Art Biennale, Dhaka, Bangladesh (1994, 1998); and the Fifth Cairo Biennale, Egypt (1995). His solo exhibitions include shows in Riyadh, Saudi Arabia (1987); Jeddah, Saudi Arabia (1989); the first joint exhibition with Ibrahim AlNughaythir, French Embassy, Riyadh, Saudi Arabia (1997); the second joint exhibition with Ibrahim AlNughaythir, Saudi Arabian Society of Culture and Arts in Dammam, Saudi Arabia (1998); and the third joint exhibition with Ibrahim AlNughaythir, Saudi Arabian Society of Culture and Arts, Jeddah, Saudi Arabia (1999). He participated in numerous competitions and won several awards, namely the first-place prize in sculpture in the Ninth, Tenth, and Twelfth *Formative Collections Exhibitions* (1986, 1988, 1990) and the Eighth and Ninth *Saudi Contemporary Exhibitions* (1988 and 1989).

Altokhais's accomplishments include receiving an appreciation award in the First Turkish Biennale in 1986, a golden medallion and third place prize in the Muscat Biennale in Oman in 1991, and an honor award from the First Sharjah Biennial in 1993. In 2018, he was honored by Misk Art Institute as a pioneer in Saudi arts. His work has been acquired by the Abdulrouf Museum, Jeddah, Saudi Arabia, and he has public art sculptures in Amman, Jordan; Rasanah, Lebanon; Riyadh, Saudi Arabia; Jeddah, Saudi Arabia; and Dammam, Saudi Arabia.

ARAB JAWA

(b. 1947, Al-Hofuf, Saudi Arabia)

Born in 1947 in Al-Hofuf, Saudi Arabia, Arab Jawa's family moved to Dammam when he was eleven years old. During his formative school years, Jawa developed a keen interest in lettering, painting, and drawing. At the age of twenty, he began teaching art in a government school for two years while working as a signwriter in his spare time. In the summer of 1968, Jawa traveled to London to study at The Byam Shaw School of Art (now part of Central Saint Martins). His dedication and talent led him to qualify with distinction for the London Certificate in Art and Design in 1971 and earned the Byam Shaw Diploma in Fine Art in 1972. Upon returning to Saudi Arabia, Jawa applied his expertise in the field of graphic arts, working for Aramco.

His first paintings were mainly landscapes and still lifes before he began painting abstract compositions and later developed an interest in optical art (op art). Jawa's practice evolved from traditional subjects to vibrant explorations of form, light, and perception influenced by op art aesthetics. His works are characterized by the use of optical illusion, geometric abstraction, and dynamic compositions, reflecting both technical precision and imaginative expression. Jawa's focus on optical effects marked him as an experimental figure in Saudi modern art, bridging traditional techniques with contemporary artistic currents.

Jawa exhibited his work in London and participated in the 18th Annual Art Show in Dhahran and

المملكة المتحدة عام 2000. ساهم في تأسيس جماعة فناني المدينة المنورة عام 1980، وجماعة أصدقاء الفن التشكيلي الخليجي عام 1985، كما ترأس لجنة الفنون التشكيلية في جمعية الثقافة والفنون بالمدينة المنورة بين 1987 و2005، وتولى لاحقًا إدارة أنشطتها وفرعها. شغل منصب المشرف الثقافي في الملحقية الثقافية السعودية في إيطاليا بين 2009 و2015، وكان أستاذًا مشاركًا غير متفرغ في جامعة طيبة بين 2015 و2018.

تعكس أعماله المبكرة ارتباطًا عميقًا بالمحيط المعماري والاجتماعي في المدينة المنورة، حيث صوّر مشاهد المهن والأسواق المحلية بدقة شكلية تُبرز حسّه القوي بالبنية والتنظيم المكاني. تطوّر أسلوبه من الواقعية التفصيلية إلى التجريد المتأثر بالتكعيبية، ما أتاح له تحويل العناصر اليومية إلى مساحات هندسية تُشبه قطع الفسيفساء، وتستحضر في ألوانها الزاهية وإضاءتها فنونًا إسلامية وتجريدية. امتد هذا التوجّه الهندسي إلى أعماله الخزفية، كما تجلى في جدارية عامة ضخمة أنجزها في المدينة المنورة.

بدأ مغربل عرض أعماله في عام 1965 في معارض المركز الصيفي بالمدينة المنورة ومعهد التربية الفنية بالرياض. وشارك في العديد من المعارض المحلية والدولية، في كلية الوايك ، ويكفيلد ، المملكة المتحدة (1999)؛ وجامعة هال، هال، المملكة المتحدة (1998)؛ وكلية الفنون التطبيقية بالقاهرة، مصر (1996)؛ وجامعة نيو مكسيكو، الولايات المتحدة (1983)؛ والمعرض الكندي العالمي، مونتريال، كندا (1973). وتشمل مشاركاته الدولية معارض الألعاب الأولمبية الآسيوية الخامسة عشرة في الدوحة، قطر (2006)، والأسبوع الثقافي السعودي في القاهرة، وتركيا ، وأوزبكستان . أقام معارض فردية في جدة والمدينة المنورة والولايات المتحدة والمملكة المتحدة ومصر وإيطاليا، وعرض مع فنانين مثل طه الصبان (1990) وأحمد فلمبان (2012).

تم تكريمه من قبل معهد مسك للفنون باعتباره من كبار رواد الفن السعودي (2018) و حاز على الجائزة الأولى في المعرض العام التاسع للرئاسة العامة لرعاية الشباب في عام 1989، وألّف أربعة كتب، منها «طيبة في عيون فنان تشكيلي» (1989). دخلت أعماله ضمن عدة مجموعات فنية، من أبرزها المتحف الوطني الأردني للفنون الجميلة بعمّان، الأردن.

محمد أحمد إبراهيم

(مواليد 1962، خورفكان، الإمارات العربية المتحدة)

فنانٌ إماراتي من روّاد الفن المفاهيمي، وأحد أبرز شخصيات الرعيل الأول من الفنانين المعاصرين في الإمارات العربية المتحدة. درس علم النفس في جامعة العين، وتخرج منها عام 1986، وبدأ تطوير ممارسته الفنية بفضل ورش العمل التي نظمتها جمعية الإمارات للفنون التشكيلية، والتي انضم إلى عضويتها في العام نفسه. شارك لاحقًا في إقامات فنية دولية في سويسرا واسكتلندا. وفي عام 1997، وتأكيدًا على التزامه بدعم وتطوير الساحة الفنية المحلية أسس مرسمًا في مركز خورفكان للفنون التابع لدائرة الثقافة والإعلام في الشارقة.

تتنوع ممارسته الفنية لتشمل الأعمال التركيبية والرسم واستخدام الأشياء، ويستخدم الأشكال العضوية والمواد الطبيعية، كالرمل والصخر والطين، وفقًا للغة بصرية شخصية تتسم بالتكرار والتجريد ورسم العلامات. ويستلهم من إيقاعات بيئته وملامسها، ويبتكر أشياء يدوية الصنع، تُشبه القطع الأثرية والأدوات البدائية وشظايا المشهد الطبيعي. أما رسوماته على الورق، فتتميّز بمفردات خاصة من نقوش وخطوط وأشكال تجريدية تُحاكي رسومات الكهوف القديمة، وتستحضر الزمن والذاكرة من خلال إيقاع تأملي متكرّر.

عُرضت أعماله إقليميًا ودوليًا. ومن أبرز معارضه الجماعية: «عودة إلى الأرض» في طوكيو، اليابان (2023)؛ «في قلب دولة أخرى: تصاعد مخيلة الشتات» في مؤسسة الشارقة للفنون، الإمارات العربية المتحدة (2023)؛ «حداثة خليجية» في رواق الفنون بجامعة نيويورك أبوظبي،، الإمارات العربية المتحدة (2022)؛ «صحراء X العلا»، المملكة العربية السعودية (2022)؛ «صورة أمّة» في برلين، ألمانيا (2017)؛ جناح الإمارات العربية المتحدة في بينالي البندقية، إيطاليا (2009)؛ بينالي الشارقة، الإمارات العربية المتحدة (2007، 2001، 1999)؛ «الفن الإماراتي المعاصر» في معهد العالم العربي بباريس، فرنسا (1998).

had a solo exhibition in the 1970s titled *Arab Jawa: Exhibition of Op Art*, presented by the Aramco Employees Association (AEA), Dhahran, Saudi Arabia. Two of his works are held in the Jordan National Gallery of Fine Arts, Amman, Jordan.

OTHMAN ALKHUZAIM

(b. 1955, Alkharj, Saudi Arabia)

Othman Alkhuzaim is a Saudi painter known for his contributions to the development of visual arts in Saudi Arabia. He graduated from the Institute of Art Education in Riyadh and earned a diploma from the Academy of Fine Arts in Florence, Italy, in 1980. In 1985, Alkhuzaim was appointed head of the Fine Arts Committee of the Saudi Arabian Society for Culture and Arts in Riyadh and also worked as an interior decorator for Saudi television, applying his visual expertise across media. He is also a member of the Algerian Artist Union.

Alkhuzaim's artistic style encompasses painting and the use of oil pastels. His journey began with watercolor and inks, explored during his early participation in local exhibitions. His interest in calligraphy emerged from a young age with the encouragement of his father and influenced his preference for drawing on paper to depict facial features, ornamentation, and architectural elements. Fascinated with traditional poetry, the artist often incorporates excerpts into his paintings.

Notably, he played a role in organizing the exhibition display in *Saudi Arabia Between Yesterday and Today*, touring in Bonn, Paris, London (1985, 1986). His international participation includes the *Saudi Cultural Week*, Beijing, China (2010); *Selections from Saudi Plastic Arts*, London, United Kingdom (2000) and Madrid, Spain (1999); *Saudi Arabia Between Yesterday and Today*, Paris, France (1986); the *Kuwait Exhibition for Arab Artists*, Kuwait city, Kuwait (1983); the first *General Exhibition for Fine Arts at the International Hall*, Saudi Art House, Riyadh, Saudi Arabia (1981); *The Gulf Art Exhibition*, in Baghdad, Iraq (1981); and the fifth *Arab Youth Festival*, Damascus, Syria (1981).

Alkhuzaim held several joint exhibitions, one of which was alongside Abdullah Idrees and Abduladim Aldhamin, Qatif, Saudi Arabia (1995). He participated in *AlArba* collective exhibition alongside Said Alobaid, Nasser Almousa, and Fahad Rubaiq, Riyadh, Saudi Arabia (1982). Alkhuzaim's presence in group exhibitions is also marked by his contributions to various General Presidency of Youth Welfare and Saudi Art Society exhibitions in Riyadh. His first solo exhibition was at the Al Nahda Society and the Intercontinental Hotel held consecutively, Riyadh, Saudi Arabia (1989). He held other solo exhibitions locally and internationally, including the touring exhibition *Letters Without Words*, UNESCO, Vatican University, Vatican City; the Saudi Foreign Ministry, Geneva, Switzerland; and Paris, France (2019).

His works have been acquired by institutions such as the British Royal Palace, London, United Kingdom, the Institute of Public Administration, and King Khalid International Airport, Riyadh, Saudi Arabia.

ISSA SAQER

(b. 1940, Kuwait City, Kuwait – d. 2000, Kuwait City, Kuwait)

Born in 1940, Issa Saqer was a pioneering sculptor and painter whose work played a formative role in shaping Kuwaiti art. He studied at the Faculty of Fine Arts in Cairo, Egypt (1962–1966), where he was mentored by acclaimed Egyptian sculptor Gamal Elsagini. In 1981, he pursued further training in bronze casting at the Johnson Atelier Technical Institute of Sculpture in New Jersey, United States. Saqer was among the earliest members of the Free Art Atelier (1960), an institution instrumental in nurturing local artistic talent, and later became a founding member of the Kuwait Formative Art Society, contributing

نال الجائزة الأولى للنحت في بينالي الشارقة الدولي للفنون عامي 1999 و2001. ودخلت أعماله ضمن العديد من المجموعات الفنية المرموقة، من أبرزها متحف سولومون غوغنهايم بنيويورك، الولايات المتحدة؛ مؤسسة الشارقة للفنون، الإمارات العربية المتحدة؛ متحف الشارقة للفنون، الإمارات العربية المتحدة؛ مجموعة فن جميل بدبي، الإمارات العربية المتحدة؛ مؤسسة بارجيل للفنون بالشارقة، الإمارات العربية المتحدة؛ المتحف العربي للفن الحديث بالدوحة، قطر؛ والمتحف البريطاني بلندن، المملكة المتحدة.

محمد السليم

(مواليد 1939، مرات ، المملكة العربية السعودية – توفي عام 1997، براتو، إيطاليا)

لعب محمد السليم دورًا محوريًا في تطوير المشهد الفني في المملكة العربية السعودية من خلال رؤيته الفنية المتميزة وتفانيه في تعليم الفنون. وُلد في محافظة مرات، وكان من أوائل الفنانين السعوديين الذين تلقّوا تدريبًا أكاديميًا خارج المملكة، حيث التحق بأكاديمية الفنون الجميلة في فلورنسا بإيطاليا، ونال منها دبلومًا في الفنون والديكور عام 1973.

أسس عام 1979 دار الفنون السعودية، التي كانت منصة رائدة استقطبت الفنانين السعوديين والعالميين، ووفرت موادَّ فنية مجانًا للطلاب على أن يسددوا تكلفتها بعد بيع أعمالهم. وفي العام التالي، أطلق صالة عرض مستقلة تابعة للغاليري الدولي، نظّم فيها اثني عشر معرضًا فرديًا وجماعيًا بدعم من جهات راعية من القطاعين العام والخاص.

كان لفترة إقامته في فلورنسا أثرٌ عميق على تطوره الفني، إذ استلهم منها تنوّع التقنيات والأساليب التي مزجت بين التجريدية الحداثية وتراث المنطقة. وفي بداياته، استكشف الضوء والظل والمناظر الطبيعية الصحراوية، مستخدمًا ألوانًا أحادية وضربات فرشاة كتلية. ثم طوّر لاحقًا أسلوبًا خاصًا أطلق عليه «الأفقية»، يعتمد على تراكيب أفقية تستحضر مشاهد الصحراء السعودية عبر دمج شاعري بين التجريد والتصوير. أدخل الخط العربي في خطوط الأفق، مازجًا الرمزية الثقافية بالتجريد الحداثي، فجاءت أعماله بأشكال متدفقة وتدرجات لونية دقيقة تعكس هوية المملكة المتغيرة وصلتها العميقة بأرضها.

بدأت مسيرته الفنية بأربعة معارض في المملكة العربية السعودية بين عامي 1967 و1968. وبحلول عام 1990، كان قد أقام أكثر من سبعة وثلاثين معرضًا فرديًا في أنحاء المملكة العربية السعودية وإيطاليا ومصر. عُرضت أعماله بعد وفاته في معارض مثل معرض «حداثة خليجية: رواد وجماعات فنية في شبه الجزيرة العربية»، في رواق الفن في جامعة أبوظبي،أبو ظبي، الإمارات العربية المتحدة (2022)؛ وبينالي الدرعية، المملكة العربية السعودية (2021)؛ ومعرض «تلك الوثبة المحمومة إلى شراسة الحياة»، دبي، الإمارات العربية المتحدة (2018)؛ ومعرض «الطليعة»، حافظ غاليري، جدة ، المملكة العربية السعودية (2014).

تم تكريمه من قبل معهد مسك للفنون باعتباره من كبار رواد الفن السعودي (2018) و دخلت أعماله ضمن عدد من المجموعات الفنية المهمة، سواء الخاصة أو الحكومية أو المؤسسية، من أبرزها: مؤسسة بارجيل للفنون بالشارقة في الإمارات العربية المتحدة، ووزارة الخارجية السعودية بالرياض، والمتحف العربي للفن الحديث بالدوحة، والمتحف الوطني الأردني للفنون الجميلة بعمّان. وفي عام 2018، أعادت ابنته نجلاء السليم إحياء دار الفنون السعودية، مواصِلةً رؤيته في دعم الأجيال الجديدة من الفنانين السعوديين.

محمد سيام

(مواليد 1954، المدينة المنورة، المملكة العربية السعودية – توفي عام 2011، المدينة المنورة، المملكة العربية السعودية)

تلقّى محمد سيام جزءًا من تعليمه في المدينة المنورة، ثم حصل عام 1973 على دبلوم من معهد التربية الفنية في الرياض. وبعد عودته، عمل مدرسًا للفن في مسقط رأسه. وفي عام 1981، شارك في تأسيس جماعة فناني المدينة المنورة التشكيليين، التي لعبت دورًا محوريًا في تنشيط الحركة الفنية في المدينة المنورة وتعزيز حضورها الثقافي.

significantly to the country's growing cultural landscape.

Saqer's practice was rooted in philosophical inquiry and cultural memory. Working primarily in bronze, clay, and wood, his sculptures depicted stylized human figures—often women—as symbols of resilience, motherhood, and tradition. His formal language merged modernist abstraction with deeply embedded cultural narratives, drawing on Kuwaiti heritage to explore broader themes of identity and social transformation. His work is distinguished by its tactile surfaces, monumental presence, and quiet emotional intensity. Beyond the studio, Saqer was an influential figure in arts advocacy, playing a key role in elevating sculpture within the region and mentoring younger artists within Kuwait's evolving cultural scene.

His exhibitions began with a solo show in 1967, presenting works that explored existential and philosophical themes. A second solo exhibition in 1976 extended these ideas through depictions of human figures grounded in Kuwaiti heritage. Saqer participated in numerous group exhibitions with the Kuwait Plastic Art Society in 1972, 1974, and 1975, where he was awarded multiple gold medals. In 1975, he received the Golden Sail Award at the *Kuwait Exhibition for Arab Artists*, Kuwait City, Kuwait affirming his place in the regional art scene. His international presence included attending sculptors' conferences in Canada and Spain and representing Kuwait at the *GCC Cultural Week* in Japan. Saqer's legacy is preserved in several public collections such as Barjeel Art Foundation, Sharjah, United Arab Emirates, and the Jordan National Gallery of Fine Arts, Amman, Jordan.

FAISAL SAMRA

(b. 1955, Manama, Bahrain)

Faisal Samra is a Saudi multimedia artist who weaves various media, including digital photography, painting, sculpture, video, and performance, to explore existentialist themes. He earned a bachelor's degree from l'École nationale supérieure des Beaux-Arts in Paris, France in 1980. That same year, he became a stage designer for Saudi TV, and he soon went on to work as the senior graphic designer at Arabian Bechtel Co. in Jubail, Saudi Arabia. After this, he worked part-time with the Saudi Ministry of Youth Welfare as the General Supervisor of the Fine Arts Department in the Eastern Region of Saudi Arabia until 1983. He then founded an interior design company in Dammam, but shortly thereafter, he moved to France, where he worked as a consultant in the fine arts and graphics division at the Institut du monde arabe. Following this, he established the Islamic & Artisan Design Company, which operated in both Morocco and Saudi Arabia, and in 1995, he also founded the Vision Gallery in Manama, Bahrain, providing a platform for emerging artists in the region.

Since the mid-1980s, Samra has challenged the boundaries of media, meticulously approaching his art via experimentation and research. Over the years, his oeuvre has evolved, as he has delved into concepts of spontaneity, dynamism, and secrecy.

Samra's work has been exhibited locally and internationally. Select group exhibitions include *The Silent Age of Singularity*, Misk Art Institute, Riyadh, Saudi Arabia (2024); the Diriyah Biennale, Saudi Arabia (2021); *Imprint*, Misk Art Institute, Riyadh, Saudi Arabia (2020); *Bienalsur*, Buenos Aires, Argentina (2019); *21,39 Jeddah Arts*, Saudi Art Council, Saudi Arabia (2019); the Cairo Biennale, Egypt (2018); *Borderland*, Low Gallery, San Diego, United States (2016); *Edition #1*, Edge of Arabia Gallery, London, United Kingdom (2013); *#COMETOGETHER*, Edge of Arabia, Old Truman Brewery London, United Kingdom (2012); the 6th Berlin Biennale, Germany (2010); and *Word Into Art: Artists of the Modern Middle East*, The British Museum, London, United Kingdom (2006) among others. During his career, the artist has held more than forty solo exhibitions, including the Alexandria Biennale, Egypt (2019); *Global Warming*, Bin Matar House, Muharraq, Bahrain (2015); *Shanty*, Galerie HD, Casablanca, Morocco (2012); *Distorted Reality III*,

تمحـورت ممارسـته الفنيـة حـول تجسـيد روح المدينـة المنـورة، مسـتلهمًا مـن عمارتهـا التقليديـة وتقاليدهـا الاجتماعيـة ومعالمهـا الدينية. وثّق مشـاهد مـن طفولتـه وبيئتـه المحليـة فـي بداياتـه، جامعًـا بين الذاكـرة والرصـد الحي، ثم تطوّر أسـلوبه إلـى لغة بصرية نابضـة بالحركة، متأثـرة بالتكعيبيـة والتجريدية الحداثية. واسـتخدم خامـات متعـددة مثـل الباسـتيل والوسـائط المختلفـة، وامتازت أعمالـه بألوانها الصارخـة، وتكويناتها المتقطعـة، وإيقاعهـا النابض، معبّرةً عـن تعلقه العميق بمسـقط رأسـه ونسـيجه الثقافي.

شـارك فـي المعـارض التـي نظمتهـا جماعـة فناني المدينـة المنورة التشـكيليين داخل المملكـة وخارجها، بما فـي ذلك قطـر والبحرين ومصـر ولبنان، كما عـرض أعماله ضمـن فعاليـات الرئاسـة العامة لرعايـة الشـباب. ومن أبرز المعارض الجماعية التي شـارك فيهـا: مهرجان المحبة في اللاذقية، سوريا (1996)؛ المعرض الدوري الأول لفناني دول مجلـس التعاون الخليجـي في الريـاض (1989)؛ المعرض الثالـث لفنانـي المدينة المنـورة (1986)؛ معـرض الكويت السـابع للفنانيـن العـرب (1981)؛ ومعارض كبـار الفنانين السـعوديين فـي الريـاض (1979). وأقام معرضـه الفردي الأول فـي المدينـة المنـورة عـام 1991، وفـي عـام 2011، خُصّص له معرض تكريمي بعد وفاته في المركز السـعودي للفنون التشـكيلية، ضـم أربعين من أحـدث أعماله.

حـاز علـى عـدة جوائـز، منهـا المركـز الثانـي فـي المعرض السـعودي الحادي عشر للفن المعاصر (1993)، والمركـز الثالـث فـي المعـرض السـعودي التاسـع للفـن المعاصر (1989). واقتُنيت أعمالـه من قبل مطار الملك عبدالعزيـز الدولـي بجـدة، ومطـار الملـك خالـد الدولي بالرياض، ومؤسسـة المنصورية بجدة، والمتحف الوطني الأردنـي للفنـون الجميلـة بعمّـان، ومتحـف البحريـن الوطنـي بالمنامة.

محمد كاظم

(مواليد 1969، دبي، الإمارات العربية المتحدة)

يُعـد محمـد كاظم من الشـخصيات البارزة في المشـهد الفنـي المعاصـر في الإمـارات العربية المتحـدة، ويُعرف بمزجـه بيـن العناصـر المفاهيميـة والتجريبيـة فـي ممارسـته الفنية. نشـأ اهتمامه بالفن الصوتي والممارسة المفاهيمية خلال دراسـته فـي جمعية الإمـارات للفنون التشـكيلية بالشـارقة، ومعهـد الرايـات للموسـيقى، قبـل أن يُكمل دراسـته لاحقًـا بحصوله على درجة الماجسـتير فـي الفنون التشـكيلية مـن جامعة الفنون فـي فيلادلفيا عـام 2012. وبصفته عضـوًا في مبادرة «البيـت الطائر»، سـاهم بشـكل فاعل في الترويج للفن الإماراتـي المعاصر علـى السـاحة العالمية. وفي بدايات مسـيرته، كان عضوًا نشـطًا في جمعية الإمـارات للفنـون التشـكيلية، ويُعرف كأحـد «الخمسـة»، وهـي مجموعـة غيـر رسـمية مـن الفنانيـن الإماراتييـن المفاهيمييـن، ضمّـت إلـى جانبـه كلًا مـن حسـن شـريف وعبـدالله السـعدي ومحمـد أحمـد إبراهيـم وحسـين شـريف، وكان لهـا دور ريـادي فـي التأسـيس للممارسـة الفنيـة المفاهيميـة متعـددة التخصصـات فـي المنطقة.

يعتمد فـي ممارسـته الفنية على الفيديـو والتصوير الفوتوغرافـي وفـن الأداء، مستكشـفًا مـن خلالهـا طرائق مبتكـرة لفهـم محيطـه وتفسـيره. وتـؤدي خلفيتـه الموسـيقية دورًا محوريًـا في تشـكيل هذا النهج، لا سـيّما في محاولاته لمنح الصوت والضوء حضورًا ماديًا ملموسًـا في العمـل الفنـي. ومن خلال إدمـاج حضوره الشـخصي فـي أعمالـه، يتفاعل كاظم مـع المكان والخامـات والقوى الطبيعيـة، فـي سـعيه إلـى التعبير عـن منظورٍ شـخصي يعكس التحوّلات العميقة والمتسـارعة التي شهدتها دولة الإمـارات منذ تأسيسـها.

فـي السـنوات الأخيـرة، شـارك كاظـم فـي العديـد مـن المعـارض الجماعيـة، مـن أبرزهـا «حداثـة خليجيـة: رواد ومجموعـات فنيـة فـي شـبه الجزيـرة العربيـة» فـي رواق الفـن بجامعـة نيويـورك أبوظبـي، الإمـارات العربية المتحـدة (2022)؛ «الأيـادي الصامتـة» فـي حـي جميل بجـدة، المملكـة العربيـة السـعودية (2022)؛ «الفـن المفاهيمـي فـي الخليـج: مـن الثمانينيـات إلـى الآن» في جامعـة نيويـورك أبوظبـي، الإمـارات العربيـة المتحـدة (2020)؛ «1980 - اليـوم: حول المعـارض في الإمارات» في بينالي البندقية السـادس والخمسين، البندقية، إيطاليا (2015)؛ بينالـي الشـارقة، الإمـارات العربيـة المتحـدة (2015، 2005، 2003، 2001، 1999، 1997، 1995، 1993)؛ بينالـي البندقيـة، الجنـاح الوطنـي الإماراتـي،

Galerie Nathalie Obadia, Paris, France (2009); *Other Body 2*, Green Art Gallery, Dubai, United Arab Emirates (2005); Icon, Masafa Gallery, Kuwait (1998); and *Acte Nomade*, Galerie Étienne Dinet, Paris, France (1989).

His works are held in numerous private and public collections, including those of The British Museum, London, United Kingdom; the Institut du monde arabe, Paris, France; the Jameel Arts Center, Dubai, United Arab Emirates; the Al-Mansouria Foundation, Jeddah, Saudi Arabia; the Khalid Shoman Foundation, Amman, Jordan; Mathaf: Arab Museum of Modern Art, Doha, Qatar; the King Abdulaziz Center for World Culture (Ithra), Dhahran, Saudi Arabia; and the Saudi Ministry of Culture, Riyadh, Saudi Arabia. In 2018, Samra was honored by Misk Art Institute, as a pioneer in Saudi arts.

FOUAD MUGHARBEL

(b. 1951, Madinah, Saudi Arabia)

Fouad Mugharbel, born in Madinah in 1951, is a renowned Saudi artist whose evocative paintings vividly honor and celebrate cultural heritage and folklore. His artistic journey began with a diploma from the Institute of Art Education in Riyadh (1969), followed by a scholarship to study art education at Helwan University in Egypt (1978). He continued his studies, earning a master's degree in art education from the University of New Mexico, United States in 1984 and a PhD in art education from the University of Hull in the United Kingdom in 2000. In 1980, Mugharbel co-founded the Madinah Artists Group and in 1985, the Friends of the Fine Arts group. He also served as the head of the Fine Arts Committee at the Society of Culture and Arts in Madinah from 1987 to 2005, later becoming director of activities and branch director. His roles included serving as a cultural supervisor at the Saudi Cultural Attaché in Italy from 2009 to 2015, and as part-time associate professor at Taibah University from 2015 to 2018.

Fouad Mugharbel's early paintings reflect a deep connection to his surroundings in Madinah, focusing particularly on architectural and social aspects. His work evolved from detailed, realistic depictions to more abstract forms influenced by cubism, which allowed him to translate elements into geometric spaces. Mugharbel captured scenes such as traditional trades and local markets, and he approached these subjects with a formal precision that suggests a strong sense of structure and spatial organization. His paintings often resemble mosaic pieces or geometric abstractions, reminiscent of Islamic art, using vibrant colors to evoke light and shadow. This geometric vision also informed his work in ceramics, as seen in a large public mural he created in Madinah.

Mugharbel began exhibiting his work in 1965 at Summer Center Exhibitions in Madinah and the Institute of Art Education in Riyadh. He participated extensively in local and international exhibitions, held at the University of Hull, Kingston upon Hull, United Kingdom (1998); the Faculty of Applied Arts, Cairo, Egypt (1996); the University of New Mexico, New Mexico, United States (1983); and the World Canadian Expo, Montreal, Canada (1973). His international participations include exhibitions for the fifteenth Asian Olympic Games in Doha, Qatar (2006), and *Saudi Cultural Week* in Cairo, Turkey, and Uzbekistan. Mugharbel held solo exhibitions in Jeddah, Madinah, the United States, the United Kingdom, Egypt, and Italy, and exhibited with fellow artists like Taha Alsabban (1990) and Ahmed Felemban (2012).

Mugharbel received first prize at the *Ninth General Exhibition* of the General Presidency of Youth Welfare (1989) and authored four books, including *Taiba in the Eyes of a Visual Artist* (1989). In 2018, he was honored by Misk Art Institute as a pioneer in Saudi arts. His works are held in several collections such as the Jordan National Gallery of Fine Arts, Amman, Jordan.

إيطاليا (2013)؛ «المعتقد» في بينالي سنغافورة الأول، سنغافورة (2006)؛ «جمعية الإمارات للفنون التشكيلية في الاتحاد السوفييتي»، موسكو، الاتحاد السوفييتي (1990)؛ والمعارض السنوية لجمعية الإمارات للفنون التشكيلية، الإمارات العربية المتحدة (منذ عام 1986). أقام كاظم معارض فردية في جامعة الفنون بفيلادلفيا (2012)، ومركز مرايا للفنون بالشارقة (2013)، وغيرها.

دخلت أعماله ضمن مجموعات فنية مرموقة، من أبرزها المتحف البريطاني بلندن، المملكة المتحدة؛ غوغنهايم أبوظبي ونيويورك؛ المتحف العربي للفن الحديث بالدوحة، قطر؛ مؤسسة الشارقة للفنون، الإمارات العربية المتحدة؛ مؤسسة بارجيل للفنون بالشارقة، الإمارات العربية المتحدة؛ مؤسسة وهبي كوتش بإسطنبول، تركيا؛ مركز الملك عبد العزيز الثقافي العالمي بالظهران، المملكة العربية السعودية.

محمد يوسف

(مواليد 1953، الشارقة، الإمارات العربية المتحدة)

نحاتٌ وفنان تركيبي إماراتي بارز، وقيادي ثقافي مرموق، تمتد مسيرته المهنية لأكثر من خمسة عقود. نشأت علاقته بالبيئة الطبيعية منذ صغره، لتصبح لاحقًا محورًا جوهريًا في ممارساته الفنية. يُعد من المؤسسين الأوائل لجمعية الإمارات للفنون التشكيلية (1979)، كما ساهم بدور محوري في تأسيس مسرح الشارقة الوطني، واضعًا بصمته على ملامح المشهد الفني المعاصر في دولة الإمارات العربية المتحدة في بداياته. نال درجة الدكتوراه في الفنون التشكيلية، ويشغل حاليًا منصب أستاذ مساعد في كلية الفنون الجميلة والتصميم بجامعة الشارقة، حيث يواصل توجيه وتشكيل الجيل الجديد من الفنانين الإماراتيين.

بعد تخرجه من كلية الفنون الجميلة في القاهرة عام 1978، بدأ محمد يوسف بتجربة خامات متعددة، مستكشفًا العلاقات الرمزية بين الحركة والسكون من خلال أشكاله النحتية. وخلال الثمانينيات والتسعينيات، اتجه إلى استخدام المواد الطبيعية مثل سعف النخيل والخشب والأشياء المعثور عليها، ليُنشئ بذلك روابط شاعرية بين جوهر المادة والمكان والسرديات الثقافية لدولة الإمارات العربية المتحدة.

وبحلول العقد الأول من القرن الحادي والعشرين، اكتسب نهجه المفاهيمي شهرةً دولية، حيث راح يستكشف التمثيلات التجريدية للعلاقة بين الإنسان والبيئة. ومثّلت مشاركته في بينالي البندقية عامي 2015 و2017 محطةً بارزة في مسيرته، إذ عكست أعماله التركيبية تفاعلًا حيًا بين الممارسات الفنية المعاصرة والهوية الثقافية الإماراتية في تحولاتها المستمرة.

عُرضت أعماله محليًا ودوليًا، وتشمل معارضه الجماعية البارزة «العزاء في التربة» في إيفي غاليري بدبي، الإمارات العربية المتحدة (2024)؛ «حول المعارض في الإمارات» في الجناح الوطني لدولة الإمارات العربية المتحدة ببينالي البندقية السادس والخمسين في البندقية، إيطاليا (2015)؛ «حجرة، ورقة، مقص: ممارسات اللعب والأداء» في بينالي البندقية السابع والخمسين في البندقية، إيطاليا (2017)؛ «لغة الصحراء» في متحف الفنون في بون، ألمانيا (2005)؛ بينالي نيودلهي الخامس في الهند (1982). كما شارك في بينالي بنغلاديش عام 2004، حيث حصل على الجائزة الذهبية الأولى. وتشمل معارضه الفردية «الخروج إلى الداخل» (2003) في مقر إقامته في الشارقة، الإمارات العربية المتحدة. ودخلت أعماله ضمن مجموعات فنية منها مؤسسة الشارقة للفنون بالشارقة، الإمارات العربية المتحدة، ومؤسسة بارجيل للفنون بالشارقة، الإمارات العربية المتحدة.

مريم الحمادي

(مواليد 1961، الدوحة، قطر)

تُعد مريم الحمادي من أوائل الفنانات الفاعلات في المشهد الفني القطري. تابعت دراستها في كلية العلوم بالدوحة وتخرّجت عام 1982، ثم نالت درجة الماجستير في العلوم من جامعة عين شمس بالقاهرة. وإلى جانب مسيرتها الأكاديمية، حرصت على تنمية موهبتها الفنية من خلال مشاركتها النشطة في المرسم الحر بقطر، كما تلقّت تدريبًا فنيًا إضافيًا في جامعة قطر وجامعة حلوان أثناء إقامتها في مصر. وكانت كذلك عضوًا في الجمعية القطرية للفنون التشكيلية.

تتناول في أعمالها موضوعات التراث الثقافي، مسلّطةً الضوء على التقاليد والعادات المحلية من منظور

MOHAMED AHMED IBRAHIM

(b. 1962, Khor Fakkan, United Arab Emirates)

Mohamed Ahmed Ibrahim is a pioneering Emirati conceptual artist and a leading figure among the first generation of contemporary artists in United Arab Emirates. Ibrahim studied psychology at Al Ain University, graduating in 1986, and further developed his art practice through workshops organized by the Emirates Fine Arts Society, which he joined that same year. He later participated in international artist residencies in Switzerland and Scotland. In 1997, he established the Art Atelier at the Khorfakkan Art Center under the Department of Culture & Information in Sharjah, reinforcing his commitment to nurturing the local art scene.

Ibrahim's practice includes installations, drawings, and objects that revolve around organic forms, natural materials, such as sand, rocks, and clay, and a personal visual language marked by repetition, abstraction, and mark-making. Whether in his installations or drawings, he explores the rhythms and textures of his environment, often creating hand-made objects that resemble archaeological remnants, primitive tools, or fragments of the landscape itself. His works on paper reveal his own form of language—inscriptions, lines, and abstract forms that are reminiscent of ancient cave drawings—marking time and memory through meditative repetition.

Ibrahim has exhibited extensively both regionally and internationally. Notable group exhibitions include *A Return to the Ground*, Tokyo, Japan (2023); *In the Heart of Another Country*, Sharjah Art Foundation, Sharjah, United Arab Emirates (2023); *Khaleej Modern: Pioneers and Collectives in the Arabian Peninsula*, NYU Abu Dhabi Art Gallery, Abu Dhabi, United Arab Emirates (2022); *Desert X*, AlUla, Saudi Arabia (2022); *Portrait of a Nation*, Berlin, Germany (2017); UAE Pavilion at the Venice Biennale, Italy (2022); Sharjah Biennial, United Arab Emirates (2007, 2001, 1999); and *UAE Contemporary Art*, Institut du Monde Arabe, Paris, France (1998).

He received first prize for Sculpture at the Sharjah Biennial in 2001 and 1999. His works are held in numerous collections, including Solomon R. Guggenheim Museum, New York, United States; Sharjah Art Foundation, United Arab Emirates; Sharjah Art Museum, Sharjah, United Arab Emirates; Art Jameel Collection, Dubai, United Arab Emirates; Barjeel Art Foundation, Sharjah, United Arab Emirates; Mathaf: Arab Museum of Modern Art, Doha, Qatar; and the British Museum, London, United Kingdom; amongst others.

MOHAMMED ALSALEEM

(b. 1939, Al Marat, Saudi Arabia – d. 1997, Prato, Italy)

Mohammed Alsaleem, born in Al Marat Province in 1939, played a crucial role in the development of Saudi Arabia's art scene through his distinctive artistic vision and dedication to arts education. He was among the first Saudi artists to pursue formal training abroad, studying at the Academy of Fine Arts in Florence, Italy, where he earned a diploma in arts and decor in 1973. In 1979, Alsaleem founded Dar Al Funoon Al Sa'udiyyah (The Saudi Art House), a pioneering platform that gathered Saudi and international artists and provided free materials to students who could pay back costs after selling their work. The following year, he established an independent art gallery under the International Gallery, hosting twelve solo and group exhibitions, supported by private and public sponsors.

Alsaleem's time in Florence significantly influenced his artistic development, inspiring his experimentation with a variety of techniques and styles that bridged modernist abstraction and regional heritage. His early works were characterized by explorations of light, shadow, and desert landscapes, often rendered with monochromatic tones and block-like brushstrokes. Over time, he

شخصي. وتستخدم الألوان الزيتية والباستيل بأسلوب يمزج بين الانطباعية والواقعية، مستحضرةً النباتات المحلية، ما يعكس فضولها العلمي وخلفيتها الأكاديمية في مجال علم الأحياء. تتعمق لوحاتها في استكشاف طبقات اللون، وتمزج بين تقنيات الفن المعاصر وروحها المرتبطة بجذورها، مستلهمةً من الثقافة القطرية والتراث البحري التقليدي الذي يعود إلى ذكريات طفولتها.

كانت من أوائل الفنانات القطريات اللواتي عرضن أعمالهن الفنية، حيث شاركت في العديد من المعارض المحلية والدولية التي نظمها المرسم الحر بين عامي 1982 و1986. كما رافقت الشيخ خليفة آل ثاني في عدد من زياراته الرسمية الخارجية. وقد أقامت أول معرض فردي لها بعنوان «إلى قطر مع الحب» في القاهرة عام 1984.

حصلت على جوائز من المرسم الحر بقطر عام 1985. ودخلت أعمالها ضمن العديد من المجموعات الفنية الخاصة والعامة، من أبرزها مؤسسة بارجيل للفنون بالشارقة، ومجموعات أخرى في الكويت والأردن وألمانيا ودبي والدوحة ومصر وعُمان.

مريم الزدجالية

(مواليد 1964، البحرين)

مريم الزدجالية فنانة عمانية من الرائدات في المشهد الفني العُماني. درست في المعهد العالي للمعلمين بمسقط، وتلقت تدريبًا فنيًا إضافيًا في مرسم الشباب، والجمعية العُمانية للفنون التشكيلية، والنادي الثقافي. وجّهها شغفها المبكر بالتراث والتعبير الثقافي نحو الفن بوصفه وسيلة للتوثيق الاجتماعي. بدأت بعرض أعمالها في أوائل الثمانينيات، وسرعان ما نالت شهرة واسعة بفضل تصويرها المعمّق للعمارة التقليدية، وأدوار المرأة، والحياة اليومية. وإلى جانب ممارستها الفنية، ساهمت في الحياة الثقافية في عُمان بصفتها معلّمة فنون، وصحافية، ومدافعة عن التراث، كما نشرت مقالات نقدية في الصحافة المحلية، وقادت عددًا من المبادرات الفنية المجتمعية.

تطوّرت ممارستها الفنية من الألوان المائية ذات الطابع الواقعي إلى التجريدات النابضة بالحيوية، دون أن تتخلى عن انشغالها بموضوعات الذاكرة والمكان. فلوحاتها الأولى تصوّر منازل عُمانية تقليدية، ومشاهد من الأسواق، ونساء ريفيات أثناء العمل، وتُبرز تفاصيل معمارية وحياتية دقيقة، ما يجعل منها وثائق بصرية تسجّل تحوّلات المجتمع العُماني في أعقاب الطفرة النفطية. ومع مرور الزمن، تحوّل أسلوبها إلى تعبير بصري أكثر رمزية وكثافة لونية، تمزج فيه بين التجريد والزخرفة والنقوش، مستكشفةً مفاهيم الهوية والأنوثة والذاكرة الجمعية. وتتكوّن أعمالها التجريدية من طبقات زخرفية تستلهم من مداخل البيوت والتطاريز والخطوط، لتجسّدها في تكوينات هندسية وعضوية تذيب الحدود بين الحِرفة الشعبية والتجريب البصري المعاصر، ما يكشف عن قدرتها على وصل التراث بالابتكار.

عُرضت أعمالها في سلطنة عُمان ومختلف أنحاء الخليج منذ ثمانينيات القرن الماضي، وشاركت في معارض فنية أُقيمت في البحرين ومصر وفرنسا والهند والمغرب وتونس والإمارات، إضافة إلى مشاركاتها في معارض فنانات الخليج، وتمثيلها السلطنة في بينالي القاهرة وبينالي الشارقة. وقد حظيت مساهماتها في تطوير الفن العُماني بتقدير واسع من قبل وزارة التراث والثقافة، والجمعية العُمانية للفنون التشكيلية، ومهرجان مسقط، حيث كُرّمت مرارًا لدورها الريادي. دخلت أعمالها ضمن مجموعات عامة وخاصة مرموقة في عُمان، من بينها المتحف الوطني العُماني ومتحف بيت الزبير.

منى صلاح الدين المنجد

(مواليد 1959)

الدكتورة منى المنجد فنانةٌ وكاتبة وعالمة اجتماع سعودية. حصلت على درجة الماجستير في علم الاجتماع من جامعة نيويورك (1983)، ثم نالت دكتوراه في التخصص نفسه من جامعة جورج واشنطن (1991). وهي تُعدّ من الرائدات في العالم العربي في مجال الرسم على المنسوجات والحرير، وقد صقلت هذا التوجه الفني بدراستها المتخصصة في محترف أوتيلارد بباريس. بدأت رحلتها الفنية قبل أربعة عقود، متنقلةً

developed a signature style he termed "horizonism" or, in Arabic, "al afakia"—horizontal compositions that depicted the Saudi desert through a lyrical fusion of abstract and figurative elements. His paintings often integrated Arabic calligraphy into desert horizon lines, blending cultural symbolism with modernist abstraction. Through his flowing forms and subtle color gradations, Alsaleem's works captured the evolving identity of Saudi Arabia and its deep ties to the land.

Alsaleem's career began with four exhibitions in Saudi Arabia between 1967 and 1968. By 1990, Alsaleem had held over thirty-seven solo exhibitions across Saudi Arabia, Italy, and Egypt. His work has been shown posthumously in several exhibitions such as *Khaleej Modern: Pioneers and Collectives in the Arabian Peninsula*, Abu Dhabi, United Arab Emirates (2022); the Diriyah Biennale, Diriyah, Saudi Arabia (2021); *That Feverish Leap into the Fierceness of Life*, Dubai, United Arab Emirates (2018); and *Al Taliaa*, Hafez Gallery, Jeddah, Saudi Arabia (2014).

In 2018, he was honored by Misk Art Institute as a pioneer in Saudi arts. Alsaleem's works are part of numerous private and institutional collections, such as the Barjeel Art Foundation, Sharjah, United Arab Emirates; the Ministry of Foreign Affairs, Riyadh, Saudi Arabia; Mathaf: Arab Museum of Modern Art, Doha, Qatar; and the Jordan National Gallery of Fine Arts, Amman, Jordan. In 2018, his daughter Najla Alsaleem revived his legacy by reactivating The Saudi Art House, ensuring the continuation of his vision for nurturing future generations of Saudi artists.

MOHAMMED SIAM

(b. 1954, Madinah, Saudi Arabia – d. 2011, Madinah, Saudi Arabia)

Mohammed Siam was born in Madinah, Saudi Arabia, in 1954. He completed his intermediate education locally before earning a diploma from the Institute of Art Education in Riyadh in 1973. After graduating, he returned to Madinah, where he worked as an art teacher. In 1981, Siam co-founded the Madinah Arts Group, a key collective that shaped the development of the art scene in the city.

Siam's artistic practice focused on capturing the spirit of Madinah, drawing inspiration from the city's architecture, social customs, and religious monuments. His early work documented scenes from his childhood and traditional life, blending memory and observation. Over time, Siam's style evolved into a dynamic and recognizable visual language, influenced by cubism and modernist abstraction. He experimented with several media, including pastels and mixed media, and his compositions featured bold color palettes, rhythmic fragmentation, and a strong emphasis on movement. His art consistently reflected his deep attachment to his hometown and its cultural fabric.

Siam participated actively with the Madinah Arts Group in exhibitions across Saudi Arabia, Qatar, Bahrain, Egypt, and Lebanon, and showed work in events hosted by the General Presidency of Youth Welfare. Significant group exhibitions include the Mahabba Festival, Lattakia, Syria (1996); the *First Formative Arts Periodic Exhibition for GCC Artists*, Riyadh, Saudi Arabia (1989); the *Third Exhibition of Medina Artists*, Madinah, Saudi Arabia (1986); the *Kuwait Exhibition for Arab Artists*, Kuwait City, Kuwait (1981); and the *Great Saudi Artists Exhibitions*, Riyadh, Saudi Arabia (1979). He held his first solo exhibition in 1991 in Madinah and in 2011, a posthumous exhibition of forty of his latest works was presented at the Saudi Center for Fine Arts, Jeddah.

Siam received multiple awards, including second place at the *Eleventh Saudi Contemporary Art Exhibition* (1993) and third place at the *Ninth Saudi Contemporary Art Exhibition* (1989). In 2018, he was honored by Misk Art Institute as a pioneer in Saudi arts. His works have been acquired by King Abdulaziz International Airport, Jeddah, Saudi Arabia; King Khalid International Airport, Riyadh, Saudi Arabia; Al-Mansouria Foundation, Jeddah,

بين الرسم والأداء الفني في معارض فردية وجماعية احتضنتها مدن كبرى مثل باريس والقاهرة وبيروت وجدة والرياض. وتشمل معارضها الفردية معرضين في مقر السفارة النمساوية بالرياض (2022، 2020)؛ وآخرين في مقر السفارة الفرنسية بالرياض (2019، 2014)؛ بالإضافة إلى معارض في مقر سوليدير ببيروت (2001)، والأكاديمية المصرية للفنون بروما (1992)، ومقر صندوق النقد الدولي بواشنطن العاصمة (1989)، وروشان غاليري بجدة (1986).

و هي تمزج في لوحاتها بين التعبيرية والانطباعية؛ وتتميز بخطوطها الجريئة، وحسها الحركي الديناميكي، وألوانها الغنية النابضة بالحياة . وتنبع ممارستها الفنية من جذورها الثقافية المستوحاة من التقاليد العربية والسعودية وتُعيد تشكيلها ضمن مقاربات حديثة. تتسم أعمالها بالدقة والرهافة، وتجمع بين التقنيات المتشابكة والمشاعر القوية من خلال استخدام الألوان الزاهية والتشكيلات الدقيقة.

إلى جانب ممارستها الفنية، أمضت د. منى المنجد خمسة عشر عامًا في العمل على برامج التنمية الاجتماعية مع عدد من وكالات الأمم المتحدة، وعملت مستشارة في قضايا المرأة والأسرة والتنمية في دول الخليج. حصلت على جائزة الأمم المتحدة 21 تقديراً لجودة عملها ومشاريعها. ألّفت العديد من الكتب، من أبرزها «النساء في المملكة العربية السعودية اليوم» (1987)؛ و«معنى وأهمية الأسماء العربية للبنات في العالم العربي» (1987)؛ و«المرأة السعودية تتكلم» (2006)؛ و«المرأة السعودية: احتفالية النجاح» (2015). كما ساهمت بمقالات و ابحاث حول قضايا المرأة والتنمية نُشرت في العديد من الصحف والمجلات في منطقة الخليج، من بينها «عرب نيوز» و«سعودي غازيت» (المملكة العربية السعودية)، ومجلة «أرابيان بيزنس» (الإمارات العربية المتحدة). واختارتها مجلة «أرابيان بيزنس» ضمن قائمة أقوى 100 امرأة عربية في العالم لعدة سنوات متتالية، وضمن قائمة أقوى 100 مفكر عربي في العالم. كما اختارتها مجلة «سي إي أو ميدل إيست» ضمن قائمة أكثر 50 امرأة تأثيرًا في العالم العربي.

الدكتورة منى المنجد فنانةٌ وكاتبة سعودية متخصصة في علم الاجتماع، حصلت على درجة الماجستير في علم الاجتماع من جامعة نيويورك (1983)، ثم نالت دكتوراه في التخصص نفسه من جامعة جورج واشنطن (1991). وهي من الرائدات في العالم العربي في مجال الرسم على المنسوجات والحرير، وقد صقلت هذا التوجه الفني بدراستها المتخصصة في محترَف أوتيلارت بباريس. بدأت رحلتها الفنية قبل أربعة عقود، متنقلةً بين الرسم والأداء الفني في معارض فردية وجماعية احتضنتها مدن كبرى مثل باريس والقاهرة وبيروت وجدة والجبيل والرياض.

تمزج في لوحاتها بين التعبيرية والانطباعية؛ وتتميز بخطوطها الجريئة، وحسها الحركي الديناميكي، وألوانها الغنية، وتنبع ممارستها الفنية من جذورها الثقافية، وتستند إلى التقاليد العربية والسعودية وتُعيد تشكيلها ضمن مقاربات حداثية. تتسم أعمالها بالدقة والرهافة، وتجمع بين التقنيات المعقدة والمشاعر القوية من خلال استخدام الألوان الصارخة والتشكيلات المفصّلة.

وتشمل معارضها الفردية معرضين في مقر السفارة النمساوية بالرياض (2022، 2020)؛ وآخرين في مقر السفارة الفرنسية بالرياض (2019، 2014)؛ بالإضافة إلى معارض في مقر سوليدير ببيروت (2001)، والأكاديمية المصرية للفنون بروما (1992)، ومقر صندوق النقد الدولي بواشنطن العاصمة (1989)، وروشان غاليري بجدة (1986). وقد أمضت خمسة عشر عامًا في العمل على برامج التنمية الاجتماعية إلى جانب ممارستها الفنية، مع عدد من وكالات الأمم المتحدة، وعملت مستشارة في قضايا المرأة والأسرة والتنمية في دول الخليج. كما حصلت على جائزة الأمم المتحدة 21 تقديراً لإخلاصها في عملها ومشاريعها. وألّفت العديد من الكتب، من أبرزها «النساء في المملكة العربية السعودية اليوم» (1987)؛ و«معنى وأهمية الأسماء العربية للبنات في العالم العربي» (1987)؛ و«المرأة السعودية تتكلم» (2006)؛ و«المرأة السعودية: احتفالية النجاح» (2015). وساهمت بمقالات بحثية حول قضايا المرأة والتنمية نُشرت في العديد من الصحف والمجلات في منطقة الخليج، من بينها «عرب نيوز» و«سعودي غازيت» (المملكة العربية السعودية)، ومجلة «أرابيان بيزنس» (الإمارات العربية المتحدة). واختارتها مجلة «أرابيان بيزنس» ضمن قائمة أقوى 100 امرأة عربية في العالم لعدة سنوات متتالية،

Saudi Arabia; the Jordan National Gallery of Fine Arts, Amman, Jordan; and Bahrain National Museum, Manama, Bahrain.

MOHAMMED KAZEM

(b. 1969, Dubai, United Arab Emirates)

Mohammed Kazem, a key figure in the United Arab Emirates' contemporary art scene, is known for integrating conceptual and experimental elements into his work. He developed his interest in sound art and conceptual practice while studying at the Emirates Fine Arts Society in Sharjah and the Al Rayat Music Institute, later pursuing a Master of Fine Arts at the University of the Arts in Philadelphia (2012). As a member of the Flying House initiative, Kazem actively promoted Emirati contemporary art globally. Early in his career, he was a member of the Emirates Fine Arts Society and is acknowledged as one of the "Five," an informal group of Emirati artists—including Hassan Sharif, Abdullah Alsaadi, Mohammed Ahmed Ibrahim, and Hussain Sharif—who were vanguards of conceptual and interdisciplinary art practice.

Kazem's multidisciplinary artistic practice encompasses video, photography, and performance, through which he explores innovative ways of perceiving and interpreting his surroundings. His background in music plays a key role in shaping his approach, particularly in his efforts to give physical form to elements like sound and light. By frequently incorporating his own presence into his work, Kazem engages with place, materials, and natural forces to express a personal perspective that reflects on the profound and rapid transformation of the Emirates since its formation.

In recent years, he has participated in several group exhibitions, including *Khaleej Modern: Pioneers and Collectives in the Arabian Peninsula*, NYU Abu Dhabi Art Gallery, United Arab Emirates (2022), *Silent Hands*, Hayy Jameel, Jeddah, Saudi Arabia (2022); *Conceptual Art in the Gulf: 1980s to Now*, New York University Abu Dhabi, United Arab Emirates (2020); *1980-Today: Exhibitions in the United Arab Emirates*, 56th Venice Biennale, Venice, Italy (2015); the Sharjah Biennial, United Arab Emirates (2015, 2005, 2003, 2001, 1999, 1997, 1995, 1993); the Venice Biennale, UAE Pavilion, Italy (2013); *Belief*, 1st Singapore Biennale, Singapore (2006); the *Emirates Fine Arts Society in the Soviet Union*, Moscow, USSR (1990); and the *Annual Exhibitions of Emirates Fine Arts Society*, United Arab Emirates (since 1986). Kazem has had solo exhibitions at the University of the Arts, Philadelphia (2012), and Maraya Art Center, Sharjah, United Arab Emirates (2013), amongst others.

His works are held in the collections of the British Museum, London, United Kingdom; Guggenheim Abu Dhabi, United Arab Emirates, and New York, United States; Mathaf: Arab Museum of Modern Art, Doha, Qatar; Sharjah Art Foundation, Sharjah, United Arab Emirates; Barjeel Art Foundation, Sharjah United Arab Emirates; Vehbi Koç Foundation, Istanbul, Turkey; King Abdulaziz Center for World Culture, Dhahran, Saudi Arabia, among others.

MOHAMED YOUSIF

(b. 1953, Sharjah, United Arab Emirates)

Mohamed Yousif is a pioneering Emirati sculptor, installation artist, and cultural leader whose career spans over five decades. From an early age, he developed a deep connection to his natural environment, which became central to his artistic practice. A founding member of the Emirates Fine Arts Society in 1979, Yousif also played a key role in establishing the Sharjah National Theater, helping to shape the United Arab Emirates's contemporary art scene during its early years. He earned his doctorate in fine arts and currently serves as an assistant professor at the College of Fine Arts and Design, University of Sharjah, where he continues to mentor new generations of Emirati artists.

وضمن قائمة أقوى 100 مفكر عربي في العالم. كما اختارتها مجلة «سي إي أو ميدل إيست» ضمن قائمة أكثر 50 امرأة تأثيرًا في العالم العربي.

منيرة القاضي

(مواليد 1939، بوني، الهند – توفيت عام 2023، الكويت)

كانت منيرة القاضي فنانة بارزة، اشتهرت بنهجها المبتكر في الفن الطباعي والتجريد. درست في لندن وتخرجت عام 1961 من المدرسة المركزية للفنون والتصميم (المعروفة الآن باسم سنترال سانت مارتينز)، حيث تخصصت في تقنيات الطباعة، وخاصةً الحفر الطباعي، الذي أصبح سمة مميزة في أعمالها. أسّست دراستها وتجربتها المهنية الأولى في المملكة المتحدة لانطلاقتها الدولية ولغتها البصرية التجريبية. في عام 1962، انضمت إلى جماعة الفنانين العرب في لندن. وانتقلت في السبعينيات إلى جزيرة إيبيزا، التي أثّرت تأثيرًا عميقًا في تطورها الفني وظلت مصدر إلهام لها طوال حياتها. ثم أقامت لفترة في بيروت، قبل أن تعود إلى الكويت مع اندلاع الحرب الأهلية اللبنانية عام 1975، واستقرت هناك حتى وفاتها.

طوّرت القاضي على مدار مسيرتها لغة بصرية خاصة ترتكز على التجريد والتجريب في فن الحفر الطباعي، حيث مزجت بين الابتكار الشكلي والزخارف الثقافية، مستلهمةً من التراث المحلي ومن الاتجاهات الحداثية. وسّعت إمكانيات الطباعة الفنية إلى آفاق جديدة من خلال اعتماد خامات غير تقليدية، وملامس متعددة الطبقات، وتكوينات معمارية للمساحات، ما أضفى على أعمالها طابعًا تقنيًا متمكنًا وتعبيريًا متجددًا.

تناولت في بداياتها موضوعات الأسرة والأمومة، معتمدةً على الأدوات المنزلية في أعمالها لترصد ملامح الحياة اليومية من منظور شخصي. ومع تطور ممارستها، اتخذت تركيباتها طابعًا أكثر تجريدًا وعمقًا، متمحورة حول الشخصيات والعلاقات الأسرية. وقد اقتربت اختياراتها الجمالية والتقنية من أساليب الفنانين المعاصرين الذين نشطوا في الهند في الفترة نفسها. وفي أواخر التسعينيات ومطلع الألفية، استعانت بالتقنيات الرقمية لإعادة تشكيل صورها، منتجةً تركيبات متعددة الطبقات طبعتها على القماش.

شاركت في معارض كبرى في أوروبا والشرق الأوسط والولايات المتحدة، محققةً حضورًا دوليًا واسعًا؛ ومن أبرز هذه المعارض «التجريد الخطي» في متحف الفن الحديث بنيويورك (2023)؛ «التبلور: التجريد في العالم العربي بين الخمسينيات والثمانينيات» في متحف ذا بلوك بإلينويز، الولايات المتحدة (2022)؛ «حداثة خليجية» في رواق الفنون بجامعة نيويورك أبوظبي، الإمارات العربية المتحدة (2022). وفي عام 1969، كانت قد شاركت في المعرض الافتتاحي لسلطان غاليري بالكويت، إحدى أوائل صالات الفن المعاصر في المنطقة. وفي عام 1963، عُرضت أعمالها في مركز نيو فيجن بلندن، المملكة المتحدة. وفي بداية مسيرتها الفنية، عُرضت لها أعمال في بير لين غاليري بأكسفورد، المملكة المتحدة (1960، 1959).

دخلت أعمالها ضمن العديد من المجموعات الفنية الدولية الكبرى، من أبرزها متحف فيكتوريا وألبرت بلندن؛ ومتحف الفن الحديث بنيويورك؛ ومؤسسة بارجيل للفنون بالشارقة.

منيرة موصلي

(مواليد 1943، جدة، المملكة العربية السعودية – توفيت عام 2019، جدة، المملكة العربية السعودية)

كانت منيرة موصلي فنانة سعودية ورائدة من رائدات الفن التشكيلي السعودي. تابعت دراستها الجامعية في الخارج، حيث تخرّجت من كلية الفنون الجميلة في القاهرة (1967)، ثم نالت درجة الماجستير في التصميم الغرافيكي من الولايات المتحدة الأمريكية (1979). امتدت مسيرتها المهنية لأكثر من عقدين كأخصائية تصميم منشورات في شركة أرامكو، كما ساهمت بشكل فعّال في الحراك الثقافي من خلال عضويتها في عدد من الهيئات، منها جمعية الثقافة والفنون بالدمام والمجلس الدولي للمرأة في الفن. وفي عام 2007، أسست مهرجان الفن في مدينة الخبر.

Following his graduation from the College of Fine Arts in Cairo in 1978, Yousif began experimenting with a range of materials, exploring the symbolic interplay between motion and stillness through sculptural forms. During the 1980s and into the 1990s, his practice increasingly incorporated natural materials such as palm fronds, wood, and found objects, forging connections between materiality, place, and the cultural narratives of the United Arab Emirates. By the 2000s, Yousif's conceptual approach gained international recognition as he explored abstract representations of human and environmental relationships. His participation in the Venice Biennale in 2015 and 2017 marked a significant period of cross-cultural engagement, where his installations reflected both contemporary artistic practices and the Emirates's evolving cultural identity.

Yousif has exhibited extensively locally and internationally. Notable group exhibitions include *Solace in Soil*, Efie Gallery, Dubai, United Arab Emirates(2024); *1980–Today: Exhibitions in the United Arab Emirates*, the National Pavilion UAE, 56th Venice Biennale, Venice, Italy (2015); *Rock, Paper, Scissors: Positions in Play*, the 57th Venice Biennale, Venice, Italy (2017); *Language of the Desert*, Kunstmuseum Bonn, Bonn, Germany (2005); and the 5th New Delhi Biennale, India (1982). He also participated in the Bangladesh Biennale in 2004, where he received the First Golden Prize. His solo exhibitions include *Exiting In* (2003) at his residence in Sharjah, United Arab Emirates. His works are held in several collections, including the Sharjah Art Foundation, Sharjah, United Arab Emirates, and Barjeel Art Foundation, Sharjah, United Arab Emirates.

MARYAM ALHAMMADI

(b. 1961, Doha, Qatar)

Maryam Alhammadi stands among the first generation of active female artists in Qatari. She pursued her studies at the College of Sciences in Doha, graduating in 1982, and later earned a master's degree in science from Ain Shams University in Cairo, Egypt. Alongside her academic path, she cultivated her practice through active participation in the Free Atelier in Qatar and took additional art courses at Qatar University and Helwan University during her time in Egypt. Additionally, she was a member of the Qatar Fine Arts Association.

Alhammadi's work often explores themes of cultural heritage, showcasing local traditions and customs. Primarily working with oil paint and pastels, her style is rooted in both impressionist and realist influences. She often depicts local plants, demonstrating her curiosity and personal expression influenced by her background in biology. Alhammadi's canvases frequently explore layers of color, blending modern artistic techniques with a deep connection to her heritage. Her diverse body of work draws inspiration from Qatari local culture and traditional maritime heritage, stemming from her childhood memories.

Alhammadi was among the first women to exhibit in Qatar, participating in multiple exhibitions, both local and international, organized by the Qatari free atelier between 1982 to 1986, accompanying Sheikh Khalifa Althani during official international trips. Alhammadi had her first solo exhibition *To Qatar with Love* in Cairo in 1984.

Alhammadi received awards from the Qatari Free Atelier in 1985. Her works are part of many private and public collections, including Barjeel Art Foundation, Sharjah, United Arab Emirates, Kuwait, Jordan, Germany, Dubai, Doha, Egypt, and Oman.

MARYAM ALZADJALI

(b. 1964, Bahrain)

Maryam Alzadjali is an Omani artist who is widely recognized as one of the pioneering women in Oman's art scene. She studied at the Higher Institute for Teachers in Muscat

تناولت في أعمالها مختلف الموضوعات الاجتماعية والقضايا النسوية وحقوق الإنسان، كما أولت اهتمامًا بالغًا لتشجيع التعبير الفني لدى الأطفال. عبّرت عن رؤيتها الفنية بأسلوب شخصي مميز، مستخدمةً خامات تقليدية وتجريبية بروح من الفضول والانفتاح. وغالبًا ما تغوص في طبقات اللاوعي، مازجةً التقنيات المعاصرة بمخيّلتها المرتبطة بالتراث. وقد استلهمت أعمالها من مصادر متعددة، مثل الطبيعة والمشغولات اليدوية والأحداث السياسية والشعر والموسيقى والتأملات الفلسفية، وهو ما غذّى نزعتها التجريبية وشغفها باستكشاف الذاكرة الثقافية لشبه الجزيرة العربية.

كانت موصلي من أوائل الفنانات اللواتي عرضن أعمالهن في المملكة العربية السعودية، حيث شاركت في معرض بمدرسة دار التربية الحديثة عام 1968 إلى جانب الفنانة صفية بن زقر. وفي عام 1973، كانت أول امرأة تقيم معرضًا فرديًا في جدة والرياض. وشملت مشاركاتها الكبرى معرض «حداثة خليجية» في رواق الفنون بجامعة نيويورك أبوظبي، الإمارات العربية المتحدة (2022) ؛ «بدايات: المنطقة الشرقية» في حافظ غاليري بجدة (2017)؛ «مجهول كان امرأة» في غاليري حافظ بجدة (2015)؛ بينالي القاهرة الثامن (2001)؛ بينالي الشارقة الرابع، الشارقة، الإمارات العربية المتحدة (1999). كما شاركت في معرض «قوى التغيير: فنانو العالم العربي» بواشنطن، الولايات المتحدة الأمريكية (1993). تضمنت معارضها الفردية: «على سلالم اللون هناك آثار لخطواتي»، حافظ غاليري، جدة (2016)؛ «الصبية تضيئ ليلك يا عراق»، البارح غاليري، المنامة، البحرين (2011)؛ «الواسطي وأنا ومرثيات أخرى»، بيروت، لبنان (1997).

تم تكريمها من قبل معهد مسك للفنون باعتبارها من كبار رواد الفن السعودي (2018) وحصلت على جوائز كثيرة منها: مؤسسة المنصورية (2000)، والرئاسة العامة لرعاية الشباب (1998)، ووزارة الثقافة اللبنانية (1997)، والخطوط الجوية السعودية (1995). ودخلت أعمالها ضمن المجموعات الفنية للعديد من المؤسسات المرموقة، ومن أبرزها متحف الملكة صوفيا بمدريد، إسبانيا؛ والمتحف الوطني الأردني للفنون الجميلة بعمّان، الأردن؛ ومؤسسة المنصورية بجدة، المملكة العربية السعودية؛ ومؤسسة بارجيل للفنون بالشارقة، الإمارات العربية المتحدة.

نجاة مكي

(مواليد 1956، دبي، الإمارات العربية المتحدة)

فنانةٌ إماراتية رائدة، عُرفت بتعبيراتها الحيّة عن التراث الإماراتي، وبأسلوبها المتميّز في استخدام اللون والتجريد. حصلت على منحة فنية حكومية للدراسة في الخارج، وأتمّت درجة البكالوريوس في النحت البارز وصناعة الميداليات عام 1982، ودبلوم عام في الفنون التشكيلية عام 1996، وماجستير في الحضارة المصرية القديمة عام 1998، و كانت أول إماراتية تحصل على دكتوراه في فلسفة الفن عام 2001، وجميعها من جامعة حلوان في القاهرة. وبصفتها عضوًا فاعلًا في جمعية الإمارات للفنون التشكيلية، وجماعة الجدار في الشارقة، وجماعة أصدقاء الفن التشكيلي الخليجي، قدّمت نجاة مكي إسهامات بارزة في إثراء المشهد الفني المحلي في الإمارات العربية المتحدة.

تسخّر في أعمالها الرسم والوسائط المتعددة والتركيبات الفنية، لتصوير الطبيعة والضوء ورموز الثقافة المحلية وعناصر من التراث الشعبي الإماراتي والعمارة والمشهد العمراني المتطور في الخليج، في مزيج من التعبيرية والتجريدية.

عُرضت أعمالها في العديد من المعارض، منها «حداثة خليجية: رواد ومجموعات فنية في شبه الجزيرة العربية» في رواق الفن بجامعة نيويورك أبوظبي، الإمارات العربية المتحدة (2022)؛ «1980 - اليوم: حول المعارض في الإمارات»، الجناح الوطني الإماراتي في بينالي البندقية السادس والخمسين، إيطاليا (2015). أما معارضها الفردية، فتشمل «عبير الذكريات» في غاليري عائشة العبار بدبي، الإمارات العربية المتحدة (2023)؛ و«أكتب بالألوان» في غاليري عائشة العبار بدبي، الإمارات العربية المتحدة (2021).

وقد حصلت على وسام فارس الفنون والآداب من وزارة الثقافة الفرنسية (2023)، وجائزة المرأة العربية للفنون (2013، الإمارات العربية المتحدة)، وجائزة

and received additional training through local cultural institutions including the Youth Art Studio, the Omani Society for Fine Arts, and the Cultural Club. Alzadjali's early interest in heritage and cultural expression drew her to art as a form of social documentation. When she began exhibiting in the early 1980s, she quickly gained recognition for her depictions of traditional architecture, women's labor, and everyday life. Beyond her artistic practice, she has contributed to cultural life in Oman as an art teacher, journalist, and heritage advocate, publishing critical reflections in Omani newspapers and leading community-based art projects.

Alzadjali's practice has evolved from realist watercolors to vibrant abstractions, yet remains consistently grounded in themes of memory and place. Her early paintings depict traditional Omani houses, market scenes, and rural women at work, rendered with careful attention to architectural detail and domestic life. These works serve as intimate records of Oman's rapidly changing social landscape during the post-oil transformation period. Over time, her style transitioned into a more symbolic and expressive visual language, incorporating abstraction, pattern, and intense color to explore themes of identity, femininity, and collective memory. Her abstract canvases often layer traditional motifs, such as doorways, embroidery, and calligraphic traces, and translated into geometric and organic forms. These compositions blur the boundaries between folk ornamentation and modern visual experimentation, showcasing Alzadjali's ability to bridge heritage with innovation.

Alzadjali has exhibited her work widely across Oman and the region since the 1980s, participating in exhibitions in Bahrain, Egypt, France, India, Morocco, Tunisia, and the United Arab Emirates. She has taken part in the Gulf Women Artists' exhibitions and represented Oman in the Cairo Biennale and the Sharjah Biennial. Her contributions to Omani art have been recognized by the Ministry of Heritage and Culture, OSFA, and the Muscat Festival, where she has been honored multiple times for her pioneering role. Her work is held in public and private collections in Oman, including the National Museum of Oman and Bait Al Zubair Museum, Muscat, Oman.

MONA S. ALMUNAJJED

(b. 1959)

Dr. Mona S. AlMunajjed (born 1959) is a Saudi artist, sociologist, and author. She holds a master's degree in sociology from New York University (1983) and a PhD in sociology from George Washington University (1991). She is a leading pioneer among Arab women artists in the field of painting on textile/silk. AlMunajjed studied and specialized in the art of painting on textile/silk, at the renowned Atelier Ottelart, in Paris, France. Her artistic journey started forty years ago, painting and performing in personal and group exhibitions in Paris, France; Cairo, Egypt; Beirut, Lebanon; Jeddah, Al Joubeil and Riyadh, Saudi Arabia; Her solo exhibitions include Austrian Residence, Embassy of Austria, Riyadh, Saudi Arabia (2022, 2020); la Residence, Ambassade de France, Riyadh, Saudi Arabia (2019, 2014); Solidere, Beirut, Lebanon (2001); The Egyptian Academy of Art, Rome, Italy (1992); International Monetary Fund, Washington D.C., United States (1989); and Rochan Gallery, Jeddah, Saudi Arabia (1986).

AlMunajjed's paintings blend expressionism and impressionism, distinguished by her bold use of line, dynamic sense of motion, a command on movement and a rich vibrant palette. Deeply rooted in her cultural heritage, her work reflects the foundation of Arab tradition and Saudi heritage, a mixture of modern and tradition. Her artwork is fine and delicate, combining several complex techniques and depicting strong feelings through the use of powerful and vibrant colors and a detailed structural composition.

بينالي المحبة الدولي (1999، دمشق، سوريا). كما كرّمتها ندوة الثقافة والعلوم بدبي وجمعية الإمارات للفنون التشكيلية. دخلت أعمالها ضمن مجموعات فنية مرموقة في الإمارات العربية المتحدة، من أبرزها متحف الشارقة للفنون، ومؤسسة الشارقة للفنون، والمؤسسة الثقافية بأبوظبي، ومؤسسة سلطان بن علي العويس بدبي، ومؤسسة بارجيل للفنون بالشارقة.

نبيلة البسام

(مواليد 1941، مومباي، الهند)

بدأت الفنانة السعودية نبيلة البسام دراستها في الهند قبل أن تنتقل إلى لبنان، حيث حصلت على درجة الماجستير في التربية والتعليم من الجامعة الأمريكية في بيروت عام 1968. ثم عملت لفترة وجيزة في شركة أرامكو السعودية، قبل أن تتطوع كمعلمة للتربية الفنية في المنطقة الشرقية المملكة العربية السعودية. في عام 1971، سافرت إلى الولايات المتحدة لمتابعة دراساتها الفنية في كلية فيلادلفيا للفنون، ودرست أيضًا التصميم الداخلي في كلية مدينة سان دييغو، ما أتاح لها التعرّف على مختلف الوسائط، بما فيها الطباعة على الورق، وتصميم المنسوجات، والطباعة الحريرية، والخزف، والرسم، ما أرسى أسس نهجها الفني متعدد التخصصات. وفي عام 1979، أسست قاعة التراث العربي، التي كانت من أوائل صالات العرض الفنية في المنطقة الشرقية، حيث وفرت منصة للفنانين والحرفيين على حد سواء.

تمزج في ممارستها الفنية بين تقنيات النسيج التقليدية وفن الوسائط المتعددة المعاصر، وتنتج أعمالًا شبيهةً بالكولاج متعدد الطبقات، تجمع فيها بين المنسوجات اليدوية والأقمشة المطرزة والعناصر القديمة التي جمعتها خلال أسفارها. وبفضل خبرتها في تاريخ الأقمشة والنسيج، تستكشف في أعمالها جوهر المواد والذاكرة والبنية، وتولي اهتمامًا خاصًا لدور المرأة في حفظ تقاليد السدو وتناقلها، احتفاءً بالإبداع النسوي والتراث الثقافي والحرف المتوارثة عبر الأجيال.

بدأت عرض أعمالها في عام 1964 وفازت بالجائزة الأولى في مسابقة الرسم في الجامعة الأمريكية في بيروت. وشاركت في المعارض التي نظمتها الرئاسة العامة لرعاية الشباب، والجمعية العربية السعودية للثقافة والفنون، ووزارة الثقافة والإعلام السعودية، إلى جانب عدد من المعارض الكبرى، من أبرزها «ما بعد الغيث»، بينالي الدرعية للفن المعاصر بالرياض (2024)؛ «بدايات: المنطقة الشرقية» في حافظ غاليري بجدة (2017)؛ «مجهول كان امرأة» في حافظ غاليري بجدة (2015). كما شاركت في فعاليات ثقافية وطنية مثل مسابقة السفير للفنون التشكيلية بالرياض (2001)؛ ومهرجان الجنادرية (1998)؛ ومعارض في أرامكو السعودية. تم تكريمها من قبل معهد مسك للفنون باعتباره من كبار رواد الفن السعودي (2018) دخلت أعمالها ضمن المجموعات الفنية للعديد من الجهات السعودية، مثل أرامكو السعودية، والهيئة الملكية للجبيل وينبع، ومطار الملك عبدالعزيز في جدة، المملكة العربية السعودية.

ناصر الموسى

(مواليد 1955، الخرج، المملكة العربية السعودية)

ولد ناصر الموسى في الخرج بالمملكة العربية السعودية عام 1955، وتخرّج ناصر الموسى من كلية المعلمين بالرياض عام 1981، وبدأ مسيرته كرسّام في صحيفة الرياض، وشغل منصب نائب رئيس لجنة الفنون التشكيلية في الجمعية السعودية للثقافة والفنون. كما عمل مشرفًا فنيًا في مجلة التوباد، ولا يزال من الشخصيات المؤثرة في المشهد الفني السعودي من خلال أدواره المؤسسية ومشاركاته المتواصلة.

يُعرف باستكشافاته المبتكرة في فن الخط العربي، حيث يسعى إلى تحقيق توازن بصري بين الضوء والظل، واستكشاف الحروف من خلال الفراغ والحجم. يُعلي من شأن التماسك الهندسي لإعادة صياغة المفاهيم التقليدية، ويدرج عناصر زخرفية مستوحاة من العمارة والنسيج. ورغم ميله أحيانًا إلى تغييب الحروف، إلا أن ممارسته تتسم بتجريب دائم في الأساليب والوسائط.

على مدار مسيرة فنية امتدت لأكثر من ستة وثلاثين عامًا، أقام أربعة عشر معرضًا فرديًا في المملكة العربية السعودية وسوريا والكويت. وعلى الصعيد الدولي، شارك في معارض الأسابيع الثقافية التي نظمتها

Along with her Art, AlMunajjed spent fifteen years working with various United Nations agencies on social development programs as advisor to socioeconomic and gender issues across the GCC countries. She received the United Nations 21 Commendation Award in recognition of her excellent contribution to her work and projects. She is the author of multiple publications including *Women in Saudi Arabia Today* (1987); *Significance of Arabic Names for Girls in the Arab World* (1987); *Saudi Women Speak* (2006); and *Saudi Women: A Celebration of Success* (2015). She has also contributed numerous research articles on social, economic, and gender issues to newspapers and journals in the Gulf region, including *Arab News* (Saudi Arabia), *Saudi Gazette* (Saudi Arabia), and *Arabian Business Magazine* (United Arab Emirates). She has been selected by *Arabian Business Magazine* as one of the World's 100 Most Powerful Arab Women for several consecutive years and as one of the World's 100 most Powerful Arabs Thinkers. She was also selected by *CEO Middle East Magazine* as one of The 50 Most Influential Women in the Arab World.

MUNIRA AL KAZI

(b. 1939, Pune, India -
d. 2023, Kuwait City, Kuwait)

Munira Al Kazi was a pioneering Kuwaiti artist known for her innovative approach to printmaking and abstract compositions. She studied in London and graduated from the Central School of Art and Design (now Central Saint Martins) in 1961, where she specialized in printmaking techniques—particularly etching—which became a defining feature of her artistic practice. Al Kazi's education and early professional years in the United Kingdom laid the foundation for her international presence and experimental visual language. In 1962, she joined the Arab Artists Group in London. In the 1970s, she moved to Ibiza, a place that deeply nurtured her artistic development and remained a source of inspiration throughout her life. She later relocated to Beirut, but with the outbreak of the civil war in 1975, she returned to Kuwait, where she remained for the rest of her life.

Over the course of her career, Al Kazi developed a distinctive visual language rooted in abstraction and experimentation with printmaking. Her work combined formal innovation with cultural motifs, often drawing from both local traditions and broader modernist movements. Through printmaking, she expanded the medium's technical and expressive possibilities, introducing layered textures, unconventional materials, and complex spatial arrangements. Early works centered on themes of family and motherhood, using household objects to evoke domestic life. Over time, her compositions became more abstract and visceral, focusing on figures and familial relationships. Her aesthetic and technical choices bear affinities with artists working in India during the same period. In the late 1990s and early 2000s, she embraced digital tools to rework her images, producing layered compositions that she printed on canvas.

Al Kazi participated in significant exhibitions across Europe, the Middle East, and the United States, underscoring her broad international reach. Her work appeared in *Calligraphic Abstraction*, Museum of Modern Art (MoMA), New York, United States (2023); *Taking Shape: Abstraction from the Arab World, 1950s–1980s*, The Block Museum, Illinois, United States (2022); *Khaleej Modern: Pioneers and Collectives in the Arabian Peninsula*, NYU Abu Dhabi Art Gallery, United Arab Emirates (2022). In 1969, she took part in the inaugural exhibition at Sultan Gallery in Kuwait—one of the first contemporary art venues in the region. In 1963, she was featured at the New Vision Center in London, United Kingdom. She exhibited early in her career at Bear Lane Gallery, Oxford, United Kingdom (1960, 1959).

Her works are held in several international collections, including the Victoria and Albert Museum, London, United Kingdom; the Museum of Modern Art (MoMA), New York, United States; and Barjeel Art Foundation, Sharjah, United Arab Emirates.

الرئاسة العامة لرعاية الشباب في الهند والجزائر والأردن والولايات المتحدة الأمريكية وسلطنة عمان والإمارات العربية المتحدة والبحرين. وشارك في فعاليات بارزة مثل «مختارات من الفن السعودي» في مدريد، إسبانيا (1999)؛ وبينالي بنغلاديش في داكا (1998)؛ وبينالي القاهرة (1998)؛ ومعرض فانكوفر بكندا (1986)؛ ومعرض الكويت للفنانين العرب (1987، 1985)؛ ومعرض روشان الأول للفنانين السعوديين المعاصرين في جدة (1986). كما ساهم في المعرض المتنقل «المملكة العربية السعودية بين الأمس واليوم» الذي أقيم في المملكة العربية السعودية، المانية وفرنسا والمملكة المتحدة والولايات المتحدة ومصر (1985-1992). وبعد تخرجه، عرض أعماله في معارض فردية في الخرج والرياض، من بينها معرض رائد للخط العربي والذي قدّم فيه معالجة تفكيكية لأشكال الحروف.

تم تكريمه من قبل معهد مسك للفنون باعتباره من كبار رواد الفن السعودي (2019) وحازت أعماله على جوائز تقديرية، منها الميدالية الذهبية في مهرجان مهرة الدولي للفنون (2002)، واللؤلؤة الذهبية في معرض 25 فبراير (1997). وألّف أيضًا كتابي «العمل الفني والفنان» (1989)، و«حرف ولون في الذائقة البصرية» (2004).

ناصر اليوسف

(مواليد 1940، البحرين –
توفي عام 2006، البحرين)

كان ناصر اليوسف من أبرز رواد الفن في البحرين، عُرف بتجسيده الحيوي للحياة اليومية والفولكلور والتقاليد المحلية. درس المدرسة الغربية بالمنامة. ورغم كونه عصاميًا في الأساس، فقد تلقى توجيهًا مبكرًا على يد الفنانين البحرينيين أحمد السني وعبدالكريم العريّض. وقد شارك في تأسيس جمعية البحرين للفنون التشكيلية عام 1983، وتولى رئاستها لاحقًا، كما شغل منصبًا إداريًا في المركز العربي للفنون في الدوحة عام 1971. وفي عام 1982، نظّم أول معرض بحريني متخصص في فن النقش، مسلطًا الضوء على أبرز المواهب المحلية.

وتميزت أعماله المبكرة بتصوير واقعي للحياة القروية والثقافة البحرية والطقوس المجتمعية التقليدية. ومع انخراطه في الأوساط الفنية العالمية في أواخر السبعينيات وأوائل الثمانينيات، اتسع نطاق ممارسته الفنية بشكل ملحوظ، لا سيما بعد مشاركته في مهرجان موسم أصيلة الثقافي الدولي بالمغرب، تحت إشراف الطبّاع السوداني البارز محمد عمر خليل. وكان اليوسف من أوائل الفنانين البحرينيين الذين أدخلوا تقنيات الطباعة الفنية المتقدمة إلى البلاد، مثل الحفر على قوالب اللينو والنقش، حتى استورد آلات طباعة لتعويض غيابها في المشهد المحلي.

وعلى الرغم من فقدانه لبصره في التسعينيات من القرن الماضي بسبب مضاعفات طبية، واصل اليوسف مسيرته الإبداعية عبر كولاجات لمسية مستوحاة من تقنيات هنري ماتيس في قص الورق. وتميزت مطبوعاته اللاحقة بتباينات لونية صارخة، وخطوط إيقاعية، وأسطح غنية بالملمس، مقدّمةً تجارب حسية عميقة. ونجح أسلوبه في التوفيق بين السرد الواقعي والتجريد الرمزي، مُبرزًا الإيماءات الإنسانية والأشكال الإيقاعية والرموز البحرينية.

بدأ مسيرته الفنية بالمشاركة في معرض جماعي عام 1956 في نادي العروبة بالمنامة، لتتوالى بعدها مشاركاته في معارض عدة، من أبرزها بينالي الشارقة، الشارقة، الإمارات العربية المتحدة (2025) ؛ معرض الخليج بالمنامة، البحرين (1969)؛ الأسبوع الثقافي لدول مجلس التعاون الخليجي بباريس، فرنسا (1981)؛ معرض المؤتمر العربي العام بالقاهرة، مصر (1972). كما عرض بانتظام مع جمعية البحرين للفن المعاصر منذ عام 1971. وتشمل معارضه الفردية «ناصر اليوسف: سلسلة أضواء» في عمارة بن مطر، البحرين (2018)، والذي كان معرضًا استعاديًا كبيرًا بعد وفاته، صاحبه إصدار بحثي شامل عن أعماله؛ ومعرض «أكثر مما تراه العين» بالمنامة، البحرين (2004)، والذي كان معرضًا استعاديًا قدّم أعماله التي أبدعها بعد فقدانه للبصر.

حصل على الجائزة الأولى في المعرض السنوي السادس للفنون التشكيلية في البحرين، وجائزة دلمون في المعرض السنوي الثامن (1979). وحصل على جائزة من حكومة الشارقة عام 1995 بصفته من رواد الفنون التشكيلية في منطقة الخليج العربي. ودخلت أعماله إلى مجموعات متحف البحرين الوطني بالمنامة، البحرين؛ ومؤسسة بارجيل للفنون بالشارقة، الإمارات العربية المتحدة؛ والمتحف الوطني الأردني للفنون الجميلة بعمّان، الأردن.

MOUNIRAH MOSLY

(b. 1943, Jeddah, Saudi Arabia – d. 2019, Jeddah, Saudi Arabia)

Born in Jeddah in 1943, Mounirah Mosly was one of the first established Saudi female artists in the Kingdom. She pursued her studies internationally, graduating from the College of Fine Arts in Cairo in 1967 and later earned a master's degree in graphic design in the United States in 1979. Mosly's career spanned more than two decades as a publication design specialist at Aramco. She was also an active member of several art and culture organizations, including the Dammam Art and Culture Society and the International Council for Women in the Arts. In 2007, she founded the Art Festival in Al-Khobar.

Mosly's work frequently touched on human rights themes and women's issues, while also supporting children's artistic expression. Her bold use of traditional and experimental materials demonstrated her curiosity and unique personal expression. Mosly's canvases often explored layers of the subconscious, blending modern artistic techniques with a profound connection to her heritage. Her diverse body of work drew inspiration from nature, human artifacts, events in the Arab world, poetry, music, and philosophical reflection. These wide-ranging influences nurtured her passion for experimentation and exploration of the historical culture of the Arabian Peninsula.

Mosly was among the first women to exhibit in Saudi Arabia, participating in a show at Dar Al-Tarbia Al-Hadetha School in 1968 alongside fellow artist Safeya Binzagr. In 1973, she became the first woman to hold a solo exhibition in Jeddah and Riyadh. She participated in major exhibitions, such as: *Khaleej Modern: Pioneers and Collectives in the Arabian Peninsula*, NYU Abu Dhabi Art Gallery, Abu Dhabi, United Arab Emirates (2022); *Beginnings: The Eastern Province*, Hafez Gallery, Jeddah, Saudi Arabia (2017); *Anonymous Was a Woman*, Hafez Gallery, Jeddah, Saudi Arabia (2015); the Eighth Cairo Biennale, Cairo, Egypt (2001); and the Sharjah Biennial, Sharjah United Arab Emirates (1999). She also participated in *Forces of Change: Artists of the Arab World*, Washington, United States (1993). Her solo exhibitions include *On the Stairs of Color There Are Traces of My Steps*, Hafez Gallery, Jeddah, Saudi Arabia (2016); *Al Sabiya Enlightens Your Night*, Albareh Gallery, Manama, Bahrain (2011); and *Al Wasiti and Myself and Other Visions*, Alam Alfonoun Gallery, Beirut, Lebanon (1997).

Mosly received numerous awards, including those from Al-Mansouria Foundation (2000), the General Presidency of Youth Welfare (1998), the Lebanese Ministry of Culture (1997), and Saudi Airlines (1995). In 2018, she was honored by Misk Art Institute as a pioneer in Saudi arts. Her works are held in several institutions, including the Museo Nacional Centro de Arte Reina Sofía, Madrid, Spain; the Jordan National Gallery of Fine Arts, Amman, Jordan; Al-Mansouria Foundation, Jeddah, Saudi Arabia; and Barjeel Art Foundation, Sharjah, United Arab Emirates.

NAJAT MAKKI

(b. 1956, Dubai, United Arab Emirates)

Najat Makki is a pioneering Emirati artist who is renowned for her vivid expressions of Emirati heritage, color, and abstraction. She received a government art scholarship to study abroad, and she earned her bachelor's degree in relief carving and medals in 1982, a general diploma in plastic arts in 1996, a master's degree in ancient Egyptian civilization in 1998, and she was the first Emirati to receive a PhD in philosophy of art in 2001, all from Helwan University in Cairo. As an active member of the Emirates Fine Arts Society, Al-Gedar Group in Sharjah, and the Art's Friends Group of Gulf Countries, Makki has made significant contributions to the local United Arab Emirates art scene.

Makki's practice is a blend of installation works, mixed media, and painting, with elements that are

وفاء الحمد

(مواليد 1964، الدوحة، قطر –
توفيت عام 2012 في هايدلبرغ، ألمانيا)

كانت وفاء الحمد فنانة بارزة عُرفت بدمجها بين التجريدية الحداثية والذاكرة الثقافية والتعبير الذاتي. بدأت مسيرتها الفنية في المرسم الحر بالدوحة في أوائل الثمانينيات من القرن الماضي، حيث تأثرت بأساتذة مصريين أمثال جمال قطب، وهو ما انعكس على طابعها السريالي المبكر. وكانت من أوائل خريجات قسم التربية الفنية من جامعة قطر عام 1986. ثم حصلت على ماجستير في الفنون الجميلة من جامعة شرق ميشيغان عام 1991، ودكتوراه في التربية الفنية من جامعة شمال تكساس عام 1998. وعند عودتها إلى قطر، درّست في جامعة قطر بين عامي 2000 و2011، حيث أشرفت على جيل جديد من الفنانين القطريين. وكانت عضوًا في الجمعية القطرية للفنون التشكيلية منذ منتصف الثمانينيات.

تأثرت ممارستها الفنية تأثرًا كبيرًا بدراستها الأكاديمية وفترة إقامتها في الولايات المتحدة، حيث تطوّر لديها اهتمامٌ عميق بنظرية الألوان والتجريد الهندسي والخداع البصري. وأصبحت هذه الاهتمامات الشكلية محورًا في أعمالها التي تضمّنت إشارات إلى الفنون الإسلامية، والتراث الخليجي، والأمثال العربية. وقد استخدمت الاستعارات البصرية لاستكشاف التوتر الديناميكي بين الموروث والحداثة، وسلّطت الضوء على العلاقة بين البنية والحدس، ساعيةً إلى تحقيق توازن بين الرمزية الثقافية واللغة البصرية التجريدية. ومع مرور الوقت، انتقلت من السريالية التصويرية إلى نهج تجريدي صرف، يعكس تأملًا ذاتيًا ورؤى أوسع حول الذاكرة الجماعية.

شاركت منذ مرحلة مبكرة من مسيرتها الفنية في معارض محلية وإقليمية، من أبرزها معرض «التجربة إلى الأمام: الفن والثقافة في الدوحة من 1960 إلى 2020» في المتحف العربي للفن الحديث بالدوحة، قطر (2020)؛ «سوالف: الفن القطري بين الذاكرة والحداثة» في المتحف العربي للفن الحديث بالدوحة، قطر (2014)؛ بينالي الشارقة الرابع، الإمارات العربية المتحدة (1999)؛ المعرض الأول للفنانات العربيات في مؤسسة الشارقة للفنون، الإمارات العربية المتحدة (1996)؛ «ست نساء خليجيات» في قصر الثقافة بالشارقة، المركز الثقافي سابقًا، الإمارات العربية المتحدة (1994). وتشمل معارضها الفردية معرض «وفاء الحمد: جغرافيا الخيال» في المتحف العربي للفن الحديث بالدوحة، قطر (2025)؛ «عبق من الماضي: وفاء الحمد» في جامعة قطر بالدوحة، قطر (2013)؛ وكان معرضها الفردي الأول قد أقيم عام 1988 في الجمعية القطرية للفنون التشكيلية بالدوحة، قطر. ودخلت أعمالها ضمن العديد من المجموعات الفنية الخاصة، ومجموعات المتحف العربي للفن الحديث بالدوحة، قطر.

يوسف أحمد

(مواليد 1955، الدوحة، قطر)

فنانٌ قطري رائد، يمزج في أعماله بين الخط العربي والتجريد، ويستقي إلهامه من المناظر الطبيعية الصحراوية الشاسعة في قطر. حصل على درجة البكالوريوس في الفنون والتربية من جامعة حلوان بالقاهرة (1976)، ثم على درجة الماجستير في الفنون التشكيلية من كلية ميلز في أوكلاند، كاليفورنيا (1982). يُعد من الشخصيات المحورية في التعليم الفني والتطوير المؤسسي في قطر؛ إذ شغل منصب رئيس قسم الفنون الجميلة في وزارة الإعلام، ودرّس تاريخ الفن وأساسيات الرسم وتقدير الفن في جامعة قطر لأكثر من عشرين عامًا. وبصفته مستشارًا رئيسيًا لمتحف الفن العربي المعاصر ومؤسسة قطر، لعب دورًا نشطًا في تشكيل المجموعة التي أصبحت لاحقًا نواةً للمتحف العربي للفن الحديث.

تطوّرت رحلة يوسف أحمد الفنية من خلال تجريب مستمر لمجموعة واسعة من الخامات، بدأت بالشمع والكرتون والنقش على الزجاج بالأبيض والأسود، قبل أن يتوسّع في استخدام الألوان الزيتية والأكريليك والوسائط المختلطة. وقد أثّر ارتباطه العميق بالبيئة القطرية في اختياراته لموضوعاته ووسائطه؛ إذ طوّر ورقًا يدويّ الصنع من سعف النخيل المحلي، ليُرسّخ أعماله في السياقين المادي والثقافي لوطنه. استمدّ ألوانه من طبيعة الأرض – كالرمال والتراب والصخور التي تدفئها الشمس – مبرزًا تنوّع الملامس. ويُعد التزامه بالمواد المحلية جزءًا من

influenced by local cultural symbols, light, and nature. Her work frequently incorporates elements of Emirati folklore, architecture, and the evolving urban landscape of the Gulf, resulting in a merging of expressionism and abstraction.

Her work has been featured in numerous exhibitions including *Khaleej Modern: Pioneers and Collectives in the Arabian Peninsula*, NYU Abu Dhabi Art Gallery, United Arab Emirates (2022); and *1980–Today: Exhibitions in the UAE, UAE National Pavilion*, 56th Venice Biennale, Italy (2015). Her solo shows include *The Scent of Memories*, Aisha Alabbar Gallery, Dubai, UAE (2023); and *I Write in Color*, Aisha Alabbar Gallery, Dubai, United Arab Emirates (2021).

Makki has been awarded the Chevalier des Arts et des Lettres (2023) by the French Ministry of Culture, the Arab Woman Award for Art (2013, United Arab Emirates), and the Al Mahabba International Biennale Award (1999, Damascus, Syria). Additionally, she has been recognized by Dubai's Cultural & Scientific Association and the Emirates Fine Arts Society. Her works can be found in several collections in the United Arab Emirates, including Sharjah Art Museum, Sharjah, United Arab Emirates; Sharjah Art Foundation, Sharjah, United Arab Emirates; The Cultural Foundation, Abu Dhabi, United Arab Emirates; Sultan Bin Ali Alowais Foundation, Dubai, United Arab Emirates; and Barjeel Art Foundation, Sharjah, United Arab Emirates.

NABILA ALBASSAM

(b. 1941, Mumbai, India)

Born in 1941, Saudi artist Nabila Albassam began her education in India before relocating to Lebanon, where she earned her master's degree in teaching and education from the American University of Beirut in 1968. She later worked briefly at Saudi Aramco and volunteered as a technical education teacher in the Eastern Province of Saudi Arabia. In 1971, Albassam pursued further artistic studies in the United States at the Philadelphia College of the Arts, and also studied interior design at San Diego City College. This training exposed her to various media, including printing on paper, textile design, silkscreen printing, ceramics, and drawing, establishing the foundation for her vibrant, multidisciplinary artistic approach. In 1979, Albassam founded the Arab Heritage Gallery, one of the first gallery spaces in the Eastern Province, offering a platform for both artists and craftsmen.

Albassam's artistic practice blends traditional textile techniques with contemporary mixed-media art. Her works often take the form of multilayered collages, combining handmade textiles, embroidered fabrics, and antique elements collected during her travels. Drawing on her expertise in the history of fabrics and weaving, she explores materiality, memory, and structure. She is particularly noted for highlighting the role of women in preserving and transmitting the Sadu weaving tradition. Through her practice, Albassam celebrates women's creativity and cultural heritage while revitalizing traditional craft forms passed down through generations.

She began exhibiting her work in 1964 and won first prize in a drawing competition at the American University of Beirut. She participated in exhibitions organized by the General Presidency of Youth Welfare, the Saudi Arabian Society for Culture and Arts, and the Saudi Ministry of Culture and Information. Albassam's work was featured in *After Rain*, Diriyah Contemporary Art Biennale, Riyadh, Saudi Arabia (2024); *Beginnings: The Eastern Province*, Hafez Gallery, Jeddah, Saudi Arabia (2017); and *Anonymous Was a Woman*, Hafez Gallery, Jeddah, Saudi Arabia (2015). She also took part in national cultural events such as The *Ambassador Fine Art Competition*, Riyadh, Saudi Arabia (2001); the *Al-Janadriyah Festival*, Janadriyah, Saudi Arabia (1998); and exhibitions at Saudi Aramco.

In 2018, she was honored by Misk Art Institute as a pioneer in Saudi arts. Her works are held in the collections of several Saudi entities, like Saudi Aramco, the Royal Commission for Jubail & Yanbu, and King Abdulaziz Airport, Jeddah, Saudi Arabia.

رؤيته الأوسع للتعبير عن الهوية القطرية والعربية من خلال التجريد المعاصر. تتميّز أعماله مختلفة الوسائط بدقّة تقنيتها، وغالبًا ما تتضمّن عناصر من الخط العربي. ومن خلال تحويل الحروف العربية والتلاعب بها، يستكشف أحمد إمكاناتها الجمالية وصداها الثقافي، ويحوّل عمله إلى شكل من أشكال التوثيق للحياة اليومية والتقاليد والحِرف في قطر.

عُرضت أعماله في العديد من المعارض والمؤسسات، منها معرض «فهرس، جزء 1» في المتحف العربي للفن الحديث بالدوحة، قطر (2014)؛ معهد العالم العربي بباريس، فرنسا (2012 و2006)؛ مهرجان سيول الدولي الثامن عشر للفنون كوريا – الشرق الأوسط «السلام»، سيول، كوريا الجنوبية (2010)؛ بينالي الشارقة، الإمارات العربية المتحدة (1999 و1992)؛ بينالي القاهرة، مصر (1996، 1994، 1984)؛ المعرض الأول لفناني دول مجلس التعاون الخليجي بالرياض، المملكة العربية السعودية (1989)؛ والمعرض العربي في الكويت (1973). كما أقام أحمد أكثر من خمسة عشر معرضًا فرديًا، من أبرزها معرض «يوسف أحمد: قصة إبداع» في صالة متاحف قطر بالدوحة، قطر (2014)؛ ومعرض «ظل سعف النخيل» في غاليري آرت سبيس بدبي، الإمارات العربية المتحدة (2012)، ومعرض «أحرف قمر الحب المكتمل» في غاليري المرخية بالدوحة، قطر (2011).

حاز على أكثر من عشرين جائزة، من أبرزها جائزة بينالي القاهرة (1996) وجائزة السعفة الذهبية في معرض فناني دول مجلس التعاون الخليجي (1999، 1996، 1994، 1991، 1989). دخلت أعماله ضمن العديد من المجموعات العامة، من بينها المتحف العربي للفن الحديث بالدوحة، قطر؛ والمتحف البريطاني بلندن، المملكة المتحدة؛ والمتحف الوطني الأردني للفنون الجميلة بعمّان، الأردن؛ ومتحف هيروشيما التذكاري للسلام بهيروشيما، اليابان؛ ومؤسسة بارجيل للفنون بالشارقة، الإمارات العربية المتحدة.

يوسف قاسم

(مواليد 1928، المنامة، البحرين – توفي عام 2002، المنامة، البحرين)

كان يوسف قاسم من أوائل الفنانين البحرينيين المعاصرين، عُرف بمنهجه الواقعي وتصويره الحيّ للحياة اليومية. وُلد في المنامة عام 1928، وتلقّى تعليمه في مدرسة الهداية الخليفية بالمحرّق، حيث اكتشف الرسم والتصوير على يد الفنان والمعلم محمد متولي. شغف برسم البورتريهات في سنواته المبكّرة حيث كان يرسم وجوه معلميه بالقلم الرصاص. وخلال الحرب العالمية الثانية، سافر إلى الهند لدراسة الطب، لكنه انجذب إلى عالم الفن بعد احتكاكه باستديوات السينما الهندية، فتخصص في تصميم الديكور والمنظور المسرحي في مومباي، وهي تجربة أسّست لرؤيته التشكيلية. في مطلع الخمسينيات، وتابع دراسته الفنية في المرسم الحر ببغداد تحت إشراف حافظ الدروبي. وبعد عودته إلى البحرين عام 1975، التحق بتلفزيون البحرين كمصمم ديكور، وانضم إلى جمعية البحرين للفنون المعاصرة، مشاركًا بانتظام في أنشطتها ومعارضها.

ارتكزت ممارسته الفنية على الواقعية والتوثيق الاجتماعي، مع التركيز على التقاط المشاهد الحميمة من الحياة والتراث البحريني. صوّر في أعماله المقاهي التقليدية، وعمال صناعة السفن، والصيادين، والتجمعات الموسيقية، موليًا اهتمامًا بالغًا بالضوء والظلال والتعبير الإنساني. واستخدم في لوحاته الألوان الزاهية والملامس السميكة، بينما اتجه في أعماله اللاحقة نحو استكشاف عناصر من الأسلوب التعبيري عبر تقنيات «الإمباستو» الجريئة. سعى إلى توثيق أنماط الحياة الآيلة للاندثار في خضم التحديث السريع للمجتمع البحريني، مسلّطًا الضوء على التعابير الهادئة المحفورة في وجوه كبار السن وأفراد الطبقة العاملة. استلهم أسلوبه الواقعي من دراسته على يد الدروبي، ومن تأثره المبكر بالسينما الهندية وتقاليد الفن الأوروبي. وفي سنواته الأخيرة، واصل رسم البورتريهات لشخصيات بارزة في المجتمع المحلي في مرسمه بالمنامة.

على مدى مسيرته الفنية، عرض أعماله على نطاق واسع، وشارك في المعارض الوطنية التي نظمتها

NASSER ALMOUSA

(b. 1955, Al-Kharj, Saudi Arabia)

Nasser Almousa was born in Al Kharj, Saudi Arabia, in 1955. He graduated from the Teachers' College in Riyadh in 1981. Early in his career, Almousa worked as an illustrator at *Al Riyadh* newspaper and served as vice president of the Fine Arts Committee of the Saudi Society for Culture and Arts. He also worked as the artistic supervisor for *Al Toubad* magazine and remains an active figure in Saudi Arabia's fine arts community through various institutional roles.

Almousa is known for his exploration of Arabic calligraphy and innovative artistic expressions. He approaches calligraphy by harmonizing light and dark elements, experimenting with volume and void in letters. His focus on geometric coherence reshapes traditional views, integrating motifs inspired by architecture and textiles. While he occasionally omits letters, Almousa consistently experiments with diverse styles.

Over a career spanning more than thirty-six years, he held fourteen solo exhibitions across Saudi Arabia, Syria, and Kuwait. Internationally, he participated in cultural week exhibitions organized by the General Presidency of Youth Care, Saudi Arabia, in India, Algeria, Jordan, United States, Oman, United Arab Emirates, and Bahrain. Almousa participated in landmark events such as *Saudi Art Selections*, Madrid, Spain, (1999); the Bangladesh Biennale, Dhaka, Bangladesh (1998); the Cairo Biennale, Cairo, Egypt (1998); Vancouver Expo, Vancouver, Canada (1986); the *Kuwait Exhibition for Arab Artists*, Kuwait City, Kuwait (1984, 1986); and the *Roshan First Exhibition for Saudi Contemporary Artists*, Jeddah, Saudi Arabia (1986). He also contributed to the traveling exhibition *Saudi Arabia Between Yesterday and Today* that took place in Germany, Saudi Arabia, France, the United Kingdom, Egypt, and the United States (1985-1992). Following his graduation, Almousa exhibited his work widely, beginning with solo exhibitions in Al-Kharj and Riyadh, including a pioneering solo calligraphy exhibition in which he deconstructed Arabic letter forms.

Almousa's work has been recognized with awards including a gold medal at the *International Mahras Arts Festival* (2002) and the Golden Pearl at the *25 February Exhibition* (1997). In 2019, he was honored by Misk Art Institute as a pioneer in Saudi arts. He is also the author of *Artwork and Artist* (1989) and *A Letter and a Color in the Visual Sense* (2004).

NASSER AL-YOUSIF

(b. 1940, Manama, Bahrain –
d. 2006, Bahrain)

Nasser Al-Yousif, born in Muharraq, Bahrain, was a seminal figure in Bahraini art, celebrated for vividly depicting daily life, folklore, and local traditions. He studied at the Western Primary School in Manama. Although primarily self-taught, Al-Yousif's early artistic journey was guided by prominent Bahraini artists Ahmed Alsunni and Abdulkarim Al Orrayed during his school years. Al-Yousif co-founded the Bahrain Arts Society in 1983, serving as its president, and previously held a managerial role at the Arab Art Center in Doha, Qatar, in 1971. He also organized Bahrain's first engraving-focused exhibition in 1982, showcased the works of significant local talents.

Al-Yousif's early works prominently featured realistic portrayals of village life, maritime culture, and traditional community rituals, influenced by his interactions with international artistic communities. In the late 1970s and early 1980s, his artistic practice broadened significantly after participating in the Asilah Arts Festival in Morocco under the tutelage of renowned Sudanese printmaker Mohamed Omar Khalil. Al-Yousif became one of the first Bahraini artists to introduce advanced printmaking techniques such as linocut and etching to Bahrain, even importing printing presses to overcome local limitations.

جمعيـة البحريـن للفنـون المعاصـرة ووزارة الإعـلام، إلى جانب مشاركته في فعاليات دولية مثل معرض سنغافورة الدولـي (1981)، وبينالي الكويـت (1980). وقد أقيم أول معرض فردي له في فندق الشيراتون بالمنامة عام 1990، ونـال العديد من الجوائـز، منها جائزة الدولة التشـجيعية لتصميم الديكور (1988)، وجائزة رواد الحركة المسـرحية الخليجية (1988). كما كُـرّم في مهرجان الخليج بالكويت عـام 1999، ومـن مجلـس الموسـيقى بجامعـة الـدول العربيـة عـام 2002. ودخلـت أعمالـه ضمـن مجموعات متحـف البحرين الوطنـي بالمنامة.

Despite losing his sight in the 1990s due to medical complications, Al-Yousif persevered in creating art through innovative tactile collage methods inspired by Henri Matisse's paper cut-out techniques. His later prints, characterized by stark contrasts, expressive lines, and richly textured surfaces, provided profound sensory experiences. His artistic approach skilfully blended narrative realism with stylized abstraction, emphasizing human gesture, rhythmic forms, and Bahraini symbolism.

His first participation in a group show took place in 1956 at Al-Uruba Club, Manama, followed by many similar participations including the *Gulf Exhibition*, Manama, Bahrain (1969). Other notable exhibitions include the Sharjah Biennial, Sharjah, United Arab Emirates (2025); *GCC Cultural Week*, Paris, France (1981); the *Arab General Conference Exhibition*, Cairo, Egypt (1972); and was regularly showcasing with the Contemporary Art Society, Bahrain from 1971 onwards. His solo exhibitions include *Nasser Alyousif: Spotlight Series*, Bin Matar House, Bahrain (2018), a major posthumous retrospective accompanied by a monograph, and *More Than Meets The Eye*, Manama, Bahrain (2004), a retrospective showcasing his innovative adaptations following blindness.

He notably earned recognition with first prize at the *6th Annual Fine Art Exhibition* in Bahrain and received the Delmon Award at the *8th Annual Exhibition* (1979), and was bestowed an award by the government of Sharjah, as a pioneer of the fine arts in the Arabian Gulf (1995). Al-Yousif's works can be found in the Bahrain National Museum, Manama, Bahrain; Barjeel Art Foundation, Sharjah, United Arab Emirates; and the Jordan National Gallery of Fine Arts, Amman, Jordan.

WAFA ALHAMAD

(b. 1964, Doha, Qatar –
d. 2012, Heidelberg, Germany)

Wafa Alhamad was a pioneering Qatari artist whose work bridged modernist abstraction, cultural memory, and personal expression. She began her artistic training at Al-Marsam Al-Hurr (The Free Atelier) in Doha from 1981 to 1985, where she was among the first women to participate in its programs. There, she studied under Egyptian artists such as Jamal Qutub, whose influence is evident in her early surrealist landscapes. She earned a Bachelor's degree in art education from Qatar University in 1986, becoming one of the first women to graduate from the department. She then earned a Master of Fine Arts from Eastern Michigan University in 1991 and a PhD in Art Education from the University of North Texas in 1998. Upon her return to Qatar, she taught at Qatar University from 2000 until 2011, mentoring a new generation of Qatari artists. She was also a member of the Qatar Fine Arts Association (QFAA) from the mid-1980s.

Alhamad's practice was deeply shaped by her academic training and time in the United States, where she developed a profound interest in color theory, geometric abstraction, and optical illusions. These formal concerns became central to her work, which often integrated references to Islamic art, Gulf heritage, and Arabic proverbs. Through her painting, she used visual metaphors to explore the dynamic tension between tradition and modernity. Her works present a vibrant interplay between structure and intuition, balancing cultural symbolism with abstract visual language. Over time, she moved from figurative surrealism to a more distilled abstract approach, reflecting both personal introspection and a broader commentary on collective memory.

Alhamad took part in local and regional exhibitions from an early stage in her career including *Lived Forward: Art and Culture in Doha from 1960–2020*,

Mathaf: Arab Museum of Modern Art, Doha, Qatar (2020); *Swalif: Qatari Art Between Memory and Modernity*, Mathaf: Arab Museum of Modern Art, Doha, Qatar (2014); Sharjah Biennale, Sharjah, United Arab Emirates (1999); *The First Arab Women Artists Exhibition*, Sharjah Art Foundation, Sharjah, United Arab Emirates (1996); and *6 Khaleeji Women*, Sharjah Palace of Culture, formerly the Cultural Center, Sharjah, United Arab Emirates (1994). Her solo exhibitions include *Wafa al-Hamad: Sites of Imagination*, Mathaf: Arab Museum of Modern Art, Doha, Qatar (2025); *Abak Min Al Madi: Wafa al-Hamad,* Qatar University, Doha, Qatar (2013); and her first solo exhibition was held at Qatar Fine Arts Association, Doha, Qatar (1988). Her work can be found in several private collections as well as Mathaf: Arab Museum of Modern Art, Doha, Qatar.

YOUSEF AHMAD

(b. 1955, Doha, Qatar)

Yousef Ahmad is a pioneering Qatari artist whose work merges Arabic calligraphy with abstraction, drawing inspiration from the vast desert landscapes of Qatar. Ahmad earned a Bachelor of Arts in Art and Education from Helwan University, Cairo (1976) and later pursued a Master of Fine Arts from Mills College, Oakland, California (1982). He is a central figure in Qatar's art education and institutional development, serving as head of the Department of Fine Arts at the Ministry of Information and teaching art history, drawing fundamentals, and art appreciation at Qatar University for over twenty years. As a key advisor to the Museum of Contemporary Arab Art and Qatar Foundation, he played an instrumental role in shaping the collection that later became Mathaf: Arab Museum of Modern Art.

Ahmad's artistic journey evolved through ongoing experimentation with a range of materials—wax, cardboard, and glass engraving in black and white—before expanding into oil, acrylic, and mixed media. His deep connection to his surroundings has consistently informed his material choices and subject matter. Inspired by the Qatari environment, Ahmad developed handmade palm leaf paper, crafted from locally sourced palm trees, as a way to root his work in the physical and cultural landscape of his homeland. His palette draws heavily on the earth tones of the region—shades of sand, dust, and sun-warmed stone—reflecting the natural textures of the Gulf. Ahmad's commitment to local materials is part of a broader vision to express Qatari and Arab identity through contemporary abstraction. His mixed media compositions are the result of a meticulous process, often incorporating the forms of Arabic calligraphy. By transforming and manipulating Arabic letters, he explores both their cultural resonance and aesthetic potential. His work also serves as a form of cultural documentation, capturing the everyday life, traditions, and industries of Qatar.

Ahmad's work has been exhibited widely including *Summary, Part 1*, Mathaf: Arab Museum of Modern Art, Doha, Qatar (2014); Institut du monde arabe, Paris, France (2012 and 2006); the eighteenth Seoul International Art Festival Korea - *MidEast "PEACE,"* Seoul, South Korea (2010); the Sharjah Biennial, United Arab Emirates (1999 and 1992); the Cairo Biennale, Egypt (1996, 1994, 1984); the First F*ormative Arts Periodic Exhibition for GCC Artists*, Riyadh, Saudi Arabia (1989); and the Arab Biennale, Kuwait (1973). He has held over fifteen solo exhibitions including *Yousef Ahmad: Story of Ingenuity*, Qatar Museums Gallery, Doha, Qatar (2014); *The Shadow of Palm Fronds*, Art Space Gallery, Dubai, United Arab Emirates (2012), and *Full Moon Love Letters*, al-Markhiyyah Gallery, Doha, Qatar (2011); amongst others. Ahmad has won over twenty awards, including the Cairo Biennale Prize (1996) and the Gold Palm at the GCC Artists Exhibition (1999, 1996, 1994, 1991, and 1989). His work is housed in many public collections, including Mathaf: Arab Museum of Modern Art, Doha, Qatar; the British

Museum, London, United Kingdom; the Jordan National Gallery of Fine Arts, Amman, Jordan; the Hiroshima Peace Memorial Museum, Hiroshima, Japan; and the Barjeel Art Foundation, Sharjah, United Arab Emirates.

YOUSIF QASSIM

(b. 1928, Manama, Bahrain –
d. 2004, Manama, Bahrain)

Yousif Qassim was a celebrated figure among Bahrain's first generation of visual artists, known for his realist approach and vivid portrayals of everyday life. Born in Manama in 1928, he studied at Al-Hidaya Al-Khalifia School in Muharraq, where he was introduced to drawing and painting under the guidance of artist and educator Mohammed Metwally, developing an early interest in portraiture by creating pencil drawings of his teachers. During World War II, he traveled to India to study medicine but shifted his focus to art and set design after encountering Indian film studios. He trained in stage design and perspective in Mumbai, a formative experience that shaped his visual approach. Qassim worked as a set designer at Bahrain Television and became a member of the Bahrain Contemporary Arts Society, regularly participating in its exhibitions.

Qassim's artistic practice was rooted in realism and social documentation, capturing intimate scenes of Bahraini life and heritage. His works portrayed traditional cafés, shipwrights, fishermen, and musical gatherings, rendered with a keen attention to light, shadow, and human expression. In his paintings, he used vibrant color and thick textures, while his later works explored elements of expressionism through bold impasto techniques. Qassim sought to document a disappearing way of life amidst the rapid modernization of Bahraini society, often focusing on the quiet resilience etched into the faces of Bahrain's working class and elderly. His realist style was deeply informed by his studies with Hafidh Al Droubi, as well as his early exposure to Indian cinema and European art traditions. In his final years, he continued to paint portraits of leading figures in Bahraini society from his studio in Manama.

Throughout his career, Qassim exhibited extensively, participating in national exhibitions organized by the Bahrain Contemporary Arts Society and the Ministry of Information. He took part in international exhibitions such as the Singapore International Exhibition, Singapore (1981) and the Kuwait Biennale, Kuwait City, Kuwait (1980). His first solo exhibition was held at the Sheraton in Manama, Bahrain in 1990. He received numerous awards, including the Bahraini State Encouragement Award for Set Design (1988) and the Pioneers of the GCC Theater Movement Award (1988). He was also honored at the Gulf Festival in Kuwait 1999 and by the League of Arab States' Music Council in 2002. His works can be found in the collection of the Bahrain National Museum, Manama, Bahrain.

الفن عبر الخليج العربي
Art Across the Arabian Gulf

Exhibition Location:

Prince Faisal bin Fahd Arts Hall, Riyadh

November 5, 2025 - March 31, 2026

موقع المعرض:

صالة الأمير فيصل بن فهد للفنون، الرياض

5 نوفمبر 2025 - 31 مارس 2026

Special thanks to the artists, galleries, collectors and institutions for their invaluable contributions.

شكر خاص للفنانين والمقتنين
والمؤسسات الفنية على مساهماتهم القيمة

Lead Curator
Basma Alshathry, Director of Curatorial Department and Chief Curator at Misk Art Institute
Curators
Aram Alajaji, Assistant Curator at Misk Art Institute
Cecilia Ruggeri, Curator at Misk Art Institute
Shadin Albulaihed, Assistant Curator at Misk Art Institute
Nada Alaradi, Curator at Misk Art Institute
Safiyah Abaalkhail, Assistant Curator at Misk Art Institute

Art Direction
Amerah Altufail, Art Director at Misk Art Institute
Exhibition Designer
Badr Zabarah, Senior Exhibition Designer at Misk Art Institute
Assistant Exhibition Designer
Alanood Alkhaldi, Exhibition Designer at Misk Art Institute

Translators
Moussa Alhouchi, Omar Odeh

Authors
Abdulrahman Alsoliman
Aram Alajaji
Basma Alshathry
Cecilia Ruggeri
Sultan Al-Qassemi
Shadin Albulaihed
Nada Alaradi
Safiyah Abaalkhail

Editorial Coordination
Shadin Albulaihed

Copyediting
Ethar Alfaqeeh, Copywriter at Misk Art Institute
Abdulrahman Sidi, Senior Content Lead at Misk Art Institute
Nauf Alfahad, Research and Publications Manager at Misk Art Institute

قائد التقييم الفني
بسمه الشثري، مدير عام إدارة التقييم الفني وكبير القيمين الفنيين في معهد مسك للفنون
التقيّم الفني
آرام العجاجي، قيم الفني المساعد في معهد مسك للفنون
سيسيليا روجيري، قيم الفني في معهد مسك للفنون
شادن البليهد قيم الفني المساعد في معهد مسك للفنون
صفيه أباالخيل قيم الفني المساعد في معهد مسك للفنون
ندى العرادي، قيم الفني في معهد مسك للفنون

التوجه الإبداعي
أميرة الطفيل، مديرة الإخراج الفني في معهد مسك للفنون
مصمم المعرض
بدر زباره، مصمم معارض أول في معهد مسك للفنون
مصمم المعرض المساعد
العنود الخالدي، مصممة معارض في معهد مسك للفنون

الترجمة
موسى الحوشي، عمر عودة

المؤلفون
آرام العجاجي
بسمه الشثري
عبدالرحمن السليمان
سيسيليا روجيري
سلطان القاسمي
شادن البليهد
ندى العرادي
صفيه أباالخيل

التنسيق التحريري
شادن البليهد

التدقيق اللغوي
إيثار فقيه، محررة في معهد مسك للفنون
عبدالرحمن سيدي، قائد محتوى أول في معهد مسك للفنون
نوف الفهد، مديرة الأبحاث والمنشورات في معهد مسك للفنون

Book Design and Layout
-scope Ateliers

English Proofreading
Zeina Assaf

First edition, 2025

ISBN: 978-614-8035-99-9

Printed in September 2025

Published by

KAPH
ART BOOKS FROM THE ARAB WORLD

www.kaphbooks.com

DISTRIBUTION IN THE AMERICAS, ASIA & AUSTRALIA
ARTBOOK | D.A.P.75, Broad Street, Suite 630
New York, NY 10004
www.artbook.com

DISTRIBUTION IN EUROPE
Les Presses du Réel
35 rue Colson
21000 Dijon, France
www.lespressesdureel.com

Idea Books
Nieuwe Hemweg 6R, 1013 BG Amsterdam
The Netherlands
www.ideabooks.nl

DISTRIBUTION IN THE ARAB WORLD
CIEL Book Distribution, 3rd Interchange, Al Quoz
Industrial I, P.O.Box 282005
Dubai, UAE
www.ciel.me

MUSEUMSHOPS COMPANY / HAAL
Prince Turki Ibn Abdulaziz Al Awwal Rd,
Al Mohammadiyyah, Dooryard 1st floor
Riyadh, KSA

تصميم الكتاب وتنسيقه
-سكوب أتليه

مراجعة اللغوية العربية
محمد حمدان

الطبعة الأولى، 2025

ردمك: 978-614-8035-99-9

طُبع في سبتمبر 2025

النشر من قبل

KAPH
ART BOOKS FROM THE ARAB WORLD
كتب الفن من العالم العربي

www.kaphbooks.com

التوزيع الأمريكيتان – اسيا – استراليا
ارتبوك | دي. ايه. بي 75 برودستريت،
جناح 630 نيويورك، 10004
www.artbook.com

التوزيع في أوروبا
لو بريس دو رييل
35 شارع كولسون
21000، ديجون، فرنسا
www.lespressesdureel.com

ائيديا بوكس
نيو هيوينغراخت 1013،
امستردام، هولندا
www.ideabooks.nl

التوزيع في العالم العربي
دار سيل للتوزيع التقاطع الثالث -القوز-
المنطقة الصناعية 1، صندوق بريد 282005،
دبي، الامارات العربية المتحدة
www.ciel.me

شركة متاجر المتاحف / حال طريق
الأمير تركي بن عبدالعزيز الأول المحمدية،
الدور الأول، مجمع دوريارد
الرياض، المملكة العربية السعودية